The Invention of China

ビル・ヘイトン
Bill Hayton
小谷まさ代［訳］

「中国」という捏造

歴史・民族・領土・領海は
いかにして創り上げられたか

THE INVENTION OF CHINA
by
Bill Hayton

Originally published by Yale University Press
Japanese translation published by arrangement
with Yale Representation Limited
through The English Agency (Japan) Ltd.

1：現代版「朝貢儀礼」。北京の人民大会堂にて、「一帯一路」国際協力フォーラムの歓迎晩餐会で世界のリーダーたちに乾杯する習近平国家主席。2019年４月26日

2：清朝皇帝に初めて謁見したアメリカ人は、アンドレアス・エヴェラルダス・ファン・ブラーム・ハウクギーストだった。この絵はハウクギースト自身が依頼したもので、広州の総督に拝謁する彼が描かれている（帽子を脱いで左手に着席）。ハウクギーストは交易の権利獲得のため、実在しないオランダ王からの貢物を献上する目的で1795年に北京まで旅した。

3：1879年、前アメリカ大統領ユリシーズ・S・グラントは清国の政治家、李鴻章と会見した。李はグラントに琉球諸島をめぐる日本との紛争への介入を依頼したが、結局グラントは日本側についた。

4：外交官で詩人の黄遵憲（中央）と彼の家族数人。清朝後期に「黄色人種」という概念を初めて中国に紹介した人物であるが、後に客家人が「漢族」に含まれるよう当局に働きかけた。

5：ティモシー・リチャードと妻メアリー（旧姓マーティン）、年長の娘たちエリノア（上）とメアリー・セリア。1883年に山西省、太原で撮影されたものと思われる。リチャードは、ウェールズのバプティスト教派の宣教師で、中国人を改宗させるために彼らと同じように生活しようとした。彼は伝道と社会改革を結びつけた。彼の翻訳によって、中国のエリート層の多くの人々にヨーロッパの思想が伝わった。梁啓超は1895年（日清戦争敗北）という重大な年の数カ月を、彼の秘書として翻訳の仕事を手伝った。中国の歴史を書く必要性を強く訴える梁の思想は、リチャードの影響を色濃く受けている。

6：(左) 学生時代の梁啓超。頭髪は「弁髪」の形に剃られている。この髪型は清朝の支配下で暮らすすべての男性に義務づけられた。頭の前側を剃り上げ、中央に残した髪を編んで後ろへ長く垂らすもの。(右) 1900年代前半、日本に亡命していた当時の梁。「弁髪」を切り、近代日本や西洋の紳士のような服を身に着けている。

７：改革派であり学者の康有為。1898年、改革に着手するよう皇帝の説得に加わった。だが、この革命は100日で失敗に終わる。その後はイギリスの庇護を受けながら、改革と皇帝の復権を求める運動を続けた。

８：習近平の父、習仲勲とパンチェン・ラマ10世。1951年４月22日、パンチェン・ラマ10世の北京訪問時の西安市にて。習仲勲は中国の少数民族に大きな自治権を与えることを望んでいた。現在、彼の息子が行なっている政策とは完全に対照的だ。

9：両側に掲げられた「中華民国」建国時の旗の前に立つ孫文（孫中山)。「五族共和」を意味する五色旗（右側)、陸軍旗である「鉄血」十八星旗（左側)。孫は清朝皇帝が正式に退位した1912年２月15日、明を建国した朱元璋の陵墓である明孝陵へ出向き、革命の支援者たちと共に、「タタール人」支配の終結を祝った。

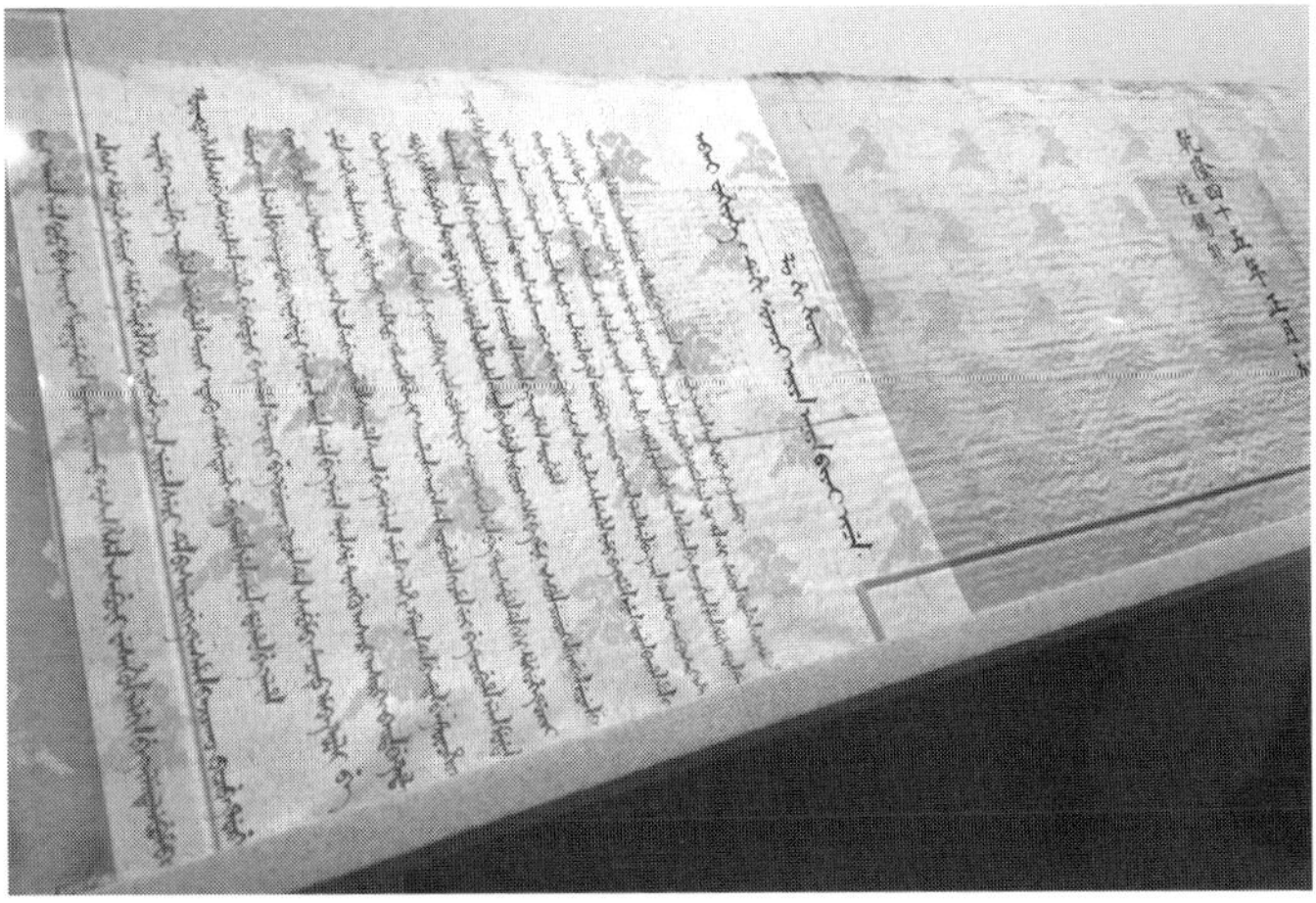

10：上海歴史博物館に展示されている絹の巻物。右側には中国語の文字、左側には満州文字が記されている。1780年に陸錫熊の両親に出された誥命「清代陸錫熊父母誥命」。

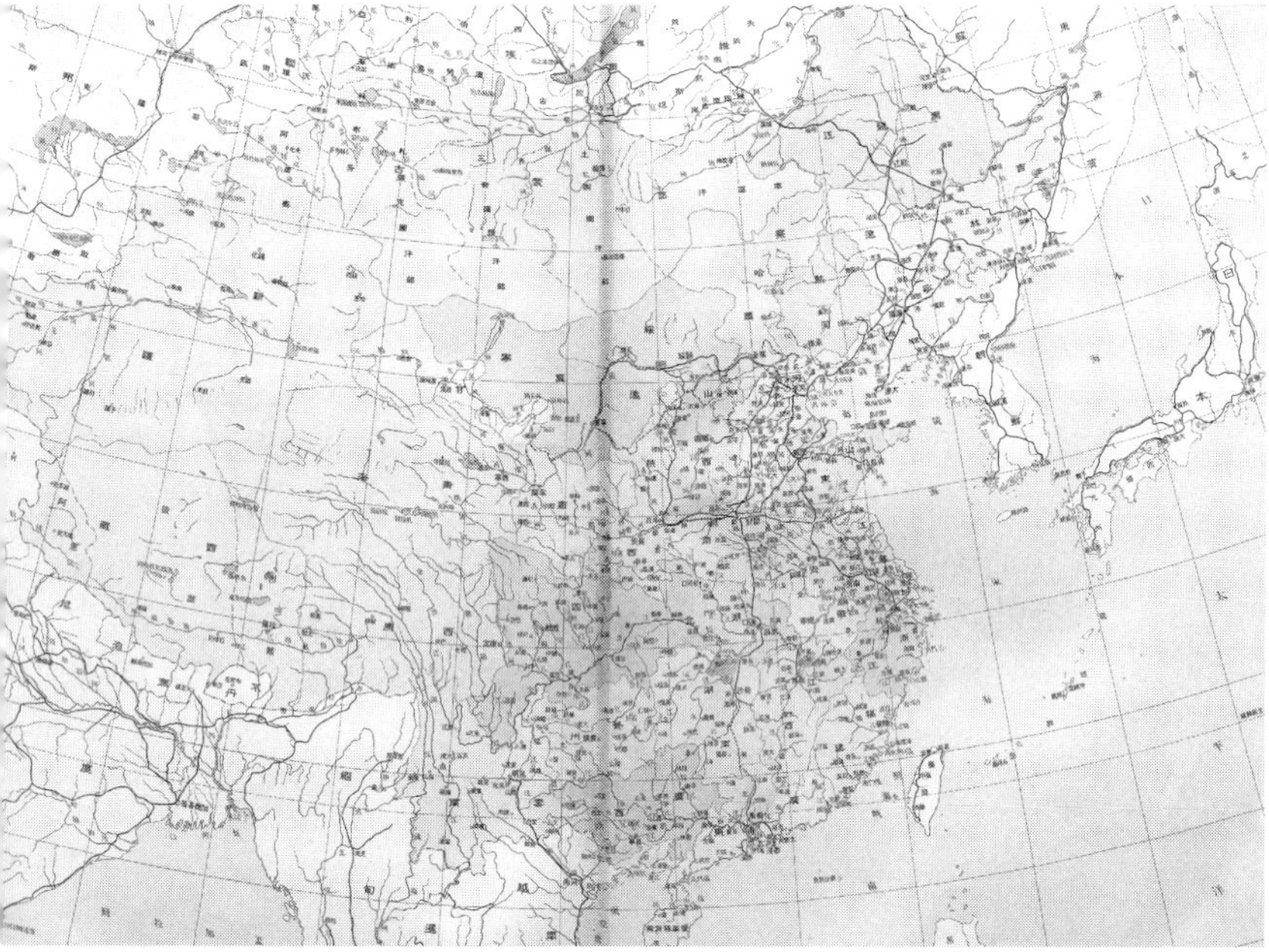

11：1934年、『申報』紙は国民に自国領土について教えるために中国地図を発行した。この地図の制作者は外モンゴルとチベットを自国領土に含めたが、当時は両国とも独立していた。一方で、日本に割譲された台湾は除外している。

12：1924年、孫文（着席）。横に立つのは、黄埔軍官学校の校長に就任したばかりの若き日の蔣介石。

13：独学の地理学教授、白眉初。彼のいい加減な地図制作が、南シナ海の領有権をめぐる中国の主張を生み出す根拠となった。白の教え子たちは、のちに第二次世界大戦後の領有権主張について中国政府にアドバイスする立場となる。1936年に白が制作した「中華建設新図」は地理的な現実に彼の国家主義的な想像力を加えたものだった。

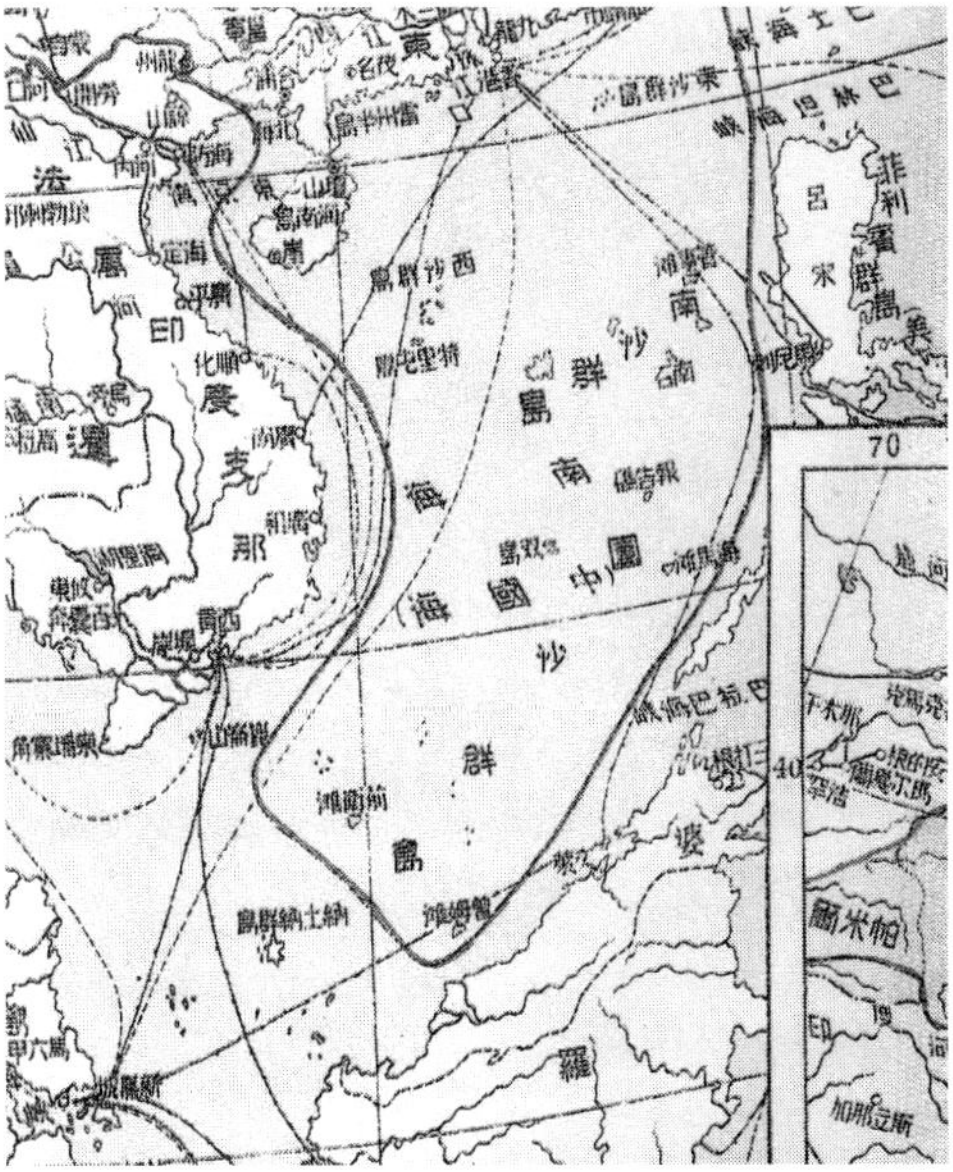

14：1936年、白眉初が『中華建設新図』に掲載するために描いた南シナ海の地図。ジェームズ礁（ボルネオ沖）、バンガード堆（ベトナム沖）、シーホース礁（フィリピン沖）が島として描かれているが、実際には海面下の地物（海洋地形）である。南シナ海の中央部や南部に白が描いた島々のほとんどは実在しない。にもかかわらず、この地図と白が描いた線は、依然として現代中国の南シナ海領有権主張の根拠となっている。

15：プラタス（東沙）島に誇らしげに立つ蔣介石の像。南シナ海にあるプラタス諸島は、大清国が最初に領有権を主張した場所である。像の後ろの建物には、南シナ海をめぐる領有権問題を解明する手がかりが収蔵されている。

「中国」という捏造　歴史・民族・領土・領海はいかにして創り上げられたか◉目次

〔編集部註〕
・（　）番号ルビは原註を示し、巻末にまとめて掲載した。
・〔　〕亀甲内の小さな文字は、訳註を示した。

「中国」という捏造　歴史・民族・領土・領海はいかにして創り上げられたか

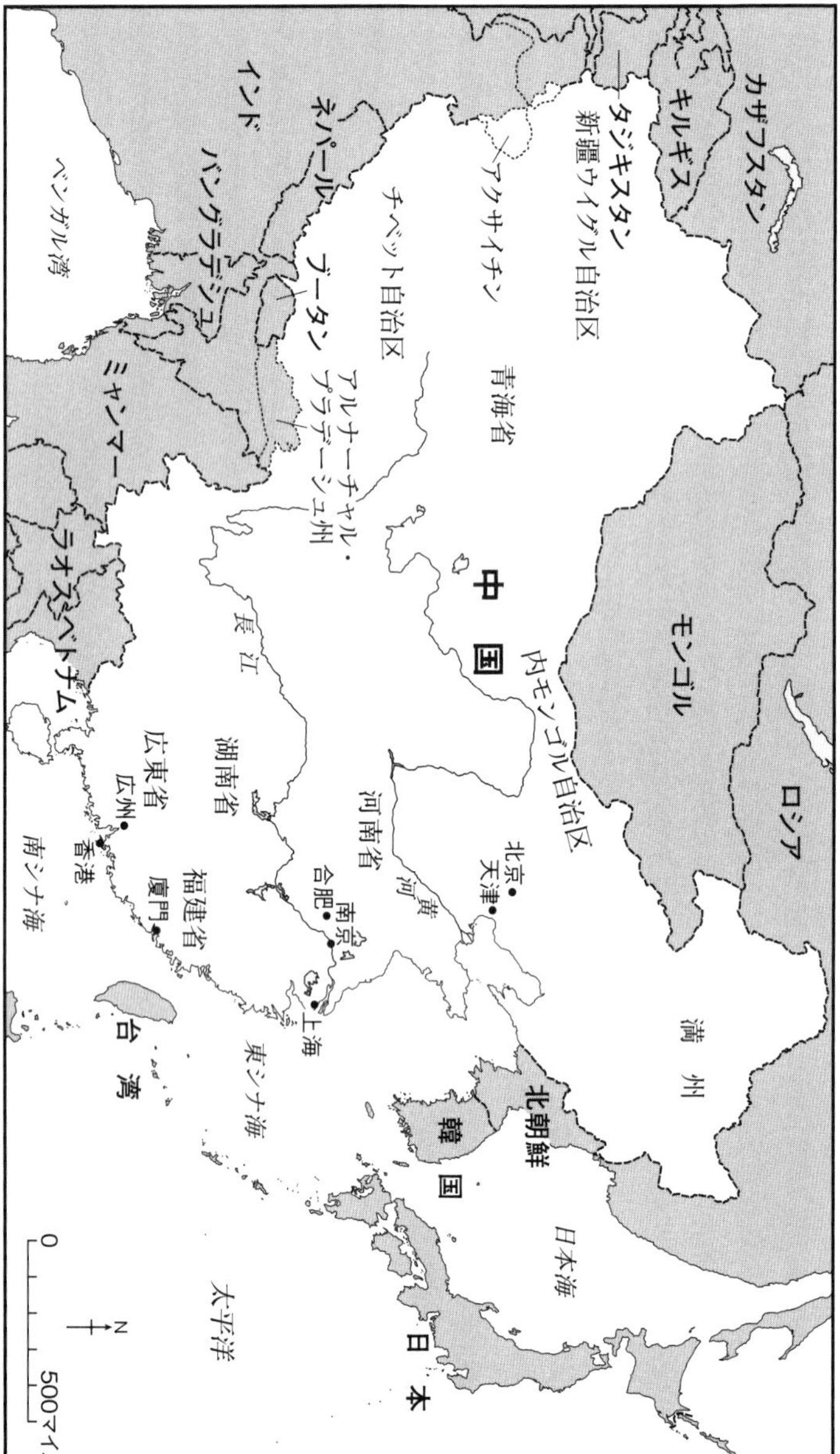

1. 現代の中華人民共和国

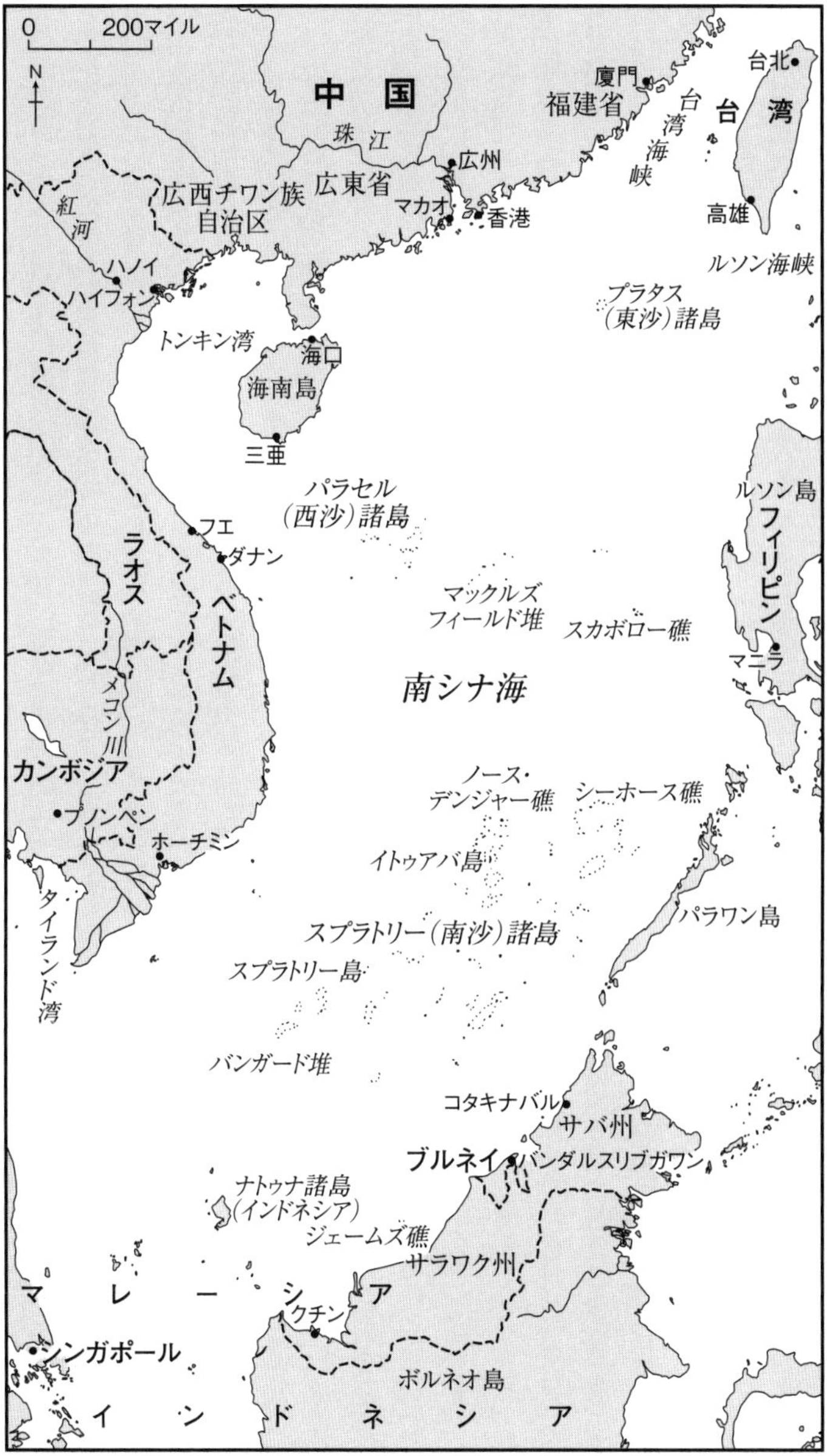
0
200マイル
N
中国
福建省
厦門
台北
台湾
台湾海峡
珠江
広州
広西チワン族自治区
広東省
紅河
マカオ
香港
高雄
ルソン海峡
ハノイ
ハイフォン
プラタス（東沙）諸島
トンキン湾
海口
海南島
三亜
パラセル（西沙）諸島
ルソン島
フエ
ダナン
フィリピン
ラオス
ベトナム
マックルズフィールド堆
スカボロー礁
マニラ
南シナ海
メコン川
カンボジア
ノース・デンジャー礁
シーホース礁
プノンペン
ホーチミン
イトゥアバ島
パラワン島
タイランド湾
スプラトリー（南沙）諸島
スプラトリー島
バンガード堆
コタキナバル
サバ州
ブルネイ
バンダルスリブガワン
ナトゥナ諸島（インドネシア）
ジェームズ礁
サラワク州
マレーシア
クチン
シンガポール
ボルネオ島
インドネシア

2. 南シナ海

地図トレース＝株式会社 千秋社

序章「五〇〇〇年にわたる歴史」

「百年国恥」を忘れるな

中国はどのような国になろうとしているのか？　人口は膨大になり、このまま行けば経済的にも軍事的にも強大な国となることは予想できる。だがこの超大国の振る舞いについてはどうだろう。自国民や近隣諸国、その他の世界をどのように扱うのだろうか。一〇億以上の人口と、強大な軍隊、核兵器を持ち、不安定な国境地帯を抱える、こういった大国は今二つある。しかし、そのうちの一国であるインドは、国際秩序の脅威とはほとんどみなされていない。それに対して中国は、各国政府、アナリスト、評論家がこぞって強い懸念を表明する国だ。中国には脅威と映る何かがある。この国の成長を商取引、投資、利益、開発などのチャンスと捉える風潮がある一方で、そこに何の不安も抱かない者は少ない。いったい中国とはどのような国なのか？　いったいどのような世界を作ろうとしているのだろうか？

この問いに対して、中国共産党はじめ多くの評論家が繰り返すプロパガンダが解答のヒントになる。「百年国恥」を忘れるな、というのがそれだ。習近平も二〇一七年一〇月一八日の中国共産党第一九回全国代表大会で、巨大な「鎌と槌」のシンボルマークを背にした演説で、この「百年国恥」について触れている。聴衆に向かって彼はこう語った。「五〇〇〇年以上にわたる歴史のなかで、わが国は優れた文明を作りあげ、人類に卓越した貢献をし、世界における偉大な国家の一つとなった」

しかし一八四〇年のアヘン戦争で、中国は内憂外患の暗黒時代に突入した。国民は戦争に疲弊し、母国の分裂を目にしながら、貧困と絶望のなかに暮らしていた。無数の献身的な愛国者たちが勇敢にも戦いに身を投じ、粘り強く困難を乗り越え邁進し、国家救済のためあらゆる手を尽くした。だがそうした努力にもかかわらず、中国人は無力であり、中国社会の古い体質や中国国民の窮状を改善することができなかった。(1)

信じがたい歴史見解である。「中国国民」が一世紀にわたって外国の侵略を受けた不運な被害者であり、彼らはみずからの運命を変える力を持たなかったなどと決めつけている。なぜこのような歴史見解を唱えるのか、その動機は明らかだ。それが一党独裁国家にとって都合がいいからだ。「中国国民」から行為主体性を奪ってしまえば、中国がどのような変化を経て現在に至ったのかという答えにくい質問を受けることも、それに答える必要もなくなるからだ。その結果、習政権の説く歴史が堂々と中国の学校で教えられ、国外でも広く受け入れられるに至っている。だが近年の研究によって、その歴史のあらゆる面に異議が唱えられるようになった。とはいえ残念なことに、こうした研究結果は中国関連の議論の主流には至らず、図書館や大学の研究室で日の目を見ないままになっている。

本書では、それらを白日の下にさらしてみようと思う。習近平版の中国の歴史——「古代」から時代を超えて存続してきた「中国人」についての歴史——が事実ではなく、現代に作りあげられた架空の物語であることを明らかにしていく。彼らが主張する中華民族の均一性も、中国の国境線も、さらには「国民国家」という概念さえも、すべて一九世紀後半から二〇世紀前半に捏造《ねつぞう》されたものなのだ。

中国がいかにしてみずからを「中国」という名の国家と捉えるようになったかについても述べたいと思う。また、中国の知識人たちがどのようにして西洋近代思想を取り入れていったかについては、まず「中国」という国名と概念を導入したプロセスについて述べ、次に主権、人種、国民、歴史、領土といった西洋の概念をいかにして中国社会に広く普及させたのか、その経緯を検証する。また、こうした重要な概念を取り入れたのは、海外にいた中国の知識人たちであり、彼らは中国が五〇〇〇年間ずっと統一国家であり統一国民であったという神話を創作して国民を扇動するよう脚色したことも明らかにしたい。

本書はたんなる学術的論文ではない。現代の南シナ海、台湾、チベット、新疆《しんきょう》、香港、最終的には中国自体の問題を正しく理解するためには、どのような経緯で国の指導部が中国版歴史を捏造するに至ったのか、その歴史観にはいったいどのようなリスクが潜在するのかを知る必要がある。中国の今日の振る舞いは一世紀前の知識人や活動家たちが創作した架空の歴史に大きな原因がある。また、彼らが導入し普及させた思想が、国全体に変革をもたらすほど多くの国民に根付いた結果でもある。これらの思想が、敵対する政治グループ間でどのように議論され、どのように合意に至ったか、その方法や手段は、今日の政治の世界においても同様に用いられている。

このような経験をした国はなにも中国ばかりではない。ドイツ、トルコ、イタリア、イギリスといった現代のあらゆる「国民国家」が、同様の過程を経ている。この問題に詳しいトルコ出身でマルクス主義者の歴史家、アリフ・ダーリクは、旧清帝国から近代的な中国に進化する過程を、わずか数年後に起きたオスマン帝国からトルコへの過程に類似していると指摘する。表向きは単純な「暴力による政変」だが、実際にはその過程で根本からの変化を必要とした。その変化とはつまり、社会全体の世界観の変化であり、支配者・被支配者関係に対する認識の変化、現状を表現する言葉の意味の変化であった。

本書で最初に「中国」という国名を取り上げたのは、ダーリクの同じテーマの論文に大いに感化されたからだ。ダーリクは論文のなかで、旧帝国から近代的な国民国家への移行は、実は結果が先にあり、そこから逆向きに起きたと論証している。その変化の始まりはまず言葉からだった。急速な近代化によって生じる問題の説明や対処に苦慮した知識人たちは、現状を表現する新たな言葉を作ったり、古くからの言葉の意味を変えて再利用したりした。そうしてできた新たな言葉によって、新たな社会観がより明確になり、支配者・被支配者の関係に変化をもたらした。その結果、旧支配層の打倒につながった。

ダーリクはちょうど私が本書の執筆を始めた頃に逝去している。私は生前に一度だけ会うことができた。気難しい人との評判だったが、私は彼に好感を抱いたし、中国問題について私を開眼させてくれたのは彼だ。ダーリクによると、一世紀前に出現し現代中国の思想基盤となっている歴史観は、歴史の捏造というたんなる過去の問題ではなく、今も現在進行形の問題として、この新進の超大国の行動を活発化させているというのだ。今日の中国を見ると、一世紀ほど前にごく一握りの知識人たちが事実上勝利を収めたことがよくわかる。彼らはまったく新しい社会観、政治観を作り出し、国民はおろか世界の人々にまでそれらを浸透させた。しかし、そうした彼らの考え方は、歴史学や地理学、正しい社会秩序といった表面上は伝統的とされてきた概念と、国家、国民、領土、国境といった近代的西洋概念とが、混然と融合したものにすぎない。

本書は「中国の捏造」を扱っているが、とくに中国だけを批判の標的にしようとしているわけではない。こうした「捏造」のプロセスはすべての近代国家が経験していることだからだ。表向きは体制の整った統一国家という未来像を提示するために、どんな国も過去の事実を取捨選択している。私が本書を執筆しているイギリスでは今、EU（欧州連合）離脱の議論が白熱しているが、ここでも同様の取捨選択が見られる。政治家や評論家たちが連日、イギリスの対欧州大陸、対アイルランド島関係や、かつてイングランド王国とスコットランド王国が政治基盤強化のために合同した歴史的事実などをみずからに都合のいいように、生み出したり葬ったりしているのだ。その結果、統一を保つために長期にわたって抑圧されてきた主権と独自性の問題が一気に噴き出し、様々な感情や対立を生む新たな源になっている。

イギリスから何千マイルも離れた中国でも、香港が炎に包まれ、一〇〇万人以上のウイグル人が「再教育施設」に収監されている状況がある。これらは香港、ウイグル、イギリスだけでなく、世界のあらゆる「国民国家」に共通する問題だ。背景や因果関係は大きく異なるが、どれも同じ原因から発生している。それは国民主権、民族の独自性、国家の統一という概念に整合性がない、つまり主権や独自性を追求すれば統一は成立しなくなるということだ。

中華人民共和国の正統性

現在北京の紫禁城を訪れる人々の多くは、かつて朝貢使や外交使節、下級官吏たちが通ったいくつもの門を抜けて中に入る。巨大な赤い壁面に沿って進むと、実用的なものから象徴的なものまで、何重もの防衛施設がある。最初にあるのは、外敵への警告として南に向かって作られた弓形にカーブした堀だ。堀を越えた先には、宮廷の儀式が行なわれた広大な中庭があり、その奥には皇帝即位の儀式に使われた太和殿がある。その先の保和殿では、朝貢国の使節をもてなす宴席が設けられた。紫禁城の中心軸に沿ってさらに北に進むと、よりプライベートな空間が広がる。皇帝の部屋がある乾清宮、夏至や冬至、新年を祝う儀式が執行された交泰殿があり、そして最奥が坤寧宮《こんねいきゅう》である。坤寧宮は清王朝以前に皇后の寝室として建てられたが、清王朝が北京入城した後の一六四五年には別の目的で使われるようになった。

清は満州族の国で、彼らは東北部からの侵入者だった。独自の文字を持つ独自の言語を有し、宗教も独自のシャーマニズムを信仰していた。こうした文化は、一九一二年に王朝が滅亡する直前まで、公用語や宮廷儀礼で守られていた。インドを統治していたイギリス人、アラブ世界を支配していたオスマントルコ人がそうだったように、清国の支配層もみずからのアイデンティティを守ろうとしたのだ。なかでも皇族らは、東北部の山岳地帯で祖先が執り行なってきた儀式の多くを紫禁城の奥で続けていた。伝統的な形状の弓（リカーブボウ）を使って弓術の鍛錬を行ない、満州族に伝わる踊りを踊り、さらに、動物の生け贄《いにえ》を捧げる儀式まで行なっていた。実はこれが坤寧宮に与えられた新たな役割だった。

毎朝シャーマニズムの伝統に則った礼拝のあとに、坤寧宮中央の広間に集まった皇族の目の前で、生け贄の豚が屠殺された。豚は儀式を終えると解体され、さっと茹《ゆ》でただけのほとんど生の脂ぎった肉がその場に集まった皇族たちに配られる。彼らは我先にと美味しい部分を奪い合った。坤寧宮の床は豚の脂が飛び散って汚れ、垂木《たるき》には茹でた豚の臭気が染みついた(2)。しかし皇族たちにとって、そのようなことは問題ではなかった。この宮殿は外部から遮断されたきわめてプライベートな聖なる場所だったのだ。ほかにも皇帝の新婚時代の特別室として使われていた。もちろん、そのさいには掃除をしてから使ったのだろうが、このことからも、どれだけ私的な場所であったかをうかがい知ることがができる。坤寧宮での出来事が外部に漏れることはなかったのだ。

　こうした伝統は一九一一年から一二年の革命直前まで続けられていた。しかし現代の紫禁城の「守護者」である観光ガイドたちは、このような宮廷生活の一面について明らかにすることはない。伝統的な中国皇帝のイメージにそぐわないからだ。残された絵姿にあるとおり、天子とは巨大な玉座に鎮座しているものであって、脂に汚れた床にしゃがんだりはしない。こうして坤寧宮での満州族の歴史を隠蔽《いんぺい》あるいは最低限の情報に抑制することで、観光ガイドたちは中華人民共和国の正統性をも守る重要な「守護者」としての役割を果たしているのだ。人民共和国はみずからを、数千年前から途切れなく続いてきた歴史を持つ中国という国を引き継いだ支配者だとみなしている。その歴史的背景があるからこそ、今自分たちは太平洋から中央アジアまで広がる広大な領土の正当な支配者たりうる、というのが彼らの考え方だ。つまり、チベット、新疆、モンゴル、満州、台湾が中華人民共和国に帰属するという主張の根拠となっているのが、この考え方なのだ。さらには誰が中国人か、中国人ならどう行動すべきかを決定する権限も中華人民共和国にあるとする根拠でもある。

　だが坤寧宮の歴史を見てわかるとおり、「中国」を二六八年間にわたって支配していたのは満州人の大清国だ。ヒマラヤ山脈や天山山脈に至るまで領土を拡大したのも満州人だ。この大清国は一九一二年の革命によって打倒された。大清国を打倒した国家主義者たちは、このほぼ中国人の国ではない帝国が治めた領土全域の統治権がみずからにあると頭から信じ込んだ。さらに彼らは、誰が中国人であり、中国人はどのように行動すべきか、どの言語を話すべきかなどを決定する権利までみずからにあると思い込んだ。そんな彼らの後継者にあたるのが現代の中国共産党指導部である。彼らは中国とは何か、中国人とは何を意味するのかについて凝り固まった考えを持ち、結果がどうあれ、その考えを押しつけることに執着している。そして政治的目的で捏造した一方的な歴史見解を唱えることで、みずからの行動の正当性を繰り返し主張している。中国の今後の動きを理解しようと思うなら、彼らがなぜそのような見解を持つに至ったか、その根源を理解する必要がある。本書では、帝国時代の古い秩序が崩壊し、その残骸から近代の「国民国家」が出現した約一世紀前にさかのぼってその答えを探る。

故意に構築された「中国（チャイナ）」

用語について一言述べておく。タイトルの「捏造」という言葉に抵抗があるかもしれない。歴史の専門家であれば「構築」という言葉を使うべきだと考えるだろうが、しかし「中国の構築」というタイトルでは、土木工学に分類されるおそれがある。私のいう「捏造」は、専門家のいう「構築」と同じ意味であり、中国がまったくゼロの状態から捏造されたと主張しているわけではない。ただ中国という国が恒久の領土を有し、間断なく続いてきた歴史を持つという中国政府の見解は、過去の様々な時代の特定の状況下で活動していた人々が、矛盾する証拠の寄せ集めを基に大胆に構築（捏造）したものだと言いたいのである。それらの人々が海外から取り入れ、都合よく作り変え、真実だと主張した思想や考え方、作り話はそれぞれの時代の産物なのだが、中国指導部は今日もそれらを行動の指針としているのである。

「中国（チャイナ）」という名称の使用については、おおむね一九一二年の中華民国建国宣言以降に限定し、それ以外はあえて別の名称を使った。一九一二年以前の時代に対して「中国（チャイナ）」という言葉を使うことは、それこそ国家主義者たちの思うつぼであり、以前から「中国（チャイナ）」という国名と概念が存在したという彼らの言い分を認めることになる。そうなると問題は、はるか昔からこの地球上に存在するこの地域を、厳密にはどう呼べばいいのかということになる。ダーリクは「東アジア中心部」という表現を用いたが、これでは便利なようで少々広義すぎる。一六四四年から一九一二年までの時代に対して、私はティモシー・ブルックの言葉を借りておおむね「大清国」という名称を用いた。ブルックによると、「大国（ダーグゥォ）」は内陸アジア独自の統治形態を表すのにぴったりの表現であり、モンゴル帝国以降の王朝がみずからを指して使った言葉だという。したがって、西洋でいう「帝国」よりも「大国」のほうが適切だと考えた。(3)

最後に明言しておくが、本書は総合の産物である。ここ数十年のあいだになされた、新世代の研究者たちによる先駆的な研究に基づいたものだ。「新清史学派」や「クリティカル・ハン・スタディーズ（Critical Han Studies）」などの学派のおかげで、われわれは古くからの問題を新たな視点から考えることができるようになった。そうした研究者たちの氏名は本文にて、さらには謝辞のなかでその多くを記載したが、より詳細が知りたい人のために巻末の参考文献ですべてを掲載している。彼らの専門知識には大いに助けられた。このように中国の過去を再検討できたのは、北米、オーストラリア、ヨーロッパ、日本の大学に学問の自由があるからにほかならない。当の中華人民共和国の内部では、こうした問題に率直に取り組むことが不可能だ。主権、独自性、統一という問題は依然としてきわめて慎重な扱いを要する。本書ではその理由を明らかにしていく。

第1章 「中国」の捏造——国名のなかった国

「チャイナ(中国)」は西洋人が作りだした概念

習近平は軍のトランペット奏者三人に先導され、縁起がよいとされる八段の階段を上り、地域大国の指導者として人民大会堂のステージに立った。いつもどおりの無表情でその高い場所から見下ろすのは、主賓席に並ぶ三六人の政府首脳陣や複数の国際機関のトップたち、そしてそのうち数人が伴ってきた配偶者たちだ。その背後には主賓席とは違う小さめのテーブル一二六卓が会場端までいっぱいに並び、そこには一〇〇〇人以上の海外代表団が着席している。その配列のいちばん高い所に一人立つのが習近平だ。演出家はこれでもかと言わんばかりに、中国の権威を強調した舞台装置を作りあげていた。ステージの両側には、古代シルクロードの建造物と遺跡の風景が一対の巨大な舞台背景のように立てられ、その乾いた世界と主賓席に置かれた華麗なフラワーアレンジメントは実に対照的だ。主賓席にはほかにも、睡蓮の花咲く池で求愛する白鳥、羽を見せつけながら庭園を歩く孔雀《くじゃく》、繊細に作られた森から飛び立つ鳩などがミニチュアで飾られている。

これらは二〇一九年四月二六日、北京での第二回「一帯一路」国際協力フォーラムの開催記念晩餐会の様子だ。そこで地域間協力に関する美辞麗句と並んで、習が語りたかったのは歴史についてだった。習は代表団に向かってこう語りかけた。

「様々な国々が交易を通じていかに発展し繁栄を遂げたか、交流によっていかに高度な文化を発展させてきたか、シルクロードは数千年にわたって、その様子を目撃してきました。数えきれない課題に直面している今日において、われわれはシルクロードの歴史から知恵を得ることができます。現在のウィン－ウィンの協力関係から利点を見出し、全地球上にその協力関係を押し広げることで、すべての国が発展を分かち合う明るい未来を共に迎えることができるのです(1)」

この手のイベントの真の目的は歴史、といっても中国製特別版の歴史を紹介することだ。派手な演出と巧みなレトリックによって、習近平は中国が東アジアの、あるいはさらに広い地域の元来のリーダーであることを見せつける。シルクロードという比喩は結局のところ、すべての道は北京に通じるという意味で、外交の道具に使われている。しかし皮肉なことに、この道具を発明したのはヨーロッパ人なのだ。「シルクロード」という言葉を初めて使ったのは、一八三八年、近世ドイツの地理学者カール・リッターだとされている。一八七七年には同じくドイツの地理学者フェルディナント・フォン・リヒトホーフェンも採用し、一九三〇年代になってスウェーデンの探検家スヴェン・ヘディンが世に広めた(2)。だが、こうした史実は習にとってはどうでもいいことだろう。北京が公式とする歴史において、シルクロードは中国が古くから中心的な国家であったことを証明するものでしかない。中国の正当な地位はつねに地域政治の頂点にある。それが本来の歴史的秩序であり、未来においてもあるべき姿なのである。

しかし、このようなイベントで習が発信する中国像は政治的思惑による捏造である。こうした中国像を抱くに至った背景には、中国のみずからに対する認識もあるが、同時にヨーロッパ人が中国に抱いていたイメージの影響も大きいのだ。本章ではその経緯を明らかにしていく。もともとはヨーロッパで生まれた「シルクロード」という表現が、実際にははるかに複雑で混沌とした歴史に対して想像上の秩序を与えたのと同様に、「チャイナ（中国）」という国名をつけたのも、チャイナという国の具体的なイメージを作り上げたのも西洋人であり、それがのちに東アジアに伝わったのである。何世紀ものあいだ、西洋人が「チャイナ」と呼んでいた場所は、探検家や宣教師らが帰国時に持ち帰る断片的な情報を元に作りあげられた想像の産物であり、そのイメージはのちに作家や東洋学者によってさらにふくらんでいった。そして「チャイナ」とは、古代から存続している独立国家であり、東アジアという大陸の一部を占めている、というイメージが西洋人の心のなかに定着したのである。

だが実際には、この期間に「チャイナ」という名の国は存在していなかった。一六四四年から一九一二年までのあいだ、「チャイナ」は事実上、内陸アジアの帝国である大清国の領土だった。清は多民族国家を形成しており、「中国本土」（清との戦いに敗れた明王朝の一五の省）はそのなかのほんの一部でしかなかった。前王朝の明国は約三〇〇年間続いたが、そこでも「チャイナ」という名称が使われたことはない。明王朝の以前には、同地域はモンゴル帝国の一部だった。地中海にまでその領土を広げていたモンゴル帝国においては、東アジア自体が領土の一部にすぎなかったのだ。モンゴル帝国の前は、それらの地域は宋、西夏、遼といった対立する王朝に統治されていた。これら複数の王朝（宋、西夏、遼）は現中国の領土を分割して支配しており、さらに前の王朝はこれらの王朝とはまた別の分立する複数の王朝であった。

領土の大きさや民族構成は王朝によって様々だったが、どの王朝も前王朝の正統な継承者であることを示す必要があった。新たな王朝の支配者たちはみな、役人および多くの臣民の忠誠心を獲得するために、伝統の継続性を強調する必要があったのである。「皇帝は〈天命〉を受けて国家を統治する」

という古代中国思想に従い、各王朝の皇帝は臣民統治の権限を得るために、決まった言い回しを使い、決められた儀式を執り行なわなければならなかった。こうした手順を心から信じて踏襲していた時代もあったかもしれないが、ある時代には政治的なパフォーマンスとなり、またある時代には完全な偽装儀式が行なわれていた。モンゴルと清の支配者たちも、内陸アジアの文化を密かに守りながら、対外的には征服した前王朝の民族（漢族）の伝統的な統治を継承していることを、少なくとも臣下の一部に対してアピールした。

では「チャイナ」という国はどこにあったのか。手短に言えば、それは外国人の想像力のなかにのみ、明確な領土を持つ統一国家として存在したにすぎない。一九世紀の最後の最後まで、北京の支配者たちは、おそらく「チャイナ」という名前さえ知らなかったのではないか。さらに重要なのは、外国人が何を指してこの「チャイナ」という言葉を使っているのか、意味すら理解できなかっただろう、ということである。

西洋の思想家たちは、彼らの言うところの「チャイナ」をその地域のどの国よりも特別に扱い、概念において「チャイナ」を内陸地域よりも格上に捉えていた。西洋人は「チャイナ」を、その地域を動かす巨大エンジンと考えたが、その一方で内陸アジアに対しては、馬に乗った大群が「チャイナ」に流れ込み、強奪や略奪を働いたときにのみ気にかける程度であった。西洋人にとって、「チャイナ」は歴史の舞台につねに登場する存在であったのに対し、内陸アジア諸国はやがて歴史の塵《ちり》として消え去る運命の騎馬民族でしかなかった。だからこそ「シルクロード」という名前があるのだ。貿易をしているのは「チャイナ」であり、内陸アジアの国々はたんに通過する場所にすぎないと考えられていた。

一九世紀末から二〇世紀初頭には、「チャイナ」は卓越した存在であるという考え方が、ヨーロッパから東アジア、東南アジアに広まり、そうした捉え方は非公開の議事録や、清国の知識人たちによる公式記録のなかにも見られるようになる。おもに国外に出て遠くから自国を振り返ることのできた人々による記録だ。彼らは亡命または滞在していた場所から、「チャイナ」と呼ばれる場所について西洋人と同様に想像するようになっていった。やがて彼らが帰国すると、この自国についての新たな認識――連続する歴史と明確な領土を持つ国――を、深刻な政治危機にある祖国を救う活動の思想的基盤を求めていた人々のあいだに広めた。そしてこの思想を大きく発展させるという重要な役割を果たしたのが、国の名前に関する議論だった。

最近、習近平やその側近の中国指導者たちは、一般的な演説において自国を二つの名で呼ぶ。「中国」と「中華」だ。両方とも地域の覇権を有するという意味があるようだ。どちらも英語に訳せばChina（チャイナ）となるが、中国語では特別な意味を含んでいる。「中国（ヂォングゥオ）」とは文字どおり、理想的な政治的序列を表す「中央の国」を意味する。「中華（ヂォンファ）」を文字どおり訳すと「中央に開花するもの」だが、より比喩的な意味は「文明の中心」であり、辺境地域の未開人に対する文化的な優位性を主張する言葉だ。「中国」・「中華」ともに古い歴史的ルーツを持っている言葉だが、国の名前としては一九世紀末まで使われることはなかった。これらの言葉が国名となったのは、国民と国家という西洋の概念の影響を受けて、国に対する認識が大きく変化したからである。この変化に伴い、二つの名前が持つ意味も大きく変化していった。ではこれから国名にまつわる物語を始めよう。

中国（チョングウオ）は国名ではなく特定の文化を持つ場所

広東《カントン》省と福建《ふっけん》省の沿岸に暮らしていた商人や知識人たちは、ガレオテ・ペレイラを温かく迎え入れた。ペレイラはインド諸国で手に入れた白檀や香辛料を安値で売り、航海に必要な食料や物資には市価の二倍を支払った。ペレイラはポルトガルの上流社会との交流もある名家の出身で、商取引の良い相手だった。彼は西洋人による東アジア進出の第一波を象徴する人物であり、ポルトガル帝国の利益に加えて自己の利益も追求し、ちょっとしたカトリックの布教活動も行なっていた。母国を離れてから一〇年のあいだに、ペレイラはインドで商人をしたり、シャムで傭兵をしたりしていたが、一五四八年までにはマラッカと東の貿易拠点とのあいだを航海して、東アジアや東南アジアの豪華な品々を取引するようになっていた。

地方政府や、遠く離れた北京の明朝政府はガレオテ・ペレイラを忌み嫌っていた。彼らにしてみればペレイラは、法令を無視して禁制品を密輸する外国人であり、法令では「佛郎機《フランキ》」（アラブ商人の言葉を借りれば）、つまり「フランク族の」ヨーロッパ人であるポルトガル人との交易をとくに禁じていたからである。この二〇年ほど前、明王朝の外交儀礼に対する無知や、官吏たちと対面したさいの傲慢さから、ポルトガル人は国外追放処分となっていた。そのためペレイラたちは、当時アモイ、リヤンポーと呼んでいた都市（今日の廈門《アモイ》、寧波《ニンボー》）の沿岸を縁取るように浮かぶ数千の島々のあいだを通り抜け、中央政府から隠れながら地元の商人たちと商売をするというイタチごっこを繰り広げていた。

しかし一五四九年三月一九日、その攻防にも終わりが訪れた。福建省と浙江《せっこう》省の総督で、いかにも正直そうな朱紈《しゅがん》という人物が、省の沿岸警備隊に密貿易の撲滅を命じたのだ。彼らはペレイラを捕らえ、彼の指揮下にあった二隻の船を差し押さえた。船は廈門市の近く、走馬渓という名の静かな係留地に隠してあったという。船の乗務員は逮捕され、省都・福州の牢に入れられた。そこで朱紈の命により、おもに地元の浮浪者からなる九六人が処刑された。

しかし、朱紈の熱心な法執行は密貿易の恩恵を享受していた地元の郷紳《きょうしん》、いわゆる地方の有力者の反感を買うことになった。彼らは禁制品の供給を確保するため、朝廷の高官と共謀し、北京の許可なく処刑を執行すべきではなかったとして、権限を越えた罪で朱を告発した。その結果、ポルトガル人に対する告訴は取り下げられ、朱は横領で有罪となった。朱は自害し、ペレイラと生き残った乗組員たちは寛大な処置を受けたのである。

ペレイラは二、三年のあいだ、様々な形で拘留されていたが、そこでの生活はだんだんと快適でくつろいだものになっていったようだ。そして最終的には賄賂を使って自由を取り戻す。一五五三年二月二七日、イエズス会の創設者の一人であるフランシスコ・ザビエルの遺体発掘が、現在の香港の南に位置する上川島《じょうせんとう》で行なわれたが、その場にペレイラがいた記録があることから、そのときまでに釈放されていたことがわかる。そこはポルトガルのごく小さな植民地——布教活動と密輸の拠点——であり、地元の有力者たちもそれを容認し、北京の朝廷には知られないようにしていた。ザビエルはイエズス会発展の大きな可能性が東洋にあると確信しており、信仰より経済を動機とする人々とともに働くことに何の罪悪感もなかったようだ。ポルトガル帝国主義の二つの下部組織（宗教界と経済界）が市場拡大をめざして奮闘していたからである。

同胞とともに帰国すると、ペレイラはすぐに明王朝での滞在記を書き、これによってヨーロッパ人は明の実情に初めて触れることになった。手記は当然のことながら、牢獄や刑罰に重点が置かれており、なかでも偶像崇拝や男色を「最大の罪」として強く批判していた。それでも、彼の旅した地の道路や橋の質の高さ、衛生的に優れた箸の使用、広大な土地に建つ富裕層の洗練された邸宅などを高く評価した。しかし、「チャイナ」と呼ばれる未知の国については、それまで「チャイナ」を探して出航したヨーロッパ人たちと同じく、わからずじまいだったようだ。

われわれはこの国を「チャイナ」と呼び、その国民を「チンズ（Chins）」と呼んできたが、少なくとも収監されているあいだに彼ら自身がその言葉を使うのを耳にしたことはなかった。そこで私は彼らが自国をどう呼んでいるのか調べることにした……私はインドでは誰もがあなたがたを「チンズ（中国人）」と呼んでいると伝えた……それから私はこの国全体にはどんな名前がついているのかを尋ねた……彼らはこう答えた。遠い昔からこの国には多くの皇帝が存在したが、現在は一人の「皇帝」が国全体を支配している。とはいえ、かつての王朝はそれぞれの名を所有しているのだと。これらの王朝は今や明の領土となっている……。結局のところ、この国の名前は「大明」で、住民は「大明人」と呼ばれ、チャイナ（中国）とかチンズ（中国人）という言葉がこの国で使われているのを聞いたことがないそうだ(3)。

つまり、中国人が自分自身を中国人と呼ぶことも、自国を「チャイナ（中国）」と呼ぶこともなかったということだ。かわりに彼らは自国を「大明」と呼び、自分たちのことは「大明人」と呼んでいた。ペレイラが出会った人々は自分がどこかの民族や領土に属しているとは考えておらず、統治王朝の臣民であるとだけ認識していたようだ。彼らが使う名称は、住んでいる省や町の名前だけで、ペレイラが考えていたような誰もが属する国の名ではなかったのである。

それからの数十年、一六世紀の末までには、ポルトガルの商人や宣教師たちはペレイラの時代よりも仕事がやりやすくなっていた。彼らは拠点を上川島からマカオのやや大きい場所に移し、中国での布教というフランシスコ・ザビエルの夢も叶えた。イエズス会は明の朝廷に迎え入れられたのだ。たとえば司祭であり科学者でもあったマテオ・リッチなどは投獄されるどころか、初めて北京の紫禁城に足を踏み入れた西洋人となった。役人たちは彼の、日食や天体の動きを予測する能力に魅了された。皇帝は面会を拒否したが、彼は名誉ある客人として扱われ、教会を建てる土地を与えられたうえ、非公式ながら政府の相談役となった。

リッチも当初はペレイラと同じように、国名がないという謎に興味を持っていた。しかし数年の滞在を経て、彼は手記にこう記している。「中国人が、彼らの国に部外者がつけた数々の名前を聞いたことがないのも、そのような名前が存在することを知らないのも当然のように思われる……。支配者がある一族から次の一族に代わるたびに、統治を始めようとする支配者が国に新しい名前をつけるというのは、この国では太古からの習慣なのだ」。ペレイラやリッチは、ヨーロッパで生まれた国民国家という政治形態とはまったく違う忠誠の表し方があることに気づいたのである。「大明の人々」とは支配王朝の臣民を指し、「チャイナ（中国）」という国に住んでいるとか、「中国国民」の一員という意識はなかったのだ。

しかしリッチはこうも記している。「中国人のあいだでは……新たな支配者がつけた名前のほかに、古くから伝わる国の呼び名もあり、ときにはその呼び名に別の名前がつけ足されることもあった。現在われわれがこの国を呼ぶときは、（中央の）王国という意味の『Ciumquo（チュンクォ）』（中国）、または（中央の）花園という意味の『Ciumhoa（チュンホア）』（中華）を使うのが一般的だ。この二つの言葉を合わせると〈中央にいるもの〉という意味になる」。近代においては、「Ciumquo（チュンクォ）」は「zhong guo（ヂォングゥオ）」に、「Ciumhoa（チュンホア）」は「zhong hua（ヂォンファ）」に置き換えられている。しかし、リッチは「zhong guo（ヂォングゥオ）」が実際に示しているのは国名ではなく、国家としての序列の高さだということに気づいた。「中国人は……世界は平坦なものであり、自分たちの国はその中央に位置していると考えている……。自分の国のまわりにいくつかの国がある……それらの国々は彼らの見るところ、取るに足りない存在なのである」[4]。これらの言葉は今もなお使われている。「ヂォングゥオ」と「ヂォンファ」はほぼ同じ意味であり、「ユナイテッド・キングダム」と「ブリテン」、「ユナイテッド・ステイツ」と「アメリカ」が公式、非公式に同じ場所を表すのと同じだ。

「ヂォングゥオ（中国）」という言葉の歴史は古い。現在の河南《かなん》省で見つかった「甲骨」にこの言葉が刻まれており、その時代は商王朝（殷《いん》の別称）（紀元前一六〇〇年〜紀元前一〇〇〇年）にさかのぼる。それから数世紀後、およそ二五〇〇年前（紀元前七七〇年〜紀元前二五六年）の「東周」時代になると、「ヂォングゥオ」は北京の西から南、黄河流域に広がっていた「中原《ちゅうげん》」にあったいくつかの「封建国家」を指して使われていた。複数の国をまとめて「ヂォングゥオ」と呼んでいたのだ。しかし、一流の中国地図制作専門家の一人、リチャード・J・スミスによると、当時この言葉は、場所、文化、政治体制の三つの意味をからめて使われていたという[5]。『戦国策』の紀元前五世紀の記述にはこうある。

「ヂォングゥオ」とは、知性と洞察力を兼ね備えた人々が住まう場所。そこでは多種多様な生物と有益な道具が集められ、賢人や有識者の指導が受けられる。博愛や善行が実践され、詩、歴史、儀式、音楽に関する書物が使われている。そして新たな発想や技術が取り入れられ、遠方の人々も視察に訪れる。（中国人ではない）国王や未開の蛮族「夷狄《いてき》」さえも、ここでは適切な行動をする、そんな場所である。

言い換えれば「ヂォングゥオ」とは、現在「中国の」文化とか、より正確に言えば「漢族の」文化と呼ばれる特定の文化を持つ場所を指していたのだ。

一〇〇〇年以上のちの一二世紀になって、内陸アジアからの侵略者の脅威に直面した宋王朝時代の物書きたちは、みずからのアイデンティティを主張するために「ヂォングゥオ」という言葉を使うようになった。それは物理的な場所、すなわち古くからの中心地域であることを示すだけでなく、文化を継承していることも指していた。つまり宋の人々は、中原に位置した領土をモンゴル人に奪われたのちも、みずからを「ヂォングゥオ」の継承者とみなしていたのだ。しかし、ここで重要なのは彼ら自身が自国を「ヂォングゥオ（中国）」と呼んでいたわけではないということだ。自国のことはみずからの王朝の名をとって「大宋国」と呼んだ。二世紀後、明国の創始者である朱元璋《しゅげんしょう》はみずからを、モンゴル人を打ち負かした支配者と知らしめ、「今や私こそが〈ヂォングゥオ〉の支配者であり、天下は平和になる」と宣言した。しかし、彼もまた自分の国のことは「ヂォングゥオ」と呼ばなかった。みずからの王朝の名をとって「大明国」と呼んだのである。

「ヂォングゥオ」という言葉が、はるか昔の時代から使われており、そして現在も中国の国名になっているという事実から、国家主義的な歴史学者たちは、「ヂォングゥオ」は三〇〇〇年、あるいは五〇〇〇年にもわたって存続してきた国家だと主張する。しかし証拠を詳しく見れば、それが事実ではないことは明白だ。現在使われている意味に至るまでに、この言葉は長い時間をかけて多くの場所を旅してきた。

ハーバード大学で中国語を研究するピーター・ボル教授によると、三〇〇〇年以上にわたって「ヂォングゥオ」という言葉は断続的に使われてきたが、そのなかで共通しているのは、この言葉が特定の国に付ける名前としてではなく、「ヂォングゥオ」の内部にいる人々と、その外部にいる蛮族（夷狄）との文化的な違いを主張するために使われたという点である。[6]「ヂォングゥオ」とは国の呼び名ではなく、「ヂォングゥオ」の正統な継承者であることを主張するための言葉だったのだ。この言葉を「middle kingdom（真ん中の国）」と訳す者もいるが、これではまるでホビット族の世界のようだ〔トールキン作『指輪物語』でホビット族が暮らすのは middle-earth（中つ国）〕。「中央の国（central state）」もしくは「世界の中心（centre-of-the-world）」と訳すほうが、内側の「われわれ」と外側にいる「彼ら」との政治的階層の違いがわかってずっとよいと思う。

詳細は後述するが、「ヂォングゥオ（中国）」と「ヂォンファ（中華）」という言葉は、一九世紀後半という近代になって当時のナショナリストが古い言葉を蘇らせ、新たな意味を与えたものである。当時の理論家たちは、中国が連綿と続いてきた国のように見せる歴史を捏造するために、まったく異なる出来事をつなぎ合わせた想像上の過去の物語をでっちあげた。実際の歴史は、創作された物語よりもはるかに複雑で興味深いものであり、その本当の歴史を知れば、なぜ中国が現在のようになったのかがよくわかる。

チャイナの起源

次に、「China（チャイナ）」という英語名の由来を見てみよう。「チャイナ」の起源について最もよく知られているのは、現在の中国北西部にある甘粛《かんしゅく》省に小さな領土を所有していた古代の秦（中国語読みはチン）王朝の名を取ったという説だ。秦王朝の名はもともと、紀元前九八七年に（周王朝から）賜った小さな土地の名前（秦邑《チンイー》）にちなむ。[7] 秦王朝は六〇〇年にわたって黄河とその支流の流域で戦いを繰り広げたいくつかの「交戦国（戦国七雄）」の一つだった。しだいに支配地域を広げていった秦王朝だったが、紀元前二二一年、政《せい》皇帝が最後の敵国を打ち破り、史上初めて中国統一を成し遂げた。

政皇帝は、中原や黄河や長江の下流地域を（たとえ短い期間であっても）支配する初めての統治者として、みずからの新たな称号を「始皇帝《しこうてい》」とした。彼は不死を追い求めて現在の西安の近くに陵墓を作り、そのまわりを素焼き人形の兵士たちから成る軍隊（兵馬俑《へいばよう》）で囲んだ。しかし、秦王朝は政皇帝の寿命よりほんの少し長く続いただけで滅んでしまう。彼の死後四年のうちに後継者たちは、秦の役人から反逆者のリーダーに転じた劉邦《りゅうほう》に打ち負かされた。王位を手にした劉邦はみずからの王朝を打ち立て、それを「漢」と名付けた。振り返ってみると、秦は現在中国の中枢地域を統一した最初の王朝であるとみなされている。確かに発音的に近い「秦（チン）」を「チャイナ」の語源と考えるのは一理あるが、そもそも秦という王朝の名が実際にその領土の名前として使われていたという証拠はない。それどころか、逆の事実を示す重要な証拠がある。

インドの中国学教授ハラプラサード・レイによれば、秦王朝よりも古い時代のサンスクリット語の手書き文献に、「Cina（チーナ）」と呼ばれる場所についての記述が複数見つかったという。紀元前五世紀から紀元前四世紀に記されたと考えられている『ヴァーユ・プラーナ』には、「Cina（チーナ）」から来た人々についての記述がある。また、紀元前四世紀に書かれた『マツヤ・プラーナ』では、たとえば「Cina（チーナ）」の人々は死や埋葬に関わる儀式を執り行なうのにふさわしくないなどの記述がある。さらに、それぞれ四世紀以降と三世紀以降〔成立年代には諸説ある〕に成立したヒンドゥー教の二大叙事詩、『マハーバーラタ』と『ラーマーヤナ』にも「チーナ」は登場している。紀元前四世紀の政治論文、『アルタシャーストラ（実利論）』でも「チーナ」に触れられているし、同じく紀元前四世紀のインド医学書、『スシュルタ本集』のなかでは、包帯に使える布として「中国布《チーナパッタ》（Cinapatta）」について述べられている。サンスクリット語の文献のなかで、「Cina（チーナ）」がヒマラヤ山脈および山脈を少し越えた地域を指して用いられていることからも、この言葉が秦王朝時代以前から存在したと考えられる。

レイ教授は、同じ考えのもとに膨大な証拠資料を集めていた中国の学者、蘇仲翔《そちゅうしょう》の研究を参考にしている。蘇の主張では、「チーナ」の語源は、秦よりずっと以前に興った「荊《ジン》」であるという。音がまったく違うと思われるかもしれないが、この国は中国語の文献では「楚《チュ》」としても知られている。数世紀のあいだに発音は変化し、現在の「荊《ジン》」と「チーナ」の音声上のつながりにはやや開きが感じられるが、かつてはずっと近い音だったのだろう。「荊／楚」の中心地は、現在の湖北省にあり、ミャオ族と関係がある。ミャオ族はのちの漢王朝時代の歴史家から外部の「蛮族（夷狄）」と呼ばれることになる民族だ(8)。

オーストラリアの歴史学者ジェフ・ウェイドは、これとは少し違った言語学的事実に言及し、「Cina（チーナ）」の由来は別の民族にあるとする。中国南西部の雲南省の山岳地帯に住み、現在の中国語で「夜郎《やろう》」と呼ばれる民族だ。この民族には紀元前五世紀に編まれた叙事詩集があり、そのなかで彼らはみずからを「ギーナー」と表現している。ウェイドは、この言葉の発音がサンスクリット語の「チーナ」とほぼ一致すると指摘する。現在の雲南省に位置する彼ら古来の領地は、現在の中国とインド間の陸上交易ルートを支配できる位置にあった。この地域の東の山々を越えてインドに到着した品々は、当然「チーナ」から来た交易品と呼ばれていただろう。

どちらの説にも証拠はあるが、確固たる結論とするには至っていない。どちらが正しいにせよ、現在ほとんどの西洋人が中国を指して使っている「チャイナ」という言葉が、伝統的な「中国」の中心地とされる「ヂォングゥオ」ではなく、その外側地域に由来しているというのは皮肉な話だ。もう一歩踏み込んで言えば、「ヂォングゥオ」の外側に当時住んでいた大多数の民族の文化は、今日の「ヂォングゥオ」の定義である「中国」の文化ではなかったということである。荊／楚は少数民族であるミャオ族と関わりがあり、夜郎（ギーナー）は黎《リー》族とつながりがあった。もはや「チーナ」と呼ばれた場所は「ヂォングゥオ」とはまったく重ならない可能性が出てきたのだ。ただしどちらの説を選んだとしても、決定的に明らかなのは、みずからの領土を指して「チャイナ」という言葉を使っていた「中国人」の王朝は二〇世紀以前には存在しなかったということだ。「チャイナ」とは、中国人以外の人々が使う名前でしかなかったのである。

しかし起源がなんであれ、「チャイナ」という名前は広く伝わっていた。紀元後二世紀までには、グレコ・ローマン時代〔古代ギリシアからローマへの過渡期の時代〕の地理学者プトレマイオスが、どこにあるのか正確な場所はわかっていなかったにしろ、彼の著作のなかで「Sinae」や「Thinae」に言及している。実態についてまったく知らない中国外部の者が頭のなかに思い描いた「チャイナ」という名の国、ここに本書全体に通じるテーマが象徴されている。ヨーロッパにおいてこの名前は、シルクと謎の土地という、神秘的な場所の名前として定着した。ヨーロッパの人々は知識のないままに「チャイナ」と呼ばれる場所を想像していたのだ。ほかにもう一つ、彼らが聞いたことのある東洋の土地があった。キャセイという場所で、同じくシルクと謎の土地であるが、チャイナより少し北にあるらしい、とのことだった。「キャセイ」という名前は内陸アジア民族の「契丹《きったん》」に由来する。契丹人は一〇世紀から一二世紀に現在の中国北部、モンゴル、ロシア東部にあたる場所に遼王朝を築いた。ヨーロッパの貿易商人は「キャセイ」へは陸路、「チャイナ」へは海路を使っていたが、実際にはどちらも「東アジアの中心地」を表す名前であった。

一五〇〇年代以降は、チャイナとキャセイは共にポルトガルとスペイン、それからオランダ、イギリスの東洋探検の目的地となった。しかし、ガレオテ・ペレイラのような冒険家たちは目的地に到達してみると、「チャイナ」が彼らの想像していた形では存在していないことを知った。ところがそれから三〇〇年後に、「中国人」社会の小さなエリート集団が、この中国に対する西洋人のイメージ、つまり「古代に発祥してから連綿と続いている国家」というたんなるイメージを、「事実」として作り変えてしまう。彼らは「チャイナ」になることを選んだのである。

イエズス会修道士が果たした役割

一六八九年夏、ロシアで同時に皇位に就いていたピョートル一世とイヴァン五世の使節は、清朝第四代皇帝、康熙帝《こうきてい》の使節とともに、シベリアのネルチャ川沿いで会合の席に着いていた。ロシア側は椅子に座り、清側はクッションを選んで座についた。モスクワの五〇〇〇キロ東、北京から一三〇〇キロ北に位置するこの場所に特別に張られたテントのなかで交渉の議題となったのは、二国の周囲に広がる未開の土地について、どちらが開発の権利を得るかという問題だった。この会談は、清が一七世紀にはすでにみずからを「中国（ヂォングゥオ）」と呼ばれる国の統治者とみなしていたという主張を裏付ける証拠として時々使われてきた。しかしよく調べてみると、そのような主張は間違いであることがわかる。むしろ、この会談が証明しているのは、「中国（チャイナ）」という国は西洋人が創ったものであるという事実なのだ。

数十年にわたってロシアの開拓者たちは、アムール川とその支流に沿って、先へ先へと探検と移住を繰り返し、清が当然みずからの領土だとみなしていた土地にまで到達した。清がこれに反発した結果、一六八〇年代は紛争が続くことになる。その年代が終わる頃には清が侵略を押し戻し、両帝国は和平交渉に乗り出した。何度か文書を交わしたのち、両国政府はできたばかりのロシアの開拓地、ネルチンスク郊外での会談に同意する。

ところで清朝の支配者とはどんな人々だったのだろうか。彼らは現在の中国東北部の出身で、ツングース語族の満州語を話す人々だった。一六四四年、彼らはうすら寒い母国を脱し、消滅寸前だった明国を征服した。「ヂォングゥオ」の外部出身の彼らだったが、かつての明国の領土の統治を成功させるためには、前王朝の統治手法をある程度取り入れなければならないと早々に気づいていた。しかし、その一方で彼らは満州人でありつづけた。アメリカの歴史学者パメラ・クロスリーが「同時統治」と呼ぶように、内陸アジアスタイルでの統治も続けたのだ。(9)「大帝国」内の各地域はそれぞれ、文化的に適切だと思われる方法で統治された。それでも、国の中心部では満州語が公用語とされ、公文書にも使われた。新たな支配層となった満州人は、馬術、弓矢、狩猟や儀式や祈禱、祖先への捧げ物といった彼らの伝統を保とうとした。さらに重要なのは、征服した社会を支配するために、八旗《はっき》として知られる満州の軍事組織を維持したことである。これによって事実上、「ヂォングゥオ」は一七世紀半ばから満州族の「大清国」の一部になった。

康熙帝はネルチンスクでの会談を有利に運ぶため、索額図《ソンゴトゥ》と佟國綱《とうこくこう》という二人の親族を代表として派遣した。どちらもロシア語を使えない。ロシア皇帝の特使はフョードル・アレクセーエヴィチ・ゴロヴィン伯爵だったが、彼は満州語を話すことができなかった。それでも現実に交渉が実現し、しかも成功に終わった背景には、二人のヨーロッパ人、イエズス会修道士が果たした大きな役割があった。フランス人のジャン・フランソワ・ジェルビヨンと、ポルトガル人のトマス・ペレイラの二人だ（前出の冒険家、ガレオテ・ペレイラとは別人である）。イエズス会士の宮中への出入りは、満州人が支配権を握ったあとも許されていた。トマス・ペレイラは一六八九年には、清王朝との深いつながりを一六年間も続けていた。彼の満州語のレベルは非常に高く、西洋の数学に関する教本を満州語で書けるほどだった[10]。

トマス・ペレイラは非凡な人物であった。貴族階級の家庭の次男で、父親の爵位を受け継ぐことができない彼は、かわりに教会に身を捧げる。一七歳でイエズス会に入会すると、コインブラ大学で学び、数学と音楽に才能を現す。彼の同期生のなかに、マカオ生まれの最初の中国人イエズス会士である鄭維信《ていいしん》がいた。おそらく鄭の影響を受け、二〇歳のとき最年少で、アジアへの伝道者として東に向かう航海に出た。ゴアとマカオでさらに勉強したのち、呼び出しを受けて北京入りしたのは一六七三年前半、二六歳のときである。彼はその後の人生をこの地で送ることとなった[11]。

イエズス会士は若き皇帝に好印象を与える必要があり、ペレイラは時計や科学機器、パイプオルガンなどを作る仕事を担った。なかでも最も奇抜だったのは、鳥の入った籠に一〇個のベルを設置した装置だ。鳥が水を飲んだり餌箱を開けるたびに、メロディを奏でる仕組みだった。だがこうした目を引くものも、時が経てばおそらく飽きられる。しかし、ペレイラはこのような科学技術を通して、康熙帝と知り合いになれたようだ。一六八〇年、彼は上司に宛てた文書のなかで、皇帝の部屋で何度か皇帝とじっくり話をしたと記している。一六八八年には「(私が望めば)宮廷で私に隠し事をすることは不可能だ」とまで言いきっている。[12] 康熙帝は広い世界を知るイエズス会士の知識に対し敬意を払い、加えてペレイラをこのように信頼していたからこそ、ジェルビヨンとともにネルチンスクでのロシアとの会談に派遣したのだ。

交渉の場において何かを伝えたいとき、清の代表団はまずイエズス会の二人に満州語で話し、彼らがそれをラテン語に訳してポーランド人通訳のアンドレイ・ベロボツキに伝えた。ベロボツキはラテン語からロシア語に訳してゴロヴィンに伝える。イエズス会の宣教師は二人とも、この会談がどのように展開したのかを詳細に記録しており、彼らがたんに言葉だけを訳していたのではなかったことは明らかだ。彼らは、西洋のヨーロッパと東洋のアジアというまったく異なる世界のあいだで、法や政治体制についての考え方、政治上の権力の性質についても翻訳して伝える任務を負っていたのである。

トマス・ペレイラは自身の回顧録のなかで、ロシア人が野蛮人ではなく、条約を結ぶに値する文明人であることを清に納得させるのにいかに苦労したかを記している。さらに、清の自国の立場についての認識不足に対する彼の怒りも表現している。「天地開闢《かいびゃく》以来、中国は朝貢国以外のいかなる外国人もその帝国のなかに受け入れてこなかった」。彼の日記にはこうある。「タタール人(すなわち清国人)は中国人と同じくらい誇り高く、愚鈍なまでに世界に対して無知であり、他国はみな隣国のように羊を飼って暮らしていると考えている。彼らはすべてのものが中国の一部だと信じており、中国のことを誇らしげに〈天下（万国）〉と呼ぶ。つまり他の国など存在しないかのように、〈天の下の全世界〉が中国であるというわけだ[13]」

この会談のさいにペレイラの説明によって、清に初めて「国際法」というものが伝わった。国というものは国境の明確な領土と主権を持つ存在であり、これを他国も認めなければならない、ということの原則は、当時ヨーロッパで適用されはじめたばかりだった。この国際社会の比較的新しい概念は、ネルチャ川沿いでのこの会談が開かれるちょうど四〇年前の一六四八年に、三十年戦争を終結させたウェストファリア条約に明文化されている。

ロシアの指導者たちは、このような「ウェストファリア条約後」の世界観について、ある程度は理解していた。そしてイエズス会士も同様に理解していた（教皇は認めてはいなかったが）。だが清国がその内容を十分に理解し、ロシア側と正式に国境を定める条約を結ぶことに納得するかどうかは、イエズス会士にかかっていた。通訳に満州語、ラテン語、ロシア語の三カ国語を介することもあって話し合いは長引き、途中で何度も決裂しかけた。しかし一六八九年九月六日、ついに交渉は成立し、ネルチンスク条約が正式に結ばれる。ここで注目すべきは、この条文が中国語で記されていない点である。通訳を担ったイエズス会修道士たちとベロボツキは、最終的な文章をラテン語で記し、その後それぞれが各国の言語であるロシア語と満州語（清王朝の公用語）に翻訳することにした。だが中国語の翻訳文が作られるまでには、かなり時間がかかっている。これは実際のところ、中国語の読者から条文を隠すためだったとも考えられる。

ラテン語による条文では、清の領土に対して「Imperii Sinici（インペリイ・シニチ）」（中国帝国）

という表記が使われている。満州語版では、「Dulimbai Gurun（ドゥリンバイ・グルン）」とされており、これは「中央の国」と訳すことができ、一見「ヂォングゥオ」に相当する訳語のように思える。しかし、ここで忘れてならないのは、これらはイエズス会修道士が清国の持つ世界観に配慮した訳語であるということだ。ペレイラ自身も言っているように、清王朝は「天下（万国）」という別の名称を使っており、「天下」を支配しているという清の主張が、「国際法」に従うロシアの方針と合わないことはペレイラにはよくわかっていたのだ。条文を中国語での閲覧者から隠した理由は、ほぼこれにちがいない。もし皇帝が境界を定める条約を結んだことを知れば、彼らは皇帝が「天下（万国）」の支配者ではないと考えたかもしれない。そうなれば、「ヂォングゥオ」という名の背後にある政治的な思惑が崩れ去る可能性があったのだ。

のちにネルチンスク条約は、中国が外国勢力に対して自国を「中国」と名乗った最初の文書として有名になった。だがこの解釈は事実を見誤っている。会談の参加者たちの報告を見ても明らかなように、正式な交渉の場で中国語は使われていない。中国人の高官は交渉の任務に同行しておらず（だからこそ中国語の記録が作られていない）、ペレイラも清の使者は満州語かモンゴル語を話したと明記している。したがってネルチンスク条約は、新生「中国」の「新しい時代の到来」を意味する文書と見るよりも、イエズス会士がアジアの国をヨーロッパ人が理解できるような形で提示しようとしたものと考えるほうが正確だ。ジェルビヨンとペレイラはたんに言葉だけを翻訳していたのではなく、まったく異なる政治体制や国の性質を双方に伝えていたのである。二国間の平和という大きな利益のため、ヨーロッパ人の外交秩序に適合するように、彼らは大清国の性質についていくらか事実を曲げて伝えていた。

ネルチンスク条約は、のちに国家主義の歴史学者がどのように書き記そうと、「中国人」の国が初めて「中国（ヂォングゥオ）」という国名を使った場面ではない。それは、イエズス会の修道士たちが東洋と西洋に関する知識を活用して、まったく異なる東洋の地域秩序を西洋の「国際法」のなかに無理やり適合させた場面であった。東洋の地域秩序においては、国家は領土ではなく、支配者への忠誠によって定義されていたのだ。

康熙帝は北部国境の平和をありがたく思ったかもしれないが、ネルチンスク条約の内容を国内で公表し、清国政府が国際法を暗に承認したことを広く知られることには反対だった。イエズス会修道士であり、二〇世紀のジョージタウン大学・中国研究家でもあるジョセフ・セベシュは、当時の中国語の資料には条約に関する記載がまったく残っていないと指摘する。しかし、エール大学の中国史教授ピーター・C・パーデューは、皇帝の日々の実録集で、康熙帝の治世の終わりに発行された『康熙実録』（大清聖祖仁〔康熙〕皇帝実録）のなかに記録を発見した。ネルチンスク条約が公にされたのは、締結されてから約二〇〇年後の一九世紀後半のことだった。この時期、清国はロシアに銃口を突きつけられて再び折衝を迫られており、過去の条約を持ち出すことは国益にかなっていたからである。

一七世紀から一八世紀にかけて、イエズス会は清王朝において少人数ながら強い影響力をもつ存在だった。数十年にわたって北京に居住する修道士たちもおり（トマス・ペレイラは三二年間を北京で過ごした）、役人だけでなく皇帝と直接会話をすることもあった。彼らは母国のイエズス会やカトリックの各組織に詳細な報告を送っており、それらの報告を通じてヨーロッパの人々は東洋の神秘的な国について多くを知るようになった。この地に初めて「チャイナ（中国）」という名を与え、地図や書物を通じて「チャイナ」の名をヨーロッパに知らしめたのは、イエズス会の修道士だったのである。

「チャイナ」という言葉が使われたのはガレオテとトマス以降、つまり二人のペレイラの著作から始まったと言ってもよい。

イエズス会士がロシアとの交渉において大清国を「ギォングゥオ（中国）」と表現したことには、たんに国名を翻訳する以上の意味があった。この表現を使うことによって、国家がみずからその存在を示し、自国について新たな認識を持つきっかけになったのだ。数千年前から存在した表現ではあったが、「ギォングゥオ」という言葉が国際関係において一般的に使われるようになったのは、清時代の終盤になってからのことだった。日本人歴史学者の川島真《しん》によると、一九世紀前半では、「清」と「ギォングゥオ（中国）」という言葉が同じ文書内で使われている外交文書は二八にすぎない。しかし一九世紀後半になると「ギォングゥオ」のほうがより一般的に使われるようになり、一八六一年のロシアとの条約や一八八〇年にアメリカと結んだ条約などがその代表例だ。しかし一八六一年に結ばれた中国・ペルー間の貿易協定では、「大清国」とのみ表現されている。（歴史学者の）アリフ・ダーリクの推測では、協定の内容が政府による行動に関するときは、清の外交官は「大清国」という言葉を使い、領土に関する内容の場合には「ギォングゥオ」を使ったのではないかとのことだ(14)。

しかしアメリカ人地理学者リチャード・スミスは、歴史的に見て「ギォングゥオ」は一貫して使われてきた名称ではないと指摘する。それは、つねに国境線が不定のこの領土を表現するために、古い文献のなかで使われた数々の言い回しの一つにすぎないという。彼は他の例として、「ギォンファ（中華）」（中央に開花するもの）、「ジェンギョウ（神州）」（神聖な地域）、「ジウギョウ（九州）」（九つの地域）、「ギォンルー」（中央の土地）、そして「ティエンシャ（天下〔万国〕）」（天の下のすべて）といった表現をあげている。こうした古代の文献のなかで使われている名称の関係や、正確な意味の違いについてはまったくわかっていないという。

二〇世紀になって中国人歴史学者の陳連開《ちんれんかい》は、「中華」という言い回しは三世紀か四世紀頃に初めて使われ、晋王朝の支配下で「文明化した」地域を表す二通りの言葉、「中国」と「華夏」とが混ざり合ったものだと述べている。陳によれば、これ以降「中国《チォングゥオ》」と「中華《チォンファ》」は同じ意味で使われているという。コロンビア大学の中国語学教授リディア・H・リウは、「華」と「夏」はどちらも「ヂォングゥオ」内の「優秀」で「文明化された」人々と、その外側に住む「野蛮人」(「夷」または「夷狄」)とを区別するために使われた言葉だと指摘している。リウは、「華」と「夏」という言葉にはアイデンティティの「本質」が含まれているとするが、言葉の持つ実際の意味やニュアンスが数千年のあいだに変化していったことも認めている。(15)

一帯一路フォーラムのようなイベントで披露される現代中国の自己イメージには、一九世紀末から二〇世紀初頭にかけての知識人や活動家たちが、目的を持って考え出し、論戦を展開し、そして押しつけた思想がもたらした結果が反映されている。あとで詳しく述べるが、上海などの外国人居留地にいた思想家たちと国外に亡命した思想家たちのあいだで交わされた議論のなかから、中国国民国家の形成という考えが生まれた。それは中国固有の概念のように見えるが、実は西洋人が抱いていた「チャイナ」のイメージから借用したものなのだ。中国を国民国家にするという議論において避けては通れないテーマが二つあった。一つは、目指すのは改革された君主制の国家なのか、それとも革命による新しい共和国なのか。そしてもう一つが、新生国家は民族的に均一である必要があるのか、であった。

自国の正式名称がない

一九世紀後半の大清国でめざましく活躍した人物といえば、張徳彝《ちょうとくい》だ。清の役人で初めてヨーロッパやアメリカに渡り、滞在した一人として知られている。第二次アヘン戦争後、外国勢力からの圧力をかけるべく着任したばかりの使節と、清朝内部の改革派が協力体制をとったとき、張はちょうど大人とみなされる年齢に達しており、運よく初期の段階から参加できた。一八六二年、一五歳だった張は北京の官立外国語学校である「同文館」への入学を許可された最初の一〇人に選ばれている。同文館を創立したのは改革派であったが、資金を提供したのは、清朝と外国勢力が共同で運営する新しい「中国海関」〔貿易の関税徴収機関〕であった。

「中国海関」の設立もアヘン戦争がもたらした結果の一つである。ヨーロッパ列強からの攻撃と国内の反乱軍による攻撃が同時に起こり、残忍極まりない戦いとなった「太平天国の乱」の混乱のなかで生まれた興味深い混成の組織だった。ケンブリッジ大学の歴史学者ハンス・ヴァン・デ・ヴェンは、その起源を一八五四年に上海の外国人居留地にいたイギリスと清国の役人のあいだで結ばれた非公式の協定としている。この海関は、英仏連合軍が北京郊外にあった清朝皇帝の夏の離宮〔円明園〕を破壊してから間もない一八六一年に公認の組織となった。[16] 表面上は皇帝の管理下にあるとされたが、実際にはイギリスの役人たちによって運営されており、そこで通訳が必要なために外国語学校が設立されたというわけだ。だがこの外国語学校「同文館」が担っていたのは文書の翻訳だけではない。清のエリート社会に西洋思想が入ってくる重要拠点としての役割も担っていた。

張徳彝は「同文館」で三年間英語とフランス語を学び、一八六六年には清朝がヨーロッパに初めて派遣する実情調査使節団の候補者として、疑う余地のない適任者になっていた。一八六八年にはアメリカやヨーロッパに向けての長期間の使節団に参加し、普仏戦争直後の一八七一年にはフランスに渡る。彼は三〇〇年前のガレオテとトマス、二人のペレイラと同じく、外国を訪問中は必ず日記をつけていた。そこで彼が遭遇した人々の「衣服の違いや味の好みの違い」についての感想を記している(17)。

彼は出会った人々のほとんどに感銘を受けていたが、どうしても不満だったのは、アメリカ人やヨーロッパ人が彼の国を呼ぶとき、いつも誤った名前を使うことだった。「外交的にも商業的にも、東西の交流が始まって何十年も経ち、彼らは私の国が〈大清国〉、または〈中華〉と呼ばれていることはよく知っているはずだ。にもかかわらず、〈チャイナ〉や〈シャイーナ〉、〈キーナ〉、〈シーイン〉、〈シーナ〉、〈シータ〉などの呼び名をやめようとしない」と不満を記している。「四〇〇〇年の歴史のなかでわが国がそのような呼ばれ方をしていたことはない。西洋人が何を根拠にこうした名前で呼ぶのか、まったくもって見当がつかない(18)」。張にとって自国にふさわしい呼称とは、領土を表す言葉ではなく、統治する王朝を示すものだったのだ。

張がこれを記したのは一八七一年五月のことだったが、西洋人に呼び名を変えるよう説得することはできなかった。それどころかその後の数十年のあいだに、考え方は彼の同僚たちのあいだでさえ張とは逆の方向に変化していった。

一八八七年、清の外交官だった黄遵憲《こうじゅんけん》は、自分の国には「正式な名称」がないと不満を唱えた。黄は一八七七年に新たに任命された駐日公使の補佐役として日本に派遣され、五年の滞在中、日本が海外に門戸を開いて近代化していく様を目の当たりにする(19)。日本の生活水準が瞬く間に向上したことに感銘を受けた黄は、母国の同僚である外交官たちを鼓舞するべく長い報告書を書いた。しかし何の反響もなかった。黄の原稿は一八九四年から九五年の日清戦争で日本に打ち負かされるまで、無視されていた。この敗戦を体験して初めて、中国語で記された日本に関する最も重要な資料として注目を浴びることになったのである。

この記録の冒頭で黄は、まず日本の近代化について賞賛するのではなく、自国への批判から始め、国の名称の問題について論じることを優先した。彼はこう記している。

> 調査によって、イギリスやフランスなど地球上の多様な国々は、みな自国の名称に誇りを持っていることがわかった。唯一の例外がわが国「ヂォングゥオ」だ……。しかし他国の言語で様々に翻訳されている「チャイナ」は、われわれ自身が使ってきた名称ではない。最近、われわれは外国人と話をするさいには「中華」（中央に開花するもの）という言葉を使うようになった。だが隣人たちはこれに対してわれわれを非難し、こう指摘する。地球上のどの国も自分たちが世界の中心だと考えており、さらにわが国のように自国を「輝かしい」とし、他国を「野蛮」とすることは、他国を貶めるために自国を美化しているにすぎない、と。[20]

黄は外交官として日本、サンフランシスコ、ロンドン、シンガポールでの任務を経て、一八九七年に湖南省の「按察使《あんさつし》」に任命される。地元の役人を監督するこの公職を利用して、黄は清の改革を唱導していく。省都、長沙に「時務学堂」という学校を創設し、当代随一の改革派であった梁啓超《りょうけいちょう》を「総教習」（主任教授）として迎えた。その前年、この二人は（もう一人の改革派、譚嗣同《たんしどう》とともに）『強学報』を刊行しており、彼らに同調する者たちに多大な影響を与えている。[21]

黄と梁は、伝統的な政治制度を全面的に改革することや、自国が「正式な」名称を持つことが必要であるという点については同意見だったものの、どの名称を使うべきかについては意見が異なった。黄は「中心であること」を意味する「中《チォン》」を好まなかった。彼は一八八七年に書いた論文のなかで、より壮大な名称として「華夏」とすることを提案した。文字どおり訳すなら「偉大な繁栄」という意味になり、しかも「華」と「夏」という言葉は、彼が自身の民族の根源だと考えている古代民族の名前でもある。ところがこの黄の提案に対し、「華夏」は国名というより民族名だとの意見があがった。こうして黄の案はほとんど無視された。

新たな地位に就いた二人の男は近代化を推進しつづけた。彼らは梁の師であった急進派の学者、康《こう》有為《ゆうい》とともに願い出て、若き統治者、光緒帝《こうしょてい》に謁見し、統治システムの大変革（立憲君主制の採用）について論じた。こうした働きかけの結果、皇帝は一八九八年、内容としては穏やかなものだったが、教育、軍、行政に関して四〇項目に及ぶ「詔勅」を発令した。大規模な改革とは程遠いものだったが、朝廷内の保守派を大いに動揺させ、その結果一〇二日後に、皇帝の伯母にあたる西太后《せいたいごう》（王朝における真の権力者）がクーデターを起こし、甥の改革をすべて中止させた。光緒帝はその後も一〇年間帝位に就いてはいたが、実権は奪われ、事実上は西太后が彼を通して国を治めるようになった。このいわゆる「百日維新」に加わった改革派のうち六人が処刑され、康、梁、黄を含む他の者たちは逃れた。黄は南部の生まれ故郷に安全な避難所を見つけ、引退して詩作に取り組むようになった。康と梁は、処刑から逃れるためさらに遠く、日本へ亡命し、改革運動を続けた。

満州人を排除する革命

現代の横浜中華街といえば、明るいネオンが照らす人気の観光スポットだが、二〇世紀に入る頃、そこは改革の熱気が充満する場所だった。梁はこの地を拠点に、様々な論文を書き、新聞を発行し、日本がたどってきた近代化への道を、同じく母国にも邁進させるのに役立つと信じる思想を広めていった。しかし近代の国民国家を作りあげるためには国名を持つ国家が必要だった。梁は一九〇〇年に執筆し多くの人に読まれた「中国の弱さの源について」という論文のなかで、三〇年前の張徳彝と同じ言葉を繰り返している。「外国人はわが国を『チーナ』や『チャイナ』と呼ぶが、それはわれわれ自身が認識している呼び名ではない」。とはいえ梁は張とは違い、「大明国」や「大清国」のように、統治する王朝の名で国を言い表す伝統的な方法にも大いに不満を感じていた。こうした呼び方は、中国人の国などどこにもないと言っているのも同然だと危惧したのだ。オーストラリア人の中国研究家ジョン・フィッツジェラルドによれば、国名がないことは梁にとって、中国人の文化面・知性面での未熟さを証明するものであり、そんな状況を容認するのは「中国人一人ひとりの脳に埋め込まれた」誤った考え方のせいだと主張した。[22]

梁が「チャイナ」に相当する名称として選び、実際に論文のタイトルにも使った言葉は、「ヂォングゥオ」だった。長い歴史のなかで「中央の国」の意味で用いられ、古い階層的な世界における「世界の中心」という意味も込められていたこの名称に、新たな意味を与えたのだ。これ以降、「ヂォングゥオ」は中国本土の政治体制という元来の意味を表すのをやめ、たんに一つの名称となるのだが、何世紀も前から継続して使われてきた「名称」という意味で梁の主張に適うものだった。「ヂォングゥオ（中央の国）」という概念は「ヂォングゥオ（中国）」という国名へと変化し、外国人の言う「チャイナ」と真に同義のものになった。このように同じ言葉を使いながらもその意味を完全に変えるというプロセスは、近代中国の構築——というより捏造——のプロセス全体に共通する最も重要なポイントである。梁が「ヂォングゥオ」という言葉を選んだのは、もっぱら実用主義的な理由からで、つまり清国がすでに他国とのやり取りのなかで使っていたからだった。しかし、これまで見てきたように、そのプロセスは想像以上に複雑なものだった。大清国の領土を表す名称として「ヂォングゥオ（中国）」を選択したことで、梁は無意識のうちに、外国人が抱いていた「チャイナ」という国のイメージを受け入れることになったのだ。

今や「ヂォングゥオ（中国）」は、「チャイナ」を表す中国語として一般に使われているが、二〇世紀初頭の一〇年間においては、その名誉を受けうる候補の一つにすぎなかった。国名の選択という課題に挑んだのは、清国について改革ではなく打倒を望む革命家たちだった。その一人に章炳麟《しょうへいりん》と呼ばれる若者がいた。章の青年期は、伝統的な上級官吏「士大夫」になるための勉強から始まった。しかし、大清国が日清戦争（一八九四〜九五年）に敗れると、所属していた私学を辞めて康有為や梁啓超による改革運動の上海支部に加わる。彼はまず改革派の新聞に記事を書きはじめ、一八九六年には梁が発刊した『時務報』の編集者になった。しかし気難しかった章は、上司や同僚の編集者、役人たちと何度も諍《いさか》いを起こした。そして一八九八年の後半、「百日維新」の弾圧から逃れるため台湾へ渡り（台湾は一八九五年の日清戦争終結後、日本の統治下にあった）、この地から梁啓超が新たに創刊した『清議報』に寄稿するようになった。この新聞は康有為や梁が、改革と、とくに光緒帝の権力奪還を推進するべく設立した「保皇会」の機関紙だった。一八九九年、さらなる困難に直面した章は、梁の招きにより日本に渡り、数カ月のあいだ暮らしている。しかしこの年の終わり頃に、より過激な考え方の新聞、『蘇報』に記事を書くため、上海の外国人居留地に居を移した。

上海は清国における知の拠点だった。衰退していく大清帝国の領土内に押し込まれた、西洋の資本主義と文化の気泡のような場所だった。九平方マイル〔約二三平方キロメートル〕の植民地であるこの外国人居留地には、ある程度の基本的な言論の自由があった。この街は、海路を通じて世界とつながり、国内の他地域とは機関紙や本の出版によってつながり、意見の交換ができて、扇動的な言動も生き残ることができる場所だったのである。

章が上海に暮らしていた当時、西洋では「義和団の乱」として知られる外国人排斥の暴動が起きた。北京にいた外国人たちは包囲され、その救済のために八カ国の連合軍が派遣された。そして、両軍による残虐な攻撃の起きた夏は、義和団の敗北と清王朝の撤退で終わった。章はこの混乱からは距離をおいて見ていたが、清に対する思いは大きく変化した。外国軍が北京を行進する頃、彼は改革に対するそれまでの信念を捨て、清の打倒を論じはじめるようになる。[23] 革命派に転じた章は、最終的に梁や康と決別することとなるのである。

章の思想の変化のなかで注目すべきは、人種に対する差別意識が強くなったという点だ。「百日維新」の失敗や、義和団の乱の顚末を目の当たりにしたことで、彼は清の支配者たちのことをたんに腐敗しているとか無能というだけでなく、よそ者として捉えるようになっていた。彼らは満州人であり、一六四四年に明の領土を占領した東北部出身のよそ者なのだから、支配する権利はないというのだ。章は一九〇一年八月には、国内初の学生向け革命派雑誌『国民報』で、「満州人は独自の文字を持ち、フェルトの敷物で眠り、乳製品を食べる」と指摘し、彼らは根本的に違うのだから、梁の論ずる挙国一致は間違いであると唱えている。[24]

章が激しい非難を繰り広げる一方で、外国軍は北京の占領を続けていた。彼らがようやく立ち去ったのは一九〇一年、清朝が「北京議定書」という和平協定に調印し、賠償金を支払うことに同意してからだった。章はかつて改革者として尊敬してきた人々が、このような降伏文書に合意したことに強い反感を覚え、明らかな失敗を犯した満州人を自国から排除する革命が必要だとの決意をますます強くした。そして改革派との決別を明示するために、章炳麟から章太炎《たいえん》に改名した。それは、彼の新たな反清の信念を公に誓う行為でもあった。「太炎」という名は、二五〇年前に清による支配に抵抗した二人の学者に敬意を表してつけられた。「太」は黄宗羲《こうそうぎ》の字《あざな》の「太沖《たいちゅう》」から、「炎」は顧炎武《こえんぶ》から取ったものだ。[25] 章はこの二人の「明支持者」を祖国の真の精神の守護者とした。二人は中央アジアからの侵略者に立ち向かった英雄なのだ。一九〇三年までに章は皇帝に対して、そしていまだに満州人による体制を改革できると考えている改革派に対して、公に手厳しい批判をすることも厭わなくなった。これによって章は、自国の未来とその国名についての新しい見解を生み出すことになる。

この熱気に満ちた状況のなかに足を踏み入れた若者が、劉師培《りゅうしばい》だった。一九〇三年初頭、劉は清国の官吏をめざしていたが、その年の末には政府の転覆を画策するようになる。彼がこのように考えを変えたきっかけの一つは、改名したばかりの章太炎との出会いだった。著名な学者と官吏の家系出身だった劉は、清国エリートの道を進むことを期待されていた。一九歳になった一九〇三年、家族は清帝国による科挙試験「進士」を受けるため劉を北京へと送り出したが、結果は不合格だった。落胆する両親と顔を合わせたくなかったからか、劉は故郷の揚州へは帰らず、長江沿いに二〇〇キロ下流にある上海に渡る。そこで章太炎と出会った。章はすでに三三歳、長年にわたって政治改革に奮闘し、改革の失敗に失望していた。清朝と決別し、革命の道へ進む準備を整えていた章は、劉を迎え入れる。そして劉はほとんど一夜にして、清国の役人候補から、その打倒をめざす活動家へと変貌したのである。[26]

一九〇三年半ば、章は外国人居留地での幾許かの自由を利用して、清朝に正面から挑んだ。「康有為の大変革についての論文に反駁する」と題した記事を『蘇報』紙に掲載し、とりわけ皇帝について「頭の悪い道化師」であると糾弾した。(27) その結果、清朝は彼に逮捕状を出し、同年六月三〇日、章は外国人居留地の警察に出頭した。革命という大義への献身を示すためでもあったが、(28) 清朝に逮捕されて死刑を言い渡されることを避けるためでもあった。死刑を免れた章は文書扇動罪で有罪判決を受け、イギリスの運営する刑務所に三年間服役することになったが、皮肉にもそこは真剣に自殺を考えるほど劣悪な場所だった。彼は仏教に救いを見出し、反満州の感情をさらに募らせた。

その頃、章の若き同志である劉師培は、排満思想の文筆家としてキャリアを始めようとしていた。ちょうど二〇歳を迎えた一九〇四年、劉は『攘書』（排除の本）という最初の作品を出版した。ドイツ人中国研究家ジュリア・シュナイダーによれば、「攘夷」（野蛮人を追放せよ）という表現は劉の時代にはよく知れわたっていた言葉だろうという。それは何千年も前から伝わる様々な歴史物語のなかで支配者たちが発していた表現だったからだ。劉の本は、野蛮人を実際に中国から追放する前段階として、まずは彼らを歴史から「追い出す」ことを意図したものであった。この考えを基に劉は、解放後の国に最もふさわしい名称を考案した。

『攘書』のなかで、劉はまず伝統的な書物に基づいたいくつかの候補をあげている。「夏」、「大夏」、「諸夏」、「諸華」のほか、これらを組み合わせた「華夏」などだ。そのうえで、劉は国の境界を明確にする名前がいいと記している。国内の人々と、国外のよそ者の区別を明確にするような名前である。彼は、王座の強奪者と捉えていた秦朝以前にさかのぼって、実在した国名を探した。そして、その時代に入手できた中国古代の地理書『山海経《せんがいきょう》』のなかから一つの名前を選んだ。「もしわれわれが四方にいる野蛮人〈四夷〉とみずからを区別したいと望むなら、国名として使えるのは〈大夏〉以外にない」と論じている。(29)「大夏」が古代の文明国であり、よそ者に支配されない純粋な人々の国であったことから、清から解放された未来の国の名にふさわしいと劉は考えたのだ。

〈中華〉を復活させる

一八九四年一一月二四日は、日本軍が清の海軍を打ち破ってから二カ月後、遼島半島を占領した三日後であり、自身の二八歳の誕生日から二週間後であったこの日、孫文《そんぶん》は太平洋に浮かぶ島で兄や数人の仲間たちとともに革命への誓いを立てた。「タタール人を追放し、中国を復活させ、統一政府を樹立する」。この固い誓いは「興中会」が最初の会合で掲げた公約である。文字どおり「中央を興す会」という意味のこの会は、このように小さな集会から始まってやがて組織となり、一七年後には大清国を滅ぼすこととなる。孫文はその頃になると、孫中山《ちゅうざん》や孫逸仙《いっせん》の名でより広く知られるようになった。

孫の家族は一四歳の彼をハワイへ移住させた。帰国後、孫は香港で学ぶが、彼の教師のほとんどはアメリカ人かイギリス人で、(30)ハワイで誓いを交わした「興中会」のメンバー同様、英語が堪能で、出身地を聞かれることも多かったという。その質問に英語で答えるとき、彼は「チャイナ（China）」と答えていた。この経験は、彼が中国語では何と答えるのかを考える理由となったにちがいない。

香港で医学を学んでいた頃、孫は清政府に激しい敵対心を抱くようになった。彼は一八八四年から一八八五年にインドシナ半島の国境をめぐってフランスと戦争した清が敗北するのを目の当たりにし、同時に九龍《きゅうりゅう》半島の闘志あふれる造船所の作業員たちがこの戦いで損傷したフランスの軍艦の修理を拒否したことに感銘を受けたのだ。もちろん孫が自国を大清国と呼ぶことはなかった。かわりに彼と革命派の仲間たちが選んだのは、「中国《ヂォングゥオ》」ではなく「中華《ヂォンファ》」であった。「中華」を選んだのは、この名称に明確な歴史的根拠があったから、そしてわかる者にはわかる民族的な意味合いを含んでいたからだ。「興中会」が立てた誓いは、明の始祖、朱元璋の言葉を借用したものだ。一四世紀のモンゴル人との戦いにおいて、朱は「タタール人を追放し、〈中華《ヂォンファ》〉を復活させる」というスローガンを掲げた。[31] この誓いの言葉を採用することによって、孫と仲間の革命家たちは、満州語を話し東北部にルーツを持つ清の支配者たちも「タタール人」であると決めつけた。彼らの目からすれば、満州人もモンゴル人も同じく、「ヂォングゥオ」を支配する資格のない内陸アジア出身のよそ者だったのだ。

歴史学者ピーター・ザローは、「中華」は言語学的に「華夏」を起源とすることから、「中国」よりも民族的な意味合いが強いと指摘する。また、リディア・リウによると、「中華」は「華」の人々のための土地を表しているため、暗に「タタール人」を排除する言葉だという。「よそ者」である清を祖国における現下の問題の原因とみなしていた革命家たちが、「中華」という名称に惹かれた理由はそれだった。そして革命家たちが「ヂォングゥオ」という名称に嫌悪感を抱いたのは、たんに清国が外交交渉の場でそれを先に使っていたからという理由によるものだったのかもしれない。

それから一〇年にわたって、「興中会」は武装蜂起による清朝打倒を何度も試みたが、失敗に終わっていた。武装蜂起の度重なる失敗を経て、一九〇五年に「興中会」は他の革命派グループと合体し、「中国同盟会」を設立する。実際の設立の場は東京であり、結束したリーダーたちは「興中会」が掲げていた二つの誓いに、さらに二つを追加した。こうしてできあがったスローガンは「タタール人を追放し、中華《ヂォンファ》を復活させる。共和国を設立し、国土を国民に均等に分配する」であった。

「中国同盟会」の設立は章太炎が上海の刑務所に服役中のことだった。章が会の強力な賛同者になると考えた彼らは、一九〇六年六月下旬に彼が釈放されると、彼を迎え入れるべく活動家による代表団を送った。そして「中国同盟会」の機関紙である『民報』の主筆の職を依頼し[32]、すぐさま上海の港へ連れて行くと、日本へと連れ出し、そこで英雄の帰還を大歓迎した。一九〇六年七月一五日、彼に敬意を表するため雨の東京に集まったのは、おもに中国人の学生からなる二〇〇〇人近い人々だった[33]。

それから約一年後、章は新生国家誕生を見据えた名称候補を発表し、この提案が以降定着することとなる。彼は『民報』の紙面いっぱいに、拘置中にめぐらせた思索の結果を披露し、排満革命の必要性を訴えた。一九〇七年に発表した長い論文のなかでは、革命を成し遂げたのち、国は何と呼ばれるべきかという問題を取り上げている。清は退陣させられ追放されるのだから、大清国でないことは確かだ。また章は、梁の推した「ヂォングゥオ」も支持しなかった。「〈ヂォングゥオ〉は、四方の蛮夷との境界線だけを念頭に置いた言葉だ」とし、さらにインドや日本も「中央の国」と同じような言葉を国名としているから「漢族の土地の名前として独自性に欠ける」と記した[34]（「漢」という言葉の発展経緯については第3章を参照）。

この頃には、劉師培も日本入りしていた。到着するや、彼はみずからを無政府主義者と称し、同じく『民報』に寄稿した。しかし、読者を説き伏せ、まだ見ぬ新たな国の名称として「大夏」を選ぶ流れを作ることはできなかった。章も劉と同じく、民族的色彩の濃い名称には賛成だったが、国の名前とそこに住んでいる民族の名前は別のものにしたいと考えていた。「夏」という名前は、西江の流域に起源をもつ種族を意味する正確な用語であると思ってはいたが、一九〇七年のその論文のなかで彼は、「それはもともと種族の名前であって、国名ではない」と記している。そういうわけで章は、劉師培の案にも黄遵憲の案と同様、賛同しなかった。彼は近代国家の国名として「夏」は望ましくないと考えたのだ。

そのかわりに章太炎は、「華」は「開花」の意味を持つが、「文明化された」という意味も含んでいるから、より良い選択肢だと述べた。ジュリア・シュナイダーによれば、この時期に国外に亡命していた革命家たちは、満州人は「華」の国民にはなりえないと考えていたことから、彼らにとってこの言葉は暗に民族的な意味合いを含んでいたのだという。さらに章はこの言葉を選んだことに対し、次のような偽りの歴史的解釈をでっち上げている。

「〈華〉という名称は、わが民族が最初に暮らした場所に由来する……。華山（陝西《せんせい》省にある山）が境界線となり、わが国に〈華〉という名を与えた……。〈華〉はもともと国の名であって、民族の名ではないが、今日では両方の意味で使われる一般的な名称となった」[35]

シュナイダーは章が「華」を好んだ理由として、「華」という言葉が、新生国家の核だと彼が考えていた地域を表すのみならず、柔軟な解釈が可能だったからだと説く。「この言葉ならば中国人の住むすべての領域にまで境界線を広げることもできる。そこには同化が進んだと章がみなす地域も含めることができた」。同化が進んだ地域とは、雍《よう》や梁《りょう》といった北西部の州だけでなく、今日の韓国やベトナムの一部、つまり章の言葉を借りれば、二〇〇〇年前の漢の時代に「漢民族が耕した土地」をも指していた。

さらに章は中《ヂォン》を加えて、「中華《ヂォンファ》」と名付けた。これにより「華」という上位文化と、「夷狄」（野蛮人）という下位文化を区別すると宣言したのだ。[36] 最後の仕上げとして、国名が「中国同盟会」の「共和国を設立する」というスローガンを満たすよう、「人民の国」という意味の「民国」という新しい造語がつけ加えられた。そして、記事の最後には、清に代わる新しい国の名称として、「中華民国」（中央に開花する人民の国）と明記したのである。

ピーター・ザローによれば、獄中生活に耐えた章は革命家たちのあいだで大きな尊敬を集め、彼の言葉は特別な影響力を持っていたという。一九〇七年の章の論文を受けて、革命派内での未来の国の名前に関する議論は完全に終結した。梁啓超は改革主義者としての計画や「中国《チォングゥオ》」という国名に固執していたかもしれないが、「中国同盟会」は、五〇〇〇年前に明王朝の朱元璋が宣言した反モンゴルに端を発する「中華民国」を選択したのだ。梁は相変わらず孫や革命派のことを、西洋教育を受けた成り上がり者で、歴史や文化を理解していないと批判していたが、すでに梁の意見など問題ではなかった。権力は改革派の梁ではなく、革命派の手に渡ろうとしていたからだ。

その頃、劉師培は無政府主義者という自負を捨て、帰国して清に再び忠誠を誓うようになっていた。一九〇八年、浙江省と安徽《あんき》省を統括する総督の私設秘書として働きはじめたが、そのときに革命運動のかつての同志について密告したという説もある。章炳麟（太炎）は、最終的に民族についての見解を変え、「夏」以外の人々も「中華民国」に含むべきとしたが、劉は頑なだった。彼は「夏」以外の民族を受け入れれば「夏」を汚すと信じつづけていた。しかしその後、名付けの議論に彼が関わることはなかった。

名付けの議論は、亡命して日本で暮らす小さなグループのなかで行なわれており、彼らは母国から海を隔てた場所で激しい議論を交わしていた。しかしそれから五年のうちに中国は革命を成し遂げ、一九一二年一月一日、孫文（孫逸仙）が「中華民国」の臨時大総統となった。梁啓超が候補とした「中国《チォングゥオ》」は新国家の名称とはならなかったものの、より大きな栄誉を与えられる。正式な国名でこそないが、すべての中国人が使う非公式な国名となったのだ。だがよく考えてみると、その栄誉を本当に受けるべき者はイエズス会士であろう。

「中華」思想が政策の基本原理

北京でのその金曜の夜、会場に集まった政府の高官たちが習近平の作りあげた歴史に乾杯しようとグラスを掲げたとき、彼らは無意識のうちに、何度も繰り返されてきたパフォーマンスを演じていた。彼らがそこにいるのは、東アジアの本来のリーダーとしての中国像を見せつけるためであるが、そもそも中国像を最初に描いたのは外国人であり、のちになって中国のナショナリストたちがそれを取り入れ、そして今や共産党指導部がその存在を通して、世界に向けて再発信しているのだ。北京が地域秩序の中心都市であるという考えは以前からあったが、そうした秩序を作ったのは、北京を行政の中心とした内陸アジアの大国がほとんどであった。東アジア地域に存在する「チャイナ」と呼ばれる国が地域秩序を統括してきたという考え方は、明らかに近代になって捏造されたものである。

西洋人が初めてチャイナについて耳にしたのは、インドとの国境付近に暮らす人々の訳した言葉からであり、キャセイについても内陸アジアとの交流のなかで知ったものと思われる。「チャイナ」は東アジアの王国を指す略称となっていたが、その実態について知る者はほとんどいなかった。初めてこの謎めいた国を訪れた商人たちは、政治的見解の違いに困惑した。ガレオテ・ペレイラやマテオ・リッチが経験したとおり、一六世紀半ばの当時、そこには国としての「チャイナ」という概念は存在しなかった。そして「ヂォングゥオ」という言葉は、国の名前ではなく、近隣の属国の支配者たちに対する政治的優位性を主張するための表現でしかなかった。住人たちは自国が「天下（万国）」の支配者であると思い込んでいたのだ。

「中華」という考え方は、中国の国内政策を動かしつづける原動力だ。この思想は、本土の文化が新しい民族と出会って、彼らを変容させ、彼らを同化するときに、本土を拡大させることができるという考え方を内包している。以降の章でも述べていくが、アリフ・ダーリクの言う「私有感覚」、すなわち所有者意識が今もなお、支配下にある少数民族地域に対する中国の政策の基本原理になっている。[37]その結果、かつてミャオ族や満州族、モンゴル族の領土だった場所が現在は「華」の土地とみなされるようになった。その一方で、チベットと新疆《しんきょう》においては文化をめぐる争いが続いている。台湾と香港の問題も、元をたどれば「中華」の持つ「本来の」文化的境界、つまり中華文化の境界は広げることができるという意識に行き着く。

ヨーロッパ人が抱くチャイナに対する認識が清王朝の支配層にしっかり浸透したのは、一九世紀末になってからのことだ。これにきわめて重要な役割を果たしたのは、国外に亡命した者たちだった。日本やアメリカ、東南アジアなど、彼らは国の外で身につけた祖国を振り返った。国外の人々が「チャイナ」と呼び認識している場所を「ヂォングゥオ（中国）」と言い換えたのは彼らだった。彼らは自国を、外国人が思うのと同様に、国境の画定された明確な領土を持つ国と考えるようになったのである。そしてそのような国になるためには、国家、歴史、地理学、そして何よりも主権といった西洋の概念を受け入れる必要があった。それについては次の章で述べることとする。

第2章

「主権」の捏造

世界秩序の再構築をめざす中国

二〇〇九年一二月一八日金曜日、デンマーク、コペンハーゲンの南部郊外にある北欧最大の会議場ベラ・センターに世界各国の首脳が集まった。目的は、地球温暖化対策に関する国家間合意だ。イギリスの首相はこの会議を「第二次世界大戦以来の最重要会議」とやや誇張して表現したが、話し合いは順調ではなかった。中国の温家宝《おんかほう》首相が外交の場で軽視されたとして、ホテルから出ることを拒否していたのだ。かわりに中国外交部の副部長である何亜非《かあひ》を送り、ゴードン・ブラウン、バラク・オバマ、アンゲラ・メルケル、ニコラ・サルコジ、マンモハン・シンといった各国首脳と同じトップテーブルで交渉させた。これは計算ずくの無礼な行動であった。

この時点ですでに先進国は炭素排出量の八〇パーセント削減と、途上国への排出削減努力に対する資金援助に合意していた。アメリカは一〇〇〇億ドルの拠出を申し出、EUは二〇二〇年までに排出量の三〇パーセント削減を提示した。では途上国はその見返りに何をすべきか。交渉は一年間続けられてきたが、この日、首脳会議最終日に至ってもなお膠着状態にあった。それまで一〇日間をかけて、事務レベルおよび閣僚レベルの作業部会で詳細が詰められていたにもかかわらず、各国首脳と何亜非はすでに一〇時間も協議を続けていた。通訳者ブースのなかに設置されていた録音機器によって、その後の出来事が明らかになっている。バラク・オバマは何亜非に直接呼びかけ、「相互関係の意識なくして、大きく前進することは難しい」と警告した。

ただしオバマはどんな協定を結べたとしても、アメリカに戻ればまた厳しい審議を切り抜けねばならないことを承知していた。なにしろいかなる条約にも、批准には上院の三分の二の賛成が必要で、一九九七年の京都議定書ではここでつまずいた苦い経験があった。アメリカの納税者は、削減のために経済を犠牲にする覚悟のない国々になぜ税金を使って支援しなければならないのかが疑問なのだ。それに支援したとしても相手国政府が約束をきちんと守って削減しているかどうか、確認する方法も怪しい。そのためオバマ政権は遅ればせながら今回は、締約国の削減行動について専門用語で「測定・報告・検証」を保証する条項を合意書に盛り込む決意で臨んでいた。

しかし、これは中国には受け入れがたいものだった。何亜非は産業革命の歴史を持ち出し、気候変動は先進国の責任だと非難した。それに激高したアンゲラ・メルケルは、たとえすべての富裕国が排出ガスをゼロにしたとしても、中国が削減しなければ地球温暖化を防ぐことはできない、と反論した。するとと状況はさらに悪くなった。何亜非はすかさず、では先進国の目標も条約から取り除けばいいとやり返したのだ。首脳たちは困惑した。中国が受け入れられる条件は、「できるだけ早く」排出ガス削減を始める、という漠然とした約束のみだった。その後、何亜非は温家宝と協議するためとして休憩を要求した。しかし、会議が再開されることはなかった。中国側の術中にはまってしまった、と首脳たちは思ったことだろう。

スウェーデンの環境保護庁長官、ラーシュ＝エリク・リリェルンドによれば、「中国は数字が嫌なのだ」という(1)。正確に言えば、中国政府は国家間で数値目標を定めることにも、実行検証のための査察体制を敷くことにも、断固として反対である、という意味だ。中国代表団が受け入れる用意のあった唯一の結論は、自主的に情報を「国際間で交換する」ことだった。[2] 歩み寄りは成立せず、集まった首脳たち全員にできたのは、合意案に「留意する」ことだけであった。このとき会議場内にいて海面上昇のリスクが最も高い島嶼国のアドバイザーを務めていたイギリスのマーク・ライナスは、「中国がコペンハーゲン会議の合意をぶち壊した」と指摘する。[3] その結果、世界中の煙突は二酸化炭素を吐き出しつづけ、氷床は解けつづけることになった。

そのコペンハーゲン会議からちょうど六年後の二〇一五年一二月一二日、パリで開催された会議ではまったく逆の結果に至った。国連事務総長の潘基文《パンギムン》が「人類と地球にとっての歴史的勝利」と呼ぶ協定に、一九五カ国とEUが合意したのだ。今回は何が違ったのか。簡単に言えば、中国の主権に対する懸念に配慮するあまり、世界の気候変動対策が骨抜きにされてしまったのだ。コペンハーゲンでは、世界のほとんどの国が、法的拘束力の伴う炭素排出量削減の努力目標で国際的に同意することを望んでいた。そのため中国が反対する理由が理解できなかった。それからの数年間でその理由を理解した世界は、中国へのアプローチを変えたのだった。

今回のパリ会議成功の鍵は「約束草案」（貢献度の各国采配）にあった。これは、各国が独自に炭素排出削減の数値目標を設定し、達成に向けた取り組みは自発的に行ない、どの政府に対しても貢献を強制する執行機関を設けない、というものだ。かつて中国が気候変動の国際合意に難癖をつけて貴重な六年を棒に振らせた理由、それは中国がともかくも実行する意思表示をした行為に対して、外部からの強制は絶対に受け入れないと認めさせることだったのだ。[4] これこそ中国が決して交渉の余地を与えない「主権」の原則なのである。[5]

主権という概念は一四世紀にヨーロッパで生まれ、西洋国際法の礎となった。かつて中国には存在しなかった概念にもかかわらず、今や中国の国際関係における大原則となっている。二〇一七年一〇月一八日、五年に一度開催される中国共産党大会で習近平は三時間半に及ぶ長大な演説を行なった。半分ほど終えたところで、「新時代の中国を象徴する独自の社会主義を擁護し発展させる努力を支持する」ため、一四項目から成る新たな基本方針を発表し、その一三番目として「人類が共有する未来社会の構築を推進する」を掲げた[6]。この表現は、「人類運命共同体の構築」とも言い換えることができる。われわれ外国人には口先だけの漠然とした言葉に聞こえるが、習近平や中国共産党にとっては特別な意味を持つ。彼らが描く未来像は、他国から決して干渉されない主権国家が中心にある国際社会というものだ。これは一九四五年以来、世界を管理しようとしてきた国際機関や同盟関係、主権の共有といった多国間体制の事実上の否定と言えるだろう。つまり北京政府は、現行の国際法が求める介入や制約に苛立ち、それらの見直しを求めている。そして、中国の影響力が増すにつれて、世界秩序の再構築をめざす中国の構想も、より強い影響力を及ぼすことになるだろう。

この「人類が共有する未来社会」という中国共産党の構想は過去から引き継いだ遺産だ。もともと国際法という西洋の概念と、みずからを「ヂォングゥオ」（世界の中心）と位置づける清王朝の認識とがぶつかった結果、生まれたものなのだ。落日の帝国が銃で脅され国際法を受け入れさせられたというトラウマが、中国式主権原理主義という奇妙な「キメラ」を生み出し、それを北京政府は今も新世界秩序の枠組みだと考えているのである。

朝貢儀式によって「天下（万国）」の支配者たることを示す

中国の皇帝に初めて受け入れられたアメリカ人が北京にやってきたのは、一七九五年一月九日。アンドレアス・エヴェラルダス・ファン・ブラーム・ハウクギーストという名の男だった。名前からわかるように元はオランダ人だ。一四年間、彼は広東省（広州）とマカオのオランダ東インド会社（VOC）で働いていたが、一七八三年にサウスカロライナ州のチャールストンに移り住み、アメリカという新独立国の市民となった。稲作の知識を生かしてプランテーションを開くが成功せず、一七九〇年までにはアジアに戻り、再び東インド会社で働きはじめる。

一七九四年、その前年にイギリスの「外交使節団」が清王朝に対して高姿勢で臨んだ結果失敗したことを知ると、このオランダ人はその状況をうまく利用して会社の利益になるよう策を練りはじめる。前年の失敗とは、イギリス政府から委任されたイギリスの貴族ジョージ・マッカートニーが、乾隆《けんりゅう》帝《てい》に「公平で公正な」通商権を要請し、そして対等な外交関係を樹立するよう求めた件だ。この冒険的試みには実に多額の費用がかけられた。皇帝を喜ばせようと、マッカートニー伯爵は機械仕掛けのプラネタリウム、新しい壮麗な馬車、熱気球といった発明品を三隻の船に満載して赴いた。その後の失敗については、多くの記録が残されている。伯爵が皇帝に対し叩頭《こうとう》の礼（膝をつき頭を地面につけるお辞儀）を拒否したことから、皇帝は好印象を持たず、ジョージ三世への親書を託して伯爵を追い返した。親書には、「わが天下万国は有り余るほどすべてのもの〈地大物博《ちだいぶつはく》〉を所有」しており、「海外から物品を輸入する必要はない」と書かれていた。[7] 通商権の要請は拒絶され、対等な外交関係の趣旨は理解すらされずに終わったのである。

ファン・ブラームはこれを好機と捉え、みずからも使節団を送ることを計画した。一七九五年は乾隆帝の即位六〇周年に当たることを知っていた彼は、記念式典への招待状を入手できるよう広東の関係者に密かに働きかける。それから使節団は荷馬車と輿《こし》で四七日間、凍える冬のなか、北京まで二〇〇〇キロメートルを旅した。そしてちょうど旧正月の祝賀に間に合って到着する。(8) イギリス人とは違い、彼らは贈呈品をていねいに梱包することなく、ブラームによれば「傷のついてない品物など一つもなかった」という。(9) ただし、またイギリス人とは違い、皇帝への叩頭の要請にはすべて応じる覚悟ができていた。事実、彼らはそれ以上のことさえやってのけた。なんと国際的詐欺を見事に成功させたのである。

このエピソードについては歴史家リチャード・J・スミスが詳しく分析研究しており、ファン・ブラームがオランダ王からとするお世辞たっぷりのメッセージを、乾隆帝に披露した様子を書き記している。「(われわれ外国人は)みな、中国からの啓蒙的影響を受けて変貌を遂げてきました。歴史上、これほど比類なき名声をお持ちの君主はいまだかつておられません、皇帝陛下」。これに対し乾隆帝は返礼品を与えて、「そなたの忠誠心および誠意による絆をこの品々がより強め、貴国が良き治世を維持し、永久に私の評価に値する国となるよう望む」と伝えた。

ただしこの外交には問題が一つあった。オランダ王が実在しなかったことだ。一七九五年時点でオランダは共和国となっていた。だがファン・ブラームは近代的な統治法に従う国家では皇帝の心を動かせないと考え、皇帝に必要な貢物を献上することのできる想像上の君主を創り出したのだった。

このようなヨーロッパと清朝の初期の交流については細かな点までよく議題に上がるが、一つ明らかなことは、別々の主権国家が集まる国際社会において、清朝の皇帝はみずからをそのなかの同等の一員とは夢にも思っていなかった、ということだ。宮廷儀礼において皇帝はヒエラルキーの頂点に祭りあげられていたことや、皇帝が選んだ地図からもその事実がわかる。スミスが指摘しているとおり、清朝はイエズス会宣教師たちが一六世紀と一七世紀に明朝の皇帝のために描いた地図の使用をやめ、新しい地図を発注していた。その地図には、中国の領土の西の端に、近隣諸国や遠く離れたヨーロッパやアフリカまでもが、まるで付属物のように描かれていた。それゆえに乾隆帝は一七九五年、オランダ自身が大清国の朝貢国と自覚している、と心から信じることができたのである。

皇帝と廷臣をだまし、ファン・ブラームとその仲間たちは、快適とは言えない帰路の途中、腹のなかで笑っていたかもしれない。しかし皇帝の立場からすればそんなことは問題ではなく、宮廷の外交儀礼がきちんと守られればそれでよかった。外国人が皇帝の面前でひざまずく、それで乾隆帝が確かに「天下（万国）」の支配者であることを認めたことになる。「中国《チオングウオ》」の皇帝としての地位は、諸外国からの訪問客が叩頭することによって強化されてきたのだ。もともとこの朝貢儀式を見せたい重要な相手は外国人ではなく、むしろ自国民であった。この儀式を通じて自国民は、皇帝と彼の帝国、彼の臣下たちと彼らの儒教思想の正統性を承認できたのである。

中国研究家のジョン・フェアバンクがかつて記したように「中国の歴代支配者は、すべての人類を統治する〈天命〉を受けていると主張しており、(すべての人類にはもちろん外国人も含まれるため)もし外国人がその皇帝の支配を認めないなら、中国人からも認められないという理屈になる」[10]。「天下（万国）」には正式な境界線はなく、宇宙全体をも指しうる。「天下（万国）」において人類を区別するのは唯一、皇帝の賢明な支配を受け入れた文明人「華」と、受け入れていない蛮族「夷」との違いだけであった。そしてこの中国世界では、明確な「儒教」の文化と秩序による支配を受け入れれば、「夷」であっても「華」に昇格できるとされていた[11]。

このように大清国にとって朝貢儀礼には、象徴的、政治的な観点からすると利益があったが、経済的メリットという点ではほとんどないも同然であった。時には大規模な使節団が来て、何週間も滞在することがあり、それでも朝廷は彼らをもてなし、そして返礼品をどっさり与えるのが常であった。それに対し使節団からの比較的少なめの朝貢の品々は、たいていの場合、象牙や白檀、宝石といった珍しい品で、これらは上級官吏たちに与えられる。使節団は返礼として下賜された大量の物品を国に戻って売る。こうした一連の過程には多額の費用と手間がかかるが、それでも朝廷はそれだけの値打ちがある、いや実際には必須であると考えていた。「朝貢国」側には、より直接的で金銭上の利点があった。朝廷から下賜される価値の高い品々に加えて、使節団に同行する商人たちは、その道中で国から持ってきた商品や農産物を売ることができた。加えて、朝貢国には無形の報酬もあった。朝貢国が皇帝を「ヂォングゥオ」の皇帝と認め、その権威を認めると同時に、朝貢国も皇帝から認められ、自国の政治体制が「ヂォングゥオ」という大国により承認されるのである。

一方、この種の関係性に、西洋の支配者たちは何の利益も見出すことはなかった。中国の皇帝から朝貢国という立場を認められる、それが何だというのか。それは誇り高き独立国に従属的な立場を押しつける企てであり、むしろ脅威と受け止めた。同時代、そう捉えた国のなかには、戦争という手段で外国による支配から自由を勝ちとった国も少なからずあった。こうした戦争は世界全体に波及効果をもたらし、世間知らずの皇帝の「天下（万国）」という妄想を最終的に打ち砕いていくことになる。

アヘン戦争の勃発

一八〇八年、ナポレオン率いるフランスはスペインを侵略し、国王を退位させ、スペイン皇太子を人質にした。それから数カ月のうちには、アメリカ大陸のスペイン植民地が戦火に包まれた。現地の貴族や軍部がいくつかの都市を奪取し、ベネズエラ、コロンビア、メキシコで独立を宣言する。戦いは一〇年間続き、一八二五年までには大陸のすべての植民地がスペイン支配から抜け出した。この戦いでは多くの被害が出たが、そのなかでも、旧スペイン植民地諸国の通貨であるペソの通貨価値が大打撃を受けた。戦争以前、ペソは純銀含有量九〇パーセントの銀貨として、品質において最高評価を得ていて、世界中できわめて貴重な貨幣として知られていた。

中国商人たちはこの銀貨を気に入り、とくに国王カルロス三世または皇太子カルロス四世の「外国の顔」が刻印された硬貨は格別人気が高かった。中国の商人たちは、このいわゆる「カルロス」銀貨の代金として、実際の価値におよそ九パーセントも上乗せした分の銀塊を支払っていたことが、一七九〇年代のイギリス東インド会社の帳簿に記録されている。この硬貨は小型で判別がしやすく、銀の品質を検査する必要がなかった。それほどカルロス銀貨は信用度が高かった。フランスやオランダの硬貨なども流通していたが、それらはカルロス銀貨よりも平均一五パーセント安く取引されていた。スペインのペソは最強通貨だったのだ。北アメリカの商人たちは中国にこの銀貨を売ってかなりの利益を上げていた。一八〇八年から一八三三年のあいだに、二二四七トンもの銀貨が太平洋を越えて輸送されている。

ところが、経済歴史学者のアレハンドラ・イリゴイン博士が指摘しているとおり、アメリカ大陸スペイン領の独立戦争がペソの価値に深刻なダメージを与えた。戦費を集めるために、独立派の現地支配層が硬貨に不純物を混ぜて純度を下げるようになった。さらに悪いことに、革命家たちがスペイン王の肖像を刻印しない銀貨を鋳造した。こうした新しいペソは鋳造場所によって、サイズや品質が大きく異なるようになる。これはたんにスペインやアメリカ大陸スペイン領だけの問題にとどまらず、中国にもまた大打撃を与えることとなった。

ペソの価値はぐらつきはじめ、一八二〇年代までに国王の肖像付きの古い「カルロス」銀貨は同じ重さの銀塊よりも最大三〇パーセントまで価値が上がっていた。一方で、革命後鋳造された銀貨の価格は下落し、中国商人たちの付ける価格は同量の銀塊より一五パーセントも低くなった(12)。銀貨の価値が下がった結果、商品取引や貸借がしづらくなった商人は、かつての古い銀貨を買いだめし、新しい銀貨の使用を拒否した。こうしてアメリカ大陸の新銀貨は需要が激減し、一八二八年までに中国からの輸入は、ほんの数年前の一五パーセントにまで落ち込んだ。信頼できるペソの供給量が減少するのに伴い、中国内で銀塊の価格は上昇する。何千マイルも離れたヨーロッパやラテンアメリカでの戦争が、中国経済に大きな影響を及ぼしていたのである。

当時、清朝での納税は硬貨ではなく銀塊で支払うこととされていた。朝廷が鋳造する銅貨と、秤量銀貨である「庫平銀《こへいぎん》」との交換比率は、朝廷の定めでは「庫平銀」一両に対し銅貨一〇〇〇枚(文)とされていた。しかし、一八二〇年代後半にはカルロス銀貨の供給が枯渇したため、「庫平銀」一両に対し銅貨一四〇〇文にまで銀価格が上昇した。収入を銅貨で得ていた農民たちはしだいに銀が買えなくなり、納税は滞っていった。結果、政府の歳入も落ち込みはじめる。さらに、安定した国際通貨(カルロス)の供給がなくなると、商取引にかかるコストが跳ねあがり、また貨幣価値の変動で資金の借り入れはさらに困難となった。資金がなければ需要は落ち込み、失業率が上昇する。銀価格の上昇に伴い、銀で換算されていた商品価格は下落した。典型的なデフレである。

デフレは、すでに不況にあった経済にさらなる打撃を与えた。清国の人口は過去一〇〇年で少なくとも二倍に増加していたが、それに対して耕地面積の拡大は一・五倍でしかなかった。アメリカ大陸スペイン領からトウモロコシ、ピーナッツ、サツマイモなどの新しい作物が伝わり、中国でも耕作されていたが、それでも大清国は食糧難に見舞われはじめた。土地の過度な集約利用で土が痩せ、そのため土壌の浸食や河口近くの洪水災害が増加。よって食料の値段はさらに上がり、仕事が減り、政治腐敗と失策で状況はますます悪化する。省によっては、深刻な反乱が勃発した。宮廷内は表向き平穏を装うも、宮廷を一歩出ればそれとは程遠い状況であった。乾隆帝は「外国製品を輸入する必要はない」と思っていたかもしれないが、すでに何百万という農民たちが飢えていた。事態をさらに悪化させた要因には、外国製品の影響で中国産の絹や綿の需要が世界的に減少していたこともある。まとめると、乾隆帝の孫の道光帝《どうこうてい》が即位した一八二〇年には、すでに大清国は経済危機に直面していたということだ。

さらにまた別の問題もあった。外国の商人たちは、それまで銀の取引でかなりの利益を上げていた。中国の商人はペソ銀貨を好んだが、外国の商人は銀塊を好んだ。そのためその交換レートは需要に応じて上下し、その差で利益を生むこともできるようになった。ただしこれがうまく機能したのは、信頼できるカルロス銀貨の供給が枯渇する一八二八年までだったと、前出の経済歴史学者イリゴイン博士は指摘する。それ以降、利鞘の稼げる商品は別のものになる。一八二八年に一万八〇〇〇箱のアヘンが中国に輸入された。それが一八三九年までに、その倍以上の四万箱が持ち込まれるようになる。(13)浅瀬の沿岸水域を速やかに航行するために、帆走と櫂《かい》の両方で進む「ジャンク船」が、違法貨物船からの商品を乗せて陸上で待つ顧客のもとに運び、それらはさらに内陸奥の都市へと運ばれていった。それまでも長年にわたってアヘンは皇帝以下エリート層の嗜好品ではあったが、一八三〇年代には大量に輸入されて、社会の脅威とみなされるようになっていく。

一八三九年、道光帝は財政難から一見つつましい勅令を出さざるをえなくなる。だがあとから考えれば、それは「天下（万国）」を破滅に導く第一歩であった。財政圧迫の一因に、莫大な費用がかかる朝貢使節団へのもてなしがあった。御用商人は朝貢の折に宮廷からの支払いで多額の利益を上げていた。そこで安南国（現代のベトナム）、シャム国（現代のタイ）そして琉球国（現在の沖縄県）の国々に対し、毎年あるいは隔年であった朝貢を、それ以降四年毎とすることにしたのだ。[14]日本の歴史学者、濱下武志によれば、これには二つの目的があったという。訪問する使節団に与える「貢物への返礼品」の量を減らすことによる節約と、朝貢から民間貿易へ重点を移すことによる税収増である。民間貿易を盛んにすれば商人たちはより多くの税金を払うことになり、これまで港の官吏が懐に入れていた収益も、もらさず中央政府に納まるようにした。この政策は、元は経済的必要性に迫られて生まれたものだったが、独自ルートで利益を上げていた（広東）地方の商人と官吏の癒着を弱める結果となり、最終的に中央と地方の争いを招くのである。

ただ、この政策は珍しく朝廷が現実を認識して対処した例だった。清国、東南アジア、ヨーロッパの商人は、これまで朝貢の慣例を無視し、地方役人や貿易商と直接取引をして莫大な利益を上げていた。そのなかでおそらく最も有名なのは、ウィリアム・ジャーディンとジェームズ・マセソンだ。彼らはいかなる政府の支配も及ばない「私貿易商人」と呼ばれ、公式ルートでは応じられない需要を満たすために、ジャンク船を使ってアヘンなど何百万ポンドもの禁制品を中国へ密輸していた。

すでに一八三三年に、イギリス政府はイギリス東インド会社の対中国貿易独占権を廃止し、私貿易商人たちに自由裁量を許可していたが、道光帝の意図は、そうした広東の沿海地域で稼ぐ商人や彼らと共謀して甘い汁を吸っている者たちを再び中央の管理下に置くことにあった。しかし朝廷の税収よりもみずからの繁栄を重視するこうした地元官吏や商人たちは大いに反発する。アメリカの中国研究者ジェームズ・ポラチェックの言葉を借りれば、中央の「極端な外国人排斥という硬直姿勢」と沿海地域の「外敵に協力的なご都合主義」とのあいだで争いが繰り返されることになった(15)。この争いはその後数十年ものあいだ、決着がつかないまま続いたが、その間国際秩序はますます北京政府の利益と反する方向へ変化していく。沿海地域の反発は激しく、政府はついに密輸アヘンの焼却まで行なうが、これがきっかけで一八四〇年に「アヘン戦争」が勃発する。アヘン戦争の敗北で両者は一時和解しあうものの、また抵抗が起き、一八五六年の「第二次アヘン戦争」につながる。敗けては和解する、が繰り返されるが、一九世紀末になると、清朝は威信の失墜を否応なく認めざるをえなくなる。つまり、もはや清朝は「中央の国（ヂォングゥオ）」などではなく、その皇帝は「天下（万国）」を支配する存在から、数ある主権国家のなかのたんなる一国の支配者にすぎなくなるのである。

太平天国の乱と第二次アヘン戦争

一八四四年、繁栄する長江流域の一都市、合肥《ごうひ》出身の二一歳の学生が、父親の古い友人の経営する科挙受験のための私塾に入った。特権階級の子弟だけが享受できる典型的な英才教育だが、その学生、李鴻章《りこうしょう》の場合は父親が政府刑部主事という官職にあったため、このように十分満足のいく教育を早くから受けられる立場にあった。家族が特権階級であることは、曽国藩《そうこくはん》が李の師として選ばれたことからも明らかだ。曽国藩は清朝政権内で期待の星とされた人物であった。曽は、科挙制度の最高レベルの試験に合格し、二七歳という驚くべき若さで「進士」となった。その後は皇帝の最高諮問機関（国政の最高機関）である軍機処の三三名の書記官の一人に任命されている。書記官として、曽は大帝国中に発布される詔勅をはじめ、数々の重要書類の起草に携わった。その任務で成果を上げれば、さらに昇進への道が開かれる。しかしそれに先だって、通常、地方試験の候補者たちの指導・監督を行なう期間を経験しなければならなかった。曽が李の師となったのも、そうした経緯からだ。

李の家族は賢明な選択をしたといえる。わずか三年後、李は師より若い二四歳で、科挙の最終試験の「殿試」を受けた結果、翰林院庶吉士《かんりんいんしょきつし》に任じられた。最も頭脳明晰な候補者だけに与えられる名誉であった。翰林院は皇帝直属の秘書室であるとともに、大清国における漢族地域の儒教思想を公的に保存・継承する役目も担っていた。そこの学者たちは、皇帝と朝廷が審議をするさいに、古典の解釈を提供して助言することが求められた。「進士」が栄達を約束されるためには古典の深い知識が必要とされ、それ以外はほとんど必要とされなかった。官吏が仕事をするうえでも、皇帝が国を統治するうえでも、助言には古典の知識だけで十分と考えられていたからだ。そこには革新の入り込む余地も、新しい知識への欲求もない。ただ努力して試験に合格した者だけが、古典を解釈し助言を行なう権利を持つ。これらの上級官吏「士大夫《したいふ》」たちが清国の中核を占め、みずからを最高の倫理思想体系の守護者と自負していた。彼らの社会的立場は、この知識の修得度合に左右され、修得した知識の維持は絶対条件だ。そのため変化を嫌い、外国人を敵視し、外の世界にはまったく無関心だった。

李鴻章も同じ属性を持っていたが、一つだけ他とは異なる重要な特性を備えていた。彼は儒教を墨守する儒学者とは程遠い野心を抱いていたのだ。そして同僚たちより抜きん出て背が高く、およそ一九〇センチもある偉丈夫で、彼に出会った人は誰もが強い印象を受けた。彼は以降、出世街道を邁進することになる。李鴻章を崇拝する一人の西洋人などは彼の死から二年後に、「その生涯は一九世紀の中国史そのものだ」と称えたほどだ。その西洋人の名はアリシア・リトゥルといい、社会運動家で、文筆家、宣教師の妻でもあった彼女は、李について「外国の使節が、論理的な討論のできる中国で唯一の人物」と言いきるが、同時に「彼の同時代の人々の多くは……彼のことを国の名誉を失墜させた人物としか見ていない」とも指摘している。[16]

しかし李鴻章は間違いなく重要人物であり、それは清国がこれまでの「天下（万国）」という世界観から一つの主権国家にすぎないという認識へ移行していく過程で、清の支配層と諸外国とを仲介するという役割を担ったからにほかならない。そしてこの移行にさいして重要なファクターとなるのが、李の持つアメリカの元大統領や元国務長官など複数のアメリカ指導者との交流だった。

李が曽国藩の門下生になったのは、清の領土が初めてイギリス海軍の砲撃を受けてからわずか数年後のことである。この「第一次アヘン戦争」で敗北した清国は、一八四二年八月に締結された南京条約で、対英貿易のために広州（広東）に加えてさらに四つの港湾〔上海、寧波、福州、厦門〕を開港することに同意した。清国はまた、香港島をイギリスに永久割譲させられ、広州当局が焼き捨てたアヘンの賠償金と戦費を合わせて、二一〇〇万「ドル」（実際はカルロスペソ）の支払いを余儀なくされた（当然のことながら、イギリスは戦争中に犯したおよそ二万人の殺害と、何千もの負傷者や、残虐行為の被害者への補償金などを一切支払うことはなかった）。

中国のその後の国際関係にとって最も重要だったのは、清国が朝貢貿易制度を廃し、「自由」貿易に同意したことだ。イギリスにとっては条約港に居住する権利と、地元当局と直接交渉する権利が得られた。加えて治外法権も認められ、イギリス人にとって野蛮な清国の法律がイギリス人に適用されることはなくなった。その年の後半、アメリカが腐肉をあさるジャッカルのように、イギリスが戦って獲得したのと同じ権利を無償で要求してきた。皇帝は一度は拒絶するものの、一八四四年にはすべての外国人に同等に権利を適用することを認める。[17]

この第一次アヘン戦争に、曽も李も何の関わりも持たなかったが、戦争の遺産は二人のその後の人生を決定づけることになる。新しく流れ込んできた海外の思想が、国外ではベトナム、琉球、朝鮮などの分離独立を、国内では反乱を誘発した。繰り返し反乱に見舞われ、清の朝廷は外国人に助けを求めざるをえなくなる。また政府常備軍より有能で勇名を馳せる曽国藩の義勇軍にも頼った。この反乱の鎮圧に活躍した曽国藩は英雄となった。その曽に引き立てられて李も出世していくが、晩年には裏切り者として非難されることになってしまうのである。

一八五一年初頭、清国政府にとって、イギリス海軍よりもはるかに深刻な脅威となる反乱組織が国の南西部に出現する。経済状況の悪化と食糧難の深刻化が原因で生まれたこの一団は、キリスト教の神学と社会主義的ユートピア思想に、満州族支配層への憎悪が入り交じった思想を信奉し、「太平天国」と名乗ったが、「太平軍」という名のほうがよく知られている。一八五三年三月までに、太平軍は李鴻章の故郷の合肥から長江流域を下った所にある南京市を占領し、そこで四万人もの満州族住民を大虐殺した。南京はその後一一年間「太平天国」の首都となる。一八五四年一月には、合肥をも占領し[18]、曽国藩の弟〔曽国華《こくか》〕は、一八五八年に合肥奪還に失敗し戦死している。一八六〇年までに、長江とその支流に沿った五つの省の全部または一部が、太平軍の支配下に置かれた。

清朝が必死で太平軍と戦っているさなか、イギリスとフランス、アメリカは自由貿易の権利拡大のため、さらなる譲歩を求めて清朝に圧力をかけ、イギリスとフランスは実力行使に訴えてきた。南京条約への違反行為を口実に、広州のいくつかの条約港が砲撃され、引き続き北京の玄関口である天津《てんしん》も砲撃される。このように西欧列強の武力行使を受けた結果、一八五八年六月、天津で交渉に当たった政府高官たちは西欧列強に対し、条約港の増加、長江の航行権、外国人の中国内旅行権、通商権、キリスト教伝道権を容認する新たな条約（天津条約）に調印した。ここで重要なのは、この条約で外国政府が北京に公使館を設置することを認められた点だ。諸外国は朝貢国ではなく、対等の主権国家として扱われることを望んだのである。

ただ致命的なことに、天津で交渉に当たった政府高官は、この条約を厳粛で永久的な言質とは考えていなかった。調印者の一人、桂良《けいりょう》という名の満州旗人は皇帝に出した上奏文のなかで以下のような露骨な意見を申し述べている。「イギリスおよびフランスとの和平条約を現実のものとして受け入れることはできない。これら数枚の書類は、軍隊と艦船を沿岸から撤退させるための一手段にすぎない」[19]。これは明らかに条約に関する英仏側の解釈とは異なるものだった。二年経ってもなお条約は批准されず、業を煮やしたイギリスとフランスは一八六〇年、英仏連合軍を香港から出港させて、批准を迫った。こうして「第二次アヘン戦争」は大詰めを迎える。

英仏の侵略者たちは、清国軍を押しのけて海河《かいが》を遡航し、北京へ進軍した。そして首都へのコメ輸送船を遮断し、まさに北京中心部を略奪せんとしていた。咸豊帝《かんぽうてい》（一八五〇年に崩御した道光帝の皇子）は北京から逃れ、北京に残した異母弟の恭《きょう》親王奕訢《えききん》に英仏側との交渉に当たらせた。太平軍と英仏連合の二つの脅威に直面した清朝政府は、ロシア公使ニコライ・パヴロヴィッチ・イグナチェフからの提案を受け入れる。イグナチェフは、清朝がロシアの要求を呑むなら、英仏側との仲立ちをすると約束したのだ。だが実際にはイグナチェフは英仏両政府にまったく影響力を持っておらず、結局清朝はシベリアの最も肥沃な一三万平方マイル〔三三万六七〇〇平方キロメートル〕の土地の権利をロシアへ譲渡するだけに終わった[20]。そして一八六〇年一〇月二四日、大清国の将来の外交関係に非常に重大な意味を持つ北京条約が新たに、恭親王奕訢によってイギリスとのあいだで結ばれた。そして翌日にはフランスとも同様の条約が調印されている。

条約に基づき、清朝はイギリスに香港島の対岸の九龍半島のおよそ二〇平方マイル（約五二平方キロメートル）の領土を割譲、また天津も条約港として開港した。そして何よりも重要だったのが、天津条約で定められた外交使節の北京常駐が実行に移されたことである。これによって、広州から北京への荷馬車での長旅に耐える必要がなくなったのだ。そもそも西欧人はみずからを「北京詣で」をする朝貢国の使節などと考えたことはなく、国際社会において同等の立場にあると理解しており、彼らにとって北京常駐は当然の権利だったのである。しかし、清朝はそのような国際秩序というものを理解することも、受け入れることもできなかった。相も変わらず「天下（万国）」という価値観に固執し、皇帝は「天下（万国）」の正当な支配者として君臨する存在と考えていた。この二つの世界観の衝突は、清王朝の最後の五〇年間を特徴づけ、その物語のキーパーソンとなるのが李鴻章である。

西洋の技術を学ぶ「自強運動」

その通りには惨めさが染みついていた。縁石にしゃがみ込む中年の女性が何かわめいている。その叫び声は近代化した北京の街の喧騒を切り裂くほどだ。だが、多くの通行人のなかに彼女を助けようとする者は一人もいなかった。さらにその狭い路地を少し進んだ先に、若い女性がキャンプ用の椅子に座り、長い文言を書いた大きな紙を広げて、みんなに見えるように持っていた。そのまわりを強面《こわもて》の男たちが取り囲み、彼女にしつこく説教をしながら非難するように指で小突いている。彼女を守ろうとしているのは車椅子に乗った農民風の女性一人だけで、強面の男たちに向かって大声で抗議していた。男たちがならず者なのか私服警官なのか一見よくわからないが、この国では警官もならず者と大差ないだろう。

この女性たちの苦悶の叫びの原因は、この細い路地、東堂子胡同《こどう》のさらに奥まった所にある背の低い建物だ。高い灰色の壁の背後に隠れるように建っており、通りから見えるのは古いタイル張りの屋根だけだ。この四九号〔建物の番号〕は中華人民共和国公安部管轄下の苦情受付事務所であり、中国市民が警官の権力濫用に対して救済を求め出る場所だ。訴えが取り上げられるチャンスはごくわずかのはずだが、それでもこの九月の午後、事務所の外には短い列ができていた。並んでいる人たちの頭の上方の壁に石の銘板がはめ込まれており、そこに記された文言を読めば、不幸なこの建物の歴史がよくわかる。

信じがたいようだが、この建物はかつて北京の国際外交の舞台であった。一九世紀後半、ここには最初の「外務省」に当たる「総理各国事務衙門《がもん》（総理衙門）」が置かれ、海を渡ってきた蛮夷《ばんい》との外交を所管していた。もはや当時の面影はなく、建物自体がすっかり小さく見劣りして見えるのは、周囲を立派な建築物が囲んでいるためだ。独裁者の誕生日ケーキのような外観の「レジェンデール・ホテル」や、清朝様式のショッピングモールである金宝匯、すぐ近くには、香港ジョッキークラブの北京クラブハウスという清朝宮殿風の建物もある。新興の成金たちがこれら豪華な建物を往来する一方で、背後の狭い路地では、苦悩を絵に描いたような情景が繰り広げられている。「歴史は繰り返さないが、韻を踏む」〔マーク・トウェインの言葉とされている〕とはまさしく至言である。まったく同じ事象は起こらないが、よく似た事象は韻を踏むように繰り返し起こるものなのだ。

一八六一年一月一三日に設立された「総理衙門」は、第二次アヘン戦争の結果を受けて清朝が設置を余儀なくされた機関である。[21] 西欧列強は、条約港の関税収入から分割払いで銀八〇〇万両の賠償金を要求していた[22]（英仏両国はみずから侵攻した清朝に対して、賠償金の支払いを要求することに何ら後ろめたさを感じてはいなかった）。北京条約の交渉と調印に当たった清国政府代表の三人は、条約の履行を管轄する新しい政府機関を設立するよう皇帝に上奏しなければならなかった。ただし、この三人はそれを永続的な措置とは考えていなかった。上奏文には「（太平軍や他の反乱軍を鎮圧するための）軍事行動と、海外諸国の問題が解決された暁には、ただちにこの新しい機関を廃して、その機能を以前の制度に従い『軍機処』〔皇帝の最高諮問機関／国政の最高機関〕に戻す」と記していた。

この三名は全員満州人で、一人は奕訢、中国名の恭親王としてよく知られた人物であり、二人目はハダ・グワルギヤ氏（瓜爾佳《かじか》。中国名は桂良《けいりょう》）で、恭親王の年老いた岳父である。一八五八年の天津条約締結のさいに大いに反対した人物だ。三人目はスワン・グワルギヤ氏（中国名は文祥《ぶんしょう》）であった。[23] 恭親王奕訢はこの新しい機関の名称を「各国事務管理部」とすることを提案したが、新しい現実を受け入れられない朝廷内の保守的な上級官吏「士大夫」たちは依然として抵抗し、その新機関の重要度を下げようと、名称を「各国商務管理部」にすべきと命じて、その外交的役割を事実上否定した。恭親王はその命令を撤回するよう働きかけ、半分は成功した。結果として名称は「総理各国事務衙門（総理衙門）」（事務全体を取り扱う機関）という無難なものとなった。

だが、この名称が実態にそぐわないものだったことは、「総理衙門」と関わりを持つイギリス外交官たちがすぐにこの機関を「外務省」と呼んだことからも明白だ。さらに清朝政府は外国人を侮辱的に扱うことで彼らが従属的存在であると自覚させるため、「総理衙門」を宮廷から遠く離れた裏通りに設置した。それが前述の東堂子胡同にある「宝源局」（中央政府の銅銭鋳造工場）の元事務所であった。「総理衙門」を初めて訪れた外国人は、その場所を「狭くて不便」、そして「不潔、陰気、殺風景」と表現した。[24] 現代でもこの苦悩の詰まった場所を訪れた人は、やはり同様の感想を持つだろう。

恭親王、文祥、桂良は、この「総理衙門」を外国政府が清国朝廷と連絡の取れる唯一の窓口とすることで、西欧の脅威を封じ込めようと考えていた。ところが実際に運用が始まると、「総理衙門」は外国の要求を朝廷に伝えるたんなる窓口ではなく、清朝末期のエリート層がより広い外の世界に遭遇する入り口ともなっていく。

「総理衙門」がまず行なったことの一つに、通訳・翻訳者を養成する「同文館」の開校があった。一八六二年に開校後、「同文館」は外国人教師を雇い、さらに海外の書籍や思想を中国語に翻訳しはじめる。そのなかには、西洋人たちのいう「国際法」についての学術論文もあった。一八六〇年に英仏同盟軍の攻撃を受けたとき、本来の順序とは逆にこの国際法というものに出合ってしまった全権の満州人三人にとって、この概念はまったく未知のものであった。だが彼らはそれが攻撃者たちにとっていかに重要なものかをすぐに悟り、国際法についてよく知りたいと望むようになったのである。

一八六一年八月に咸豊帝が崩御すると、恭親王はクーデター計画に手を貸し、咸豊帝側妃であった西太后が権力を掌握する。当時五歳だった彼女の息子が同治帝《どうちてい》として即位するが、実際に誰が実権を握っているのかは疑いようもなく、それから半世紀にわたって西太后が垂簾聴政《すいれんちょうせい》〔皇帝が幼い場合、皇后・皇太后などの女性が代わりに摂政政治を行なうこと〕を行なうことになる。これにより恭親王率いる改革派が朝廷内で大きな権力を持つことに成功したが、守旧派勢力は朝廷内のより深くに浸透していた。国中に及ぶ権限を有する地位に就く「士大夫」ら守旧派は、出世に必須の古典教養とされる儒教を独占的に教授することで収入を得、影響力を維持し、延々とその地位に依存してきた者たちだった。

北京でこうした守旧派と改革派の権力争いが続く一方で、上海周辺では、血みどろの戦闘がその終局を迎えようとしていた。太平天国の乱でどれほどの命が失われたのか、正確な数字をあげることは誰にもできないが、最も信頼できる推定では少なくとも二〇〇〇万人——アヘン戦争で命を落とした人数の約一〇〇〇倍——に達したとされる。十分な軍事支援を行なう能力のなかった北京政府は、曽国藩のような地方の指導者たちに権限を与え、反乱軍と戦う義勇軍を創設させた。曽は同僚たちとともに官吏としての立場と個人的な人脈を駆使して資金を集め、義勇軍〔曽の湘軍《しょうぐん》など〕を編成した。これら義勇軍はいくつかの勝利を収めたが、太平軍を阻止するには至らなかった。反乱軍が条約港の上海まで進軍すると、動揺した上海の上層階級は外国人に助けを求める。条約港内の外国人居留地を自衛するため、上海市にはすでに三〇〇〇人のイギリス、インド、フランス部隊が駐屯していたが、それに加えて、外国人傭兵の指揮下に新たに三〇〇〇人の中国人を徴兵し、「常勝軍」として知られることになる部隊が編成された。その後一八六一年後半には、曽の命を受けた李鴻章も故郷の安徽《あんき》省で新しい軍隊「淮軍《わいぐん》」を組織し、上海に進軍する。(25)

一八六二年四月、李鴻章の世界は一変した。李の「淮軍」は上海商人がチャーターしたイギリス汽船で上海に向かい、そこで初めて西洋の近代化を目の当たりにしたのだ。李は西洋の兵器と訓練された軍隊が反乱軍を粉砕するのをその目で見た。彼の日記や手紙から、李が即座に自国にも近代兵器を導入する決意をしたことが読みとれる。しかしそれでも彼は心底では、なおも「士大夫」であった。つまり、みずからを「西洋化」することには興味がなかったのだ。一八六二年四月二三日に曽に書き送った手紙には、みずからの部隊を西洋軍から分離させ、「自強をめざして奮闘する、外国兵とは混合しない」としている。

李はおそらく「自強」という言葉を曽本人から学んでいたと思われる。曽はその前年に、改革志向の「士大夫」出身で当時は軍隊の指揮官になっていた馮桂芬《ふうけいふん》から働きかけを受けている。馮は外国から自国が辱めを受けたことに心を痛め、一連の論文を書き、そのなかで以下のように論じた。「われわれは蛮夷から一つだけ学んだ。堅牢な艦船と高性能の火砲だ」[26]。この考えが「自強運動（洋務運動）」として知られるようになる思想へとつながる。つまり、西洋の科学技術を利用はするが、西洋の思想にまでは決して染まらず中国の伝統的思想を守るという考え方で、馮、曽、李の三人がこの思想の先駆者であった。

曽に手紙を書いた二日後、李は江蘇省の「巡撫《じゅんぶ》」〔長官〕の役職に就く。江蘇省には条約港の上海があった。一八六二年八月には、その上海市の商人たちが清国政府よりも外国人に支配されるほうを望んでいることを李も実感し、警戒心を強めるようになっていた。別の自強運動指導者である左宗棠《さそうとう》（欧米ではツォ将軍として有名で、ツォ将軍のチキンという中国料理もある）への手紙のなかで「官吏や民間人の心はすっかり外国人へなびいてしまっている」と書いている[27]。諸外国の持つ軍事力に対する憤りと、その軍事技術への渇望は、その後太平軍を壊滅させるまでの二年のあいだに李のなかでますます激しさを増していった。

一八六三年三月、李は南部の開港場を統括する南洋通商大臣に任命される。これは「総理衙門」の設立と同時に設けられた官職で、その役割も同じく、外国人の管理・監視であった。通商大臣は、一人が南部の条約港を担当する南洋通商大臣、もう一人は北部の条約港を担当する北洋通商大臣で、彼らは朝廷の「蛮夷調教師」として、西洋の武器の脅威の下に渋々認めざるをえなかった外国人特権の管理を任された。この任務を経るうちに李は、外国人は通商だけに興味があると主張しているが、実際はさらに領土を手に入れようと狙っている、と確信するようになった。その年の後半には友人に対して、「長期にわたる悩みの種は西洋人だ。〈華夏〉は偉大な国であるはずなのに、これほどまでに弱体化し、追いつめられてしまっている」と警告している。[28]

だが李は同僚たちの態度にも不満を持っていた。一八六四年の春には「総理衙門」に直接文書を書き送り、同僚の「士大夫」たちは「昔ながらの論文作成や大きさが均一の小さい文字をめざす書道に没頭し」、今起きている現実の問題に取り組もうとしないと批判、朝廷は彼らに新しい科学技術の研究を命じるなど率先して動く必要がある、と不満を訴えた。馮桂芬の考えに従い、最優先させるべきは「西洋技術を学び、つねに西洋人の手を借りる必要をなくすことだ」と述べている。恭親王は李の意見に共感し、その文書を皇帝に献上したが、なんの反応もなかった。

数カ月後の一八六四年七月一九日、太平軍の首都になっていた南京がついに曽の軍（湘軍）により陥落した。まさに酸鼻を極める残忍な戦いであった。一〇万人もの人々が殺され、そのほとんどが陥落後の残虐行為による犠牲者だったとされる。報酬が不十分で飢えた曽軍の軍人たちは、軍紀の鎖から解き放たれ、子供や老人までをも虐殺し、女性を戦利品として連れ去り、町を略奪し、地域全体を廃墟に変えた。[29]儒教を尊ぶ曽の世界観からしても、太平軍は何世紀もの伝統を誇る儒教の教えを排撃する輩であり、何ら同情の余地はなかったのである。

太平軍の脅威が去って、中央政府はようやく荒廃した社会の再建と、西洋人に対抗するための近代化推進に取り組むことができるようになった。こうして一八六四年から一八九四年の日清戦争までの三〇年間は自強運動の時代となる。曽、李、馮から成る近代化推進派のエリートたちや首都における彼らの支持者たちが、未来への希望を抱き、その体面にかけて、外国人とともに機械工場、近代海軍、職業軍隊の創設に動いた。こうしてすべては早急に進められることになった。

西洋の「主権」の概念と中国語の「主権」の違い

第二次アヘン戦争〔一八五六～六〇年〕、一八六一年の辛酉政変《しんゆう》〔西太后の一派が清朝の権力を掌握したクーデター〕、太平軍の鎮圧〔一八五一～六四年〕を経て、自強運動推進派は主導権を握ったものの、北京では守旧派の反対勢力が相変わらず強い影響力を持っていた。「総理衙門」と「同文館」は設立こそ渋々承認されたが、その運営はなかなかうまくいかなかった。清朝改革派が「同文館」を設立したのは、イギリスやフランスと直接交渉のできる中国人通訳官を養成し、外国人の手を借りずに運営することが目的だったのだが、数カ月後には、「外国語を教える能力のある中国人が見つからず……外国人のなかから適切な人材を探さざるをえない」という結論に達する[30]（ここでの「外国人」とは「西洋人」を意味することは注目すべき点である。というのも清朝は帝国内で使用されている様々な中国語については通訳できる者をちゃんと揃えていたからだ）。

最初に「同文館」で雇われた二名の外国語教師はいずれもイギリス人宣教師で、彼らは公的な通訳官を養成することより、北京でキリスト教伝道のためのミッション・スクールを開設することのほうに熱心だった。北京以外の地域で中国語を学んだようで、二人とも北京語が話せず一年で辞職してしまう。学生の質にも問題があり、全体として、集まった人材は通訳官候補として決して有望とは言えなかった。意欲がある者ならば、清朝の官吏としての出世をめざして伝統的古典学習に専念するほうを選ぶのが普通だったからだ[31]。

事態が好転したのは、清国が税関として設けた「海関」（中国海関総税務局）の総税務司に新たに就任したロバート・ハートが通訳者の養成に関心を持ってからだった。海関は輸入関税を「総理衙門」に届ける業務を担い、関税の一部は英仏両国へ戦時賠償金として支払われ、一部は清朝宮廷費として納められていた。海関は清朝の行政組織〔総理衙門の付属機関〕であったが、実際に管理していたのはイギリス人、フランス人、アメリカ人、ロシア人といった外国人で、その関税収入はかなりの額に上っていた。そのためハートには十分な予算があり、さらに彼の下で働く中国人官吏の質を高めたいという意欲もあった。北アイルランド人だったハート自身、この職に非常に適した性格だったようで、「総理衙門」の役人たちともすぐに打ち解け、親密な関係を築くことができた。

そのつき合いのなかでハートは早くから、清朝の官吏は西洋の国際法についてもっと理解する必要がある、と考えるようになった。日記によると一八六三年七月一五日に、アメリカ人弁護士で外交官のヘンリー・ホイートンが書いた国際法に関する最初の英語版論文『Elements of International Law』（国際法原理）の翻訳を開始し、その月末には、翻訳した数章を「総理衙門」に提出している。その訳文の内容は、外国の首都に設置された公使館の権利についてだった。それは当時の西洋列強にとって喫緊の課題だったのだろう。ハートの日記を研究したアメリカ人歴史家リチャード・J・スミスによれば、ハートは一八六三年の夏のあいだずっとホイートンの同書の翻訳に専念し、複数の章を「総理衙門」に手渡している。(32) 当時、内容の貴重さから海外の文書を外国人たちは故意に隠している、と恭親王が疑っていたことは本人の説明からも明らかだが、実際のところハートはその共有を切望していたのだ。

そうした考えを持っていたのはハートだけではなく、駐北京アメリカ公使アンソン・バーリンゲームも同じだった。同年フランスは、北京政府が一朝貢国とみなしていた安南（現代のベトナム中部）へ侵攻を開始した。そして一八六三年四月一四日、フランス軍は安南の皇帝にサイゴン条約の批准を強要し、それにより安南領土の一部がフランスへ割譲された。これを知った「総理衙門」は、ただちに駐北京アメリカ公使アンソン・バーリンゲームに照会し、この種の条約の指針となるものを依頼した。アメリカ人歴史言語学者のリディア・リウによれば、そのときバーリンゲームが「総理衙門」に推薦したのはホイートンの論文だったという。バーリンゲームは、アメリカ人宣教師のウィリアム・A・P・マーティンもまた四名の中国人キリスト教徒の助けを借りて、ホイートンの翻訳に携わっていることを知る[33]。マーティンはアメリカ外交官のあいだですでによく知られた存在で、一八五八年の天津条約の交渉ではアメリカ代表団の通訳官でもあった。実は、マーティンが持つホイートンの著書は、条約に携わったアメリカ使節のウィリアム・B・リードがマーティンに与えたものだった。マーティン自身の説明によると、彼は国際法の翻訳を、宣教師としての使命の延長と捉えていたという。「私の仕事は、この無神論政府に神の存在を知らしめ、神の永遠の正義を認めさせることにある」とのちに記している[34]。

翻訳作業には言語を置き換えるという本来の難しさがあるが、マーティンはそれ以上の困難に直面した。実際、彼はまったく異質の世界観を持つ人々に、別の世界観を理解させせなければならなかったのである。このギャップを埋めるには、時には新語を創出する必要があった。「これらの言葉や表現は、なじみがなくて使いにくく、理解不能に見えるかもしれない」と、のちに出版した本の序文に書いている。「……（しかし）翻訳家たちが必要に迫られて、最善の選択をしたことはわかってもらえるはずだ[35]」

しかし、清朝の官吏に「sovereignty（主権）」という概念を紹介するにあたり、マーティンは新語を創出するより既存の「主権《ヂュチュエン》」という古い中国語に新しい意味を与えて訳語とするほうが適切だと判断した。「主権《ヂュチュエン》」という中国語の語源は古代にさかのぼり、紀元前七世紀の『管子』に登場するが、そこではまったく違う意味で使われている。ウィリアム・キャラハンが指摘するとおり、当時「主《ヂュ》」は国家という意味ではなく、「支配者」や「主人」、さらに「所有主」を意味していた。マーティンは「rights（権利）」の訳として「権《チュエン》」という中国語を選んだが、この「権」は歴史的に「権力」の意味で使われ、「専制的な」あるいは「隙をうかがう」という言外の意味があった。したがって、「主権」という言葉は「国家の正当な権力」という意味だけでなく、「支配者の専制的な権力」という意味にも解釈できた。『管子』では、「もし〈主権〉を濫用すれば、失敗する」というふうに、「主権」を警告の文脈で用いている[36]。

西洋の「sovereignty（主権）」の概念と、中国語の「主権《ヂュチュエン》」が持っていた元の意味とを無理やり一致させたこの過程を見れば、現代中国の「主権原理主義」の一側面も理解しやすくなるだろう。現代の中国人が「支配者の権力」という元の意味で「主権」という言葉を使う場合、主権とは絶対的な権力であり、相対的権力など存在しない、という意味になる。そして絶対的な権力を手放そうとする支配者などいるはずもない。この言葉の持つ意味の違いから、本章冒頭にも登場した国際関係に対する中国独自の枠組み「人類運命共同体」という考えが生まれているのである。

何カ月ものあいだ、異なる世界観を別の言葉に翻訳する難しさと格闘したすえ、ついにマーティンは訳文の最終原稿を一八六三年一〇月、東堂子胡同にある「狭くて不便な」「総理衙門」の事務所に提出した。マーティンはハートの友人だったため、総理衙門に紹介してもらうのはたやすいことだったのだ。こうしてホイートンの原書を翻訳した計四巻は、恭親王や文祥、その同僚たちの手に渡った。恭親王は確かにホイートンの著書に興味を持ったが、朝廷内の守旧派はそうではなかった。もしシュレスヴィヒ＝ホルシュタイン問題が起こっていなかったら、この翻訳文が出版されることは決してなかっただろう。

一八六四年の春、ヨーロッパ北方のシュレスヴィヒとホルシュタインの両公国の帰属をめぐってデンマークとプロイセンのあいだに紛争が起き、その争いが天津港にまで及んだ。新たに就任したプロイセン公使〔大使と同義〕は軍艦で天津に到着すると、ただちに三隻のデンマーク商船を拿捕《だほ》する。恭親王はホイートンの著書から得たばかりの知識を使い、他国の領海内でのそのような行動は国際法に違反していると主張した。するとプロイセン側はその主張を認め、拿捕した商船を解放し、さらにデンマークに賠償金さえ支払った。その事実は恭親王に強い印象を与える。[37] この事件を受けて一八六四年八月三〇日、恭親王は朝廷に提言書を提出し、今回の事態の解決を見れば、この未知の書物の有用性は明らかだとして、「外国領事の管理に大いに役立つ法律について書かれており、確かに有益なものである」と指摘した。

とはいえ、恭親王が活用を考えた国際法はあくまでも外国人を管理するための手段であって、清の朝廷にまでそれを適用しようとしたわけではない。彼は皇帝への上奏文のなかで、ホイートンの所論は大清国には何ら影響を及ぼさないと確約している。「陛下に仕える重臣たちは、清国には独自の法律や制度があり、外国の法律書に従うのは不都合であると速やかにマーティンに伝え、わが国を国際法に従わせようとする彼の試みを未然に防いだ」と説明した。そして上奏文の最後で、マーティンの翻訳書を編集・出版するために銀五〇〇両の予算をとりあえず承認しておいたと伝えている。[38] 恭親王はマーティンから翻訳書の序文を依頼されたが、断わっている。おそらく、彼は外国の思想に表立って関わりたくなかったのだろう。そして「総理衙門」がこの翻訳書を出版することはなかった。スウェーデンの中国研究家ルネ・スバルベルドによると、出版されたのは一八六四年五月、マーティン自身が北京に設立したキリスト教ミッション・スクール付属の出版社からだった(39)〔『万国公法』のタイトルで漢語訳を出版する〕。

翌年、マーティンは「同文館」の英語教師に任命され、一八六七年には国際法の教授となる。それ以降、同校は清朝上層階級の革新派を知的に向上させる原動力となった。とはいえ、それはごく一部の人々に限られていた。恭親王をはじめとする自強運動推進者たちの尽力にもかかわらず、要職を占める「士大夫」からの激しい抵抗がやむことはなかった。

守旧派の筆頭は、高級官吏の艮峰《ごんほう》（倭仁《わじん》と書かれることもある）という人物であった。出自はモンゴル族で、科挙試験で優秀な成績を収め、昇進を重ねて大清国の枢要な官職を兼任していた。公には儒教経典の遵奉を奨励する高潔で質素を旨とする人物というイメージを作りあげており、一つ風刺的な話として、「吃糠会《きつこう》（麩《ふすま》を食す会）」を立ちあげ、精白小麦粉を食べる贅沢の禁止をみずからに課したという逸話があるほどだ。ただその裏では政府高官ゆえの高給から、密かに美食を楽しみ、あまつさえアヘンにまで手を出していた偽善者、と噂されていた。咸豊帝は彼を敬遠し、一時は遠く離れたトルキスタンへ左遷したこともあった。しかし、皇帝の崩御とその直後の西太后のクーデターで、彼は瞬く間に高位の役職に復帰し、一八六六年までに、皇帝の秘書役である内閣大学士に就任、財政を司る戸部をはじめ、都察院尚書、工部尚書、翰林院院長および幼帝教育係を歴任した(40)。

そんな艮峰と恭親王との対立が表面化したのは一八六七年三月、翰林院の若手官吏と学士たちに

「同文館」で新教科の数学と天文学を学ばせるかどうかが議論になったときだった。艮は「立国の基本は道徳であり、技能ではない」という理由で、反対の立場をとった[41]。艮はまた、「同文館」は外国人の教師を採用すべきではない、儒教を究めることこそ最優先課題であると主張した。皇帝の後見であった西太后は艮の主張を退け、守旧派への不満を示すために艮を「総理衙門」担当大臣の一人に任命し、外交問題についてもっと学ぶよう指示した。艮は、自分は生来保守的な人間であり、その職は荷が重いと言ってひたすら辞退した。さらに健康を害しているとも主張していたが、任官予定の当日、どうやら落馬したようで足を負傷した。こうして艮は幼帝の教育係以外のすべての役職から退き、公式の場から姿を消すこととなった。

とはいえ、艮の犠牲は結果的に「新儒学者」(守旧派)に大きな勝利をもたらすこととなる。香港生まれの歴史家デービッド・ポンによれば、西太后は、艮と対立する恭親王と、守旧派と対立する「総理衙門」とを支持したものの、「士大夫」全体に直接立ち向かう覚悟まではできていなかった。そのため官吏たちを「同文館」で学ばせるという話は立ち消えになってしまう。「総理衙門」はのちに次のように報告している。「艮峰が異議を唱えて以降、結託した士大夫から妨害を受けるようになった……その結果、誰も〈衙門〉の採用試験を受けに来なくなった」

朝廷は、結局のところ儒教の正統性を支持し、より広い世界を学ぶことに反対する立場を選んでいた。表向きは「洋務」(西洋問題)をめぐって様々な議論が展開されていたが、実際には、朝廷の根本的世界観を変えようとする動きを暗黙裡に拒絶していたのだ。西洋列強は清の領土に侵入し、貿易では譲歩を引き出したかもしれないが、朝廷はその世界観を変えることなく、外国とは「総理衙門」を通して交渉することで、一定の距離を保っていたのである。

このことは朝廷の書簡でも確認されている。一八五八年に締結された天津条約には、双方とも一〇年後に条約改正を要求できるという条項が含まれていた。その日付の近づく一八六七年後半、恭親王は清朝内で最高位の地方官吏たちに勅令を出した。というのも、彼ら地方官吏は外国人の扱いにある程度慣れていたため、外国人が何を要求してくるか、それに対して朝廷がどう対応すべきか、意見と助言を得たかったからだ。返答してきた地方官吏は一七名で、そのなかには李鴻章、曽国藩、左宗棠もいた。

この内々に行なわれた意見交換の内容から、当時の朝廷の世界観がよくわかる。最も注目すべきは、中央官吏たちが周囲の変化をまるで理解していなかったことだ。清朝政府の世界観は、本質的な部分でまったく変わっていなかった。清国は依然として「ヂォングゥオ（中国）」、つまり世界の中心であり、文化的、道徳的に蛮夷よりもはるかに優れていると信じられていた。アメリカ人中国歴史家のナイト・ビガースタッフは「彼らの無知蒙昧には誰もが驚かされる」と辛辣に断じている。ただ、李鴻章、曽国藩、左宗棠の三人だけが「侵略を続ける西洋列強に対抗するには、自国に深刻な問題があることを正しく理解していた」と評した[42]。だがこの三人だけではどうしようもない。カナダ人の歴史研究家ジョン・クランマーバイングによれば、「清国は、周囲の状況と自国の脆さによって、否応なしに国際システムのなかに引きずり込まれているが、そのシステムが理解できずにいる。なぜなら、彼らの上下関係の明確な道徳観では、この国際システム自体が正しくないものと考えられていたからだ[43]」。

近代化を促進する日本と伝統的な世界観を固持する清国

結局のところ、侵略側の西洋人たちは一八五八年の天津条約の改正を要求しなかった。概して一八六〇年代は西洋列強と清国間の協調の時代であった。欧米人は、力ずくで手に入れた通商権を満喫しており、一方自強運動推進派（洋務派）は、外国人の技術を活用して、戦争で被害を受けた国防の再建に取り組んでいた。洋務派は近代化の小さな〝橋頭堡〟を条約港に築いてはいたが、それ以外の至る地域では「新儒学者」（守旧派）が西洋化の侵入を阻もうとしていた。こうして二つの世界観が共存する状態にあったのだ。

条約港に設立された外資系の銀行は（ラテンアメリカで政情が安定したことと相まって）、新たな影響をもたらした。一八五三年頃から、信頼度の高いメキシコ銀貨が再び清国経済に流入しはじめたのだ。こうして銅貨と銀貨の価値の差による経済問題は緩和しはじめる。同時に、太平天国の乱のあいだに大衆が退蔵していた銀が市中に流れ出す。ペソの供給が回復するに従って経済も回復し、銀の扱い量が増えたことで、西洋の商人たちはアヘン貿易から手を引いた。それに代わって、国産アヘンが急増、一八六〇年代末には国内産が輸入量を凌ぐようになった(44)。

清国にとっては不承不承ながらも国内に異なる世界観が共存していた時代だったが、それは一〇年以上続くことはなかった。一八七〇年六月二一日、カトリック教会の経営する孤児院（育嬰堂《いくえいどう》）が子供たちを誘拐しているという噂が広まり、フランス領事の性急な過剰反応も重なって、中国人、外国人合わせて約七〇人のキリスト教徒が殺害されるという「天津教案」〔反キリスト教事件〕が起きる。ヨーロッパ人たちは賠償を要求した。フランスの軍艦が天津に接近すると、朝廷は李鴻章に危機の収拾を命じ、直隷総督に任命する。直隷とは天津を含む黄河下流の北部地域を指した行政区画〔現在の河北省にほぼ該当する〕である。暴徒とされた者たちは処刑され、謝罪使がフランスへ派遣され、やがて興奮状態は収まった。直隷総督着任後三カ月のうちに、李は北部諸港の監督官である北洋通商大臣に任命され、同時に「欽差大臣」に昇格した(45)。

こうして李鴻章は大清国の最高権力者の一人となった。天津をはじめ北京の周囲一帯を含む直隷の総督として、そして北洋通商大臣として、李鴻章は上海より北の条約港での外国人との交渉すべてを任されたのだ。その後四半世紀のあいだ、西洋人が北京に近づくには、実際に訪問する場合も政治的なコネを作る場合でも、必ず李の管轄下に入らざるをえなくなった。そして実際に李の管轄下に入った一人の西洋人がいる。この人物こそ李に大きな影響を与え、李を通して、清国と広い世界との関係にも大きな影響を及ぼすことになる。

この西洋人、ウィリアム・N・ペシックは、かつてアメリカの南北戦争で最終局面の戦いを経験した。南京で太平軍が壊滅した一八六四年、一兵卒としてニューヨーク第二五騎兵連隊に入隊している。シェリダン将軍の指揮下でシェナンドー渓谷の戦いに参加するが、連隊は一八六五年六月に解散した。彼はさらなる冒険を求めたにちがいない。なぜなら、その年の後半には一九歳という若さで中国に旅立っているからだ。一説によると、アメリカ大統領のリンカーンから駐北京アメリカ「公使」アンソン・バーリンゲーム宛の紹介状をもらったという(46)。ほかにも、最初はイギリスの貿易会社で働いていたという説もある。いずれにせよ、その後ペシックは旅を続け、通説では二年間放浪し、その距離は何千マイルにも及び、中国語の様々な方言を身につけ、地方文化にすっかり魅了されたと言われている。彼が北京に戻ると、李のほうからペシックに面会を求めてきたらしい(47)。

以後、二人は生涯友人でありつづけ、亡くなったのも同じ一九〇一年で数日の違いだった。一八七二年、ペシックは在天津アメリカ領事に任命され、ほぼ同時期に李の私的顧問にもなった。[48]一八七四年一一月には、海関総税務局のロバート・ハートがペシックを「李の最も信任が厚い有能な部下」と評している。[49]二つの職を兼任したペシックはアメリカと李、そして李を介してアメリカと清国の関係にとって理想的な仲介者となった。ペシック自身も普段は商取引と貿易摩擦問題に取り組みながら、みずからが中国の対外関係の中心にいることを認識していた。

彼を通じて、李はその後二〇年間に遭遇する国際危機において、四度アメリカと関わることになる。そうしてアメリカが介入するたびに、「天下」の中心にいる清国の地位は徐々に削られていき、少なくとも対外的には主権と西洋国際法のルールを受け入れざるをえなくなっていくのだが、これは個人的にペシックが考えた策略でもなければ、ワシントン政府が意図した策略でもない。清がアメリカの持つ世界観に従った結果にすぎなかった。

一八七〇年代、儒学者で清朝官吏でもある李鴻章は、いまだ従来の世界観を当然のこととして受け入れていた。それは近隣地域における秩序の中心に北京の皇帝が君臨し、その中心から国の官吏、臣民、そして朝貢国へと外側に広がっていく世界観である。そして原則上、六つの国がなおも定期的に皇帝へ朝貢を行なうことになっていた。安南（ベトナム）、李氏朝鮮、南掌（ラオス）、琉球、暹羅《しゃむろ》（シャム／タイ）、緬甸《めんでん》（ビルマ／ミャンマー）である。ほかに不定期ながら朝貢した国もあった（ネパールは一九〇八年に最後の使節団を送っている）。だが、清国が経済的危機とその後の政治的危機に直面し、しだいに朝貢国との絆は弱まりつつあった。それでもこの「朝貢制度」、というよりこの制度を基にした「天下（万国）」という概念は、引き続き清国の公式なイデオロギーでありつづけており、それが皇帝の支配権の基盤でもあった。

一七九三年のマッカートニー使節団は、既述のとおり本来の目的が朝貢とは矛盾し、惨憺《さんたん》たる結果に終わったのだが、それでさえイギリスからの「朝貢」と記録が残されているほどだ[50]。ジョン・クランマーバイングの言葉を借りれば、「既存秩序の基盤であった（天下万国という）思い込みが浸食されるより先に、伝統的な朝貢制度の崩壊が起きた」[51]。しかし清国の支配層は、何が起こっているのかまったく理解できていなかったのである。

そんなことはおかまいなしに、彼らの世界は徐々に衰退していく。太平天国の乱の最中から、シャムとラオスは朝貢をやめていた。両国からの最後の朝貢は一八五三年だった。清国や東南アジアの商人たちは、朝貢よりも条約港で貿易をするほうが儲かると気づいたのだ。一八六二年、太平軍が鎮圧されるとすぐ、清国政府は古い制度に戻そうと試みた。広東総督はシャム政府に朝貢使節団の再開を申し入れるが、その要請は無視されてしまう[52]。シャムが朝貢制度から抜け[53]、そしてラオスも同様に去っていった。

その次に脱落したのが琉球王国であった。一八七九年三月、日本は、日本と台湾のあいだに点在する一連の琉球諸島を併合する。琉球王国の支配層は激怒した。およそ二五〇年間にわたり、清国と日本の直接貿易が禁止されているなか、琉球は清国の支配下にありながら日本（薩摩と幕府）の従属国であるという微妙な国際関係のなかで存続し、利益を享受してきた。日本は琉球王国に対して清より大きな影響力を持っていたが、交易の流れを円滑にするため琉球には北京への朝貢を続けるよう奨励していた。琉球王国からの朝貢は、一八七五年四月に光緒帝が即位するまで続けられていたが[54]、その翌月に日本政府から朝貢使節団の終了が命じられ、不満を持った琉球政府は繰り返し清国政府に助けを要請するが、支援が来ることはなかった。こうして琉球諸島の支配者たちは「天下（万国）」の世界から離れ、「主権」の世界へ足を踏み入れることになる。

ホイートンの法律書を中国語に訳したウィリアム・マーティンの翻訳書『万国公法』が一八六四年に北京で出版されてから一年も経たないうちに、日本の読者向けに漢文に翻訳されたものが出版された。日本人は即座にこの本の価値を認め、その後二〇年間におよそ二〇もの異なった版が出版され、一八七六年には全訳日本語版も登場した。(55)この本を警戒した清朝の官吏たちとはまるで対照的に、日本ではこの法律書は心から歓迎され、受け入れられたのだ。国家は正当な主権と独立によって存在するという基本メッセージが、当時の日本で普及していた「アジアの覇権国になる」という新たな思想と合致したからだった。こうした思想は、一八五〇年代にアメリカ海軍によって強引に開国させられた結果として生まれたものだ。日本の政治家のなかには、西洋人から学び、彼らと同じく、みずからの帝国を築き上げようとする好戦的な派閥があった。周辺地域を虎視眈々と狙いはじめた彼らの最初の一手が琉球諸島だった。領土拡張政策を唱える政治家たちはホイートンから学び、その内容を国益のために利用していくのである。

琉球王が追放の身となり〔華族として東京に移され〕、王国は日本に吸収合併されて、日本の領土併合が既成事実となった。琉球諸島を朝貢国として維持してもなんら財政的メリットはなかったものの、清国政府としては何らかの対応をせざるをえない。一八七八年五月、李鴻章は清国駐日公使の何如璋《しょう》への手紙でその旨を伝えている。(56)清にとって朝貢国との関係は象徴的な意味で重要であった。今回の併合は地域秩序に対する違反行為であり、皇帝に対する侮辱だ。ましてや、退位させられた琉球国王は直接支援を求めていた。もし従来の秩序を維持しようとするならば、北京政府は当然のことながら支援すべきだろう。さらに、現実的政治《レアルポリティーク》の問題もあった。四〇年近くも西洋の干渉を受けてきた経験のある清国政府の上層部は、琉球諸島の割譲を放置すれば、次は日本からの侵略を呼び込みかねない、と考えたのだ。

李と恭親王は対応について議論した。李は琉球諸島のために日本と戦う価値はないと考え、外交および国際法での対応を選ぶ。かつて一八七一年に李がみずから日本政府と交渉し、締結した日清修好条規の第一条にはこう定められていた。「両国の領土に関わるすべてにおいて、両政府は一切の違反も侵犯もなく、互いに適切な礼儀をもって対応し合うものとする[57]（両国に属したる邦土もおのおの礼を以て相まち、いささかも侵越する事なく永久安全を得せしむへし）」。日本はこの条約に違反をしていると李は考え、駐日公使の何如璋に抗議の書簡を出すよう指示した。ところが、何公使の書簡は言葉遣いがあまりに横柄で、旧秩序の染み込んだものであったため、日本政府はそれ以上議論することを拒絶した。

しかしその後、ウィリアム・ペシックが一計を案じる。南北戦争時に彼の軍司令官で、のちにアメリカ大統領となったユリシーズ・S・グラントが、その当時、大統領の任期八年を終えて世界巡遊の旅に出ており、一八七九年五月六日には広州港（広東省）に到着し、それから厦門、上海、天津、北京へと向かった。グラントは中国の景色に少しも心を動かされなかったようで、六月六日、北京から友人のアドルフ・E・ボリー宛に「三日間この首都に滞在して、見るべきものすべてを見た。だが興味を持てるものはほとんどない……。天津は上海より人口が多く、さらにゾッとするほど不潔だ」と書き送っている[58]。グラントのこの旅行に随行したのが、ウィリアム・ペシックだった。ペシックはグラントを李に紹介し、グラントと李は、グラントが琉球問題の調停に関われないかを話し合った。アメリカ人研究者のチャド・ベリーによると、グラントは反帝国主義者のアメリカ人として、祖国統一のために南北戦争を戦った人物であることから、清国の立場に同情を示すのではないかと李は考えたのだろうという。

グラントは北京で恭親王にも会った。そこで恭親王は、琉球諸島に対する日本の領有権主張を放棄させて、以前の状態に戻したいとグラントに伝えた。グラントは天津に戻り、李ともう一度会合を持つ。李は国際条約に関する知識を駆使して説明したが、グラントからは矛盾点を指摘された。李の言い分では一八七一年の「日清修好条規」を基に琉球は清国の一部としているが、一方、一八五四年のアメリカ合衆国と琉球政府との「琉米修好条約」に依拠すると、琉球は独立国であるというのだ。そこで李は、琉球は「半独立の国」であるとして問題をはぐらかした。グラントは協力に同意したものの、その見返りを求めた。それは、アメリカへの清国人移民制限の取り決めだった。グラント政権二期のあいだに、一〇万人をはるかに超える清国人がアメリカに入国してきており、それに対して白人の反発は激しさを増すばかりだった。そんな情勢のなかで清国人移民停止の誓約ができれば、グラントの大統領職三期目への野心に大きく寄与する。六月一三日の最後の会見のあとで、李はその路線に沿って取引する意思があることをグラントに伝えるよう、ペシックに頼んだ。

その後グラントは日本に向かう。そこでグラントは日本の急速な近代化に大いに感銘を受け、日記に日本のことを「自由主義で、開明的な国」と記している。清国とは対照的な印象に、彼の清国に対する同情心は変化し、清国の主張を日本に強要しようとする欲求も消し飛んだようだ。中米関係史研究家マイケル・H・ハントによれば、一八七九年七月、グラントは日本政府要人との会合で琉球諸島の分轄領有を提案したという。グラントは主権国家の世界観のなかで生きており、国境の存在を認める立場にいた。よって一国に二人の君主がいるという考えは理解不能だった。ただし直接そのことを表明すれば、とんでもない論争を招くおそれがあると理解していたらしく、恭親王と日本の首相宛の手紙には、清国の何公使がはじめに送った問題の書簡を撤回すべきことと、両国がさらなる協議のための会合を持つべきだという助言だけを残して帰国の途に就く[59]。

会合が実際に持たれるまで一年を要した。一八八〇年八月一五日、恭親王は「総理衙門」で日本公使と会う。二カ月にわたる協議のすえ、グラントが以前日本側に提案していた琉球分割案に沿った形で両国は妥結する。清国は琉球諸島の最南端の二島〔宮古・八重山〕を領有し、日本は残りすべての島々を領有する。加えて日本は「最恵国」待遇を取得する。つまり、清国における西洋列強と同等の通商権を得るということだ。ところが、この協定のことを知った李が激怒して反対した。一八八一年二月、李はグラントに手紙でこう訴えている。「清国が何の不満もない朝貢国の略奪に加担することなど、わが国の尊厳とは相容れない。清国は日本の琉球併合に抗議しているというのに、突然方向転換をし、最初から専横的だと非難してきた行為にみずから参加することなどできるはずもない。それこそ自尊心のすべてと、世界からの評価をも失うことになる」。李はこの時点でもなお「天下〔万国〕」という世界観のなかに生きていた。朝貢の象徴的秩序の維持が何よりも必要であると考え、それがなければ大清国の政治的秩序は崩壊すると信じていた。朝貢国を守れない国が、世界の中心に君臨していると主張できるはずもない。

しかし、それ以上の交渉は行なわれず、琉球問題は曖昧にされたまま、最終的には日本が全琉球諸島の支配を確固たるものにした〔いったん同意した清国が土壇場で調印を拒んだため琉球問題は棚上げされていたが、最終的には日清戦争により日本に帰属することになった〕。清国は琉球との冊封・朝貢関係の廃止を拒んだものの、結局は琉球を失うことになった。この結果は李に対し、西洋の国際法が実際どのように機能するのかを教える実例となった。背後に軍事力がなければ、法は何の意味もない、ということだ。

清国と朝鮮の朝貢関係の終焉

一八八〇年夏、琉球諸島に関する議論が引き続き行なわれているさなか、李鴻章は別のアメリカ人訪問客が近隣を訪れることを聞きつけた。ロバート・W・シューフェルト提督が、二年前にアメリカ上院で決議された李氏朝鮮との条約締結交渉のために派遣され、米艦タイコンデロガ号で航海に出ていたのだ。当時朝鮮はいまだ「隠遁の国」で、西洋に対して門戸を閉ざしており、シューフェルトは日本の調停を求めて長崎に到着した。長崎の清国領事から天津にその報告が入ると、李はある構想を練りはじめる。私的顧問とアメリカ外交官とを兼業しているペシックを通じて、李はシューフェルトに面談を求めた。

李は日本の領土拡張主義とロシアの東方への野心を懸念していた。李氏朝鮮は「ヂォングゥオ(中国)」の古くからの朝貢国であったが、この朝鮮も琉球と同じく、日本の野心の対象となっていた。日本政府は西洋列強を見倣い、一八七五年に朝鮮沿岸に軍艦を派遣し、その翌年、朝鮮王朝にとって初めてとなる国際条約の締結を強要したのだ。朝鮮はやむなく三港(釜山以外に二港)を日本との貿易に開港することに同意し、公使のソウル常駐を許可した(60)。琉球諸島の現状に鑑みて、日本政府の野望がさらにふくらむことを懸念した李は、一八八〇年八月二六日のシューフェルトとの会談で、おそらくペシックの通訳を通してだろうが、この懸念を伝え、朝鮮でのアメリカ外交に清国が助力すると申し出た。李は、清国に敵意を持っていないと思われるアメリカを巻き込み、「蛮夷をもって蛮夷を制する」方針で、日露の牽制を企てたと思われる。シューフェルト曰く、李はまた、みずからの海軍の増強にもアメリカの援助を求め、シューフェルトにその指揮官の職を仄めかしたらしい。

清の朝廷と朝貢国とが公式に関係を持つ場合、六部《りくぶ》という中央行政官庁のなかで最高位の「礼部」が対応するのが常であった。厳格な流儀を守ることで、朝貢関係の序列は維持されており、それは九〇年前にアンドレアス・ファン・ブラームが経験したとおりだ。北京とソウルとの関係も、「礼部」が何世紀にもわたって取り仕切ってきたわけだが、一八八一年の春に、その役割は「総理衙門」に移された。と同時に、皇帝は朝鮮王に親書を送り、アメリカ合衆国との条約に調印するよう勧めた。これらの動きは恭親王の指示を受けてなされたと思われるが、一見些細に見えて実は清国の外交政策における根本的な変化を表している。つまり清朝の外交は旧来の儀礼関係では不十分だと清朝政府が認識したということである。清国は外交政策で勝負しなければならなくなったのだ。とはいえ、恭親王と李が深謀遠慮して立てた政策は、西洋人の手を借りて日本の上陸を阻み、それによって従来の朝貢関係を存続させる、ただそれだけのことだった。

一八八一年七月、シューフェルトは天津に戻ってくる。ソウルからは何の返答も得られず、彼は天津で待機せざるをえなかった。同年一二月になってようやく李が朝鮮王朝を説得し、条約締結に同意させることができた。これを受けてシューフェルトは翌年二月に北京へ出向き、アメリカ代理公使のチェスター・ホルコムに会って、条約の草案を作成する。その草案には朝鮮の朝貢国としての立場についての記載は一切なかった。なぜならその草案は主権という西洋の概念を基にしていたからだ。だが、恭親王も李鴻章も状況をそのようには捉えていなかった。まず二人は、草案が朝鮮側に提示される前に、清国とアメリカが北京で条約内容に同意するべきだと主張し、さらに李の草案には、朝鮮が引き続き清の朝貢国であると明記されていた。

李の草案はアメリカ側を混乱させた。その第一条には「朝鮮王朝は大清国の属国であるが、同時に同国はこれまで国内行政や対外関係のすべての事柄においてみずからの主権を行使してきた」とある。李にとっては当然だったのかもしれないが、アメリカにしてみれば、この条文の前半と後半の内容は両立しえないものであった。独立なくして主権はありえないからだ。にもかかわらず、李はこの一文の記載は不可欠だと主張した。このことから李の真の目的が、朝鮮の宗主権を清国が持つことをアメリカに承認させることにあったのは明らかだ。これに対してシューフェルトは、朝鮮が主権を持つのであれば、清国とは関わりなく、アメリカが朝鮮と直接取引する権利を持つはずだと主張した。これこそ清国と西洋の世界観の決定的な違いであった。

一八八二年四月一〇日、ついに李鴻章は草案から問題の条文を削除することに同意した。何か思惑があって下した急場しのぎの決定であったが、きわめて重要な意味合いを持っている。つまり、この決定により清国と朝鮮の朝貢関係が終焉し、朝鮮が一独立国として他国と自由に協定を結ぶことができるという地域秩序の転換を認めたということだ。

交渉のなかで李が唯一勝ちとったものといえば、米朝修好通商条約の調印後、朝鮮王からアメリカ大統領宛に、「この条約は清国政府の承諾をもらって締結した」という内容の親書を送るという決定だった。不体裁を隠して威厳を取りつくろうだけのイチジクの葉のようなものだ。こうして最後の一線は越えられた。李は日本の朝鮮への影響力を最小限に食い止めるためにアメリカを味方につけようとしたが、逆にそれが仇となり、従来の冊封体制に幕を引き、さらには朝鮮が主権を持つ道筋を作ってしまった。李のその後の行動やその他の証拠から、個人的に朝鮮王朝と接触すれば、引き続き朝貢関係を維持できると信じていたことは明らかだ。だが、結局それは実現せず、従来の関係から新しい主権国家同士の関係に置き換えられてしまう。

一カ月後、漢江《ハンガン》の河口に停泊したアメリカの艦艇「スワタラ」の艦上にて、李鴻章とシューフェルトのあいだで同意された条約が朝鮮代表団に渡された。李は清朝の官吏を代理として派遣し、調印式を仕切らせようとしたが、シューフェルトは主権国同士の協定だとして、アメリカ大統領チェスター・アーサーからの書簡を直接朝鮮王に渡し、返事もまた同様に行なわれるよう求めた。朝鮮側もそれに異議を唱えることなく、条約は五月二二日に海岸で調印された。朝鮮王からの親書はその二日後に届いたが、その内容は条約の条文と矛盾したものだった。「朝鮮国は清国の属国である。しかし、わが国の政府業務は、国内外を問わず、つねに主権者たるわが国に帰属する」。つまり朝鮮王の親書は、清国との関係について李の見解と完全に合致しており、アメリカの観点からすると、明らかに矛盾する表現であった。

ところがシューフェルトが費やしたあらゆる努力も結局は無に帰すことになる。条約は七月末に米国上院で承認され、公使交換が行なわれた。そしてアメリカ市民は開港地での通商と居住を許可されたが、実行する者はほとんどいなかった。シューフェルトの仕事はアーサー政権やメディアからすっかり無視され、苦労に対しても感謝されることはほとんどなく、李が仄めかした海軍の地位すら実現しなかった。ただし、アメリカ以外の西洋列強は彼の業績を評価し、海岸での調印から数カ月も経たないうちに、イギリス、ドイツ、イタリア、フランス、オーストリアが、それぞれ朝鮮王朝と条約を結んだ。これだけを見ると、西洋の「蛮夷」をもって日本の「蛮夷」を制するという李の戦略は実を結びつつあるように思えた。だが、その期待が長く続くことはなかった。

日清戦争の敗北によって清朝の世界秩序は終わりを告げる

次に外国の支配下に入ることになった朝貢国はベトナムだった。清国やフランスからはずっと安南《アンナン》と呼ばれてきた国だ。一八五九年にサイゴン市を占拠したフランス軍はさらに領土拡大を望み、一八六二年、強引にベトナム阮《げん》朝の嗣徳《しとく》帝に南部の三省を割譲させ、フランス領コーチシナ植民地を成立させた。一八七四年にはさらに甲戌《こうじゅつ》条約（第二次サイゴン条約）の締結を強要する。その第二条には「安南国王の支配権、およびすべての外国からの完全なる独立を認める」と明記されているが、その一方で第三条では「安南国王は、外交政策に関して必ずフランスに確認してから決定する」と規定している。(61) つまりフランスはこの条約に、安南国がみずから選択する権利を有する独立国であるという見え透いた嘘を明記することで、清国との朝貢関係に終止符を打たせたのである。一八八〇年を最後に安南からの朝貢使節団は送られず、(62) ベトナムは事実上フランス保護領となった。そして次にフランスが目をつけた場所は、清国領土最南西部の雲南省に通じる北部交易ルートであった。

一八八三年七月に嗣徳帝が崩御すると、阮朝は政治的危機に見舞われた。その後わずか一年のあいだに五人の皇帝が即位し、そのほとんどが在位中に殺害されるという混乱のなか、皇帝の一人が、雲南省の国境に隣接するベトナム北部トンキンをフランス保護領と認める条約に署名する。フランス軍が進軍を開始すると、これ以上朝貢国を失うのは防ぐべきだと考えた北京政府は派兵を決断し、様々な半正規軍や「黒旗軍」といった暴力集団に武器や資金を援助してフランス軍と戦わせようとした。(63) 李鴻章は外交的支援が必要だと考え、再びアメリカに頼った。

当時の駐北京アメリカ公使はジョン・ラッセル・ヤングという人物で、彼は以前にユリシーズ・S・グラント大統領の世界一周の旅に特派員として同行した経験があった。ヤングは政治家とのコネを利用し外交官としてアジアへ戻り、名を上げるための危機的状況を待ち望んでいた。一八八三年八月、暗雲立ち込めるなか、ヤングがワシントンに報告した李との会話は、非常に率直な内容だった。

ヤング「なぜ清国はみずからの領土を明確に定義しないのか」

李「帝国の境界は十分に明示済みだ。そこに清国があって、清国の朝貢国があった。これら朝貢国は自治を行なっていた。ただし、皇帝に忠誠を尽くす義務を負っていた。その義務は朝貢と儀式を行なうことで果たされていたのだ」

ヤング「現代において、また現在世界に浸透する文明においては、朝貢国という制度はない。植民地であるなら帝国の領土の一部として首都と同等の扱いを受ける……。これは文明国における決まりである。清国もそれに従うべきであり、帝国の地位を固め、その正確な領土の境界を世界に知らしめることで、困難な状態から抜け出すべきだ」

李「長年にわたって、清国とその周辺諸国とのあいだに存在してきた朝貢関係を、なぜ外国が破壊しなければならないのか、私にはその理由がわからない」(64)

このように世界観の不一致は明らかである。ヤングはフランスがベトナムを植民地化することには反対だったかもしれないが、(中国のような朝貢関係ではなく)ベトナム全土を完全に支配下に置くというフランスの戦略については賛成であり、世界観は一致していた。

ヤングは李にフランス軍と一戦を交えるべきではないと忠告し、李は快くそのアドバイスを受け入れた。というのも、日本との戦いに備えてみずからの北洋艦隊を温存しておかねばならないと考えていたからだ。李は交渉を望み、ヤングに仲介役を依頼した。ところが、フランスは交渉に興味を示さず、ただ安南とトンキンをフランス領として認めることと、さらに多額の賠償金を要求してきた。清国がこれを拒否したため、一八八四年八月、フランスは承諾を勧めるべく、ヨーロッパの伝統的な威嚇の常套手段である艦砲射撃を行なう。その一方で、フランスはベトナムに清国との朝貢関係を破棄するよう迫っていた。一八八四年八月三〇日、阮朝はフランス外交団立ち会いのもと、清国から一八〇四年に下賜された印綬を破壊する。華麗に刻印された六キロの銀製印綬は溶かされて醜い小さな丸い塊となった[65]。

こうしてベトナムは北京との朝貢関係を無理やり断ち切らされたが、北京はベトナムをなかなか諦めず、フランスはさらに砲撃を続行する必要があった。ところが、フランス国内での反対と、清国軍がトンキンでのフランス部隊に優位に立ったことで、フランスの野望は頓挫する。ヤングはなおも仲介者の役割を果たそうとしたが、彼が成功したのは、ベトナムがフランスの保護国となることを頑として認めない李を説得したことだけだった。それも実際に動いたのは「海関」の総税務司ロバート・ハートで、フランスを説得し、安南とトンキンのフランス支配を清国に認めさせることを条件に、終戦を受け入れさせた。条約は一八八五年六月九日、天津で調印される。こうして朝貢国がまたも一つ消え去った。

イギリスもフランスと同じくアジアを侵略したが、興味深いのは、そのやり方がフランスとは異なっていたことだ。一八八五年後期、イギリスは第三次英緬戦争（イギリス・ビルマ戦争）を開始し、第一次、第二次では獲得できなかったビルマの領土を手に入れる。こうして一八八六年一月一日、イギリスは正式に全ビルマを併合した。しかしフランスと違ったのは、イギリスがビルマに対し、北京への一〇年に一度の朝貢を継続させたことだ。一八八六年七月二四日に北京で調印された「ビルマ・チベット協定」第一条には朝貢について明記されている。ところが第二条では「何事であれ……イギリスが適当、適切と判断することをすべて、イギリスは自由に行なえるものとする」と定めている。[66]イギリスにとって「朝貢」は意味のない象徴的なもので、清との交渉において容認できる範囲にあったということだ。しかし清朝にとってはまったく逆で、象徴を守ることこそ交渉の中心であった。

結果的には、イギリス支配後のビルマからは一度も朝貢使節は送られず、しかも一八九七年には新たな協定が締結されて、正式に朝貢は終わりを告げる。とはいえ、最初の一〇年間、表面的には冊封体制は維持されていたと言えるだろう。[67]

安南での大失敗の結果、北京の主導権は守旧派が握ることとなった。また、フランスに対する消極的な姿勢を非難し、軍事行動を要求する「清流党」という集団が、かなりの数の中・下級「士大夫」たちで結成された。彼らは外国人に対応した経験もなければ、近代的戦争の経験すらなかったが、儒教精神に戻れば清の領土の防衛は十分であると主張した。追いつめられた西太后は、「総理衙門」のすべての役人を解雇または処罰した。そのなかには恭親王も含まれていた。このとき李鴻章がなんとか引責を免れたのは、西太后との個人的関係があったからだ。かつて一八六一年のクーデター時に、李の軍隊が西太后を後押しし垂簾聴政を実現させた経緯から、自強運動時代を通じて両者は同盟関係にあった。李鴻章はまた西太后の浪費癖と公費乱用を容認していた。

その浪費の一部は北京の北西郊外に現存し、今では誰もが目にすることができる。人工湖と人工山を備え、それらを石橋がつなぎ、壮大な寺院などもある巨大な庭園、「頤和園《いわえん》」には、天気の良い日になると、何千人もの観光客が訪れる。西太后が生きていた頃には決して許されない人数だ。一八八九年から五年間で、本来なら艦船に使われるべきだった政府歳入の数百万両が、一八九四年に予定された西太后六〇歳の誕生日祝宴のための「頤和園」修築の費用に流用された。「頤和園」からはるか西にひっそり佇むのは、かつての海軍兵学校である。低い灰色の建物の正面に、今では観光客用の看板がつけられ、以下のように書かれている。

「建設一八八六年。元清国海軍兵学校。西太后が〈頤和園〉を造るために海軍の予算を流用したさい、隠れ蓑《みの》として利用された……。海軍士官候補生たちは、湖上に遊ぶ西太后を楽しませるために幾度となく水上演習という名で駆り出され、湖周遊の皇室遊覧船を蒸気船で引く任務を負った」

　蒸気船は今もなおそこに保存されており、船の形をした大理石の建造物〔「清晏舫《せいあんぼう》」〕も同様だ。海軍の歴史を研究するサラ・ペイン曰く、この大理石の船型は「一八八九年から一八九四年のあいだに、西太后が清国艦隊に与えた唯一のもの」だ[68]。この大理石の船は今なお健在であるが、それに対して清国北洋艦隊は、日本軍の手によって不名誉な最期を遂げ、はるかに短い生涯を終えることになった。

　日清戦争は、朝鮮の地位をめぐって起きた。西洋の蛮夷をもって日本の蛮夷を制する李の計画は失敗に終わり、日本の戦争推進派による朝鮮半島掌握を阻止することはできなかった。一八八〇年代を通してライバル関係にあった日本と清国は、それぞれが李氏朝鮮上層部内の支持者たちと策略を練り、一方がクーデターを扇動すると、それに対してクーデターで逆襲する、といったことを繰り返していた。一八九四年六月三日、朝鮮国王の高宗《こうそう》は農民反乱を鎮圧するため清国軍に来援を求めた。これが、虎視眈々と機会を狙っていた日本に口実を与えてしまう。六月半ばまでに、（日本人居留民の保護を名目に）八〇〇〇人規模の日本軍がソウルに進軍した。日本の政治家たちは、日本が「この小王国を文明開化への道に導き」、過去の朝貢関係から解き放つ義務があると訴えた。七月二三日、日本軍はソウルの王宮を急襲して高宗を捕らえ、一連の改革の導入を要求する。新たな政権はその後、清国の朝貢国としての立場を破棄した[69]。

北京では、守旧派が軍事行動を要求していた。強力な大清国ならば海を挟んだ新興帝国を粉砕できると信じきっていたのだ。「清流党」の士大夫たちは、当時二三歳の光緒帝を説得し、その支援を得て開戦派となった。一方李鴻章は、近代化を成し遂げた日本の軍隊にみずからの軍隊では太刀打ちできないと認めており、衝突を避けようと考えた。そして再び西洋の蛮夷たちの介入を試みる。だが西洋諸国は興味を示さず、逆に近代化を進める日本の姿に大いに共感していたほどだった。何十年かけても清国を改革させることができなかった西洋諸国は、手痛い敗北が清朝にはよい教訓になるだろうと考えた。その機会はほどなくやってきた。

七月二五日、日本は清国の軍隊輸送船一隻を撃沈し、二隻に損傷を与えた。一週間後、日本が正式に宣戦布告し、そして清国もこれに応じる。光緒帝は宣戦布告のなかで、日本人に対する昔からの侮辱言葉である「倭人（小人という意味）」を念入りに六回も使った。

戦いは結局、「倭人」の楽勝に終わった。陸戦であれ海戦であれ、どの戦いでも清国軍は日本軍に敵わなかった。日本軍は一〇月末までに朝鮮半島を支配下に置き、一一月には渤海湾東側の旅順にある北洋艦隊の根拠地を占拠し、翌一八九五年二月には西側の威海衛《いかいえい》の主要海軍基地も占拠した。北京への道は無防備となった。これに対して朝廷が示した最初の反応は、現状の全面否定だ。それから、敗戦の責任は李鴻章と彼が推進してきた近代化政策（自強運動）にあると非難した。李の名誉は地に落ち、もし西太后が首都防衛に李の軍隊が必要だと主張しなければ、李は処刑されていただろう。ただ処刑のかわりに、屈辱的な降伏交渉の役目を負わされることになり、それは永遠に李の評価の汚点となる。

一八九五年三月一九日、李鴻章は一〇〇名以上の随員とともに日本の下関港に到着した。随員のなかには、高額で雇われた顧問で元アメリカ国務長官のジョン・W・フォスターもいた。国務長官退任後に、フォスターはワシントンにて清国代表団の顧問を務めた経験があり、その縁から再び契約を交わし、下関にて国際法がからむ複雑な諸問題について李に助言を行なうこととなった。李はまず日本側にこう訴えた。清国と日本の双方で国際法を無視し、「黄色人種」同士が手を組んで西洋列強に対抗しようではないか、と。だが日本政府はこれを拒否する。初手から日本側の狙いは、ホイートンの学説を展開し、古い朝貢制度を廃止することだったからだ。

フォスターは李に雇われてはいたが、もともと知的世界の出身である。その世界における国際関係の「自然秩序」では、朝貢制度の存在を認める余地はなかった。こうしてフォスター自身が古い地域秩序にとどめを刺すこととなる。四月五日、フォスターは李の代理として、日本側の講和条約草案に対し四点の草案で回答した。第一点は、朝鮮が完全な独立国であることを認め、清国との朝貢関係を公式に終了すること。第二点はさらに清側にとって悪い内容だった。日本軍は三月二五日にすでに台湾に侵攻していたが、日本側の草案には台湾島の譲渡がつけ加えられていた。これは朝鮮を失うこと以上に屈辱的だ。なぜなら台湾は清国の一地方であって朝貢国ではないからだ。しかし圧倒的な軍事力を前にして、李とフォスターは同意する以外に選択肢はないという結論に達する。

一八九五年四月一七日は、かのアンドレアス・エヴェラルダス・ファン・ブラーム・ハウクギーストがアメリカ人として初めて清の皇帝、乾隆帝に朝貢の礼を示した日からほぼ一〇〇年目に当たるが、その一〇〇年で清国の世界観は根底から覆されてしまった。直隷総督であり、北洋通商大臣であり、文華殿大学士であり、皇太子の師傅《しふ》（教育係筆頭）でもある大清国の指導的政治家の李鴻章が、下関の小さなホテルで、自国の皇帝がもはや「天下（万国）」の支配者ではなく、たんに一国家の、多くの国々に囲まれたむしろ弱国の長でしかないことを、公式に認めざるをえなくなったのである。李とその養子である李経方《りけいほう》は皇帝の代理として、朝鮮の独立、台湾の割譲、さらに日本への銀七五〇〇トンの軍事賠償金の支払いを認める下関講和条約に調印した。屈辱以外の何ものでもない、あまりに酷すぎる内容に、李はみずから奏上できず、かわりにフォスターを北京に送ったほどだ。

清朝の国政最高機関である軍機処が外国からの使者に会うのはこのときが初めてだった。フォスターは高官たちに会い、なぜ大清国がこれほどの窮地に陥ってしまったのかを理解する。とくに皇帝の教育係である翁同龢《おうどうわ》が、西洋における戦争の歴史や、その戦争から生み出された西洋の国際法について、何の知識も持ち合わせていないのは明らかだった。しかし最終的には軍機処も現実に直面し、今回の条約がこれ以上の敗北を避ける唯一の解決策だと認めざるをえなかった。朝廷は下関条約の詳細を内密にしたが、結局どこからか洩れ、反発した「士大夫」二五〇〇名が署名を集めて嘆願書を提出した。署名運動の主導者のなかには歯に衣着せない改革派の康有為と梁啓超の二人もいた。

「清流党」は断固として李に責任を押しつけた。彼らは朝廷に圧力をかけ、日本への台湾割譲の書類に署名する人物として、李の甥で養子である李経方を指名するよう仕向けた。条約の内容に激高した台湾の士大夫らによって李経方が殺害されることを恐れた李は、引渡し式にフォスターを同行させることを主張する。一八九五年五月三〇日、台湾沖で李経方とフォスターは日本代表たちと合流した。彼らは上陸もしないまま、台湾の基隆港沖に停泊した日本船「横浜丸」の船上で調印を行なった。(70)

こうして清朝の世界秩序は終わりを告げたのだった。この敗北によって清朝が政治的支援を必要とする状況に陥ると、欧米の公使たちは清朝から次々と譲歩を勝ちとっていく。もはや彼らは町外れの建物にしか入れない二流の蛮夷ではなくなり、一八九四年からは、紫禁城の中心にある文華殿で対等の扱いを受けるに至った。架空の「オランダ王国」から「ヂォングゥオ（中国）」への朝貢を清朝皇帝が信じたのが一七九五年二月、そして李鴻章がアメリカ人顧問の勧告に従って清国を取り囲むのは独立した主権国家ばかりだと最終的に認めたのが一八九五年四月、ここまでに実に一世紀を要した。しかし清国政府がこの事実を正式に認めたのは、義和団の乱鎮圧後の一九〇一年のことである。その年、「総理衙門」が正式に「外務部」と改称されるとともに、清朝の伝統的な「六部」と同等の地位を付与されたのだ。

李鴻章は国の舵取りを任された人物であったが、失策続きの一世紀に幕を引くのが最後の役目となった。内部から腐敗していた大清国の失態を考えれば、国際秩序の新たなルールに向き合う以外、李に選択肢はなかった。李は洋務派として西洋の先端的な軍事技術を積極的に採り入れながらも、「天下（万国）」という清国の世界観や儒教思想を保持し、その仲立ちを行なっていたが、その隣にはつねに助言者がいた。折々に助言を与えたのは外国人で、主としてアメリカ人であった。ペシック、グラント、シューフェルト、ヤング、フォスター、彼らはみな「主権」という観点から世界を見ており、正規の国境を持つ独立した国々が互いに国際法に基づいて交渉するのが当然と考えていた。

しかし李鴻章にとって、主権に基づく世界秩序というものは現実離れした理想論にしか思えなかった。もちろん李も、国際法を根拠として中国の独立を主張することはできたが、西洋であれ日本であれ、その優勢な軍事力の前では法は無力であると考えた。新たな世界秩序においては強者だけが勝利し、軍事力という後ろ盾のない法は何の意味もない。「力は正義なり」なのだ。李はこのことを理解していたが、朝廷内の彼の反対派や保守的な士大夫たち、「清流党」、およびみずからを伝統の担い手と称する者たちには、決して納得できる論理ではなかった。彼らにとって自然秩序とは、「天下（万国）」という世界観と、その世界観を基にした道徳的優越性だけだったのである。

現代中国の「主権原理主義」とは何か

現代中国の「主権原理主義」が生まれるに至った大元の原因は、国際社会に対する李のような冷徹な現実認識なのだ。「主権原理主義」とは儒教優越主義とアメリカの法律至上主義とが混ざり合ったものである。つまり、文化的に卓越した「ヂォングゥオ（中国）」という前近代的概念と、明確な国境を持つ独立国という西洋概念との混成物なのだ。そのため中国と西洋の「主権」は本質的に異なっている。中国語の「主権」という言葉は、文字どおりの「支配者の権限」という意味を内包し、国際関係の場ではなく、国内向けに使用されている。中国の「主権」とは、不可侵の境界線に守られた領域内において、道徳的に優れた文化を継承する権限を与えられることを意味する。

かつての「天下（万国）」は今やパスポートで管理されるようになり、いわば中国一国内だけでの「天下（万国）」となった。内政干渉を許容できる考え方ではなく、むしろその逆で、人権問題であろうと気候変動であろうと、他国（の干渉）とその「国際的なルール」はすべて排除するという考え方である。

中国共産党に国内支配の正統性があるという考えは、朝貢儀礼の記憶によって国民の支持を得ている。そのため北京の指導部は頻繁に、国際的な尊敬を集めているように見える儀礼的行事を演出し、国内向けに政治的メッセージを発信するのだ。「一帯一路フォーラム」やG20首脳会議では、代表団の規模や地位を大きく報道して、共産党が現代でも「天命」を与えられているかのように演出し、その一方で、この演出に対する批判を一般国民の目から遠ざけている。そして国際査察団が先祖伝来の土地に入り込んで炭素排出量を「測定、報告、検証」し、国際的に合意された基準を守らない中国の現状が世界に公表されることを極端に嫌う。中国にとって主権の主張とは、党の尊厳と国内支配の正統性を守るための手段にすぎないのだ。

習近平のブレーンに王滬寧《おうこねい》という人物がいる。習近平だけでなく、前任者の江沢民と胡錦濤《こきんとう》、つまり三代の総書記に理論家として仕えてきたが、現在は中国共産党の最高指導部となる常務委員会に名を連ねている。復旦《ふくたん》大学の法学部教授でもある王は、初めての著書『国家主権』のなかで、[71]「主権《ヂュチュエン》」という中国語は西欧の「主権（sovereignty）」という概念の誕生以前からすでに存在していた、と主張した。[72]これによって王滬寧は歴史を振り出しに戻してしまったのである。かつて北京で、主権という概念が定着するのを防ぐべく奔走した中国の先人たちは、無駄な闘いをしたことになる。今や王滬寧は、「主権」という概念を最初に考案したのは中国であるとまで主張し、その意味を都合よく歪曲して意のままに操作しようとさえしている。

法学者のホイートンや、既存の「主権」という言葉に新しい意味を与えることで「ヂォングゥオ（中国）」を近代世界に引き入れようとした翻訳者のマーティン、この二人の果たした役割を王は完全に無視した。これら外国人の役割を意図的に無視するという「戦略」によって、王はさらに大きな哲学的プロジェクトを成功させようとしている。つまり、西洋の概念を中国流の解釈にすげ替え、「人類運命共同体」の理念に沿った世界構築という中国の計画を理論面から下支えする、というものだ。この「人類運命共同体」こそが、現代版「天下（万国）」であり、中国がもう一度アジアの頂点に、ひいては世界の頂点にすら君臨する世界なのだ。その「人類運命共同体」というヒエラルキーには、もちろんすべての国が属することができる。ただしみずからの立場をわきまえているかぎりだが。

第3章 「漢民族」の捏造

華僑を利用する中国共産党

中華人民共和国総領事の公邸はサンフランシスコにあり、なかでも最も瀟洒《しょうしゃ》な建物の一つだ。元は高級住宅地モントレーハイツを開発した業者の邸で、セントエルモ通り八五、太平洋を見下ろす小高い丘の上に建つ。庭園の二本の糸杉が柔らかい日陰を作り、邸までの階段の両側には石の獅子像が出迎えるように置いてある。パーティー会場としてはなかなか印象的である。

二〇一五年一二月五日に開かれたパーティーでは、中国から養子を迎えたベイエリアのアメリカ人養父母たちが招待された。そこで総領事の羅林泉《らりんせん》は「特別なメッセージ」として養子となった子供たちにこう述べた。「みなさん、優しいアメリカ人のご両親のもと、英語を話し、アメリカ人に囲まれてこれから成長していくことでしょう。しかし忘れないでください、あなた方の目は黒く、髪も黒く、肌の色も違う。それはみなさんが中国人だからです。私が保証します、みなさんの生まれた国である中国は、決してみなさんのことを忘れません」。まるで中国のパスポートを持つ中国人に話しかけているかのようだが、これが実際、ルーツが中国というだけの外国人へ向けられた発言なのだから驚きだ。(1)

この数カ月前、別の中国外交官が同様の発言をして国際問題に発展していた。駐マレーシア中国大使の黄恵康《こうけいこう》が、クアラルンプールのチャイナタウンの中心であるプタリン通りに非公式の視察に出かけた。だが、そのタイミングは意図的なものだった。二〇一五年九月二五日は、マレー系の排他的愛国者たちがこの地域を行進する日の前日で、それでなくても一帯はすでに緊張が張りつめていたのだ。露店が立ち並び行きかう人々で混雑する街のど真ん中で、黄恵康大使は用意していた声明文を読みあげた。「現在、中国の国益は侵害され、中国市民および中国ビジネスに対する法的権利と利益も侵されている。これでは中国と現地国との友好関係が損なわれかねず、わが国としてはただ漫然と座しているわけにはいかなくなる」と報道陣に宣言し、その理由を「中国はマレーシアに住む中華民族の永遠の祖国であるからだ」とした。とはいえ、プタリン通りに並ぶ店や屋台を営むのはそのほとんどが中国人ではない。中国系とはいえ国籍はマレーシアだ。だから黄大使はここの住民に対して何の権限も責任もないのだが、勝手に彼の言うところの「中華民族」に向けて演説をぶってしまったのだ。(2)

二〇一四年、中国国務院所属の「僑務弁公室（華僑問題局）」は世界六〇カ国に広がる「海外華助中心（華助中心）」をつなぐ世界規模のネットワーク計画を発表した。(3)本書執筆時点で、確かにロンドン、パリ、ヒューストン、カラカス、ケープタウン、ヤンゴンその他全世界で少なくとも六〇の都市に事務所が開設されている。多くの国が海外に領事館を設置しているのは自国民を支援するためであるが、中国が海外に「華助中心」を設置する目的はそれらとはまったく違うのだ。

二〇一八年、「僑務弁公室」の管轄は中国国務院直属から「中央統一戦線工作部」（中央統戦部）へと移管された。「中央統一戦線工作部」とは中国共産党の組織で、表向きは中国共産党に対する支援の確立と、政敵の無力化を職務としている。二〇一五年九月発布の党内法規である「中国共産党統一戦線工作条例」第三一条には中央統戦部のおもな目的がこう明記されている。「華僑を活用して、祖先の国の発展と近代化を支援させる、……台湾分離主義を打破し、中国人民と華僑と世界とが友好関係を築くよう促進を図る」[4]。中央統戦部を直接指揮するのは、党政治局序列第四位にランクされる実力者である。そして二〇一七年付の『フィナンシャル・タイムズ』紙が掲載した中央統戦部の指導マニュアルでは、「本国の中国人をまとめあげるためには、海外に住む中国人の子孫たちをまずまとめあげなければならない」と明記されている[5]。つまり中国共産党が「華僑」を利用して、国内・国外を問わず中国の掲げる野望を支援させようとしているのは明らかだ。

「海外の中国人」と言ってしまうと、その意味は非常に曖昧になる。海外にいる中華人民共和国の国民を指す場合もあれば、外国籍を持つが、祖先に中国人の血が入っている人を指す場合もある。中国語ではそれぞれに対し違う表現があり、前者を「外籍華人《ワイジーファレン》」と呼び、後者を「華僑《ファチィアオ》」と呼ぶ。ただし公式の場では「外籍華人」という言葉はほとんど使われない。いずれにしろ中国政府が行なうどのスピーチでも、中国人であるかどうかは人種で決まるとあからさまに表明している。すなわち、中国人かどうかはパスポートではなく「血統」で判断されるのだ。

中央統戦部の条例では、海外にいる中国人に対して「華僑」が使用されている。先に述べたとおり、「華」という呼称は文字どおり「開花している」または「文明化した」という意味で、文化に関する表現として生まれたのだが、現在は中華民族を指す言葉として使用されている。「僑」という文字には「一時的な逗留者」という意味があり、しばらく国を離れていつかは戻ってくる人を指す。二〇一七年一〇月、中国共産党第一九回全国代表大会で習近平が閉会の辞を述べたときは（華僑ではなく）、「海外僑胞」という表現を使った。文字どおり「海外に逗留する同胞」という意味だ。つまり華僑と同じで、祖先がどれほど昔に国を出たのか、彼らがその何世代目なのかは関係ない。彼らは依然として「華人」であり、いまもなお祖国中国に対して負うべき義務があるというのだ。以下がそのときの習近平の言葉だ。「海外僑胞と協力することの真の目的は、〈中華民族〉の復興促進にある」[6]

華僑についての歴史研究の第一人者で、シンガポールの東亜研究所の所長（シンガポール国立大学教授兼）である王賡武《おうこうぶ》（ワン・ガンウー）は、華僑という言葉は政治的理由から二〇世紀初頭に作り出された造語であると主張する。[7]一八九三年まで、清国では許可なしに国外に出ることは違法であった。商売や仕事でも国外に出れば、反逆者または国賊とさえみなされるのが普通だった。それが一九世紀のあいだにその数がどんどん増えるようになると、世間では同情的な受け止め方をするようになる。野蛮な外国人とは区別して、そういった人々を「華人」または「華民」、つまり文明化を意味する「華」の文字を用いて呼ぶようになった。

彼らに対する政府の姿勢が変わりはじめたのは、一八七〇年代に初めて海外に派遣された清朝の外交団が、違法な出国者たちの劣悪な生活環境を知ったことがきっかけだった。そんな外交団の一人で、第一章にも登場した政治改革者の黄遵憲は、東京、サンフランシスコ、ロンドン、シンガポールでその任に就き、彼らの実態を知ることになった。違法な出国も実際は一時的かつ必要に迫られたにすぎず、公的な保護を与えるべきという考えを示唆するために、「華僑」という言葉を造った。そのせいもあってか、一九〇二年からは彼らの生活環境について調査し報告書を提出するのも外交官の仕事となった。

しかし「華僑」という言葉が一般的に使われるようになったのは一九〇三年以後のことで、清朝の打倒をもくろむ革命派が、彼らのおもな後援者である海外の中国人コミュニティに敬意を示す手段として使用したのが始まりだ。そんな革命派のなかで指導的な役割を果たしたのが、当時一八歳、日本留学中に国粋主義的な評論『革命軍』を著した鄒容《すうよう》と、同じく日本に留学し日本を拠点に活動、軍歌『革命歌』を作曲した章炳麟である。二人ともその作品のなかで、同胞である華僑に対し、むやみに富をむさぼることをやめ、民族意識を高め、抑圧者である満州族を共に打倒しようと熱心に説いている。鄒容の『革命軍』はその後数十年のあいだに何十回も増刷され、章炳麟の『革命歌』はあらゆる機会に歌われた。「華僑」であることは、地球規模の「華の民族」共同体の一部であり、それに対して忠誠を誓わねばならないと伝えるこれらの作品を通じて、「華僑」という言葉は、海外の資金提供者のあいだに革命気運を盛り上げる重要な役割を果たしたのである。

清国は一九〇九年、こういった革命派の策略に対抗するため、また東南アジア各国が華僑に市民権を与えようとする動きを抑えるため、国籍法を制定した。その内容は、市民権の根拠を生誕地ではなく家系におく、いわゆる血統主義の原則を採用するものだった。そのため他国の市民権を持つ華僑でも、「母国」に戻りさえすれば清国の臣民となると明記されている。言い換えれば、清国の臣民は人種で定義されるということだ。(8) これによりその後何十年にもわたって東南アジア諸国に住む「華人」は、厄介な問題を抱えざるをえなくなった。住んでいる国の市民権を持つと同時に中国の潜在的市民でもあるという二重国籍状態は、あらぬ疑惑を招きかねない。

一九七〇年代になると今度は冷戦の影響で、東南アジアの国々は「華人」に対し、居住国の市民権を優先し、中国との関係を弱めるよう義務づけた。この時期、東南アジアでは「華僑」という言葉は廃《すた》れ、かわりに「華の子孫」という意味で当たり障りのない「華誼《かぎ》」という言葉が使われるようになっていた。(9) にもかかわらず、中国国内では海外の中国人を人種で捉えるという考え方が根強く残っていて、習近平が国家主席となり、華僑問題を新たに担当することになった「中央統戦部」が動き出すようになると、さらにその傾向は顕著になる。こうして華僑たちの受難はやむことがない。

二〇一八年二月一日には、華僑に中国国内五年間の居住許可が政府から付与されることが決まった。ビザの規約では、祖先に中国人が一人でもいれば申し込み資格が得られ、その祖先が中国に住んでいた時代は無制限にどこまでもさかのぼってもよいとしている。中国政府がよく使う数字では、国外に住む中国人の数は六〇〇〇万人にも達するらしい(10)。そして今やその全員を取り込もうとしているようだ。

華僑を自国民のように扱う姿勢は今に始まったことではなく、その起源は中国人をどう定義するかという一〇〇年前の議論にまでさかのぼる。一九世紀という動乱の時代のなかで西洋思想の強い影響を受け、中国人の定義は人種に基づくものとされた。この過程で重要な役割を果たしたのが、先に紹介した黄遵憲と章炳麟である。本章では彼らがいかにして人種と「種族（民族）」という概念を創り上げたかを考察する。「黄色人種」、そして「漢族（漢民族）」である。

臣民を民族で分類

一八五五年、中国南部の広東省で長いあいだくすぶりつづけていた地域間の紛争がついに爆発、激しい戦闘は一二年間も続くことになった。敵対したのは「客家」と「本地」の部族であった。互いの名前を見れば紛争の理由は明々白々だろう。「本地」側は自分たちこそ土地に長く定住していた先住民で、より肥沃で裕福な地域に住む権利があると考えていた。一方、数世紀をかけてこの地域に移住してきた「客家」には、あまり肥沃ではない辺鄙《へんぴ》な場所しか居住が許されなかった。「本地」は移住者の「客家」を見下し、実際に犬と呼ぶなど人種差別をしていた。ところが「本地」と違って、「客家」では女性に纏足《てんそく》の習慣もなく、男女が協力して働き、皆が勤勉だった。そのため徐々に社会的地位が上がり、一九世紀には清国の社会改革の試みのなかで、国から客家の一部にもっと豊かな土地への移住が奨励された。結果、資源をめぐる競争が激しくなるのは当然の成り行きだった。

珠江《しゅこう》の西の支流沿いで、武装した「本地」と「客家」の戦闘がついに口火を切る。それから一〇年以上ものあいだ戦いは続き、この「土《と》客械闘《かくかいとう》」の犠牲者は一〇万人以上にのぼった(11)。最終的には、途中で起こった太平天国の乱に巻き込まれたため（第2章参照）政府軍が介入し、かなり激しい戦闘のすえ鎮圧された。

今でも広東省には「本地」と「客家」の住民たちが住んでいるが、一九世紀の戦いの記憶を引きずり、別々の村に分かれて住んでいる。「本地」は相変わらず「客家」を見下し、「客家」は「本地」の差別に不満を抱きつづけている。それぞれが話す広東語と客家語は、互いにほとんど理解不可能で、宗教的慣習も違えば、社会的しきたりも違う。その違いはバルカン半島のセルビア人とクロアチア人の違いよりも大きく、要するに彼らは別の民族と言ってもよい。事実、一九〇五年に改訂された広東の学校の教科書に、この両者が別の民族であるとはっきり記載された。だが当時は革命の大混乱期で、このような暴挙は大虐殺を引き起こしかねなかった。「客家」社会の著名人は憤慨し、教科書が間違いであることを証明しようとした。彼らの言い分では、「客家」は広東人である「本地」と同じ祖先を持っていることから、同じ民族に所属しているという(12)。

この主張を強く援護した中心人物が黄遵憲である。彼はその時点では外交官を退き、敬愛される詩人になっていた。黄にとってこの介入が公人として最後の仕事となるのだが、黄が「人間を人種で分類する」という西洋の人種概念を初めて中国に紹介し、中国人を「黄色人種」と呼んだ人物であることを考えれば、なんとも皮肉な結末である。

なぜヨーロッパ人が東アジア人を「黄色人種」と決めたのか、その理由ははっきりとはわかっていない。国立台湾大学のマイケル・キーヴァク教授は、一八世紀に活躍した博物学者カール・フォン・リンネの説にまでさかのぼって追跡した。リンネはあらゆる生物の分類をめざし、(ヒト属を四種に分け)「暗色アジア人」という分類を作り、その特徴を「黄色」と定義した。その後一九世紀になると、フランス人の人類学者ポール・ブローカが肌の色を比較の基準として分類し、そのなかで「モンゴリアン」を黄色とした。しかしそもそも「モンゴリアン」というグループ分け自体が何の根拠もない勝手な創造でしかない。最初にモンゴリアンという分類を創造したのは、一八世紀で人類の頭蓋骨をきわめて多く収集したドイツの解剖学者ヨハン・フリードリヒ・ブルーメンバッハだった。彼は著書『De generis humani varietate nativa(ヒトの自然的変種、自然の人類変種)』の一七九五年版で、頭蓋骨の顔の角度の違いで人種に序列があることがわかるとした。その序列は五つあり、進化が進んだ順に、コーカサス人(コーカソイド)、アメリカ先住民(アメリカナ)、マレー人(マライカ)、モンゴル人(モンゴロイド)、アフリカ人(ネグロイド)だという。さらにそれぞれに白色、赤銅色、黄褐色、黄色、黒色、という特有の色を振り分けた。マイケル・キーヴァク教授によると、モンゴリアンという「人種」が創造され、黄色人種になったのはこのときからだという。ブルーメンバッハのこの定義は、広く漠然としたものでしかなかったが、そのモンゴリアンのなかに中国人と日本人の両方を含めていたのは間違いない(13)。

さて振り返って、なぜ黄遵憲のような清国役人が自国民を「黄色人種」だと考えたのか、そこにはさらに複雑な話がからんでいる。東アジアでは祖先を崇め、遠い過去にまでさかのぼって家族の血統をたどる長年の伝統がある。血統を中国語では「族《ズー》」という。[14] この時代の歴史研究の第一人者パメラ・カイル・クロスリーによると、一八世紀の終わり頃の乾隆帝時代、大清国では臣民をあからさまに血統で分類しようとしたという。そのさいに選んだ中国語が「族」であった。「族」に相当する英訳は「race（民族・血統）」である。なぜなら「族」という中国語には、「文化的、心理的、道徳的な一定の特質を持った血統で決まる不変のアイデンティティ」という考え方が含まれているからだという。[15]

大清国の支配者たちの元をたどれば、現代の中国、ロシア、朝鮮、モンゴルといった国々に接する過疎の地で生活していた半遊牧民族の部族集団だ。一七世紀初頭、女真《じょしん》族と呼ばれるこのような部族集団の一部族長であったヌルハチが、平原に住む複数の部族集団を統一して支配下に治め、南方へと領地を広げていった。さらに領土拡大に力を注いだ息子で後継者のホンタイジは、法令を出して女真族を「満州族（マンジュ）」に改名した。王朝名もまた新しくし、純粋という意味の「清」に改めた。一六三五年、ホンタイジは支配体制を強固にするため、臣民を「旗《き》」と呼ばれる軍事集団に分けた。一つは満州人、もう一つはモンゴル人、そして最後はそれ以外に忠誠を誓って服属した集団で、「漢軍（ハン・ジュン）」と命名された。「ジュン」は「軍」を意味し、「ハン（漢）」は民族を表す言葉であるが、漢人と呼ばれた人々が自身で「漢」という呼称を使っていたわけではない。

シンガポールを拠点に活躍する研究者、楊劭允《ようしょういん》によると、古い「漢」という名前を掘り返したのは、西暦四世紀か五世紀頃に内陸アジアに存在した「鮮卑《せんぴ》」という遊牧騎馬民族だという。彼らにははるか昔の前漢初期の民話が伝わっていて、南部の辺境地に住む人々を指して「漢」と呼んでいた。この鮮卑から「漢」という名前が内陸アジアの別の遊牧部族たち、契丹《きったん》、モンゴル、女真などに伝わったという[16]。第1章でも述べたとおり、「漢人」自身は「漢」という呼称を使わず、みずからに対しては通常、特定の王朝の臣民と呼ぶか、あるいは文明人という意味の「華」という呼称をよく使っていた。

満州族は一六四四年に北京を攻略して明朝を滅ぼす以前からすでに、彼らの行政組織のなかで一種の階級制度を設けていた。「旗」と呼ばれる種々の軍事集団に属する者は「旗人」と呼ばれ、一般市民と明確に区別された特権階級であった。満州族の「満軍」と「漢軍」の区分は正式に定義されておらず、構成員の祖先の違いで分けられていた。軍事集団間の差よりも重視されたのは、軍事集団である「旗」と、「民」と呼ばれる残りの一般市民との身分差だった。しかし一八世紀半ばになると、朝廷は民族の違いを公式に区別するようになった。おそらく征服者と被征服者の生活圏が近すぎたためか、満州人の統制がゆるみ、規則破りが増加してきたことを受け、朝廷はより分離を明確化して秩序を保とうとしたのだ。歴史学者エドワード・ローズによれば、この規制は一九〇〇年代まで維持された。満州人は通常、都市部の壁に囲まれた特定の地域に住むことが義務づけられ、商業に携わることや、他民族との結婚も正式に禁じられた[17]〔ただし、このあたりの記述には諸説あり、確定されていない〕。

前述したように、別の民族という意味で「漢」という言葉を使いはじめたのは、鮮卑、モンゴル人、満州人など、北方から「漢の土地」に侵攻した他民族の支配者だったようだ。これは新たに征服した臣民を表すための彼らなりの方法だった。しかし、彼らはいったん漢人の支配者になると、その帝国の「漢の土地」とされる地域では土地伝来の漢の儀式を表面的に採用し、征服した民に対して彼らの支配の正統性を示すよう心がけた。そうすることでみずからを儒教の観点から文明人であると明白に示すことができたのである。こうして「華」という包括的概念のもとで被征服者とみずからを一体化させていった。ただし満州族のエリート層は、「満州旗人」として一般人から分離された特権階級を保ちつづけた。そのため二〇世紀初頭には人種主義に基づく革命の舞台をみずから作り出すことになる。

黄遵憲の「黄色人種」という考え方

一九世紀の半ばには、世界を人種的観点から捉えるという考え方が、ヨーロッパのあらゆる社会理論家にとって当然のことになっていた。そのなかで最も影響力を発揮したのが、生物学の進化の概念を社会学に応用したイギリスの博物学者・哲学者のハーバート・スペンサーである。人間性が完成する理想社会へと進化していく道筋を明らかにするため、チャールズ・ダーウィンとジャン＝バティスト・ラマルクの理論を借用し、個が環境の圧力によって進化するという説を拡大解釈して人間社会に適用した。実は一八六四年に「適者生存」という語句を生み出したのは、ダーウィンではなくスペンサーだ。彼はダーウィンの『種の起源』の副題である「the preservation of favoured races in the struggle for life（生存闘争における適種の生存）」から「適者生存」という言葉を導き出し、それを中心にみずからの社会理論を説いた。[18] 彼の思想は、人種を分類するという考え方に立脚している。「体格や肌の色、目鼻立ちの違いはさほど問題ではない。道徳観や知的能力の違いこそ人種を分けるうえでより重要な指標となる」と、一八五一年に初版が出版された大作、『社会静学』で述べている。[19]

スペンサーの思想はイギリスから遠く離れたアメリカの一部の学者たちに、さらには日本でも熱狂的に受け入れられた。当時の日本は明治維新の真っただ中にあり、一八七七年から一九〇〇年のあいだにスペンサーの翻訳書は少なくとも三二冊が出版され、短い論文はさらに多くの新聞や雑誌に再掲載された[20]。日本の「自由民権運動」はこのスペンサーの思想を基盤としている。古い封建時代の慣習からの解放と個人の権利の拡大を求める商人と富裕な農民とが連携して起こした新しい運動である自由民権運動に対し、昔からの特権階級層からの抵抗がしばらくあったものの、それでもスペンサーの思想は一八七〇年代から八〇年代の日本の政界においてつねに議論の中心でありつづけた。

この政治的動乱を間近で観察したのが、当時日本に派遣された清国外交使節団の序列第三位の外交官、黄遵憲である。黄は様々な点において特異な人物であった。広東省の客家出身で、家族はおもに金貸しで財を成したが、太平天国の乱と「土客械闘」(本地・客家戦争)でそのほとんどを失う。一八七〇年、イギリス植民地の香港を訪れ、そこで清国の領土内に作られた外国の都市の豪華さと洗練された雰囲気に感銘を受けると同時に、怒りの感情が沸き立った。これを引き金に、海の向こうの世界を知らなすぎる清国の上級官吏に対し幻滅するようになる。そのときの気持ちを友人に書き送った詩で吐露している。しかしそれでも官吏登用試験を突破するべく、一八七六年までは北京に住んで勉強を続けた。

そんななか、北京で農務省の役人をしていた黄の父親は、黄を芝罘《しふう》(今の煙台)にて李鴻章に会わせている。当時、李鴻章はすでに直隷総督であり北洋大臣でもあって、確固たる地位を築いていた。李鴻章とその側近に紹介されたのをきっかけに、黄の官吏への道が開かれるのである。それから九年間勉強を続け、ついに官吏登用試験に合格する。

そのときに黄遵憲が書いた詩からは、みずからを李鴻章や彼の推進する近代化政策(自強運動)の同志だと自負していたことがわかる。日本人学者、蒲地典子によれば、黄は清が「中央の国(世界の中心)」であるという考えに初めて公然と異を唱えた上級官吏「士大夫」であるという。事実、一八七六年に「今や世界は一つだ。清は〈ヂォングゥオ〉だという思い上がりは捨てるべきだ」と書き記している。この時期の彼の詩は、大清国と諸外国の人々が友好関係を築く新たな時代をめざすという前向きな内容が多く、ある詩には「東洋と西洋は一つの家族」とまで書いている。このような希望に満ちた黄は、有力な新しい友人からの支援と相まって、国内でただたんに役人として働くのではなく、清国の最初の海外使節団に参加したいと思うようになった。父の「客家」の友人が駐日公使に任命され、その強い勧めもあり、黄は「参賛」（書記官）として日本に赴くことになった。この仕事は報酬も高く、毎月の給料は若手の地方判事の一年分の額に相当した[21]。

黄が清国からの初めての外交使節団の随員として東京に着いたのは一八七七年後半のことで、彼は東京で居を構えた。このような使節団の派遣は、清国朝廷の保守派からすれば屈辱としか考えられなかった。通常なら朝貢国が皇帝を訪問するものであって、皇帝の国が朝貢国を訪問することなどあってはならないからだ。しかし、黄が実際に日本に到着してみると、日本人は国際関係に対するヨーロッパの考えにすっかり影響され、日本と清国は対等と考えていることは明らかだった。このように感じたことすべてを、黄は天津にいる李鴻章と北京の「総理衛門」（「外務省」に相当）へ報告した。しかし黄はたんに外交文書を作成していただけではない。詩を作り、日本で実施されている改革についての本も執筆していた。黄自身は日本語を話せず、日本の役人や知識人のなかにも中国語を話せる者はほとんどいなかったが、双方とも漢字を書けば理解できたため、「筆談」で意思疎通を図った。

黄は「自由民権運動」の熱心な観察者となり、時には支持者であり、時には批判者ともなった。日本で翻訳・出版されたヨーロッパの政治関連の小冊子を読み、論評を加えた。もちろんそのなかにはハーバート・スペンサーの著書もあった。そうして議論を交わした人物の一人に曽根俊虎《としとら》がいた。曽根は大日本帝国海軍に属し、汎アジア主義の組織「興亜会」の指導者だった。曽根は日本と清国が団結して西洋に対抗しなければならず、そのさいには日本が主導権を握るべきだと考えていた。一方の黄も互いに協力することに関しては同意し、曽根の活動の一部に参加していたが、ただ主導権を握るのは清国だという点に迷いはなかった。それでも「汎アジア」の思想に染まっていたことは確かで、とくに「Asia」に日本の漢字を当てた「亜細亜」という言葉を清国でも使いはじめたのが黄である。こうして黄は、アジア人全体が西洋による略奪に苦しめられており、清と日本が結束してこれに対抗しなければならないと考えるようになった。

一八七九年の春、黄は一五四篇の詩に加えて、日本の奇跡的な近代化について論評した作品を「総理衙門」へ提出し、その冬には「同文館」（北京にある通訳・翻訳者の養成学校）から出版された。さらに翌年には香港を拠点とする中国語新聞『循環日報』からも再出版された。同紙の編集者は本土から亡命した改革派として当時最も著名だった王韜《おうとう》であり、ここから出版されたことの影響は大きかった。黄の考えは幅広く受け入れられるようになる。作品の最初の詩には、中国人と日本人を「同文同種」（文化も人種も同じ）と表現している。これは両国民が共に白人に立ち向かわなければならないという意味の日本語を中国語に訳したものだ。だが黄にとって、そこには日本語とは違った意味合いが含まれていた。つまり日本人は中国人の系譜だということだ。

黄が「人種（race）」に相当する言葉として選んだ中国語の「種（ヂョン）」は、古い言葉に新しい意味を与えた彼の造語だった。中国研究者のフランク・ディケーターによれば、この「種」という中国語はもともと「種子」や「品種」を意味し、動植物に用いる。黄はそれを人間の種類を意味する言葉として使ったのだ。[22] 日本滞在中の作品でのちに出版された別の詩では、はっきりと「黄色人種」と言及している。「欧米諸国はさらに強大になり侵略的になった。黒人を奴隷にし、次に黄色人種にその手を伸ばそうとしている」と彼は「桜の花」に書いた。[23] このような回り道をしながら、ハーバート・スペンサーの人種論は新たな層に浸透し、とくに清国の政治改革を求めていた層に広がった。

黄遵憲はその後一〇年にわたって『日本国志』で日本の情報をまとめる仕事に取組み、また新たな詩を作っては発表していた。ところが、外交官として次の任地に赴くと、彼の人種に関する考えは根底から覆ることになる。協調ではなく競争こそが国際社会における自然のルールであり、そのなかで最適な者だけが生き残れる、と信じるようになったのだ。ハーバート・スペンサーのように彼も「社会ダーウィン主義者」となった。

一八八二年三月三〇日、黄は駐サンフランシスコ総領事として着任する。現在の総領事とは違い、当時は総領事といえども高級住宅街に住むことなどできなかった。着任して一カ月あまり経った頃、チェスター・A・アーサー大統領が「中国人移民排斥法」に署名し、中国人労働者の移民を禁止する。アメリカには戦争や貧困から逃れるために不法出国してきた清国民が多くおり、彼らは生きていくために低賃金と劣悪な環境にひたすら堪え忍ぶしか方法がなかった。地元の組合労働者たちは彼らを脅威とみなし、すでにカリフォルニアでは六万人もの清国労働者を集団で強制排除しようとしていた。一方で、非労働組合員らは個々の中国移民に対し数限りない虐待事件を起こしていた。

これに対して黄は「わが義憤を発露する」として長い詩を書いている。この詩は、人種で差別される世界という彼の考えが一八八二年には固まっていたことを示していると同時に、中国人文筆家がおそらく初めて「黄色人種」という語句を使用した実例でもある。

すべての国々の人々も、どの国の民も、
あの開拓の地で自由に生活する権利があった
黄色、白色、赤色、黒色の人種を問わず
みながアメリカの国民と平等に暮らしていた……
この五大陸において
今やどの人種もみずからの人種のことしか考えなくなった
互いに互いを排除し合い、憎み合い、呪い合う
世界は偉大な調和の世界とは程遠く、
他者から身を守るために頼れるのは、自分自身の知恵と力だけになってしまった
われわれの偉大な帝国もそして黄色人種も
世界のすべての国々からすれば物笑いの種でしかない
(願わくは、われわれがアフリカの奴隷のように愚かではないことを
彼らはどのような運命が降りかかっても唯々諾々と受け入れてしまう)(24)

黄はそれから三年間サンフランシスコ総領事として任務を果たすが、その間の耐えがたい人権侵害の状況に惨めさと怒りが募り、最終的に失意のうちに辞職する。任期を終える直前の一八八五年九月には、二八人もの中国人鉱夫がワイオミングのロックスプリングズで、白人の暴徒により無惨に殺害される事件まで起きた。移民に対する不当な扱いの歴史は、長期にわたり二国間関係に暗い影を落とし、清国内でのキリスト教宣教師への暴行などの反西洋的行為の口実となった。

一八八五年、清仏戦争でベトナムをフランスに奪われたことで、黄の世界観はさらに暗いものとなり、こんな詩を作っている。「弱者は強者の刀の一振りで、その餌食となる」。幻滅した黄は、それから三年間は亡き母を弔い、『日本国志』を完成させることに没頭した。最終的に「総理衙門」に提出したのは一八八八年、李鴻章の推薦状も添えられていた。しかしながら「総理衙門」は当時、清仏戦争後の改革派粛清を受けて保守派の勢力が強く、大清国が日本を手本に急進的な改革を行なうべき、と説く本のメッセージを広める気はまったくなかった。黄は失意のどん底に落とされた。結局『日本国志』が刊行されるのは七年後の日清戦争敗北のあとで、出版社も広東省の民間企業だった。黄は新しい外交官の職を求めて北京に一年間逗留することでみずからを慰めた。その間、黄の改革案に賛成する若手の役人たちと何時間も議論をして過ごしたが、そのなかに三〇歳の学者、康有為もいた。議論を交えるなかで、社会ダーウィン主義や世界に蔓延する人種主義についての黄の見解が、改革運動の理論的支柱となり、この改革運動はその後一〇年にわたって発展していくことになる。

ようやく黄の就職活動は実を結び、ロンドンの中国公使館の参事官に任命される。一八九〇年春に着任したものの、あまり仕事はなかった。報告は少なく、保護すべき華僑もほとんどおらず、さらに英語も話せないため地元の人との交流もできなかった。退屈でホームシックにかかった黄は一八九一年一〇月、駐シンガポール総領事の職が空くとすぐそちらに飛びついてロンドンを離れた。だがシンガポールでは、イギリスの植民地当局と深刻な摩擦を何度も起こした。とくにイギリスの統治下にある華僑に清国のパスポートを発行したのがよくなかった。本章冒頭の駐マレーシア中国大使のように、黄の人種に基づく世界観が他国政府との軋轢《あつれき》を生む直接の原因となったのだ。

黄遵憲が日の目を見るのは、日清戦争が終わってからだった。戦争中の一八九四年一一月、彼はシンガポールから呼び戻され、それからの二年半は両江（上海とその周辺一帯）の総督の下で、彼の個人的な「渉外局」の仕事を任された。この職に就くことで黄はみずからの考えを広める機会を得、志を同じくする役人たちと共同で構想を練ることができた。こうして官僚組織のなかで「漸進主義的な改革」派に所属するようになった黄だが、日清戦争でかつての権勢を失い汚名を負わされた李鴻章とも良好な関係を保ちつづけていた。

そんななかで黄は二三歳の著述家、梁啓超と出会い、親しい友人となる。そして梁を、黄が支援し共同出資した『時務報』という改革派の雑誌の主筆に推挙する。この雑誌の創刊号は一八九六年八月九日に発刊され、二年後に発売禁止の処分を受けるまで旬刊として発行された。発行部数は一万部にも達し、この雑誌を通して梁と黄の思想は改革派のエリート階級にも広まり、その影響は大きかった。雑誌ではとくに教育や行政、経済についての改革を強く訴えた。しかし黄は同時に朝廷の上層部ときわめて良好な関係を保つことにも心を砕いた。『時務報』創刊と同じ月、黄は皇帝に召し出され謁見している。皇帝は黄に、日本やイギリスがいかにして清国より強大になったのか問いただした。黄は絶好の機会だと考えて、新たな政策の必要性を説いた。黄は帝国内で最も影響力を持つ改革派の一人となっていたのだ。しかしそれも長くは続かなかった。

一八九八年一月、黄の良き論争相手で改革派筆頭でもあった康有為が「総理衙門」に召喚され、提案する改革内容についての説明を求められた。そして二月、二六歳の若き皇帝は黄に彼の書『日本国志』を読み聞かせるよう求め、六月には「戊戌変法《ぼじゅつへんぽう》」として知られる改革の開始を宣言した。庚有為は「総理衙門」に配属され、黄は駐日公使に任命された。ただその任に就く直前に黄が赤痢にかかり病気休暇に入っていたのは幸運だったと言えるだろう。というのは、ちょうどその間に改革を嫌う西太后や朝廷内保守派がクーデター〔戊戌政変〕を起こし、皇帝を幽閉、改革運動を頓挫させてしまったからだ。西太后は上海にいた黄の逮捕を命じたが、上海の西洋人社会〔イギリス駐上海総領事など〕が著名な改革者の逮捕に反発し、日本政府の賛同を得て、逮捕状を取り消すよう圧力をかけた。朝廷は折れ、黄は引退という形で有名ながらも片田舎の故郷へ戻ることになった。その時までに、黄の「黄色人種」の考えは改革運動全体に広がっており、官吏の上層部まで浸透していた。しかし一八九八年以降、新たな改革の動きや新たな人種論が登場し、事態は異なる方向に進展していくのである。

白色人種に対抗する黄色人種

一二歳の少年、厳復《げんふく》にとって父親の死は悲劇でしかなかった。だが、それは同時に彼の未来を切り開き、結果的に彼を一九世紀後期から二〇世紀初期において非常に重要な役割を果たす中国人文筆家にまで押し上げる。もし父親が生きていれば、厳はおそらく高級官吏となり、そうなればおそらく周囲の環境によって、彼を有名にした思想のすべてに異議を唱える立場になっていたことだろう。だが現実には裕福で学問に集中できる生活から、一挙に赤貧の悲痛な生活へと叩き落とされたのだった。父が生前彼のために雇ってくれた家庭教師は解雇され、母親は針仕事で生計を立てるしか方法がなく、厳は一四歳で結婚し家を出された。儒教の古典を学ぶために必要な授業料が工面できず、福建省の鬱蒼とした森に囲まれた深い渓谷で無名の人生が手招きしていたのだ(25)。

だがここで、父親の旧友が願ってもない提案を携えて登場する。理想的とは言いがたかったが、彼にはありがたい提案だった。その友人、沈葆楨《しんほてい》も同じ福建省出身で、かつては太平天国の乱の鎮圧のため曽国藩とともに戦い、その後は曽同様、「自強運動（洋務運動）」の熱心な活動家となり、西洋方式を採り入れて清朝支配を存続させようとしていた。しかし太平天国の乱が鎮圧されると、沈は儒教の伝統に倣い、母親を正式に弔うためとして休暇を取る。

沈が家族のための義務を果たしているあいだに、自強運動支持者たちは朝廷を説得し、次世代の熟練労働者に船舶や武器の製造方法を教える外国人技術者の雇用に同意させた。結果、二カ所に近代的軍需工場が建設された。一カ所は、李鴻章の支配下の上海に、もう一カ所は、福建省と浙江省の総督である左宗棠《さそうとう》（ツォ将軍）の支配下の福州であった。李鴻章はイギリスから技術者と軍人を雇用し、イギリス嫌いの左宗棠はフランスから雇用した。かつて一八六〇年に清帝国に屈辱的な敗北を負わせたこの両国から、今や専門家が雇用され、清国の未来の敵に立ち向かうための近代的な海軍を作ることになったのである。

左宗棠は造船所で働く外国人を監督する清の役人を必要としており、一八六六年一一月、沈葆楨は請われて母親の弔いを早めに切り上げ、役人に復帰することになった(26)。こうしてそれからの八年間、沈の指導の下で福州の造船所は、プリンストン大学教授ベンジャミン・エルマンから「清国後期における第一級の冒険的事業」とお墨付きを得るほどの工場となった(27)。ただし造船の仕事そのものは、造船所の業務の一部にすぎない。造船に加えて操船の人材育成も重要な業務であった。そのうえで問題になったのが、適任の訓練生を見つけることであった。たいていの教養ある家庭なら、当然息子は高級官吏にしたいと思うもので、わざわざその精神を「西洋の学問」で汚そうとする者などいなかったからだ。結局、多額の奨学金と卒業後の高賃金を保証することが応募者を集めるには一番だと沈は考えた。それは一四歳の厳復にはまさにうってつけの条件だった。

教官については、造船技師はフランス人が、航海士と船舶職員はイギリス人が担当することになった。厳は「イギリス人による英語の養成所」を選び、それが彼の運命を決定づける。教官となったのは、以前イギリスのグリニッジにある王立海軍大学校で教師をしていたジェームズ・キャロルであった。そのキャロルの下で厳はおそらく熱心に学んだのだろう。一八七一年に修了し、それから海軍将校として南はシンガポール、北は日本まで海の経験を積んだ。海軍将校として六年間勤めたのち、恩師たちの推薦で厳を含めて一一名で王立海軍大学校に留学することになった。

一八七七年、留学生一行はロンドンに到着するが、そこであからさまな人種差別を体験することになる。王立海軍大学校学長であり海軍提督のサー・エドワード・ファンショーは、留学生たちを学校敷地の外に住まわせ、イギリス人士官とは食事も交流も別に行なわせた(28)。そんななか厳が親しくなったのは、初代駐英公使として派遣されていた郭嵩燾《かくすうとう》であった。郭もロンドンにちょうど一年前に赴任したばかりだった。二人は毎夜議論を交わし、イギリスの富と権力の源は何かを考え、そして母国に変革を早急にもたらすにはどのようにすればいいか計画を練った。こうして留学二年目、同期の仲間たちはイギリス艦隊の乗組員に加わることを選んだが、厳は差別待遇に遭いながらももう一年間大学校で学ぶことを選んだ。ロンドンだからこそ手に入る本と知識に触れる機会を最大限に活かしたかったようだ。

一八七九年、厳は福州の造船所の指導者となるために帰国したが、彼の後援者であった沈葆楨がその年に亡くなる。すると李鴻章はすかさず厳を引き抜き、みずからが天津に創設した北洋水師学堂に教員として迎えた。厳はそこで一〇年間勤め、一八九〇年には最高責任者に昇格している。

無名の国だったイギリスがいかにして世界の覇者にまで上りつめたのか、興味が尽きない厳は英語が堪能だったこともあり、その一〇年のあいだに答えを探しつづけた。どうすれば祖国も同じようにもう一度その力を取り戻せるのか。その答えを彼はハーバート・スペンサーに見出す。

一八八一年、厳はスペンサーの『The Study of Sociology（社会学研究）』（一九〇三年、厳復訳『群学《ぐんがく》肄言《いごん》』）を読んだ(29)。スペンサーの人種主義が徹底的に貫かれているその本では、まずはじめに「アリストテレスは頭蓋骨の顎の傾斜が五〇度の父親と母親から生まれたのだろう」と、ブルーメンバッハを揶揄《やゆ》したうえで、「長期にわたる一連の複雑な影響が特定の人種を生み出し、そこから偉大な人間が登場する。つまり複雑な影響のからみ合いが偉人を作る」と述べている(30)。さらに後半では、そのような影響のなかでもとくに戦争が、生存に適さない人間を殺すことで、人種をより高い段階に引き上げるのに「非常に大きな役割を果たしてきた」としている。スペンサーは自身をチャールズ・ダーウィンの信奉者としていたが、進化についての彼の考え方はどちらかというとジャン＝バティスト・ラマルクに近い。つまり、生存に適切な行動をとると、身体的、精神的に生存に適した状態になり、それが次世代に継承される。スペンサーの著書にはこうある。「人間社会の絶え間ない闘争、その規模の大小を問わないが、その闘争によって、適応できる知性、性格的特性、そして身体的能力、これらすべてにおいて最も優れているものが生き残るという普遍的なパターンがある(31)」

一八九二年、イギリスの宣教師ジョン・フライヤー（一八六三年にしばらく外国語学校「同文館」で教師を務めた人物）が、肌の色を基準に人類の分類をした論文を発表した。これは人種について中国語で書かれた最初の論文だとされている(32)。その論文が掲載された雑誌『格致彙編《かくちいへん》』（英語では『Chinese Scientific Magazine』）は、フライヤーが西洋の科学的思考を中国人の読者に紹介するのを目的として編集、創刊した。

一八九二年のその論文でフライヤーは、ヨーロッパにおける人種理論の最新動向について解説している。そこでモンゴル人、コーカソイド（白色人種）、アフリカ人、マレー人、そしてアメリカ先住民の五つの人種の存在を断定、それぞれの肌の色を、赤茶色、白色、黒色、茶色、青銅色とした。前出の中国研究者フランク・ディケーターが指摘するように、この五つの分類は、中国に元からあった考え方と非常に相性がよかった。そもそも五という数は、中国文化においてとくに象徴的な意味を持ち、感覚（五感）、味覚（五味）、自然要素（五人元素）、そして方角（五方）もすべて五つに分けられている。フライヤーの「モンゴル人」はもともと「黄色」ではなかったが、混乱する時代のなかで、この人種の分類が中国社会に浸透するのに時間はかからなかった。中国の伝統的な五行説では、万物は五つの要素から成り、各要素には色が割り当てられている。黄色は中央を表し、四方に居住していた異民族は、東は青（または緑）、西は白、南は赤、北は黒とされていた。したがって五つの人種分類を中国社会に浸透させるのに、さほど頭を絞る必要はなかったのだ。

一八八〇年代から九〇年代初頭にかけて、厳復は意気消沈した日々を送ったようだ。当時、李鴻章に雇われてはいたが、「自強運動」についてはたんに時間の無駄としか考えられなかった。激しく落ち込みアヘンに耽溺し、苦しみもがく。そんな厳を再び行動に駆り立てたのは日清戦争の敗北であった。「胸のなかにつかえていたものを吐き出さなければならなかった」とのちに書き記している[33]。清国を堕落と敗北に追いやった旧態依然としたやり方を改め、西洋思想に基づいた新しい方法に変えなければならないと考えた厳は、「科学、誠実、厳正、これらが社会秩序の基盤だ」と説いた。

一八九五年はじめ、ダムが決壊したかのごとく厳はみずからの思いを一気に吐き出した。天津のエリートのなかの改革派が発行した新たな機関紙『直報』に、立てつづけに四本、厳の評論が掲載された。編集部は条約港にあり、出版元も作家も清国当局の目を避けることができたため、厳は心に秘めていた批判をぶちまけた。一八九五年二月から五月のあいだに発表されたその評論は、読者にハーバート・スペンサーの人種論を紹介し、以降「社会ダーウィン主義」として世に知られることになる思想を伝えた。しかし、それは本当の目的ではなかった。厳復がダーウィンを持ち出したのは、人種論を科学的に説明するためではなく、中国社会の改革の必要性を説くために著名な西洋思想の威を借りたにすぎない、と中国研究家ジェームズ・ピュージーは述べている。[34] 改革を求めていた厳は、一〇年前の日本と同じように、スペンサーの思想を借りて持論を擁護する根拠としたのだ。しかし日本におけるスペンサーと、厳復のスペンサーには大きな違いがあった。

日本の改革者がスペンサーを好んだのは、スペンサーがダーウィンの説をもとに「個人間」の生存競争を正当化したからだ〔つまり自由主義経済を正当化するイデオロギーとして役立ったからだ〕。これに対し厳復は、その生存競争の考えを個人間ではなく集団間の競争に応用した。その考えを説明するためにはまず、社会ダーウィン主義で使われている用語を中国語に訳す必要があった。たとえば「自然淘汰」に対して、厳は「物競天択」を選んだ。文字どおり「生きているものは争い（生存競争）、天がそれを選ぶ（自然淘汰）」という意味だが、厳はこの新しい言葉の意味を「適応する人種のみが生き残ることができる」と説明した。[35] これではダーウィンの本来の意味がまったく歪曲されている。ダーウィンが言っていたのは、最も適応する「個」がその遺伝子を次世代に伝える、ということなのだが、厳の社会変革を求める思想に沿う形にされてしまった。「集団」が歴史を動かす原動力であるという厳の考えは、イギリス社会を目の当たりにし、古い清朝政治に憤慨してきた経験によって形成されたものだった。

厳の目的は、二つ目の評論「原強」（強さの起源）の結論に明確に表れている。これは一八九五年三月四日から九日のあいだのどこかで発表されたものだが、ちょうど日清戦争の敗北が決まったときで、衝撃を受けた厳はこう論じている。「もし外国の敵に対抗することを……望むなら、首都に議会を設立し、すべての省や郡に各々の役人を選ばせる……必要がある」。「国民」に国のために戦いその敵を打ち負かす意思を持たせるためには、国を管理運営する権限を「国民」に持たせるしかない、というのが厳の考えだ。ここで大きな問題となるのは、「国民」とは誰を指すのかということだった。

この問題を解決するため、厳は黄遵憲の「黄色人種」の考えを借用する。厳は満州人が一六四四年に明を滅亡させて以来ずっと、社会から隔絶された特権階級としてその帝国を支配してきたことに不満を抱き、「白色人種」による亡国の危機に瀕している今こそ、その体制を変える必要があると論じた。清の支配階級はみずからを大多数の住民から隔絶するという方針をとっているが、実際には同じ人種ではないかと厳は言う。

「今、この地球上には大きく分けて四つの人種しか存在しない。黄色、白色、褐色、黒色の四人種だ……。満州人、モンゴル人、そして漢人は、みな黄色人種である……。よって、〈ヂォングゥオ（中国）〉は古代から一つの人種によってのみ統治されてきたといえよう。事実、〈ヂォングゥオ〉はこれまで一度も外部の人種の手に落ちたことはないのだ」

厳の原文では「人種」の訳語として「種《ヂョン》」という中国語が使われており、これはかつて黄遵憲が使った訳語と同じである。「種」という文字を使うことで、満州人と漢人のあいだの障壁を取り払うべき、と説いたのだ。

ここで一つ特筆すべきことがある。実は厳の論文「原強」が『直報』紙上で発表された数日後に、李鴻章が下関での講和交渉に向けて出航している。李が『直報』を持参して行ったと考えることは非常に自然で、おそらく両国が同じ「黄色人種」の仲間であることを日本側に訴えようとしたことは想像に難くない。しかし現実には日本側に鼻であしらわれており、そのせいでこの理論の限界を身にしみて思い知ることになったはずだ。にもかかわらず、この「黄色人種」という括り方は、それから一〇年間も改革派の意欲をかき立てた。

一八九六年八月、厳復は皇帝に謁見するために北京に向かう途中で黄遵憲と面会している。それ以降数年にわたって、二人は頻繁に手紙を交わし、人種や改革について意見を交換した(36)。一八九七年、厳は天津で二種類の機関紙を創刊している。日刊紙の『国聞報』と、旬刊紙の『国聞彙編』で、これらを通してみずからの思想を広めはじめた(37)。

一八九八年には、イギリスの社会改革論者トマス・ハクスリーが一八九三年に「進化と倫理」について行なった講義を翻訳した『天演論』を出版した。しかしこれは「翻訳」というよりむしろ「歪曲」と言える。ハクスリーはもともとスペンサーの個人を主体にした社会学説〔個人間の生存競争を重視し、個人間の自由な経済競争が社会を進化させるという考え〕に強く反発し、集団の連帯を強調した人物だ。厳の訳文では、このハクスリーの集団に対する考え方がことさらに強調されている。前出のフランク・ディケーターも指摘しているように、厳はスペンサーから競争という概念を、ハクスリーからは連帯という概念を借用し、それを自分に都合のいいように言い換えて、人種に関する自分の考えを主張したのである。つまり、「科学」がこうして証明しているとおり、「黄色人種」は「白色人種」との死闘から逃れられなくなり、結局は「黒色人種」や「褐色人種」と同じ状況に陥るかもしれない、それを避けるためには政治改革が必須なのだ、と。

厳復の数々の論文は非常に影響力が大きく、国内において長年、ダーウィンの進化論そのものとみなされていた。ダーウィンの『種の起源』の全訳が中国語で出版されるのは一九一九年まで待たなければならない。それまでのあいだ、ハクスリーとスペンサーが解釈したダーウィン説を都合よく借用した厳復の訳文が、梁啓超ら改革派にとっても、また孫文ら革命派にとっても、議論の前提となったのである。これについてジェームズ・ピュージーは研究論文「中国におけるダーウィン」のなかで、厳復の人種論が「不愉快な人種差別意識を生む発端となった」と述べている。(38)

漢族が「黄帝子孫」という捏造

二〇一八年四月一五日、ニューサウスウェールズ大学の大広間レイトンホールは、六〇〇名ものオーストラリア「華僑」社会の成員で埋め尽くされた。磨きぬかれたトラバーチンの壁一面に掛けられているのは、神話上の人物の巨大な肖像画、というより、中国の新鄭《しんてい》市に実在する「黄帝」像の巨大写真だ。この集会は「澳中愛而思協会」が毎年主催する恒例のイベントで、この団体は「二国間の相互理解を推進する」ためと称して設立されたが、協会が実際に推進しているのは中華人民共和国への理解だけである。出席者や祝辞を贈った人々のなかには、元オーストラリア首相のトニー・アボット、ニューサウスウェールズ州知事、その他近隣の市長や議員といった面々が名を連ねる。これぞ中国共産党「中央統一戦線工作部」の典型的な仕事といえるだろう。要は、本国、華僑、そして地域の政治家や有力者との関係を強化することだ。

もちろん、このイベントの後援者も、在オーストラリア中央統戦部の主要機関、「豪州中国平和統一促進会（ACPPRC）」であり、同機関はこのほかにも複数の文化団体を後援している。そして主催者のなかには、中国国営メディアのジャーナリスト鄧立《とうりつ》もいて、今回のイベントもこれまで同様に、そしてこれ以降も、中央統戦部のウェブサイトでしかるべく喧伝される[39]。

今回のシドニーでのイベントと同じような集会が同じ日に香港、マカオ、台湾、サンフランシスコ、バンクーバーでも行なわれていた。その目的は今回の参加者を、実際に新鄭市で写真の像を囲んで行なわれているさらに大きな集会へと結びつけることである。その集会とは、神話上の帝王、「黄帝」への大規模な礼拝で、伝説上の誕生日とされる紀元前二六九八年陰暦三月三日に、伝説上の生誕地とされる新鄭市で行なわれる。二〇〇六年に国家行事となって以来、新鄭市でのこの祭典は華僑との連帯意識の強化をめざし、公式テーマとして「同根同祖同源、和平和睦和諧」(同じルーツ、同じ祖先、同じ血統、平和、調和)を掲げている[40]。中国国営メディアは新鄭市の「中核的」式典の目的を、「中華民族の偉大なる復興を祈るための心の故郷を築くこと」とし、このメッセージはオンラインのニュースサイトや中国の海外放送CCTV国際チャンネル、フェニックスTV(鳳凰衛視)を通して全世界に発信された。

二〇〇六年に新鄭市で黄帝崇拝が始まってからほんの数年のあいだに、主催者たちはこの祝祭の具体的な形式を考案し、それが今では世界中での祭典のモデルとなっている。その内容は音楽、踊り、祈りなど九つのイベントを順次行ない、黄帝を「中華民族の始祖」として崇めるというものだ。これこそ、かつてイギリスの歴史家エリック・ホブズボームが指摘した「伝統の捏造」にほかならない。黄帝は、地球規模の求心的存在であり、世界中のすべての中国人の象徴、そして中国共産党のイデオロギーの道具として祭り上げられることとなった。この「伝統の捏造」は一〇〇年前、杭州出身の章炳麟という名の短気な青年の思想から始まり、紆余曲折を経てたどり着いた最終結果なのである。

第1章で章炳麟については次のように紹介した。古典学者で、一八九五年の日清戦争敗北後に改革派の文筆家として活動。一九〇〇年から一九〇一年にかけて起こった義和団の乱が列強によって鎮圧されると、革命の扇動者に転じた。すでに見てきたように、彼の政治思想の変化は、人種に対する考え方が劇的に変化したことが原因である。端的に言えば、章炳麟とは「漢族（漢民族）」という概念を創造した人物である。香港生まれの中国史教授、周佳栄《しゅうかえい》はこう分析している。「一八九九年以前の章炳麟は、西洋列強に対する中国の闘争を、おもに『白色』と『黄色』の人種間の戦いだと考えていた」

章は、フランス人東洋学者アルベール・テリアン・ド・ラクペリが説く「漢族の西方起源」説、いわゆる黄色人種も白色人種も同じメソポタミアに起源を有するという説を一部認めながらも、それを黄色人種が白色人種の祖先だという話に作り変えた。一八九八年、厳復の作品を読んだ章は、改革派の機関紙、『昌言報』にハーバート・スペンサーの人種論を紹介する概論を発表した[41]。政治的には黄遵憲と厳復の改革派の主張を受け入れていたのだが[42]、一八九九年五月に突如、安全な亡命先の日本から、次に上海から寄稿し、その記事のなかで現在の皇帝を「客帝」と呼び、清朝の先祖が「蛮族」であると強調した。そして一九〇〇年初頭に出版された論文集『訄書《きゅうしょ》』（緊急の書）では、満州族政府の打倒をあからさまに提唱している。

しかし章はイデオロギー上の問題を抱えていた。朝廷と改革派が共有する「儒教的」考え方からすると、統治者としての正統性は高度な文化を持っているかどうかで決まり、蛮族といえども、文化が向上しさえすれば誰でも華人になれるとされていた。これでは、満人も漢人と同様に華人になれることになる。しかし満人が問題であると決めつける以上、章はこの文化主義を否定する論拠を必要とした。そこで見つけたのが『（春秋）左氏伝』と呼ばれる紀元前四世紀の歴史解説書だ。章によれば、そこには同族の絆のほうが文化よりも重要であると記されているという。「蛮族」は「同族」ではないので、漢人と同じ忠誠心を持つことはありえないということになる。ここで章は蛮族との違いを示す目印として、「血統」を意味する「族」という言葉を採用した。激動の一九世紀において、西洋の人種差別に反駁し、また中国人としての自信を確立するため、血統について論じる風潮が高まっていたからだ。

清王朝は「旗人」制度を通じてみずからの祖先を示したが、漢人は、フランク・ディケーターが指摘するように、長い家系図を作った。これはみずからの血統を示すためと、また隣人との同族意識を強めるためで、一種の生き残り戦略であった。しかし血縁を示すことで、村落間の小さな対立から客家・本地の戦争（「土客械闘」）のような大規模な紛争まで、国中のあちこちで血縁集団間の暴力的な争いが頻繁に起こるようになった。[43] その後、「族」は強力な思想を包含するようになる。章炳麟によって「族」という概念は、地方レベルから国家レベルにまで拡大したのだ。つまり、漢人は漢族となり、満州人は満族（満州族）となったのである。両者はライバルの血統集団（つまり血族）となり、それによって両者間の紛争は、起こりうるものから、起きて当然のものになってしまった。

この「族」という概念に、章炳麟はヨーロッパの進化論と人種の概念を合体させる。論文集『訄書』のなかで、白色人種と黄色人種は共に知的な人種であるが、黄色人種のほうが進んだ文明を持つと述べた。だが、満州人も漢人と同じ「黄色人種」であるため、漢人と満州人の差異を示さなければならない。そこで章は「人種の姓」、つまり「種姓」という新しい概念を作り出した。「種姓」とは、「種族」と「姓氏」の文字を組み合わせて短くした言葉である。漢人と満人は同じ「種」であったかもしれないが、同じ「種族」ではない。両者を決定的に分けているのは血統の姓だというのだ。『訄書』で示された新しい概念はこれだけではない。同書ではまた、のちに永続する遺産となる考えを世に出した。それは、すべての漢人の祖先が「黄帝」であるという考えであった。

『訄書』の出版直後、改革派と決定的に袂《たもと》を分かつ事態が生じる。一九〇〇年七月一四日、義和団事件で列強の八カ国連合軍が天津を占領すると、清朝の防衛を誓う改革派に対し、章はそれを公然と非難した。そして弁髪を切るというきわめて象徴的な抗議行動に出る。弁髪とは清国臣民すべての男性に課された髪を編んで背中に長く垂らす髪型のことで、背くと死刑になるほどだった。それを八月三日の抗議集会で、改革派の目の前で断髪したのだ。

その後、日本に拠点を置く革命派の初めての機関誌『国民報』に、「正仇満論」と標題をつけた論文を発表した。そのなかで彼は、満州人を殺そうとは思わないが、彼らの出身地である東北部の満州に是が非でも追い返したい、と述べた。これでも他の革命派のなかでは比較的穏健な立場ではあった。この頃すでに排満論を唱え、満州人の大虐殺を主張する動きすらあったのだ。黄遵憲や厳復といった改革派の多くが清王朝に対し、同じ「黄色人種」である漢人と満州人とのあいだの壁を取り払うよう要求していたのに対し、章炳麟をはじめとする革命派は、重要な人種は漢人だけであって、満州人の居場所はないと主張した。

人種の差別について西洋と東洋では非常に大きな違いがあった。ほとんどのヨーロッパの人種差別は生物学的な違いを基準にしているが、その点で言えば漢人と満州人のあいだに肌の色や頭蓋骨の角度で明らかな相違点は存在せず、人種による差別は生じるはずもない。しかしその二つを分けたい章にとって、境界線を引く基準となる論理的根拠が必要だった。彼はそれを血統という論理に見出したのだ。若い時分に古典派学者として学び、古文経学の徒であった彼は、古文書を念入りに調べた。そこで見つけたのが紀元前二世紀に歴史家、司馬遷《しばせん》が黄帝の人生について書き記した書物であった。章の頭のなかで、黄帝は最初の祖先「始祖」となり、黄帝の息子たちの二四の姓（司馬遷によれば）が初代の漢の「種姓」となった。であるなら、黄帝の時代からおよそ五〇〇〇年後の今、総勢四億五〇〇〇万人の漢族が黄帝の息子や孫、つまり「黄帝子孫」となりうるのだ。

広く普及した新しい政治思想とは大体そういうものなのだが、章の種族主義に基づくナショナリズムも、黄帝の神話、血統の重要性、清国政府への嫌悪など、様々な既存の思想を混ぜ合わせ、そこから新たなイデオロギーとして作り出されたものだ。一九〇〇年の義和団の乱で清国政府が連合国の撃退に失敗した結果、章のこの思想は広く受け入れられ、ほんの数年のうちに黄遵憲、厳復、梁啓超などの改革派の主張のほとんどは時代錯誤として消し去られてしまった。

一九〇六年の一二月にもなると、新しい思想は古い思想をたやすく取り込んでしまう。厳復の伝記作家ベンジャミン・シュウォルツによると、革命派の機関紙『民報』の第二版に執筆した論文のなかで、編集者の胡漢民《こかんみん》はこう述べている。「満州人は本当に劣った民族であり、優れた漢族が勝利してこそ中国は繁栄できる。これを立証するために、厳復の社会ダーウィン主義に基づいた人種の分類を借用する」[44]。その同月、『民報』の創刊一周年の記念日を祝う会議で、章は「『民報』万歳、漢族万歳！」と唱えて演説を終えた。東アジアの住民すべてが「黄色人種」だという考え方はすっかり放棄され、新しく創造された「漢族」だけを「黄色人種」とし、それ以外を意図的に除外するという、きわめて狭量な考え方が主流となった。

ただし革命派が「漢族」という概念を認めたのは、公然たる敵である満州人支配層に対してすぐにでも動員できる巨大な支持団体を結成できるというメリットがあったからだ。そうして満州族が排除できれば、次はモンゴル族や中国語を話せない少数民族も同じ運命をたどる。こうして先住民族たちは「褐色人種」や「黒色人種」と同じ立場に追いやられた。社会ダーウィン主義では、彼らに対してただ一つの運命しか予測していない。つまり、来《きた》るべき戦いで無視されるということだ。

革命派をおもに構成していたのは、日本に亡命している若い男子学生たちだったが、彼らはしだいに、血統を表す「族」という古い概念を、生物学的「種」を表す人種という新しい概念と混同していった。この「種」と「族」の合体は、「黄帝」という想像上の人物がいたことによって可能になった。「黄帝」がその「種族」の祖となったからだ。しかし、誰がその「種族」に属し、誰が属さないのかはつねに難問であった。

革命の気運が高まるにつれ、清国政府は遅ればせながら改革に乗り出した。たとえば一九〇四年には初等教育に関する新条例、「初等小学堂章程」を発布している。そして「郷土教育」を強調することで「愛国心」を促進する教育をすべきと規定した。そこで各地域の知識階級はこぞって省府庁州県郡レベルで、彼ら独自の「地方志」を発行した。若い世代に対してみずからの世界観を伝えることも目的だったが、販売で利益を得ようという意図ももちろんあったのだろう。香港城市大学の歴史学教授、程美宝《ていびほう》によると、これらの地方志編纂者たちは伝統的な「士大夫」(上級官吏)から改革者や革命家に至るまで実に広範囲にわたっていた。

「地方志」自体は昔からあった出版形式なのだが、清朝当局は一九〇五年に、改訂版を出す場合には必ず新しい情報を加えなければならないと規定した。このため基本的な歴史や地理以外に、そこに住む人種(中国語では「人類《レンレイ》」、すなわち人の種類)や、氏族(すなわち姓と血統)についても詳細に明記されることになった。(45)

地方志編纂にさいしてさらに条件がついた。誰を帝国の臣民、つまり「旗民」とみなすのかを決めなければならないという規定である。「旗民」とは、清における特権階級である「旗人」と一般市民である「民」を平等に並べた新しい用語だ。「旗民」であるためには三つの基準があった。キリスト教やイスラム教など「他の宗教」の信者ではないこと、学者、職人、農民、商人の四種類の伝統的な職業のうち一つに就いていること、そして「他種《ターヂョン》」(他の人種)ではないこと、この三つであった。「他種」とされたのは、回族(ムスリム)、ミャオ族(モン族)、チワン族(タイ系の諸族)、その他数種の少数民族であった。これらの種族を「よそ者(局外人)」と列記することで、清国は事実上、漢人、満州人、モンゴル人はすべて清国臣民であるとしたのだ。こうして一九〇五年には清国ですら、かつて三〇〇年にもわたって軍隊および官僚制度を構築していた「族」という概念を捨て去り、改革派が支持する「種」、すなわち人種という概念を取り入れるようになっていたのである。

しかしながらその年の論争で、漢族という概念の恣意性が露呈され、人種論のパイオニアである黄遵憲が最晩年に再び政治の表舞台に登場することになる。誰が漢族で誰が漢族でないのかという問題は世論を二分するような重大問題だが、とくに昔からの住民がいまだに客家・本地の戦いを覚えている広東省ではその傾向が強く、広東省の様々な地区の地方志編纂者たちは、それぞれ違う立場を取った。たとえば、広東省の二つの行政区、始興《しこう》県と興寧《こうねい》市はどちらも客家語を話す住人が多い地域だが、興寧市の地方志ではその事実が明記されていたのに対し、始興県の地方志にはまったく触れられていなかった。

この問題は、革命派を支持する文筆家の黄節《こうせつ》が『広東郷土地理教科書』を出版したときに危機的状況に陥った(46)。黄節はその年に「国学保存会」を共同結成し、国粋主義の立場から政治変革をめざしていた。「国学保存会」は排満思想を掲げ、社会ダーウィン主義の生存競争説に立脚して漢族を絶滅の危機から守らなければならないと説き、革命への情熱を煽った。漢族を保護するには古代文化を重視する必要があると主張していた。そんな折の教育改革を、黄節と「国学保存会」の仲間たちは新しい世代の考え方を変えるチャンスと捉え、「国学保存会による教科書」を作ったのである。[47]

黄節が編纂した一九〇五年刊行の『広東郷土地理教科書』には、「広東に住む人々のなかには広東人でもなく漢の種族でもない（外来諸種の）客家や閩南民《びんなんみん》がいる」と、あからさまに記載されていた。これに烈火のごとく怒ったのが、黄遵憲だ。当時、黄は故郷の広東省に追放され隠遁していたが、この件で客家の仲間である「士大夫」らとともに「客家の人々の起源を調査する会」を結成する。この会はその影響力を駆使して省の教育当局に働きかけ、ついには問題の記述の削除に同意させた。黄遵憲は一九〇五年二月に亡くなるが、闘いは彼の死後も続いた。客家は漢族から除外されると言いきる教科書はほかにも出版されていたが、一九〇七年頃までには、省当局との合意によってすべての該当箇所が削除されることになった。

こうして黄遵憲は最晩年になって、「漢族」という概念が科学的根拠に基づくものではなく、政治的圧力によってその範囲を拡大することも縮小することもできることを実際に示し、その概念の曖昧さを露呈してしまったのだ。これ以降、客家も閩南民も漢族の一員となった。

しかしその曖昧さにもかかわらず、漢族という概念は革命派の最も強力な武器となった。この概念のおかげで、知識階級の役人と教育のない農民とのあいだでも同盟関係を築くことが可能になったからだ。一致団結して戦うには、高度な文化を持つ「華人」や「黄色人種」といった概念ではもはや人心掌握には事足りず、変革を起こせるのは漢族、すなわち黄帝の子孫だけだという意識が重要になった。

一九〇〇年以降、章炳麟が「漢族」という概念を創出した結果、中国人社会ではみずからに対する呼称が変わりはじめた。そしてその変化は今日まで存続している。現在、中華人民共和国や台湾に住む人々はみずからを「漢」と呼ぶ傾向がきわめて強い。一方、一九一〇年以前に海外に定住した華僑の子孫たちは、今なおみずからを「華」と呼ぶ。黄遵憲、厳復、梁啓超らの認識どおり、みずからに対して「文明人」という定義を使っているのだ。

だが、こうした意識を中央統戦部が変えたいと考えているのは明白だ。華僑社会で黄帝の儀式を推進するのは、彼らのアイデンティティと忠誠心を変えようとする政治的戦略のあからさまな一例である。

在サンフランシスコの中国領事が、中国系アメリカ人に対し中国人の遺伝子を持つことを理由に中国への忠誠心を求めたあのとき、その領事の行動の根底には章炳麟の民族主義があった。何世代後かもわからない移民の子孫に居住ビザを認めるのも同じ理由からである。

北京の指導部が望んでいるのは、式典に参加する華僑がたんに華人であることを誇りに思い、はるか離れた地方の村々にいる祖先とのつながりを感じることではなく、彼らがみずからを黄帝の子孫であるとみなし、黄帝との血のつながりに忠誠心を抱くことだ。そして今の中華人民共和国ではすでにその理想が実現しているのである。

もし中央統戦部が開催するこのタイプのイベントへの参加者が百人単位、つまり推定六〇〇〇万人の「華僑」のなかのほんの一部であれば、このプロパガンダのアピール力も無視できる程度であろう。しかし統戦部が、海外移住者のコミュニティで活躍する有力者を採用したり、また「中国人とは」という創造の物語を世界的に普及させる中心的な役割を果たしたりしていることを考えれば、参加者数だけでは計り知れない絶大な影響を世界中に与えているのだ。

第4章　「中国史」の捏造

中国五〇〇〇年の歴史という物語

北京市海淀《かいでん》区の中関村《ちゅうかんそん》は中国のシリコンバレーだ。ほんのひと世代前には、水田のあいだのぬかるんだ畔道《あぜみち》を自転車で走り、のんびり散策できるような場所だった。だが近年、一〇カ所のサイエンスパークが集積する一大拠点に様変わりし、数多くの巨大ハイテク企業が生まれている。レノボ（聯想《れんそう》集団）やバイドゥ（百度公司）をはじめ多数の企業があるが、その多くは国外では無名である。

中関村はまた知の拠点でもある。この地区には清華大学や北京大学をはじめとする中国トップの大学がある。数十年前の建設当時は学生たちを街の邪悪な誘惑から遠ざけ、また確実に政治的統制下に置く絶好のロケーションだった。その中心にあるのが中国人民大学だ。もとは一九三七年に共産党の幹部候補生を教育するために創立された大学である。そしてその人民大学の光輝く塔の一つの五階に「清史研究所」はある。

国共内戦で勝利した一年後、共産党指導部は人民大学に清王朝の正史編纂を開始させた(1)。清朝時代の歴史研究の第一人者であるアメリカ人、パメラ・カイル・クロスリーが指摘するように、共産党指導部も「伝統的な歴史編纂の形式に倣《なら》い、その前王朝の正史を編纂することでみずからの政権の正統性を顕示しようとした」のである(2)。一九七八年、党の指示により正式に「清史研究所」が設立されたが、二〇〇二年には国務院によって「国家清史編纂委員会」が発足し、はるかに大掛かりな国家プロジェクトとして清史編纂が始まった。このプロジェクトの発足を提案したのは中国人民大学元学長である李文海《りぶんかい》教授で、教授は人民大学の共産党委員会書記、中国史学会会長および教育部歴史教育指導委員会の委員長などを歴任した人物だ。政府から手厚い財政援助を受けたこのプロジェクトは、他の歴史家たちの垂涎《すいぜん》の的となった。現在までの成果の一部をあげると、清史のあらゆる史料の文書や画像のデジタル化はおよそ二〇〇万件。何十万もの外国による清代研究の成果をすべて中国語に翻訳し、数巻に及ぶ文書コレクションにまとめて出版、何十回にも及ぶ学術会議も開催している(3)。

二〇〇二年の設立当初から「国家清史編纂委員会」は、共産党の指示どおりに清王朝の歴史を書くための機関であった。だが二〇一二年に習近平政権が発足してからは、党による委員会への締めつけはいっそう強くなっている。清朝時代の一七世紀、一八世紀、一九世紀の歴史の内容にますます厳しい制限が加えられるようになり、書いていいことはもちろん、書いてはいけないことに、より厳しい規制がかけられた。理由は明白である。台湾独立や、チベットおよび新疆ウイグル自治区の分離独立の気運が高まりを見せるなか、国が認める歴史を覆すようなものは一切許されないからだ。なにしろ中国公式の歴史物語では、これらの地域は円滑かつ平和的に大清国という母体の一器官となったことから、そのいずれの地域も共通の祖先を持つ一つの民族国家の不可欠な一部だと説かれているのである。

クロスリー、エブリン・ロースキー、ジェームズ・ミルワード、マーク・エリオット、その他多くの外国人歴史家は、大清国は満州人の王朝であり、征服と暴力（虐殺を含む）と圧政によってその領土を拡大したという、共産党とは異なる見解を述べていたが、（習近平が国家主席に就任した）二〇一三年以降は中国当局から攻撃されるようになり、帝国主義者として非難されて、文書館の保管文書へのアクセスも拒否された。同じような攻撃は、独立心のある中国人歴史家たちにも仕掛けられた。二〇一九年のはじめ、共産党の「中国社会科学院『歴史研究』編集委員会」は、「ごく少数ではあるが、西洋学術思想にかぶれた学者が、適切な警戒心を欠いたすえ、清史研究に外国の歴史ニヒリズムに基づいた誤った理論を持ち込んでいる」と警告した。最近、頻繁に使われるようになったこの「歴史ニヒリズム」という言葉は、党独自の歴史観に懐疑的な研究を意味する共産党用語だ。

委員会の機関誌『歴史研究』の副編集長、周群《しゅうぐん》による「臆することなく清朝の歴史を語るべし」との論説は、その内容を広く普及・浸透させる狙いで『人民日報』に再掲されており、次のように読者に説いている。「歴史を学び歴史から教訓を得ることは、五〇〇〇年の歴史を有する中華民族にとって有益な体験であり、かつ中華民族が引き続き勝利するべく国民を導く共産党にとっても、重要な魔法の武器である」(4)。共産党の歴史観を示した記述としては、毛沢東自身が一九六四年に学生に向かって言った「現在のために過去を利用せよ」との言葉には及ばないものの、非常に的を射た言葉だ。三〇〇〇年、四〇〇〇年前の出来事をめぐるイデオロギー論争は今なお収まることなく、現在の人民共和国の存続にとってきわめて重要でありつづけている。諸外国は過去の記録を研究することで国家統一の弱体化を狙っている、と考えた共産党は、この陰謀に対抗する防衛手段として、「国家清史編纂委員会」という砦を築いたのだ。

こうして共産党は「イデオロギー的に正しい」とする歴史を押しつけ、その態度は近年さらに厳しさを増しているが、実はこの五〇〇〇年前に中国の歴史が始まったという物語が創作され喧伝《けんでん》されたのは、共産党の祖、毛沢東より以前にさかのぼる。もちろん、中国は五〇〇〇年の歴史を有してなどいない。五〇〇〇年前からずっと継続して「中国」と呼ばれる場所があり、「中国人」と呼ばれる人々がいたという見解は、二〇世紀へと変わる頃に初めて現れたものにすぎない。もとは遠く異郷の地にあって、新しい世界を夢見る政治的亡命者たちの希望として生まれた物語だった。夢の新たな世界を創造するためには、彼らはまず古い世界についての物語を創り出さなければならなかった。そしてこの想像上の過去を作りあげるのに最も貢献したのが、すでに紹介済みの人物だ。急進的改革派の文筆家であり、中国のジャーナリズムの父と称される梁啓超その人である。

近代化を教え導くイギリス人宣教師

ティモシー・リチャードが一九一九年四月に亡くなったときには、中国で最も著名な外国人となっていた。今や母国ではほとんど忘れられた存在だが、中国では北京の博物館に肖像画が飾られているほどだ。あの習近平もおそらく目にしたことがあるだろう。なぜならリチャードはカール・マルクスとフリードリッヒ・エンゲルスの名前を中国語で初めて知らしめた人物として、中国共産党の殿堂に飾られるにふさわしい役割を果たしたからだ。はるか遠い英国ウェールズの最西端の農家の少年にはまったく想像すらできなかった人生を彼は送ったのである。

リチャードは一八四五年、カーマーゼンシャー州の奥地丘陵地帯の教会が一つしかない村、ファルドアブレニン村で、敬虔なプロテスタント教徒の家庭に生まれた。一四歳のときに村の近くの冷たい川の水で洗礼を受けることを決め、その一〇年後にハバフォードウエスト〔ウェールズ・ペンブルックシャー州の州都〕の神学校を卒業し、聖職者の登録手続きを経てその職務に就く。その直後、中国での布教がみずからの天職だと悟ったようだ。四年間の学業と三カ月の船旅のすえ、一八七〇年二月一二日に上海に到着した。イギリス・バプティスト伝道会社から北方の山東省の芝罘《しふう》（現在名は煙台）へ派遣される。そこで地元の人と同じ民族服を着て、中国語を学び、地域に溶け込んだ。一八七八年、同じ宣教師のメアリー・マーティンと結婚し、四人の子供に恵まれる。飢饉が起きたさいには組織を立ち上げて救済活動に全力をあげ、夫妻は住民たちから尊敬を集めた。のちに反宣教師感情が国内で広まったときには住民たちから擁護してもらっている。(5)

宣教師としての彼の姿勢は、ほかの同僚たちと大きく異なっていた。勧誘はせず模範を示すことで改宗させるという方針をとり、地元民と対話し共通点を見つけることに重きを置いた。一八九一年、リチャードは「中国にキリスト教と一般知識を普及させるための協会」（のちに「広学会」と改称）（SDK、またはCLS〔「中国のためのキリスト教文学協会」〕としても知られる）の総幹事に任命される。その目的は「キリスト教の教えに基づいた」書籍や資料を翻訳して広めることだった。宣教師の使命は魂を救済する宗教活動だけではなく、より良い社会をめざす活動も含むというのが、協会の確固たる信念だった。一八九八年の年次報告書には「純粋なキリスト教の精神によって、キリスト教を全面的に受け入れたすべての国民が実際に豊かになっている」と記されている。

彼らはキリスト教の福音だけではなく、西洋化がもたらす利点についても伝道していった。その戦略は明確で「将来中国を支配する者たち」に接触することであり、その結果エリート層のなかに熱心な支持者を生み出していく。「広学会」という中国名をつけて宗教色を薄めたことも活動を容易にした。なかでも最も成功した伝道戦略の一つが、将来の「士大夫」（上級官吏）をめざす候補者たちが集まる伝統的な科挙の試験場の外で、受験生たちに書籍やパンフレットを配布したことだ。(6)一八九二年から九六年までのあいだに配ったパンフレットは一二万部を超える。(7)このように広学会にとって、政治的改革と宗教的改革は表裏一体であった。

もう一つの戦略は、中国語の雑誌『万国公報』の出版であった。同誌には、キリスト教の教えやヨーロッパの発展についての記事、政治改革への呼びかけなど様々なものが掲載されており、その多くがティモシー・リチャードの手による著述や翻訳文だった。一八九四年、リチャードはある歴史書を簡約し、一年をかけ数回に分けて『万国公報』に掲載する。読者にきっと深い感銘を与えるはずと彼が確信した歴史書、それは一八八〇年にロンドン、エディンバラ、ニューヨークで出版され、四六三ページにも及びドアストッパーにでも使えそうなほど分厚いロバート・マッケンジー著『The Nineteenth Century: A History（一九世紀：ある一つの歴史）』であった。この本は学術書ではなく、世界に熱心な目を向けていた当時の新中産階級向けの読み物で、内容の約半分はイギリスについて割かれ、そのほかはとくにフランスを中心としたヨーロッパ、そしてロシア、トルコ、アメリカとなっている。イギリス植民地であったインドを除けば、アジアやアフリカについての記述はほとんどない。

ではなぜリチャードがこの大作を選んだかというと、イギリスとフランスがいかにして貧困と戦争による破壊から抜け出し、世界の列強にまで上りつめたかを伝えるためであった。リチャードもマッケンジーと同様、都市に住む教養ある中産階級をその読者としていた。そういった読者に対しこの本を通じて彼が提示した解決策、つまり強国になるための処方箋は非常にシンプルだった。教育、改革、そして自由主義である。

『一九世紀』は一八九四年の三月から九月まで『万国公報』で連載された。各号が発売されるたびに、日清戦争の形勢が不利になっていく状況にあった。連戦連敗は、事実上マッケンジーのメッセージの明白な証明となった。というのは、改革を成し遂げた小国日本は後発であるにもかかわらず、硬化した大清国より強くなっていたからだ。マッケンジーの書を求める声はますます高まり、「広学会」はその翌年、『一九世紀』の完全版として『西洋新史学の概略』という意味の中国語のタイトルをつけて出版した。ここでリチャードが重要視したのは、「新史学」の概念であった。彼は序文でこう述べている。「明鏡が美醜を鮮明に映し出すがごとく、〈新史学〉は繁栄するものと滅びゆくものとを明確に映し出す」。ゆえに「新史学」とは、過去を学ぶためだけにあるのではなく、近代の国民、近代の国家、近代の政府について解説する手引書なのだ、と。

翻訳書は大きな評判を呼び、正式に印刷された本が二週間で四〇〇〇部も売れた。さらに重要なことは、海賊版が全国至る所で印刷されたことだ。歴史研究家のメアリー・マズールは、全部でおよそ一〇〇万部も売れたと見積もっており、その影響は「過小評価されるべきではない」と述べている。さらには皇帝をはじめ、ほぼすべてのエリート層もこの本を読んでいた[8]。

この本が出版されつづけているあいだも、三年ごとに行なわれる科挙のさいにリチャードは北京を訪れ、そこに集まる将来の上級官吏たちにじかに布教活動を行なっていた。「進士」をめざす受験者の多くは『万国公報』の記事からリチャードをすでに知っており、なかには熱心に彼に会いたがる者もいた。

日清戦争の敗北を受けて、一八九五年の首都には政治的動揺が広がり、四月に改革派学者の康有為と彼の弟子の梁啓超が、一二〇〇人の科挙受験者たちをまとめて、日本と締結した下関条約（第2章参照）で課せられた屈辱的な条件の拒否を皇帝に訴える嘆願書の署名を呼びかけていた[9]。その訴えは拒否されたが、署名活動を通じて改革派の決意はいっそう強まる。八月、康有為は自身の新聞を創刊、それは北京で出版された最初の独立系の新聞になった。その新聞のモデルは、明らかにSDKの『万国公報』だ。実際、はじめは同じ名前をつけていたほどだったが、三カ月後に『中外紀聞』（ワールド・レポート）に改名している。その主筆として、二度目の「進士」の試験に失敗した直後の梁啓超が就任することになった。

リチャードと康有為が初めて出会ったのは一八九五年一〇月一七日のことである。リチャード曰く、中国の再建のため「われわれと協力してほしい」と康から申し出てきたらしい。[10]二人は絆を強め、その翌月には康が発足させた改革派ロビー団体「強学会」の創立メンバーにリチャードが加わっている。同じ時期に梁啓超はみずからリチャードの秘書の仕事をするようになり、翻訳や当局との折衝の仕事を手伝うようになった。リチャードと梁が国の将来のビジョンを共有していたことは明白だ。

一八九五年末から九六年はじめにかけて、梁啓超はリチャードの秘書として働きながら、改革派の指針となりうる重要文献の目録を出版した。そのなかでとくに推薦したのが、マッケンジーの『一九世紀』と、「広学会」が発行する『万国公報』だった。リチャードと協力して働くなかで、改革に対する梁啓超の思想はどんどん発展していった。のちの梁の著作には、歴史、政治改革、女性の役割など分野を問わずあらゆる面において、リチャードの影響が多々見られる。[11]『中外紀聞』が朝廷から発禁処分を受けると、梁は新たに『時務報』という新聞を一八九六年の八月、まだ安全と思われる上海で創刊した。その体裁からテーマ、意見まで、『万国公報』を引き継ぐものだった。[12]

改革派のジャーナリスト、梁啓超の歴史観

梁啓超の人生はまさしく「知の旅」だった。一八九〇年、一七歳の梁は初めて挑んだ「進士」の試験に失敗し、失意のうちに上海経由で帰郷する途中、西洋の地図と改革派の思想に出合い、それから

の彼の人生は一変した。そして一八九〇年代が終わる頃には、梁は中国語で執筆する最も影響力のあるジャーナリストとなっていた。『時務報』の記事に込められたその歴史思想は、ティモシー・リチャード自身の、そしてリチャードを通してのロバート・マッケンジーの思想の影響を色濃く受けたものであった。「強学会」が一八九八年二月に出版した『New Collection of Tracts of the Times（King Shih Wen）』では、リチャードが執筆した論文の数が三一編、梁啓超が四四編、康有為は三八編となっている。(13)

また梁はリチャードから社会ダーウィン主義の思想を教わる。ちょうどその頃、厳復によるハーバート・スペンサーとトマス・ハクスリーの翻訳書（第3章に既述）が出版されていた。この時期、改革派を活気づける原動力として、（白色人種による）黄色人種の絶滅への危機感があり、社会ダーウィン主義から影響を受けた梁は「群」（集団）という彼独自の考えを生み出した。それは「群」（集団）こそが生き残りを可能とする最善の方法だとするものだ。一八九七年、梁はこの持論を「説群」という表題で『時務報』に発表している。(14)社会変革の活力を生み出すのは個ではなく集団であるという梁のこの考えに基づけば、すべての歴史家が研究対象にすべきは国家でも支配者でもなく、人々の集団ということになる。梁のこの考えは「旧来の史学」の伝統的なアプローチからの完全な決別を意味し、「新史学」のめざす方向性を示していた。

だが一八九八年九月二一日、西太后のクーデター〔戊戌の政変〕によって、康と梁の（そしてもちろんティモシー・リチャードの）計画と彼らの改革の夢は粉々に打ち砕かれる。西太后一派により皇帝は軟禁され、改革派指導者六名が処刑されたが、康と梁はなんとか日本へ逃亡することができた。ちょうどその日、リチャードが皇帝と謁見する予定だったが、どこからか事前に危険を警告されていたようで、知り合いのツテを頼り、康と梁が外交上の庇護を受けられるよう働きかけたらしい[15]。

無事に亡命を果たした改革派のメンバーは、亡命先の日本で改革の計画や理論武装に没頭することができた。なにしろ日本には急激な近代化に鼓舞され、母国における改革を夢見ていた中国人学生たちがすでに多くいたからだ。梁は横浜に居を構え、日本語を学んだ。その結果、中国語にはまだ翻訳されていない多くの西洋書籍を日本語訳で読むことができた。こうして彼の知識の幅は一段と広がる。一九〇二年の記事では、梁はアリストテレスからドイツの歴史家カール・プレッツまで、何十冊もの書籍を推薦している。梁が借用、創案した思想や用語の多くに、中国語と日本語の翻訳を通して入ってきた西洋思想家たちの影響がはっきりと見てとれるのはこのためだ。

実際、梁は母国を亡命者の視点で見ていた。横浜で執筆していると、母国である大清国は全世界を構成する「天下（万国）」などではなく、数ある国の一つにすぎないことを明白に感じることができた。一八九九年の論文では、日本語の表現を借用して、みずから母国を「支那」と呼び[16]、ヨーロッパの「新史学」を論じた著作に固有の西洋的概念、たとえば「country（国家）」や「nation（国民）」に相当する中国語が存在しなかったため、実験的に新しい言葉を使っている。一八九九年一〇月の論説にはこう書いている。

「国家の氏族を意味する〈国族（グゥォズー）〉という中国語はあるが、黄色人種が生き残るためには〈国民（グゥォミン）〉という言葉がどうしても必要だ。〈社会ダーウィン主義〉が説く白色人種による黄色人種の絶滅から〈国（グゥォ）〉を救う唯一の方法は、〈民（ミン）〉を総動員して防衛に当たるしかない。〈国民（グゥォミン）〉という言葉には、国はすべての民のものであり、すべての民が国民を形成する、という意味が込められている[17]」

梁は「群」（集団）の重要性を主張する自説を発展させ、歴史の原動力としての「国民」にひたすら焦点を置いた。一九〇〇年にはこう書き記している。「現在のヨーロッパのすべての地域において、最大の恩恵を与えているのは国家主義だ」[18]。梁の考え方の核心をなすのは、国家を形成するのはその国民であって、その逆であってはならないという点だ。第5章で取り上げるが、「国民《グゥオミン》」「民族《ミンズー》」といった言葉はそれまでになかった新しい造語で、その定義も非常に曖昧だったため、改革派と革命派との政治闘争が激化していくに伴い、その意味は数年のうちに変化していく。しかし、梁が創案した「国民」という新しい概念は、以降も変わることなく「新史学」の基本概念でありつづけ、二〇世紀、そして二一世紀以降の「中国史」をその後継者たちが書き記すさいにも指針となっていくのである。

梁は一九〇一年、「新史学」の基礎となる論説、「中国史叙論」を発表した。そのなかで彼は、国民という概念を定義し創出する理論的根拠を説いている。彼は「支那」という呼び名を「ヂォングゥオ（中国）」に変え、こう力説する。この「ヂォングゥオ」は一つの歴史を持つ単一民族で構成され、その一つの歴史が国民を一つに束ね、近隣諸国と彼らを区別するのだ、と。さらに、「ヂォングゥオ」の歴史に含むべきもの、省くべきものが何か、そして歴史を議論するさいに使用すべき正しい用語について解説している。まず「国民（人々）」を言い表すために選んだ「民族」という言葉には、亡命下の改革派と革命派のなかで交わされていた人種論の明らかな影響が見られる（第3章を参照）。「民族」という言葉は文字どおりには「血族・種族」という意味であるが、「人種」と言い換えることもできる。ゆえに中国国民は「中国民族」となる。そしてドイツの歴史思想を借用し、「中国民族」が歴史に与えた影響はアーリア人（白色人種）にも匹敵すると説く[19]。

梁は、歴史の記録・保存と人種の存続とのあいだに有機的なつながりがあると考えた。すべての集団は競い合うが、歴史を共有する集団、つまり梁にとっては白色人種と黄色人種だが、それらは生き残ることができ、一方で、「歴史を持たない」集団、つまり黒色、赤色、茶褐色の人種は生き残れないという。ほぼ同時期に発表された別の論文では、「黒色、赤色、茶褐色の人種は、血液中の微生物や知力に関して、白色人種より劣等である。その点、白色人種と競争できるのは黄色人種だけだ」と主張している[20]。

ゆえに、集団を強固に結束させる歴史を持つことが、人種の存続にとって重要な意味を持つ。梁にとっての集団は「中国民族」であり、したがって彼の「新史学」はこの民族の連続的な物語でなければならない。ただし「中国民族」という概念には、大清国に属する多様な民族のすべてを包括できるほどの柔軟性もなければならない。梁は各王朝が（前王朝の）歴史を記録する従来の方法を破棄し、「古代」「中世」「近代」といった西洋の分類方式を採用する。ここでの「古代」は紀元前二七〇〇年の神話上の黄帝から始まり、紀元前二二一年の秦王朝により統一された「ヂォングゥオ（中国）」の成立までを指す。梁曰く、「古代とは、中国民族が自身を発展させ、自身のなかで闘争し、自身を統一して、〈ヂォングゥオ〉が一つの国家になった時代である」。そして「中世」は紀元前二二一年に始まり、清朝の乾隆帝の治世が終わる一七九六年まで続き、以降「近代」が始まる。

唐小兵《とうしょうへい》教授〔香港中文大学〕は、この時代区分が「ヂォングゥオ（中国）」の「自然的」国境〔天然の地形を利用した国境線〕についての梁の見解に基づくもので、大清国の国境線（広大な版図）を念頭に置いていたことは明らかだ、と指摘する。梁は「中国民族」がミャオ族のような他民族と戦った時代を「古代」としている。このことはつまり、梁は同時期に日本で活動していた章炳麟の「大漢族主義」〔漢族優越主義〕に強く反発していながら、中国の原住民族は漢族であると示唆していることになる。

ここで重要なのは、梁の言う「中国民族」とは一九〇一年時点の中国の民ではなく、その歴史を書くことで新たに「創出される」国民を指している、と理解することだ。「中国民族」にはどの集団が含まれ、どの集団が含まれないのか選択することで、梁は国境線を引き、その国境線は今日まで続いている。梁にとってこの特定民族の歴史を書く理由は言うまでもなく明白だった。歴史を書くことはそれ自体が目的ではなく、並行して書いていた記事や論文などと同様、すべては政治改革のためだった。歴史は政治改革の理論的支柱だったのだ。

梁は大清国を維持しながら近代化することをめざしており、その持論を正当化する理論的根拠を必要とした。彼はそれを、西洋の「社会ダーウィン主義」の進化説に基づく歴史観に見出す。その説によれば、国民と言えるためにはそのルーツが同一である必要がある。よって、国民が存在したことを証明するには、その進化の歴史をたどらなければならない。それには歴史が遠い過去から現在まで連続している、と立証することがきわめて重要であった。中国の原住民族がみずからを中国民族だと考えていたかどうかは問題ではない。重要なのは、過去と現在の連続性なのだ[21]。梁は過去の事実を都合よく取捨選択し、そこに証拠と推測を混ぜ合わせて新しい物語をこしらえ、みずからの政治理念の正しさを証明しようとした。そして梁のこの理念は今日まで引き継がれ、中華人民共和国の「中国人」の定義となっているのだ。

梁が定義した中世の「アジア」には、一七世紀と一八世紀に清朝に組み入れられた「民族」だけが含まれるのが特徴だ。漢族（黄帝の子孫とされている）のほかに、先住民の「ミャオ族」（モン族や他の華南地域の民族を包括的に指す）、チベット族、モンゴル族、ツングース系民族（満州族）、そして匈奴（ウイグル人またはトルコ人）である。これら非漢族である「アジア系民族」は漢族と戦っていたが、そののちに漢族と同化して、それまでの民族とはまるで異なる単一民族が形成されたと梁は主張する。[22] よってこれら諸民族が歴史的にみて、近代「中国民族」の構成要素であることは「明らか」だという。このことは「ヂォングゥオ（中国）」の領土についても同様に、「明らか」な意味合いを持つことになる。つまり中国の領土はこれらの異民族たちが住む領土すべてを含むべきだというこ とになるのだ。したがって「中国本土」（かつての明王朝の領土）に加えて、チベット、新疆、モンゴル、そして満州までもがすべて「ヂォングゥオ（中国）」の領土という主張になる。

次に梁は近代の始まりを、中国がより広い世界に門戸を開き、白色人種の国々との「適者生存」競争に否応なく巻き込まれたときと定義した。[23] この競争で生き残るためには、民族の分離主義ではなく融合政策が必須であり、とくに漢族と満州族のあいだの垣根を取り除くことが必要だと論じた。梁にとって「中国民族」の核は漢族であり、明らかにほかよりも優れている。その漢族の進化レベルにまで他民族を引き上げることが融合の目的であった。

新しい国民を誕生させ新たな国民国家を創出する

こうした歴史の時代区分を発端として、梁は次の活動を開始する。一九〇二年二月、梁は『新民叢報』と呼ばれる隔週刊新聞を創刊した。各号の販売数はおよそ一万部で、おもに日本で流通したが、中国や海外にも届けられた。これが改革派に絶大な影響を与えたことは、梁の友人でスポンサーでもある黄遵憲からの一九〇二年一一月の手紙からうかがい知れる。梁の記事が紹介する思想と新用語は他の新聞にも広く取り上げられ、清朝の官吏登用試験「科挙」の討論の題目にさえなったと、黄は書

いている。(24)

『新民叢報』は一九〇七年の一一月に廃刊になるまで、梁の新しい思想のほとんどすべてを発信しつづけた。この新聞発行の目的は明確で、新しい国民を誕生させることであった。創刊号には、重要な論文の第一回目が掲載され、引き続き六回にわたって連載される。そのなかで梁は、この新しい国民を創出するためには新たな歴史を書くことがどれほど必要なことかを説いている。「新史学」と呼ばれるその論文の冒頭では、七年前にティモシー・リチャードがマッケンジーの本の序文で使った隠喩が借用されており、以下のように始まる。「歴史を書くことは……国民を映し出す鏡である。それはまた愛国主義を育む源ともなる」。さらに続けて、王朝の正史二四書を、たんに「歴代王朝の手による独自の包括的な物語にすぎず、それらの歴史には何の連続性もない」として退け、歴史編纂における「革命」（史界革命）の必要性を訴えた。(25)

さらに正しい歴史がなければ、「わが国民は生き残れない」とも言いきっている。歴史は国民のものでなければならず、支配者たちのものであってはならない。アメリカ人歴史学者ピーター・ザローが指摘するように、論文「新史学」は「愛国思想を発揚するという特別な意図をもった歴史」であった。(26)人種と「群」（集団）の問題はここでも基本となった。競い合う人種間の闘争が進歩への原動力となり、その結果、勝者は「歴史に残る存在」つまり支配者となり、敗者は「歴史に残らない存在」つまり絶滅種となる。

しかし、人種（民族）に関する梁の考え方自体も時を経て進化していった。以前の論文では、「中国民族」に属するものとして六つの種族（民族）の名前をあげていたが、今回は四つの種族の名前しかあげていない。モンゴル族とトルコ系諸族は「中国民族」ではないと考えるようになり、それ以外の漢族、チベット族、満州族、ミャオ族を「中国民族」とした。これらの種族間の違いは、梁にとって些末なことだった。なぜなら「中国は偉大な統一国家でなければならない。統一された国民、統一された言語、統一された文化、統一された宗教、統一された伝統を持った統一国家であるべき」だからだ。(27) 梁はその時点で統一すべき理由を明らかにすることはなかったが、のちに章炳麟の大漢族主義に反対を表明するときに、その理由を明らかにし、強大な敵である「白色人種」と戦うためには「黄色人種」の統一が必要だからと説いている。

梁は種族（民族）の区別を正当化することはなく、ただ漠然と言語や文字、伝統が異なると言及するだけだった。また、違いを列挙し分類するさいには必ずあることだが、梁の分類にもいくつもの矛盾が見られる。これは当時の彼がどれほど忙しく執筆活動に追われていたかを考えれば、納得できるだろう。梁の中国人伝記作家、李国俊《りこくしゅん》の推算によると、梁が一九〇二年のあいだに書いた文字数は『新民叢報』だけでも四五万字に上るという。(28) しかし忙しいのとは別に、もっと根本的な理由もあった。それは梁が、旧来の史学とはまったく違った視点で中国史を見直そうとしていたことだ。中国の歴史に関する考えを、形成しては再形成し、毎週出版しては再出版していった。試行錯誤を繰り返しながら新たな国民国家の概念を創出していったのだ。

梁は、ヒマラヤ山脈、パミール高原、アルタイ山脈について、中国民族とそれ以外を区切る「自然的国境」だと主張した。これらの山脈はその規模の大きさによって「中国」の「高度な文明」がインドや西アジアへ伝播するのを妨げてきたという。だがその一方で同様に高い山脈でも、たとえば中原《ちゅうげん》とチベットを隔てる崑崙《こんろん》山脈、新疆ウイグル自治区の中央を貫く天山山脈の場合は文明が伝播したという。モンゴル族、チベット族、トルコ系諸族、ツングース族、ミャオ族らは、これらの「自然的国境」の両側に居住しているが、梁が決めた「本来の」中国民族の一員である彼らが、その事実により排除されることはないとし、その一方で、これらの種族が住んでいる他の地域、たとえば南アジア、東南アジア、中央アジアなどは、「中国」の領土に含まれるべきとはしなかった。このように梁の理論はまったく一貫性に欠けるものだが、中国研究家のジュリア・C・シュナイダーによれば、すべては大清国の存続とその版図の正当化のためであり、それこそ梁が新しい歴史観の創出に固執した最大の動機だったという[29]。

梁は自分の決めた国境の内側と外側に住む種族の類似性を無視した。もし類似性を認めれば、梁の主張とは異なる「自然の」秩序が存在する根拠になりうるため、意図的に取り上げないようにしたのだ。たとえば、モンゴル族とチベット族は仏教文化を共有し、その点ではネパールや北インドに住む人々も同様である。モンゴル、チベット、満州の社会ではシャーマニズムの伝統を共有しており、イスラム教徒のトルコ系諸族ははるか西方のイスタンブールにまで文化的なつながりを持つ。山地に住む「ミャオ」族系の少数種族は東南アジア全域に散在している。中国内の他種族が中原に住む漢族と大きく異なる文化を持っているのは明らかだ。しかし、梁は他種族と漢族の違いを一切黙殺し、類似点ばかりを大きく取り上げることで「中国人」としてのまとまりを強調した。その結果、彼の論理は清朝時代の「五つの種族」(満州族、漢族、モンゴル族、トルコ系諸族、チベット族)をその居住地域と共に存続させることになった[30]。

このような梁の恣意的な選択は一九〇〇年代初期に行なわれ、その目的は明らかに政治的なものだったが、これらの選択の結果は大清国の終焉後も長期にわたって存続した。中国の「国史」は現在に至るまで、ほとんど領土の歴史として書かれているが、実のところ中国の領土は二〇世紀半ばになってようやく確定したものだったのだ。

梁は一九〇三年に発表した論文の続編で、歴史を書くことと国民を創出することとの関連性について記している。その論文で梁は、在日の改革派によく知られていたスイス出身のドイツの法学者ヨハン・ブルンチュリの思想を称え、「people」と「nation」という言葉に対する彼の定義を採用した。つまり「people」とは、文化を共有する人々であり、ゆえにその居住範囲が国境と合致する必要はない。一方で「nation」とは、ある特定の国土に居住する人々で構成される。梁は「people」に相当する語として「民族（ミンズー）」を、「nation」に対しては「国民（グゥォミン）」という中国語をあてた。ブルンチュリに倣い、梁は「国民」を創出することは、すなわち「国民国家」を創出することだと論じた。

ただし梁は、「people」の構成要素については、ブルンチュリと異なる定義づけをしている。ブルンチュリは、言語、宗教、身体的特徴、生活様式、職業、伝統、共同生活、政治的統合の八つの判断基準を設けた。しかし、この基準をそのまま踏襲すれば、新たな「中国民族」が分裂してしまうのは明らかだったため、梁は真に重要な基準として言語、文字、伝統の三つのみを選んだ。かくして「中国民族」であるための必須の特質は、まさにこれまでと同じく伝統的な方法、つまり文化的な三要素で決められることになったのである。より高度の文化、つまり中国の言語、文字、伝統を身につけた人々はすべて「中国民族」となった。これは結局、伝統的な儒教思想の文化観を、国家主義的に言い換えたものにすぎない。だが、それは新たに誕生する「中国民族」についての梁の人種主義に合致したのだ。

一九〇三年の論文ではこう述べている。「わが国の〈大民族〉はその中心に〈漢人〉を据え、その組織も〈漢人〉の手で作られなければならない。この事実については議論の余地はない」[31]。つまり大清国に属するその他すべての種族（民族）の未来は、漢族への同化とも言い換えることができる。ただし、「漢族だけの国を作るべき」という主張には梁は反対した。そのような考えを「小民族主義」と呼び、それに対して彼自身の考えを「大民族主義」と呼んだ。「小民族主義」に従えば国は分断されるが、「大民族主義」であれば「国外」からの脅威に抗して国を団結させることができると考えたのである[32]。

同化による国力増強というみずからの主張を裏付けるため、梁はもう一つ重要かつ、現在も存続している歴史的神話をでっち上げた。漢文化はいずれ全土を席巻する、その証拠に満州圏はもはや漢文化に置き換えられている、という主張だ。だが「漢文化はすでに中国に完全に溶け込んでいる」とする彼の見解は真っ赤な嘘だった。なぜなら都市部では両民族の居住区は依然として別々に分けられていたし、法的に禁じられた両民族間の結婚禁止令は一九〇二年になってようやく解除されたものの、二つの民族はほとんど別々に独立した存在として暮らしていたのだ。にもかかわらず、梁は政治的なご都合主義でみずからの嘘に執着した。さらには時代をさかのぼってまでその持論を展開する。満州王朝（一六四四～一九一二）よりも以前の「ヂォングゥオ」への侵略者たち、たとえば北魏（鮮卑族三八六～五三四）、遼（契丹族九〇七～一一二五）、金《きん》（女真族一一一五～一二三四）なども、漢の優れた文化をそっくり取り入れていたというのだ。ただし、元王朝（モンゴル族一二七一～一三六八）だけは例外としている。

皮肉なのは、紀元三八六年から梁の論文が出版された一九〇三年に至るまで、その半分以上の期間にわたって「中国本土（中国本部）」が実際は北方からの「野蛮人」によって支配されていた、という事実が梁のリストから明らかになることだ。この長い期間、「ヂォングゥオ」は事実上、非漢族が統治した帝国内の植民地でしかなかった。しかし、歴史を短期の事件で定義しない「長期持続」的考えを持つ国家主義者の梁の手にかかれば、この植民地化の歴史も現実とは真逆の現象になる。つまり、北方からの異民族の支配者はことごとく、優れた漢文化に圧倒されて「中国民族」の一部になったとされ、こうして中国の真髄は何千年にもわたって存続してきたというわけである。

梁が求めたのは、一八九五年以来ティモシー・リチャードから吸収した西洋史のような連続性のある物語である。「ヂォングゥオ」を国民国家とするために必要な歴史、それも梁が思い描く国家主義に適う歴史には、不連続性ではなく連続性が、恣意性ではなく自然らしさがなければならない。その結果でっち上げられたのが、関連のない事実の断片の集まりを加工し、「中国民族」がいかにして「現在」にたどり着いたのかを伝える進化の物語だった。そのさいに梁は、「同化力」という概念を編み出した。つまり、周辺の民族が優れた文明に同化するにつれ、「中国民族」は進化し拡大していったという考えだ。[33]梁にとっては「中国民族」（漢族）が弱者側だったなどとは決して容認できる事実ではなかったのだ。

一九〇一年に発表した論説「中国史叙論」のなかで次のように解説している。「傍から見れば漢族は度々敗者だったように思えるかもしれないが、内なる心の目で見れば漢族は多くの場合勝者であった」。[34]つまり漢族は植民地化された「ように見えた」だけで、具眼の士ならば、「中国民族」がその辛苦を通して一致団結し、強くありつづけていたことを理解できるだろう、というのだ。

一九〇三年から一九〇五年のあいだに、国民に関する梁の見解は発展し、使用する言葉も「中国民族」から「中華民族」へと変わった。これは漢族の本質について章炳麟と論争を交わした結果と思われる。梁は一九〇五年発表の記事で明らかにしているとおり、「漢族」は確かに中華民族の中枢だが、中華民族は漢族以外の民族も含むべきとし、その点で章とは意見を異にしていた。梁にとって最も純粋な民族は、黄帝と赤帝《せきてい》の正統な末裔の「華」である。「華」はのちに他の八民族――ミャオ族とマン族、シュ族、バとディ族、シュとファイ族、呉越《ごえつ》、閩《びん》、百越《ひゃくえつ》、百濮《ひゃくぼく》を同化して漢族を形成した。梁は当時、ミャオ族と百濮についてはいまだ同化されていないと認めているが、それでもその二族を漢族の一部だとみなした。よって漢族は「中華民族」と同義なのである。そのため彼の理論を否定する証拠が数多くあっても、たとえ言語や伝統が地域によって異なり、その相違が現在もなお残っている状況であっても、梁はこの八種族の違いをすべて無視した(35)。

一九〇〇年代初期、中華民族が白色人種との生存競争にさらされていると考える梁にとって、種族の相違点を認めるなど致命的行為以外の何物でもなかった。種族の融合がなければ強さは得られない。国民は一つだけであり、「ヂォングゥオ（中国）」に属するすべての人間が「国民」の一部でなければならない。そこに種族ごとの相違を認める余地などない。梁の考えでは、漢族が中華民族の核であり、その他の種族がすべてここに同化しなければならないことは、理の当然であった。そして種族間の差異を無視し、さらに漢族内部ですら地域的な差異を無視した。国内の些細な相違より、白色人種という外敵に対抗するほうがはるかに重要だったからだ。梁が頭に描く中華民族の基準には、民族的な側面のほかに、文化的な側面があった。「中華民族」を一つに束ね、侵略者に勝利する力を与えるものは、優れた文化にほかならない。優れた文化だからこそ、それに触れた人々はことごとく同化していく。ゆえに中華民族の歴史とは、この文化の進化と拡大の物語でなければならないのだった。

だが梁にはみずから壮大な国史を書き記す時間的余裕がまったくなかった。彼の執筆活動は幅広く、

「新しい市民」を誕生させる必要性から、改革と革命とを比較した場合の優劣に関する論説、女性の役割に至るまで、二〇世紀初頭の一〇年間に議論されていたほぼすべてのテーマに及んでいた。だが梁が記さずとも梁が発案した思想――中華民族について、また中華民族を生み出すための国史の必要性についての見解――は消えることなく引き継がれる。

新しい歴史教科書『最新中学教科書　中国歴史』

一九〇四年、梁の親友である夏曽佑《かそうゆう》が、梁の書けなかった作品を世に出した。そしてこれが中国で出版された中国人の手による最初の中国歴史となった。夏曽佑は梁の主張に共感しており、梁の発行する新聞『新民叢報』にも夏は雅号でよく投稿していた。おそらくこうした投稿記事が縁で梁自身が推薦したのだろうが、夏は清国政府当局の管轄外で安全な上海条約港にある民間出版社、「商務印書館」に依頼され、学校向けの新しい歴史教科書、『最新中学教科書　中国歴史』を制作したのである。当時は清朝政府により全国的な教育改革案が承認されたばかりで、出版社としては、今後の需要に先んじて対応し利益を期待するという思惑があった。

清朝はその教育改革で、生徒たちの「愛国心教育」の強化を明確な目的としていたが、国家の概念は当然ながら、梁とは異なっていた。それは梁の好む「民族」が基本の国ではなく、「家・家族」を基本とする国、文字どおりの「国家（グゥォジャ）」であった。「グゥォジャ」とはきわめて儒教的な言葉で、感情の同心円という考えに基づいている。感情は個から外に向かって放射状に広がり、家族や一族を通って国家にまで広がっていくという考え方だ。[36] 一方で梁の「民族」という概念では、個人の感情よりも愛国心を強めることが中心だった。そのような違いがあったにしろ、教育改革では梁の考えが採用され、「国史」を学ぶことが強調された。加えて「現王朝の皇帝たちによる有徳の支配」についいて教育を行なわなければならないとも規定された。これについては清朝そのものを否定しない立場の梁をはじめとする改革派から目立った反対はなかったようだ。

夏曽佑の歴史教科書は、新たな国史に対する梁の思想に忠実に従っていた。その序文では、進化についての社会ダーウィン主義の考えに言及し、なぜこの本のテーマが進化と変化であるかを説明している。そして過去を古代、中世、近代の三つに区分してはいるが、この三時代を「中華民族」という糸が途切れることなくつないでいると述べる。夏自身は「漢族が中国領土の境界線を画定した」と述べている。加えて非漢族のトルコ系諸族およびモンゴル民族が中華民族の形成に果たした役割を強調している。この本では山脈を境目とする自然的国境を認め、満州、モンゴル、チベット、新疆を国の領土内に含めることを正当と認めているからだ。

もとは学校教科書として販売されたこの本だったが、当初から幅広い知識階級の人々をも惹きつけ、大評判となり、一九一一年の革命と中華民国の建国後は全国の標準教科書として採用された。一九三三年には、新しい世代の教師や生徒を対象にして再版もされている。このときには、その内容もただ当然のことを記しているにすぎないと思われたかもしれないが、その当然と思われるようになった歴史物語は、もとは夏曽佑および梁啓超による捏造、さらにさかのぼれば一八九五年の梁とティモシー・リチャードとの出会いが発端なのである。

二〇〇〇年間一貫して存続していた「中華民族」という虚妄

徳勝門といえば、万里の長城行きのバスが出るターミナルとして北京を知る外国人にとくに有名な場所だ。ターミナルの上にそびえ立つのは再建された「徳勝門」であり、そのあたり一帯もその名で呼ばれている。北京市街地に通じる門でかつての姿を今なお留めている門は二つあり、この門がそのうちの一つだ。二つの門が収まっていた城壁は明朝時代に建造されたが、ずいぶん前に姿を消している。一九六〇年代に地下鉄や第二環状道路の建設のために取り払われたのだ。

　城壁の取り壊しが行なわれた最初のきっかけは、近代化をめざす共産党の要請によるもので、その後は利益を追求する事業家の要求に応じた結果であったが、当時、実は梁啓超の家族への個人的な非難のためではないかとの噂もあった。梁の息子、梁思成《しせい》とその妻の林徽因《りんきいん》はいずれも著名な建築家で、一九四〇年代と五〇年代を通して、旧来のままの城壁と旧市街全体の保存を求めて闘い、のちにその闘いに敗れた経緯があった。真の遺産を愛する人々には悲劇である。残された二つの門と塔はこれ見よがしに、より堂々と見えるよう建て直された。

　徳勝門には現在、巨大な防御用の「箭塔《せんとう》（櫓《やぐら》）」が昔の城壁の名残を示すようにそびえ、ますます大規模になっているジャンクションにその影を落としている。バスターミナルやジャンクションが建設されるはるか昔、この門は北西の辺境に向かう主要ルートの起点で、かつての帝国軍隊はこの門を通って進軍したものだった。そのためか、この地域にはイスラム教徒が小さなモスクを中心にイスラム教社会を形成していた。徳勝門外大街は一九九〇年代後半まで、小さな店や事務所が軒を並べる道幅二〇メートル程度の一方通行の道路でしかなかった。ところが巨大構想を抱いた北京の都市計画当局によって、数年のあいだで四分の三の住民が転出させられ、一方で道路幅は四倍に広がった。小さな店はブルドーザーで潰され、かわりにオフィスやショッピングモールが建設された[37]。小さなモスク、法源清真寺だけは残ったが、かつての礼拝者たちは地域から追い出され、二〇〇三年に再建されたもののそのおもな目的は観光用で、生き残ったとはいえ、もはや名前だけの代物となっている。

モスクの真向かいに、二〇〇〇年代に建てられた総合オフィスビル群の一つが光り輝いている。箭塔からもジャンクションを挟んで目前の最高の立地にあるこのビルに、孔子学院本部「国家漢弁」がある。漢弁、正式名称「国家漢語国際推広領導小組弁公室」は、世界に中国の言語と文化を教える活動を促進することを任務とする中国教育部の事業機構だ。この漢弁が潤沢な政府財源により管理運営しているのが、今や世界の一四〇を超える国々に設置されている五〇〇校以上の「孔子学院」である。[38]孔子学院の業務は主として言語習得だが、歴史と文化に対する中国政府独自見解の教育も含まれている。漢弁が学生たちに推奨する唯一の歴史書が『中国歴史便覧』だ。同じ便覧シリーズで地理版の『中国地理便覧』とともに、英語をはじめノルウェー語、モンゴル語など少なくとも一二カ国語に翻訳されている。これは外国人向けにまとめられた公式の「国史」といってよい。そして、孔子学院が選ぶ歴史は、共産党が若干手を加えているとはいえ、今もなお梁啓超の定めたモデルを踏襲している。

各章には「封建統一の時代――秦・漢」や「統一的多民族国家のさらなる発展と封建社会の衰退――明・清（アヘン戦争以前）」といった標題がつけられている。冒頭近くの「中華民族の祖先」という項目では、黄帝と炎帝の末裔が一体化して「華夏民族」を形成し、彼らが「漢民族の前身で、中華民族の主な主体を構成している」と明記されている。六世紀の隋王朝成立頃には「漢族が中華民族の中核となり、すでに一つの非常に安定した共同体を形成していたということである。隋の中国統一は歴史の趨勢であった」とする。中華民族という言葉を何度も繰り返していることから、「民族」と「国民」の概念の翻訳において梁の経験した難題が、中華人民共和国になっても続いていることが見てとれる。

この歴史書の前半がテーマとするのは、中国（チャイナ）と呼ばれる場所と、中国人（チャイニーズ）と呼ばれる民族が、歴史の始まりからすでに存在しており、何千年にもわたってその存在は途切れることがなかったという物語だ。そして「中国（チャイナ）」と呼ばれていなかった時代も、また国が二つに分かれて争っていた時代〔魏と晋の南北朝時代〕ですら、「中国（チャイナ）」は存在したという。このような主張の大前提となっているのは、中華民族の連続性である。そのため歴史書には「（二〇〇〇年以上も前の）秦と漢が創始した多くの制度はその後の歴代王朝に継承された」とある。唐王朝が終わる九〇七年からモンゴル人の元王朝が成立する一二六〇年までの三世紀は「混乱期」と記されているが、その間も「中国（チャイナ）」は存在しつづけていたという。そして中国を侵略したモンゴル人の王朝は、その後「一二七九年中国の南北大統一を実現した」として、元王朝が中国人の王朝に変化するという奇跡のようなことが起きたという。さらにばかげた内容は続き、清王朝の創始者たちの出自は「中国東北部の満州族」とし、彼らによる支配権の奪取は侵略とは認められていないのだ[39]。

この歴史書の偏向がとくに顕著となるのは、稀に「非漢族」のトピックを扱っている部分、「中国」が「非漢族」に侵略され支配された時代を扱っている箇所だ。たとえば、現在の北方中国とモンゴル国の地域一帯に北魏を建国した「鮮卑族」について、「統治を強化するためには……漢化を進める」ことを理解していたと記述されている。また、テント生活をしていたチベット族は、唐王朝の文化にあこがれを抱いていたとする。そしてチベットの王が唐王朝の文成公主《ぶんせいこうしゅ》と婚姻したおかげで、チベット族は中国文化という贈り物を手に入れたという。「同化力」という梁啓超の概念は今も変わることなく根強い。北東アジアの諸民族は、漢族から学んだり、漢族と戦ったりという記述がなければ、通常この歴史書に登場することもなく、よって国史に現れることもない。

もちろん中国ではほかにも多くの歴史書が出版されており、過去に関してははるかに深い見識をもって理解する歴史家も多くいる。しかし、この本の内容は、海外向けに中国史を示すために中国政府が選んだものだ。そこに紹介されている物語は中国国内の学校教科書に載っている内容と同じであり、現中国の指導者たちが歴史の前例として引き合いに出すときの基礎資料でもある。そして「清史研究所」のような機関が真剣に取り組む物語でもあるのだ。政府の歴史見解に異議を唱える自由など以前からなかったが、習近平政権の成立以降は前にも増してそのような空気ではなくなっている。国史の内容も、優れた漢文化が他の劣等な民族文化を席巻していくという物語になってしまった。

地球上のこの一地域とそこで生活してきた人々の物語を語るほかの方法はないのだろうか。そのためには中国がはじめから「自然の」国境線に囲まれた領土を持っているという希望から生じた思い込みを捨て、各時代に起きた事柄を現在までの連続性で考えるのではなく、あくまでも独自のものとして捉える必要がある。物語は地域の文脈のなかで組み立てられるべきであり、民族の移動、国の興亡、国境の変動、商取引の流れ、文化の混合などがいかにして起こったかという点に光を当てるべきだ。もし優越と劣等を前提とする思い込みを回避することができれば、歴史の流れを多方向のものとして捉えることができるはずだ。

中国で標準とされる歴史観とは違う視点で、たとえば日本の歴史学者、岡田英弘の史観を見てみよう[40]。岡田によれば、東アジアのこの地域で記録に残る最古の住民は、みな移住者であったという。たとえば中国最古の王朝を建てた「夏」族は、元は東南アジアにいたと推測される南方系の民族で、移動後は平原の南部と東部に定住した。一方で、「商」（殷の別称）と「周」を築いたのは、北方アジアからの遊牧民であったと推測される。さらに紀元前八世紀の初期に「楚」を建国したのは、山地地域に居住していた「マン族」（ヤオ族）であった。中国の標準では、これらの民族はいずれも「中国人」とは別人種の野蛮人とされているが、岡田はそれに異を唱えている。つまり、これら「野蛮人たち」が実際には中国の先住民となり、都市定住型の生活様式を採用し、故地で未開の生活を続ける同族とは一線を画すようになったという。彼らは都市に住み、文字を使って統治する皇帝を戴いた。このような特徴（都市、定住、文字）は初期の文明を示す三つの指標であり、民族性は文明の指標ではなかった。都市には様々な民族が住んでいたが、都市文化を共有する同じ「文明人」として新しい集団を形成していったと考えられる。

だが紀元前一〇〇年頃（の前漢時代）、宮廷役人だった司馬遷は当時の皇帝、武帝におもねった内容で歴史を書き替えた。武帝が統治する漢王朝系譜を古代までさかのぼり、そのルーツが様々な移民の混合であるという事実をきれいに覆い隠してしまった。司馬遷は歴史家であると同時に、プロパガンダ活動員でもあり、いずれも大いに成功する。彼が紡ぎ出した物語は綿々と続き、二〇〇〇年後の現在も再利用されているほどだ。

一八四年頃、太平道の信者の反乱である「黄巾《こうきん》の乱」がきっかけで、後漢の崩壊が始まった。戦乱とその後の飢饉で人口のほぼ九〇パーセントが死亡し、五〇〇〇万人がわずか五〇〇万人に減少した。残存者は南の長江流域に逃れ、残された土地には、北方アジアからどんどん移住者たちが入植し、「北方の」言語形式（アルタイ系の言葉）を持つ新たな北方民族国家〈北魏三八六～五三四〉を建てた。このように国が南と北に分離した状態は二〇〇年ほど続いたが、やがて五八九年に、中央アジアで活動していた「鮮卑族」が中国北方に「隋」を建国し、その後南朝を滅ぼして南北を統一した。

その隋王朝を六一八年に滅ぼした者たちは、次に唐王朝を建てる。彼らも一部は「鮮卑族」の子孫であった。この大帝国も九世紀になると分裂しはじめ、九〇七年に滅亡した。唐の滅亡後は小さな王朝がいくつも興亡を繰り返した〔五代十国時代〕。その後は社会的大変動の時代で、華北地域は再びトルコ系諸族〔沙陀《さだ》族〕に支配され争乱が続いた。その沙陀族は契丹人に滅ぼされ、契丹人は遼王朝を建国する（キャセイ〔Cathay〕という中国〔China〕の古い呼び名はこの契丹に由来する）。遼王朝はのちに女真族〔金王朝〕に征服され、女真族は一二三四年までその地を支配した。

岡田英弘によれば、これらの民族はいずれもみずからを「ヂォングゥオ（中国）」の支配者だとは考えていなかった。彼らは内陸アジアを拠点とする民族で、「ヂォングゥオ（中国）」という土地はたんなる属領でしかなかった。そして女真族はシベリアの極寒の気候を避けるための冬の首都を北京におき、征服した民を統治する行政上の首都ともしていた。「国史」はこの事実を完全に隠蔽《いんぺい》し、当時、中国南部を支配していた宋王朝にはライバルとなる国家があった、と記載するにとどまっている。実際には南宋は北方からの圧力に押され、その領土をしだいに縮小させていたにもかかわらずだ。

しかしモンゴル族が一二一五年に北京を占領し、一二三四年には女真族の金王朝を滅亡させた。モンゴル族は次の半世紀のあいださらに南下を続け、南宋を海岸線まで追いつめ、ついには一二七九年、広東近くで海戦によってとどめを刺す。モンゴル人は中国全土を支配するみずからの王朝を「元王朝」と名づけた。これはあくまでかつての南宋臣民にも受け入れやすいようにつけた名称であって、元王朝の実体は「中国の」国家というよりむしろ内陸アジアの大帝国であったのだ。確かに一二七一年、フビライ・ハンは北京に遷都したが、その大帝国（汗《ハン》国の領土）は一二七九年には朝鮮半島からハンガリー平野にまで広がり、そのなかの「中国」などたんに汗国のほんの一部にすぎなかったのだ。

歴史の皮肉を感じつつも、のちに梁啓超はこのモンゴル人の元王朝を「〈ヂォングゥオ〉の統一者」として高く評価することになる。なぜなら、彼らは女真族の金王朝と宋王朝の両方を征服し、四〇〇年前に唐王朝が崩壊して以降初めて、中国全土を統一した存在だったからだ。そのため梁啓超でさえ、「中国」はモンゴル民族の遺産であると認めざるをえなかったのだ。

中国統一を成し遂げたモンゴル人による王朝も、一世紀も経たないうちに地方の反乱によって解体する。拡大路線を基本としてきた大帝国は、平時における統治は不得手だったのだ。その後の一四世紀前半は地方分権をめざす動きが活発化する混乱期となり、全国の地方軍閥がかつての王朝を継承しようと蜂起した。そのなかの一人、朱元璋は、一三六八年にみずからを新王朝「明」の皇帝と名乗り、北京に対し南京を首都とした。梁も後続の「国史」編纂者たちも明王朝を真正の中国王朝であると記しているが、明の支配者たちが意識的に元王朝の制度のほとんどを踏襲した事実についてはあえて控えめに扱っている。中書省、都察院、大都督府といった明朝政府の基本的官僚機構は、実際にはフビライ・ハンの朝廷の制度をそっくりそのまま模倣したものだった。

地方政府の制度についても同じことが言える。元王朝は私有領地の所有を認めていた。つまり、各地域を征服した部族の長はその土地を支配する権利を与えられた。明王朝はそのやり方をそっくり真似たのだが、明の「士大夫」らは前王朝の歴史編纂にあたってその詳細を削除し、元の制度が実情よりも中央集権化されていたように見せかけた。それは「士大夫」という立場を儒教国の中核として描くことが、彼ら自身の利益に適うからであった。だが岡田によると、真の権限を握っていたのは彼らではなく、朱元璋を支えた将軍たちの子孫である「軍部特権階級」であったという。このような地方分権的な制度もまた元王朝のやり方をそのまま模倣したものだった。

さらにモンゴルの制度に倣い、明王朝は全国民を「軍戸」と「民戸」に分け、別々の戸籍に登録した。「軍戸」は一一二人で「百戸所」という最小の住居単位を構成し、百戸所が一〇個で「千戸所」となり、さらに五つの「千戸所」が集まって「衛」と呼ばれ、これは民戸の「県」に相当した。現存する戸籍目録を見ると、「衛」の将校たちは初代までさかのぼるとおおむねモンゴル系であったことがわかる。

明王朝の第三代皇帝は北京に遷都したが、その地の気候が気に入ったことだけが理由ではない。北京がモンゴルへの入り口にあるという好立地ゆえの、戦略上計算された選択だった。彼は明王朝の皇帝であると同時に、モンゴル族の「汗《ハン》」であることを望んだのである。元王朝の権威を引き継ぐことで、明朝はモンゴル族が征服した二つの地域にも支配を広げることができた。それが旧タイ王国の雲南と、朝鮮族が居住する遼河流域である。梁啓超の歴史観では、北方からの侵略者たちは、「ヂォングゥオ」で出会った「華人」の優れた文化によって啓蒙され、中国化されたとする。しかし、明王朝（と後続の清王朝）の社会構造を見れば、文化が双方向に交わったことがわかる。「華」は多種混合の文化だったのだ。

大帝国の「自然的国境」として明朝が考えていたのは、現在の雲南省の山々から北と東へ延び、四川省の山々、阿爾金《アルトゥン》山脈、岷《みん》山《ざん》山脈、祁連《チーリエン》山脈を経由して、万里の長城という人為的国境に至る線であった。これらの国境線は、チベット族、トルコ系諸族、モンゴル族、満州族を、物理的にも心理的にも締め出すという明確な目的で画定されたものだった。その国境線は三〇〇年のあいだ守られたが、満州族により一六四四年に長城を破壊され明朝は崩壊、清朝が樹立された。契丹、女真、モンゴルの文明の継承者である満州族にとって、「ヂォングゥオ」は地域全体の覇権をめざす道程の通過地点にすぎなかった。清はその軍事行動によって、領土を明朝時代の三倍に広げた。梁啓超が主張するように、もしモンゴル族が中国領土を形成したのなら、満州族はまさしく「大中国（中華圏）」を形成したことになる。

以上の話は、二〇〇〇年に及ぶこの地域の歴史の総括的説明とは程遠いものだが、もし歴史を一国の歴史ではなく一地域の物語として見ることを選べば、こんなにも違った歴史が書けることを示す一つの例である（より詳細で専門的な歴史を知りたい場合は、手始めにナオミ・スタンデン編の『Demystifying China: New Understanding of Chinese History（中国の神秘性を解く：中国歴史の新解釈）』を薦める）[41]。これらの二〇〇〇年に及ぶ「歴史の乱雑さ」を理解すれば、そこに二〇〇〇年間一貫して存続していたという「中国」民族を見つけることは、かなりの想像力を要することがわかる。そうした想像力はナショナリズムによってのみ生み出されるものだ。ナショナリストが書く歴史というのはせいぜい、一人の皇帝を戴き、同じ言語を使用する、国の中心部にいる多数派民族の物語にしかなりえない。

どの時代の皇帝も、みずからの政権の正統性を示すために、前王朝との継続性を強調する正史の編纂を上級官吏「士大夫」に命じた。西暦八〇〇年頃、歴史編纂に携わるこういった「士大夫」たちは、公式に「道統」を策定した。「道統」とは「道を伝えた系統」という意味で、儒教の道を伝えた聖賢の正系を指す。この「道統」の教えに従ってのみ、各時代の支配者たちはみずからの正統性を主張することができた。そのために孔子をはじめとする聖賢たちが説いた思想を、そのまま意識的に前王朝から引き継いでいった。

ロンドン大学東洋アフリカ研究学院のティム・バレット教授は「作り直しの衝動に駆られると、大規模な改竄《かいざん》も抵抗なく行なうことができる」と指摘する。(42) それぞれの時代で「歴史」編纂をする場合、現体制に都合のいい過去を提示するために、かなりの改竄が行なわれているはずだという。紙とハサミが発明されたおかげで、物語を恣意的に切り貼りすることが可能になったのだ。この点において、現在も引き続き行なわれている「清史編纂委員会」のプロジェクトも、前例となんら変わらない。その事業は前王朝の歴史を編集し再提示することで、現政権の正統性を示し、党の歴史認識に対する懐疑的態度を「歴史ニヒリズム」として違法にすることを目的とする。

どの王朝の支配者も、みずからを古代の聖賢の末裔であると主張する必要があったが、それは現政権も同じだ。その結果、物語は継続性が強調され、証拠のあるなしに関係なく、中断部分は無視され、飛ばされ、「歴史」から排除される。認められる歴史というのは、直前の王朝を引き継ぐ新たな王朝の物語であり、王朝と王朝のあいだに崩壊と分裂があっても、それは「例外的な」期間とされる。だが過去を客観的に調査すると、実は統一されていた期間のほうが例外であることがわかる。にもかかわらず習近平は、中国は一つの大国であり、大国たるものは、およそ五〇〇〇年もの長きにわたる壮大な歴史が必要であると宣言している。しかも、大国であるなら侵略されるはずはなく、屈辱を受けることもない。大国とは勝者である、それも過去現在を通して常勝である、と。つまり梁啓超が生み出した「中華民族」はつねに歴史に存在したし、これからも永遠に存在しつづけるということだ。

ナショナリズムの幻影、「現代中国」版の歴史解釈

大清国の首都、北京のかつての東門は、今は地下鉄「東直門」駅と名付けられており、門の内側には灰色レンガでできた路地が迷路のように入り組み、ほっと癒やされる木陰の並木道になっている。

樹木のあいだは駐輪場となり、そこに停められている電動スクーターは、音は静かでも危険きわまりなく、不用心な歩行者にとって一種の脅威だ。そんな路地にある北溝沿胡同二三号の家屋は、付近の他の建物と外見はほとんど変わらない。むき出しの壁の所々に鉄格子の窓がはめ込まれ、タイル張りの屋根からは、からまり合った電線ケーブルが花綱状にぶら下がっている。しかし、赤いドアの横の壁にはめ込まれているプレートには、この家屋が伝統的中庭家屋の「四合院」として保存されていることが記されている。

「四合院」といえばそのほとんどが、共産党政府によって分割され、この建物も例外ではない。豊かな一家族が所有するのではなく、今は数多くの比較的貧しい家族が住んでいる。革命の恩恵を受けたこれら老人たちは、こんなところでもかつての梁啓超の住まいに住んでいる、と大いに誇りにしている〔梁啓超の住居とされているが、現在は長女の梁思順《しじゅん》が住んでいたと実証されつつある〕。住人の一人が古い絵画をコピー機でコピーしたものを見せてくれた。そこにはのちに住居が建てられる前にあった優雅な庭や池などが残ったままの、二〇世紀初期のこの建物の様子が描かれていた。

一九一二年の辛亥革命ののちに日本から北京に戻った梁は、新しい中華民国の大総統、袁世凱《えんせいがい》に迎え入れられた。その後、司法総長、財務総長、軍務院政務委員長など、相次いで政府要職を歴任する。梁はそれらの立場から、引き続きリベラルな社会改革を提唱していた。一九一三年一二月には、梁に続いて康有為も一五年間の亡命生活ののち帰国した。康は一八九八年、生命の危険を感じて北京から脱出していたのだ。再会した二人が次に会いに出かけた人物はティモシー・リチャードであった。再会の場で、梁は歴史を三段階に分ける彼の学説について詳しく説明し、また、科学と繁栄、民主主義が世界的に広がれば、西洋的概念の「平和」と、儒教の理想とする「大同」(大いなる調和)が一つになった理想社会が実現できるという考えを熱く語った。リチャードもまったく同意見だった。すでに一八七九年に、リチャードは世界連邦の構想を起草している。[43] その後、彼は十数年間にわたって各国の首脳や「数えきれないほどの」人々に、その必要性を説いて回っていた、と彼の娘は語る。[44]

だが厳しい現実を前に、そのような夢はまさに打ち砕かれようとしていた。同時に中国の政治改革に対する人々の希望も消え失せようとしていた。新しくできた中華民国は軍閥の割拠によって急速に瓦解しつつあった。一九一五年、大総統の袁世凱はみずから皇帝宣言さえ行なっている。時を同じくして、さらに強気になった日本政府は、この状況を最大限利用し、より好戦的な要求を突きつける。

第一次世界大戦という大変動でヨーロッパが崩壊していくなか、どの国よりも早くこれを好機と見たのが日本だった。ドイツが山東半島に所有していた租借地の権益を狙い、同盟国イギリスがドイツに宣戦布告した三週間後の一九一四年八月末、日本もドイツに宣戦布告する。しかし梁啓超も、戦争は中国にとってよい機会であると考えた。彼は政府に働きかけ、イギリスとフランスを正式に支援しておけば、戦後、両大国は中国をもっと公正に扱わざるをえなくなるはずだと論じた。かくして一九一七年八月、北京政府もドイツに対して宣戦布告をする。派遣する軍隊はなかったが、終戦の年に約一四万人の市民を西部戦線へ送り、泥と血にまみれた戦場で労働者として働かせた。

一九一八年一一月、休戦協定の締結後まもなく、これほどの悲惨な戦争を二度と起こさないようにするため、戦勝国側の連合国はパリ講和会議の開催を発表した。平和と正義が浸透し、新たにできたばかりの国家群にも権利が尊重される新しい世界が期待された。

梁の期待は高まった。政府の一員ではなかったが、彼は中華民国の権利を主張するために個人的派遣団を率いてパリへ赴く決心をした。世界のメディアを通して中国の言い分を交渉国に伝えることができるように、イギリス、フランス、ドイツ、日本で留学経験のある六人の同僚も同行させた。[45] そしてこの小さな一団は一九一八年一二月に上海を出発し、一九一九年一月一二日にいったんロンドンに上陸する。彼らは寒さと、戦後の経済不況に苦しむすすけたロンドンに呆然とし、梁はその状況を「窮乏と悲惨の絵画」のようだと述べた。[46] ホテルの部屋は凍えるような寒さで、食事もまずく、そしてスモッグのかかった太陽はまるで「血のように」見えた。だが、一行がロンドンに立ち寄ったのは旅行目的だけではなかった。おのおの使命を抱いてやってきたのだ。梁の場合は、ティモシー・リチャードに会うためだった。初めて出会ってから四半世紀が経っていたが、最後の別れを告げに来たのである。

リチャードが最終的に中国を去ったのは一九一六年で、健康を害した彼は、一年前に上海で開催された会合で「広学会」の総幹事の職を退任していた。会合では彼への感謝決議が正式に採択され、リチャードの名は「中国では誰もが知る言葉（尽人皆知的詞）」になったと記録された。キリスト教の布教と政治改革の両方の活動に与えた彼の影響は計り知れない。イギリスに帰国後は、そこでもまた賞賛を浴びた。名誉博士号が授与され、何度も退職記念パーティーが開催され、彼の名誉を称える本も複数出版された。ロンドン郊外のゴルダーズ・グリーンに建つ小さな家に隠居したリチャードは、そこで、グレイ伯爵、スマッツ将軍、外務省政務次官ロバート・セシル卿など、当時の名士から訪問を受ける栄誉に浴した。[47]

梁はロンドンに到着したとき、心中多くの差し迫った問題を抱えていたが、残存している会合の記録によると、彼はまずティモシー・リチャードに会うことを何よりも優先したようだ。そこでただちに中国の公使館に再会の手はずを整えるよう依頼している。新品の西洋式スーツを着用し、リチャードに贈呈するための自分の最新論文をいくつか携えて、梁はゴルダーズ・グリーンを訪れた(48)。再会した二人は、互いに同じ理念を抱いていることを再認識する。病気にもかかわらず、リチャードは世界平和という理念のために働いていた。何年ものあいだ、リチャードは耳を傾けてくれる人々すべてに忍耐強く彼の世界連邦の理念を訴えつづけていたのだ。梁が訪問したのは、ちょうどその夢が実現間近とも思える頃だった。リチャードは新たな「国際連盟」に関する意見を公共の会合で、また、主要人物に宛てた手紙のなかでも訴えており、平和な未来への希望を、再度二人は共有したのだった。

しかし、ロンドンにいる誰もが梁に会うことを喜んだわけではない。ナショナリストのなかでも若い世代の中国人学生たちは警戒心を募らせていた。というのも、梁の日本での滞在期間があまりにも長く、また彼が大総統、袁世凱の独裁政権で要職に就いていたため、今回の訪英の動機を疑わしく思ったのだ。今は日本と取引するときではない、と記した手厳しい警告書が二月、ある学生グループから梁に送られている。彼ら曰く、世界はすでに変化した、よって「公正な」アメリカや「民主主義の」イギリスとフランスが支持する新しい「国際連盟」が、わが国の公正な扱いを保証してくれるだろう。わが国はすでに西部戦線に何万人もの労働者を派遣し、死なせ、多大な犠牲を払ったではないか。そのような国を、公平かつ敬意をもって扱わないはずがない、と。

三月、梁はイギリスを発ちフランスへ向かった。フランスでも戦争による破壊のすさまじさに驚愕し、とくに歴史都市ランスの荒廃ぶりに愕然とする(49)。パリに戻ると、すでに一月中旬から始まっていたパリ講和会議の経過を見守りつつロビー活動を行ない、論評を書いた。だが会議の結果、「公正な」アメリカや「民主主義の」イギリスとフランスが中国を裏切る。イギリスとフランスは戦時中からすでに、日本の戦争参加を条件として極秘裏に中国側に不利となる密約〔日本の中国大陸での利権拡大「対華二一ヵ条要求」に反対しないという密約」を結んでいたのだ。講和会議では、日本が五大国の一員として扱われたのに対し、中華民国はたんに「小国」としての扱いでしかなかった。それもベルギー、ブラジル、ユーゴスラビア王国よりも下位の扱いであった。

中国の敗因はほかにもあった。代表団のなかで、袁世凱政府の支持派と、広州を本拠とする孫文の国民党支持派とのあいだで意見が分かれ、団結した交渉ができなかったことがあげられる。このような対立の架け橋になったのが、亡命中の学生グループだった。彼らは会議場外で抗議活動をし、パンフレットを配り、他国政府に宛てた嘆願書や書簡を作成した。しかし、北京政府がすでに屈辱的な取引を交わしていたことを、彼らは知らなかった。一九一八年九月二四日、袁世凱政府は鉄道敷設のための新借款と引き換えに、敗戦国ドイツが山東半島に所有していた租借地を日本が占領することに事実上同意していたのだ(50)。

こうして会議の結果は「列強」による中国への背信行為とも思えるものになった。敗戦国ドイツが所有していた領土を中華民国に返還せず、かわりに日本へと引き渡したのだ(51)。この一撃で、愛国主義者たちが抱いていた、国家の主権と平等に基づく新しい世界秩序への希望はことごとく打ち砕かれた。新たな秩序になっても何も変わらないように思われた。梁は若い世代の人々同様に憤慨し、辛辣な批評記事を発表する。梁はパリ講和会議での中国の処遇について電文を送り、それが国内の新聞に載ると、国民感情に火がつく。それが引き金となり、一九一九年五月四日には北京で学生デモ行進が行なわれ、デモは前年に日本との鉄道の借款交渉に当たった交通総長の曹汝霖《そうじょりん》の邸宅が焼き払われる事件へと発展した。そして、中国のナショナリズム運動は過激さを増し、五・四運動へと引き継がれる。ティモシー・リチャードはこの結果をついに知ることはなかった。彼は梁がロンドンを発つとすぐに手術を受け、回復することなく、一九一九年四月一七日にロンドンで亡くなった。享年七三だった。リチャードと梁、二人とも歴史編纂を政治改革の手段とした人物であった。それから一世紀を経た現在、二人の歴史解釈はかつて梁が思い描いたとおりに、国民国家の行政に取り入れられている。そして意義深いのは、その歴史解釈が中国という国家の自己認識の基盤になるとともに、外の世界から見た中国像の基盤にもなっているという点である。ただし、その歴史解釈は過去の事実を部分的にしか取り上げていない不完全なものであり、政治的プロジェクトを成功させる手段として作られたもので、他のすべての国の上に立つ国家という考え方のみを今後も優先させていくものである。

ナショナリズムとは一種の幻覚剤だ。傍から見れば分断され多様性にあふれているとしか見えない歴史も、幻覚剤を使えば、欠けるところのない一つの完全体という幻影を見るようになる。「現代中国」版の歴史解釈は、国内では公的な支援を受け、海外からはあまり批判もされないという状況のため、歴史編纂と政治の両面において、チベット族、トルコ系諸族、モンゴル族、満州族、ミャオ族ら各種族が掲げる歴史よりも圧倒的な影響力を世界に示している。そしてその状態を維持するために、北京では今も清史編纂委員会が活動を続けている。

第5章

「中華民族」の捏造

習仲勲と習近平の政策

二〇一八年八月下旬、チベット高原にある中国工学技術の驚異と称えられる場所へ、ガイドを伴った特別な訪問者がやってきた。標高三〇〇〇メートル以上を流れるヤルンツァンポ川に建設された蔵木ダムは、二〇一四年の稼働開始時、世界で最も標高の高い地点にある水力発電所であった。その一時間あたり五〇万キロワットという発電量は、それまでのチベット内発電量を二倍に増やし、その保証された発電量は、鉱業会社やインド国境近くを走る高速鉄道、高級観光開発業者など、新たな顧客を惹きつけた。そして、それに伴い低地から人々も移住してきた。

この日ダムを訪れたのは、チベット仏教で二番目に高い地位にあるパンチェン・ラマだった。いや、この言い方は正しくないかもしれない。なぜならこの訪問者ギェンツェン・ノルブは中国政府に選ばれたパンチェン・ラマだからだ。一九九五年、亡命中のダライ・ラマ一四世は、ゲンドゥン・チューキ・ニマという少年をパンチェン・ラマに指名したが、彼は中国の役人によって即座に連れ去られた。並立する二人のパンチェン・ラマは現在どちらも中国の監視下にある。ギェンツェン・ノルブは定期的に建築プロジェクトの視察などに訪れ、全国メディアに露出されるのに対し、ゲンドゥン・チューキ・ニマは二五年間その姿を現していない。二人とも、チベットの人々の心をつかむための中国政府の駒なのだ。

中国政府の選んだパンチェン・ラマは、この訪問中に「習近平同志を核心とする中国共産党中央委員会は宗教活動を重んじ、宗教を信じる人々に愛情を抱いている」と述べたと、公式メディアは報じた[1]。彼は公式な仏教協会の集会でも「党のリーダーシップを支持し、分離主義には断固として反対しなければならない。仏教を現代知識や政策理解に結びつけることに注意を払い、信者の結束を固めるために党と政府の架け橋とならなければならない」と語っている。そして、「社会的発展」の成果をアピールするように、蔵木ダムの前で写真に納まった。

これこそ、まさに共産党がパンチェン・ラマに期待する役割だ。先代のパンチェン・ラマも、少なくとも一定期間は同様の役割を果たしていた。チベットがまだ独立国家だった一九四九年、パンチェン・ラマ一〇世は習仲勲《しゅうちゅうくん》という政府高官の要請を受け、一九五〇年に人民解放軍によるチベット「解放」、もちろん「解放」とは中国政府の言い分だが、その手助けをした。しかし一九六二年、共産主義政策がチベットに与える影響を非難すると、パンチェン・ラマ一〇世は肩書を奪われ、責任を問われたうえ、一九七八年まで投獄、以降一九八二年まで軟禁される。しかし晩年、地位を回復した彼は、その数年のあいだに習仲勲との関係も修復した。そのころ習は国務院副総理になり、民族、宗教についての業務を担う「統一戦線」工作を担当していた。二人は協力して、大きな苦しみを生み出した政策の多くを覆した。さらに、中央政府に代わって自治区を忠実に管理するために、チベット族による官僚制度も整えた。

一九八九年、パンチェン・ラマ一〇世が急逝すると、習副総理は党の機関紙『人民日報』に長い追悼文を寄稿し、四五年にわたる二人の友情と「パンチェン・ラマの共産党への愛」について記した。

習仲勲は長年にわたって北部や西部の少数民族と関わった経験から、少数民族の問題は彼らが党に忠実であるかぎり、彼ら自身に任せるのが得策であると考えるようになっていた。これとまったく異なる立場をとるのが彼の息子であり、現在の国家主席である習近平である。

二〇一八年三月二〇日の全国人民代表大会にて、習近平は「共産党はつねに中国人民と中華民族の柱である」と題する閉会演説をした。習は「中国人民と中華民族」と二つの言葉をつねに並べて使う。中国語では「人民」と「民族」には明確な意味の違いがあるのだ。ここまで読み進めてきた読者なら「中国」と「中華」の違いに注目するはずだ。中国は「中央の国」を意味するが、中華にはより民族的な意味が込められている。「人民」は一般的に「国民」と訳されるが、「民族」という言葉は、その起源が複雑なため、その訳語については学者たちのあいだで長いあいだ議論となってきた。

「中国人民」とは共産党と明確なつながりを持つ言葉だ。人民共和国となった当初から、この言葉はよく使われていた。「中国人民」は政治的実体であり、労働者、農民、民族ブルジョアジー、プチブルジョアジーという、党を支持する四つの特権階級に分類される。そして、国旗に描かれた四つの小さな星はそれぞれの階級を表している〔何を表すかについては諸説ある〕。この意味での「人民」には、党の敵、すなわち地主、資本家、国民党（ＫＭＴ）支持者は含まれない。(2)

一方、「中華民族」は党の敵である国民党とより深い関係がある言葉だ。国民党のイデオロギーの基礎を成し、戦時中、国民党総裁の蔣介石の著作によく登場した。たとえば一九四三年の著書『中国之命運』のなかで蔣はこう述べている。「中華民族」は様々な「種族」で構成されているが、どの種族も同じ祖先を持つがゆえに単一民族なのだ、と。(3)過去五〇〇〇年のあいだに、漢族、満州族、チベット族、モンゴル族、ウイグル族（ムスリム）に分かれてきたかもしれないが、彼らは不可避の運命によって一つの「中華民族」として再同化したという。蔣はさらに「中華民族」の自然的国境は、大清国の最大の領土と完全に一致すると断言した。

当時、中国共産党はこの説を非難していた。彼らの思想は、ソビエト連邦の政策とヨシフ・スターリンの見解に多大な影響を受けていた。一九三一年、共産党は様々な「種族（民族）」のなかでも、とくにモンゴル族、ウイグル族、チベット族には、中国から離脱する権利があるという宣言までしている。ところが、権力を手にした一九四九年までにその見解は変わっていた。そして一九五〇年には、一つの領土を持つ多民族国家であることを宣言した。これにより、「分離」を望む少数民族が取りうる最善の策は、自治権しかなくなった。権力を手にした人民共和国は人類学者に対し、ソ連をモデルとして「民族」を分類するよう指示した。そして一九五四年、学者らが恣意的に考え出した民族の数は五六、そこには漢族、チベット族、ウイグル族、モンゴル族、満州族をはじめ、多くの少数民族が含まれていた(4)。

一つの「中華民族」という概念がようやく共産党の理論家たちに受け入れられはじめたのは、一九八〇年代半ばになってのことだ。その礎を築いたのは、三〇年前に最初の民族分類計画に携わった人類学者の一人、費考通《ひこうつう》である。彼は「中華民族多元一体構造」を論じ、各民族はそれぞれ独自のアイデンティティを有するかもしれないが、どの民族も「中華民族」としての一体性という主要なアイデンティティを持つとした。この理論は、蔣介石の見解にきわめて近い歴史観に基づく。つまり中国の歴史の流れは、異なる民族が一つに融合する物語である、というものだ。

一九九〇年代、共産主義の正統派イデオロギーが衰退するに伴い、共産党の宣言にはしだいに「人民」と同時に「民族」という言葉が登場するようになる。たとえば二〇〇〇年一〇月、朝鮮戦争勃発五〇周年の記念スピーチで江沢民は「民族の威厳」を守った兵士について語っている。その翌年のスピーチでは、「中華民族」という表現を何度も使い、資本家を公式に党に受け入れた。毛沢東の時代には「人民」と認められなかった人々が、江の「民族」には含まれるようになったのだ。(5)

こうした新たな解釈が急ぎ求められた背景には、二〇〇〇年代にチベットや新疆で起きた民族抗争や抗議活動があった。中華人民共和国において絶大な影響力を持つ数人の大物たちは、異なる民族という概念を国の将来にとっての脅威とみなすようになっていた。北京大学の馬戎《ばじゅう》教授や清華大学の胡《こ》鞍鋼《あんこう》教授らは、民族の違いを認めれば一九九〇年代にソ連やユーゴスラビアが崩壊したときのように、国の瓦解を招きかねないという警告を出していた。これを受けて過激な代替案である「同化（民族融合）」政策が提案されることになった。異なる民族が一つの「中国民族」になることで、民族の違いは根絶されるというのである。

この案を推し進めれば、習仲勲が実施し中華人民共和国が何十年にもわたって続けてきた政策を直接否定することになる。注目すべきは、この同化政策を支持する主要人物の一人が、どうやら習の息子である習近平らしいということだ。習近平は、すべての中国国民が持たなければならない「五つの共同体意識」を掲げ、その重要性について繰り返し強調している。「中国民族」すべてが、祖国に対して、中華民族として、中国文化に対して、中国の社会主義路線に、そして中国共産党に対して、一体感（共同体意識）を持たなければならないというのだ。もし習近平が、中国には同じ文化を持つ単一民族しかいないと本気で信じているのなら、この政策は意味をなす。しかし中国には、漢族、チベット族、ウイグル族、その他多くの民族が存在し、それぞれが異なる言葉や文字を使い、異なる生活様式のなかで暮らしている。したがって、一つの中華民族というものが実際に存在するのだろうか。

あるいは一つの国家の下に、複数の異なる民族が集まっているにすぎないのか。この問いは、中国のナショナリズムにとって最初から難問だった。

改革派・梁と革命派・孫の共生関係

一八九七年一月一三日、のちに中華民国の初代大総統となる孫文（孫中山）は、ロンドンのマダム・タッソー館を訪れ、新たに公開された展示、マグナ・カルタに署名するジョン王の蠟人形を見学した[6]。この訪問には感謝を表する意味が込められていた。この三カ月前、彼は拉致され、ウエストエンド地区にある清国公使館の建物に監禁される。清国の役人たちは一二日間にわたって、反逆を認めるよう孫に圧力をかけつづけた。秘密裏に国外へ連れ出し処刑する、その順序は逆でもかまわないと彼を脅したという。しかし、孫は公使館にいたイギリス人の守衛になんとか賄賂を渡し、友人であり、かつては医学の師でもあったジェームズ・キャントリー博士にメモを届けることに成功した。そしてキャントリーが公使館に孫の解放を命じる、高等法院からの「人身保護令状」を入手したのである。孫は実際に、人身の自由を謳ったマグナ・カルタによって命を救われたわけだ[7]。

イギリスの新聞はこの事件を大々的に報道した。孫は有名人となり、マダム・タッソー館への訪問と同時期にこの体験を記した『倫敦被難記』が出版されると、その名はさらに知れわたった。清国当局が一介の革命家を一挙に世界的有名人に変えたのだ。そのときまで孫の革命運動は遅々として進んでいなかった。二年前にハワイで「興中会」を設立したが（第1章参照）、支持者はほとんどいなかった。一八九五年に広州市で企てた武装蜂起は失敗し、策謀者のほとんどが逮捕されている（恵州事件）。改革派の上級官吏たちも、孫文のような、キリスト教宣教師から教育を受けた成り上がり者の活動家とは関わりたがらなかった。釈放直後のイギリス人ジャーナリストによるインタビューで、孫はそうした改革者たちと彼とでは目標がまったく違うと明言し、「われわれは革命を起こし、現王朝の存在を葬ること」を新たな目標にしたと述べている。[8]さらに、清の支配者と同様、官吏たちの堕落ぶりも問題だとも言い添えた。孫は非常に過激化しており、ロンドンを訪れたティモシー・リチャードも彼とは関わりを持とうとはしなかった。[9]

そんな孫の行動を追うべく清国政府は探偵事務所を雇っていたため、孫文のロンドン滞在八カ月間については事細かに知ることができる。一八九六年一二月五日、イギリスの元外交官で、大英博物館の東洋部門の長を務めていたロバート・ケナウェイ・ダグラス卿の推薦で、孫は図書閲覧室への入室許可を得ている。孫は、ほとんどの時間をこの図書室で過ごし、政治や時事問題に関する文献を幅広く読んだ。[10]そこでハーバート・スペンサーやトマス・ハクスリーが提唱し、当時流行していた社会ダーウィン主義についても理解を深めた。彼らの理論は、これより二年前に厳復によって一部中国語に翻訳され、急進派たちの意識を燃え上がらせていた[11]（第3章参照）。それらも、その後の孫文の国家意識の基盤となったのだ。

しかし、イギリスで季節が春から夏へと移り変わる頃、孫は滞在先のジェームズ・キャントリー宅に別れを告げカナダへ、そしてその後はアジアへ向かった。公使館に雇われた探偵たちは孫の旅行中も尾行を続け、資金集めの試みやバンクーバーとビクトリアを中心とした北米の中国人コミュニティからの支援について、北京当局に報告していた。資金集めの結果だが、旅が終わる頃には彼の船室のランクが中級から特別室へと格上げされていたことからも、成功していたことがわかる。[12]広州蜂起〔恵州事件〕を受けて、香港への入境を禁じられていた孫は、亡命先として日本を選んだ。一八九七年八月一〇日、横浜に到着後は、「黄色人種」の汎アジア主義の支持者から超国家主義者、数人の大臣まで、様々な種類の支持者に紹介され、すぐに親交を結んだ。この人脈を通じて、日清戦争の余波など様々な理由から清王朝の終焉を望む人々からも、莫大な資金を調達することができた[13]。

横浜の中国人コミュニティも孫を支援した。彼らは孫の支持者たちが新たな学校を立ち上げたさいに資金を提供する。学校設立が、改革派と革命派のあいだにある思想的、文化的ギャップを埋めるチャンスと考えたからだ。彼らは梁啓超に働きかけ、初代校長として彼を招くことを提案した。しかし当の梁は上海で改革派向けの新聞編集で手一杯だった。すると、梁の師であり同志で、その過激な儒教の再解釈が物議を醸していた学者、康有為が、かわりに数名の候補者を推薦した。康はさらに学校名も提案する。それは太平の世が描かれた古い文献から取った「大同学校」という名だった。

しかし、改革派の康と革命派の孫の友好関係は数カ月しか続かなかった。康の主義主張が影響力を増すにつれて、北京の皇帝との関係が密になり、とくに一八九八年の夏に皇帝の支持の下で康らが「百日維新」を実行するに至ると、亡命した革命派にとって康とのつながりは具合の悪いものになった。同様に横浜の康の同志たちにとっても孫とのつながりは不都合なものになり、彼らは孫が自身の支援者から得た資金で創立にこぎつけた学校から孫文を締め出したのである。

改革派と革命派の軋轢《あつれき》は悪化の一途をたどったが、やがて一八九八年九月二一日に西太后が皇帝とその改革に対してクーデターを起こすと、改革派の康と梁が祖国を追われることになった。日本政府はまず天津から梁を救い出し、のちに香港から康を受け入れた。横浜に連れてこられた二人は、一八九八年一一月から数カ月のあいだ、改革派と革命派の政治連合をめざす努力をした。しかし康はこのときもまだ、西洋の物質主義にのぼせた「無知な無法者」の革命派とともに活動する気にはなっていなかった。孫のほうも、無意味な理論化に取りつかれた「腐敗した儒学者」である改革派と手を結ぶ気にはなれなかった。[14] 数カ月も経たないうちに、日本側も康との関係を打ち切り、一八九九年三月、康はより強い賛同を得られる中国人コミュニティの同志を求めてカナダへ向かった。

だが康のいなくなった日本では、康の改革派仲間で、白人に対する「黄色人種」の団結を主張していた梁啓超と、「満州族の追放」を誓う「興中会」を組織していた革命派の孫とのあいだに、思いも寄らない友好関係が生まれるに至った。梁の共感は革命支持の方向へと傾き、孫のほうは「国民」についての梁の見解の多くを取り入れた。二人は当時、梁が横浜から発行していた『清議報』に共同で記事を掲載することもあった。[15] 白人によって黄色人種が絶滅するという社会ダーウィン主義が説く脅威は、二人が共有する強迫観念であった。

だがここで重要なのは、どちらも章炳麟らが説く大漢族主義（漢族優越主義）という考えを持っていなかったことだ。梁は満州人を漢族と同じ黄色人種の一部と捉えていたし、孫のほうも満州人に反発してはいたが、民族としてではなく、腐敗したエリートとしてのことだった。一九〇二年初頭、孫は章が企画した「支那亡国二四二年記念会」（明王朝が満州族に滅ぼされてから二四二年の記念の会）への参加を拒否している。これに対し章はのちのスピーチで、孫には「漢族を救うことに誠心誠意取り組む姿勢がまったく欠落している」と訴えた。[16] それとは逆に、共通の敵を持ち、ともに横浜に流された梁と孫のあいだには共生関係が築かれていった。思考と著作で訴える「内面的な」学者である梁は理想の「中国国民」の創出について考え、戦略を練って活動する「外面的な」タイプの孫はみずからが率いる理想の国家の将来像について考えていた。しかしどちらの思い描く理想も、梁の「民族」という発想に立脚していた。

梁啓超は一九〇三年の論文のなかで「民族」という新しい造語を登場させたが、その「民族」という言葉は文字どおりには「血族・種族」という意味である。梁はヨハン・ブルンチュリのドイツ語の「Nation（国民）」の概念（まぎらわしいがブルンチュリは英語の「人々（people）」の意味で使用）に相当するものとしてこの言葉を造った。ブルンチュリの国民または人々が、梁の「民族」になったのである。またもまぎらわしいが、ブルンチュリはドイツ語の「Volk（民族）」を英語の「nation（国民）」の意味で使った。梁はこの Volk または nation を「国民（グゥォミン）」と訳した。梁にとっては、一つの国家に複数の「民族」が存在することも、同じ「民族」が国境を越えて存在することもありうることだった。これに対して「国民」とは、国家の住民のみを指した(17)。

このような複雑な経緯をたどったがゆえに、いまだチベットや新疆などの少数民族に対する中華人民共和国の見解や政策も複雑になっている。多様な民族を抱える帝国という現実と、単一民族国家という夢をいかにして一致させるか、これは一九〇〇年代の改革派や革命派も直面していた問題であったが、現代の指導者たちも同様に取り組んでいる課題なのだ。

漢民族が他民族を同化する

カナダの都市バンクーバーからバンクーバー島南部へ向かうフェリーは、セイリッシュ海に浮かぶ木々に覆われた島々のあいだを縫って、直行とはいえ恐ろしいルートをとる。ジグザグの海峡や狭い海路を、作業船やレジャー・ヨットを避けながら進み、やがてスワーツ湾のターミナルに入る。港に到着する直前、港側の乗客たちは広がる私有地を眺めることができる。コール島という名の島だ。現在はカナダの実業家シールド家の所有地だが、一世紀以上前、この辺鄙《へんぴ》な島には康有為が潜んだ隠れ家があり、大清国と日本政府の両方から雇われた暗殺者から身を隠していた。西太后は、幽閉した皇帝を支持する康の死を望み、日本にとっても、康がいなくなれば、みずからが推す革命派の孫文が亡命者の政治運動を支配することができる。しかし、康の改革への努力が成功につながることを期待するイギリス政府は、彼に生きていてほしかった。イギリス政府は香港で康を保護し、シンガポールでは日本の手による暗殺を阻止、そしてカナダで警察の警護をつけていた。

康の評判は彼の到着よりずっと早くビクトリアの港に届いていた。一八九九年四月七日、日本からの船で到着すると、すぐに地元の新聞二紙からインタビューを受け、康はさっそく清国の政治改革を呼びかけ、イギリス政府の介入を要求した（この発言は梁啓超の新聞にも掲載されたが、イギリスに助けを求めたことは削除された）。彼はブリティッシュ・コロンビア州の副知事をはじめ非常に多くの要人に受け入れられ、ビクトリアやバンクーバーのチャイナタウンでは、大勢の聴衆を前に演説を行なった。そこで彼は初めて、華僑を祖国と結びつけるための愛国心の必要性を述べた。

イギリス政府は確かに康の保護態勢を整えはしたが、大清国の政治改革を強硬に押し進めるつもりはなかった。康は軍事介入の交渉のため一八九九年の五月と六月にロンドンを訪れるものの、失意のうちにカナダに戻っている。そこで彼は、ビクトリアの実業家たちとともに、改革を支援する華僑のコミュニティを組織するため、「保皇会」を結成した。そのモットーは「保種、保国、保教」（種族、国家、儒教を守る）だった。康はみずからを会の代表に、そして梁啓超を副代表とした。その後、彼はコール島にこもって、内省と執筆で日々を過ごした。[18]

一八九九年九月一九日の詩には、亡命中の居場所についてこう記されている。

二万里の彼方から放浪してきた流れ者
四〇歳のもみあげは長く、白い
天の川を見上げ、明るい月光を浴びる
このコール島では村人との会話など稀だ
わが団体が混乱や惨事で近隣住民を脅かすことを恥じる
わが同胞のために何も成し遂げなかったことを恥じる
そして、わが生まれ故郷に永遠に戻れないことを恐れる……[19]

日本で歓迎されないことを知っていた康は、その後の数年間、大英帝国の領地を転々とした。一九〇〇年にはシンガポール、一九〇一年はペナンとマレーシア、そして一九〇二年に代表作である『大同書』(横浜の学校につけたのと同じ名前)を執筆したのは、インドの避暑地、ダージリンにいたときのことだった。この著作のなかで彼は、家族、性別、階級、民族、職業の境界線が薄れ、世界中が一体化して生活するという未来社会のユートピア構想を述べている。康は国家主義に価値を置かず、国々が融合して地域連合を形成し、独自の議会と軍隊を持つ全世界規模の国家となることを望んだ。[20]しかしそれは、非常に人種差別的な未来構想であった。康は赤色や黒色の人種が、異人種間の結婚や移住、不妊化によって(別人種に)変化すると予測しているのだ。アフリカ人と結婚した白人や黄色人種はその功労に対して賞を授けられる。[21]最終的に、こうして生まれた新人種には白人の強靱な体力と、黄色人種の知的技能が備わっているというのだ。

康が存命中に出版を許したのは『大同書』の冒頭の二章だけであり、[22]公には大清国の問題を儒教の観点から解決することを提唱しつづけていた。皇帝を守り、イギリスの例に倣って立憲君主制の国家を設立することに全力を傾けるべきというのがその主張だ。地球規模の平等社会への願望を表明していながら、彼はそれを大衆に訴えかけようとはしなかった。そうするかわりに、彼は「華僑」の実業家や祖国の著名な学者に近づいた。実業家たちには、北アメリカ各地にいる華僑とのつながりを利用して、彼らの「保皇会」に資金を提供する新たな会社を起こすよう働きかけ、学者たちには皇帝を守る立場を貫くことを熱心に勧めた。

著名な学者であったにもかかわらず、康は一八八二年にアーサー大統領が導入した中国人移民排斥法（排華移民法）によって、アメリカへの入国を禁じられていた。みずからアメリカの華僑を「保皇会」に勧誘できないため、一九〇三年、かわりに最も身近な二人の支援者を送り込む。その一人である梁啓超は、なんの問題もなくアメリカ入国を果たしている。彼は二月から一〇月のあいだ、アメリカとカナダ各地の中国人コミュニティから歓迎を受けた。康が派遣したもう一人は自身の娘、康同璧《こうどうへき》だった。彼女は「保皇会」の女性支部をカナダのブリティッシュ・コロンビアに、アメリカではワシントン州、サンフランシスコ、シカゴ、そして一〇月二〇日にはニューヨーク市に設立した。(23)

梁啓超は何カ月にもわたってアメリカ中を旅した。だが、この経験を通じて彼は自分たちの主張する政治制度に幻滅するようになったようだ。彼はワシントンDCで春の花々を楽しみ、ニューヨークで高層ビルに感銘する一方、混雑して非衛生的な各地の中華街をつぶさに見た。よく知る祖国の姿とアメリカの都市を比較した結果、彼は共和制の民主主義へ移行する準備のできていない中国人に非があるという結論にたどり着いた。

「もし今、われわれが多数決の原理を採用すれば、それは国全体が自死するに等しい。自由、立憲主義、共和主義といったものはすべて、冬に豪華な夏服を着るようなもので、見た目には確かに美しいが、場に則していないのだ……。要するに、今のところ自由を手にするに値しない中国人は、独裁的支配を受け入れるしかないのである」[24]

彼は共和制こそが最高の統治形態だと確信しつつも、中国人にその準備が整うまでは、立憲君主制を最善としたのだ。

その後梁は日本に戻るが、民主主義へのゆるやかな移行という信念を曲げず、これが原因で孫文とは決定的に断絶し、もはや共同で記事を掲載することもなくなった。康を支持する君主制主義の「保皇会」と、孫を支持する革命派とのイデオロギー闘争は激しさを増し、北アメリカ、東南アジア、オーストラリアなど世界中の華僑社会からの支持を奪い合う闘いへと発展していった。

当初優位に立っていたのは康である。彼の学者としての名声、儒教に基づいた言葉、清朝への忠誠と段階的な変化という提案は、海外の中国人コミュニティの富裕層のなかでもトップクラスの人々のあいだで強く支持された。このような強みをまったく持たなかった孫が、彼の革命運動に多くの支持者を引き込むには、みずからの政治的なメッセージに頼るしかなかった。そこで彼はいっそう過激な国家主義を導入することになる。彼のグループは一九〇四年、鄒容による過激な排満主義を唱える著作『革命軍』（第3章参照）を数千冊発行した。鄒はこの本のなかで漢族に「五〇〇万、またはそれ以上いる毛に覆われ角を生やした満州族を全滅させ、二六〇年にわたって延々と続いた激しい苦しみを拭いされれば、中国亜大陸は浄化される」と呼びかけた[25]。ここに至るまでは、孫は漢族優位の民族主義には慎重な姿勢を保っていた。そんな彼が鄒の説を用いたのは、康と梁が提唱する黄色人種ナショナリズムを支持する人々を横取りするための方策にすぎなかったと思われる。

改革派と革命派、黄色人種ナショナリストと漢族ナショナリストのあいだの論争は、日本の亡命者社会や、東南アジア、北アメリカなど広範囲の華僑社会をその後一〇年にわたって席巻した。梁が思考をめぐらせ文書を書けば、孫は策を講じて行動した。孫は革命を成し遂げるため、秘密組織や自国の軍閥、外国勢力とのあいだで様々な取引をした。そして一九〇五年八月下旬、彼は突破口を開く。章炳麟やライバルの革命派たちと一緒に、主張の違いを脇に置き「中国同盟会」を結成したのである。同年一〇月一二日、孫は会報『民報』の創刊号で「同盟会」の理念を述べた。その理念とは、「民族主義（民族の統合）」、「民権主義（国民主権）」、「民生主義（国民生活の安定）」である。これら三つの「主義」はやがて「三民主義」として知られるようになった。

当時、梁と孫は完全に異なる政治的立場にあったが、「民族主義」というのは明らかに梁の思想を受け継いでいる。一九〇三年の論文のなかで、梁は「人々」に等しい言葉として「民族」を使い、「国に属する人々」の意味で「国民」を使っていた。梁の言う「国民」にはいくつもの「民族」が含まれており、黄色人種の未来は大清国にいるすべての民族を統合することにかかっているとして、彼はあらゆる民族を統合する「大民族主義」を強く訴えたのだ。思想より実行の人だった孫が梁の言葉を借用したのは、政治的利便性からだった。孫にとっての「民族」はしだいに「国民」を意味するようになるのである。

歴史家ジェームズ・リーボルトは、孫の主張する国家主義は一般的な意味のナショナリズムとは異なると指摘する。[26] 孫は政治的に非常に危険な橋を渡っていた。満州族の大虐殺を公然と主張する革命家は鄒容だけにとどまらず、ほかにも、未来の国を純粋な漢族の領土にするために、チベット、新疆、満州、モンゴルの領域は先住民に引き渡すべきだと主張する者たちもいた。しかし、孫は帝国の領土を保全すべきという点では、梁と同意見だった。孫は早くも一八九四年に、清の役人だった李鴻章（第2章参照）に手紙を書き、朝廷は「西洋を見習い、大清国の国境付近の広大な荒野を開発する人員を採用するべきだ」と主張している。[27] 一九〇〇年には、未来の国家（この時点で孫はその国を「中国（チャイナ）」と呼んでいた）の領土を維持するという誓いを立証するため、孫は国境内に含めるすべての場所を記した長いリストを作成している。その領土は西のチベットから東の満州に至るまで、清朝支配下のあらゆる場所が含まれていた。孫にとって、未来の共和国は大清国の領土を引き継ぎ、維持することが優先事項だったのだ。

孫は、みずからは漢族以外の人々が暮らすすべての地域を領土とする未来国家を作るという夢を持ちながら、対外的には、「同盟会」の仲間の章炳麟をはじめとする漢族優越主義者たちの協力をなんとかつないでおく必要があった。これは革命派が直面した最大のイデオロギー問題だったが、孫は新たに参加した汪兆銘《おうちょうめい》という学生にこの問題の解決を託す。

一九〇四年後半、広東省出身で役人志望だった汪兆銘は二一歳のとき、日本の法政大学で「蘭学」を学ぶため清国政府から国費留学生として派遣された。だがその後、この留学の出資者を打倒する活動に身を捧げることとなる。彼が設立間もない「同盟会」に参加し、初めて『民報』に投稿した原稿は、第一号と第二号にまたがって掲載された。その二部からなる非常に長い論文は、孫の問題の解決に専心する内容だった。論文のなかで汪は、梁が「民族」と「国民」を区別していることを取り上げ、国民とは複数の「民族」で構成されることができるのではないか、と問いかけた。汪はさらに、満州族は明らかに別の「民族」だが、漢族は過去にも他の「民族」を同化させることに成功してきたのではないか、とも論じている。満州族による支配が終わったのなら、彼らもまた同化されると考えることは、論理的ではないか。漢族が主体民族（主人《ジュレン》）となり、大清国の領土に住む他のすべての民族は漢族に融合し、新しい国民を形成するのだ、と。(28)

一方、梁は北アメリカを旅した結果、現下の大清国に必要なのは革命ではなく、段階的な改革計画だという政治的信念を固めた。その信念に従って彼はこう主張した。漢族と満州族との区分はすでに崩壊しており、革命的政変の必要性はない。そして、こうした民族の融合が新たな「中華民族」を生み出し、民族と国家を守るだろう、と。アメリカをめぐった旅によって、「人種のるつぼ」の重要性を学んだとみえ、彼は様々な民族が「同じ溶鉱炉で精錬される」ことの必要性について記している。(29)一方の汪兆銘と孫は、満州族は同化していない、ゆえに「中華民族」を形成する前に打倒しなければならないと確信していた。

とはいえ改革派と革命派に共通していたのは、民族の多様性とはたんに一時的な現象であり、漢族の同化力によって消去できると考えていた点である。彼らはまた、大清国の領土保全を最優先事項としていた点でも共通していた。そしてこの領土の構成という点に関しては、孫、梁、そして今日の人民共和国のいずれも、明らかに階層的な考えを持っていた。まず中国の中心部――孫が言うところの「支那本部《チーナーベンブー》」（中国本土）――があり、その下に満州、モンゴル、チベット、新疆という四つの「属地《シュディ》」がある。この構成はのちに孫が自分の描く国民と国家を定義するさいの基盤となった。改革派、革命派のどちらが政治闘争に勝利しても、大清国における「非漢族」――チベット族、ウイグル族、満州族、モンゴル族――の行く末は同じだった。つまり将来、民族は同化されて国家に吸収されるのである。

清王朝の滅亡と「五族共和」

しかし結局のところ、康有為と梁啓超が率いる改革派の政治運動にとって、最大の脅威となったのは革命派ではなく、清王朝そのものだった。一八九八年、康が推し進めた数々の改革案を一気に反故《ほご》にした西太后だったが、一九〇〇年代になるとそれらを認めるようになる。一九〇二年、漢族と満州族との婚姻禁止令を撤廃、一九〇四年、学校改革を宣言、一九〇五年、伝統的な官吏登用試験（科挙）の廃止、さらに一九〇六年には他国の憲法を学ぶため役人を海外へ派遣した。その様子は急進的な改革を進めるのに康や梁の存在は必要がないかのようだった。そのため改革派の論調はしだいに弱まり、彼らが「擁護」してきた光緒帝が一九〇八年一一月一四日に三七歳で崩御すると、議論そのものが完全に立ち消えになる。崩御の翌日に彼を幽閉した伯母の西太后が死去したため、西太后批判派が、彼女が死の床から皇帝の毒殺を手配し、光緒帝の甥にあたる二歳の溥儀《ふぎ》を次の皇帝に指名したのだと考えたのも無理はない。幼い皇帝、溥儀を「擁護」すべきと唱える者はほとんどおらず、康有為にしてもそれは同じだった。

改革派の思い描く物語は熱意を失い、主導権は革命派へ移っていく。一九〇九年以降、康を支持していた北アメリカの富裕層は、すばやく孫支持へ鞍替えし、孫は彼らから得た資金を使って武装蜂起を繰り返した。どれも失敗に終わったが、こうした反乱のたびに孫の名声は高まっていった。行き詰まっていた政治情勢は一九一一年一〇月一〇日、南東の都市、武昌での蜂起をきっかけに動き出す。孫の「中国同盟会」は当初はこの蜂起に関与していなかったが、事態が進展するにしたがって、孫も巻き込んで活動の規模は大きくなり、この年の末に清王朝の歴史は幕を閉じた。

混沌の二カ月間、章炳麟や鄒容の「漢族優越主義」は多くの流血騒ぎを引き起こした。「排満革命」

（満州族排除の革命）のスローガンを文字どおりに受けとった孫の支持者たちが、あらゆる場所で満州族に激しい攻撃を加えた。その口火を切ったのが武昌での武装蜂起だったのだ。革命派の報告によると、五〇〇人以上の満州族が殺害されたのに対して、革命軍兵士の死者は二〇人程度にすぎなかった。[30] 歴史学者エドワード・ローズは大虐殺のあった一〇都市を特定している。武昌蜂起から一二日後、革命軍は西安を攻撃し、満州族人口の半分に当たる約一万人が無差別虐殺によって命を落とした。福州、杭州、太原でも大虐殺は行なわれ、二万人が殺害されたとされる。[31] 鎮江と南京では守備隊が戦うことなく降伏したにもかかわらず、なお多くの満州族が殺害され、居住区域は破壊された。満州族は、平たい頭の形や話し方、纏足《てんそく》をしていない女性などの特徴で選び出された。数えきれないほど多くの満州人が容赦なく即座に殺害された。[32]

このような大量虐殺が止まらなくなることを恐れた各地のリーダーたちは、革命派を糾弾し、止めるよう要請した。そして、この風潮のなかで新たなスローガン、「五族共和」が登場する。中華民国初期を特徴づける理念となったこの考え方は、一九〇〇年代、日本への亡命者らが刊行した出版物までさかのぼる。その雑誌『大同報』が他誌と一線を画したのは、編集者に改革派と満州人の両方がいたことだった。雑誌名には明らかに康有為の新儒学的な考えの影響がうかがえるが、寄稿者たちは康のユートピア構想の支持者ではない。排満思想が高まり、その影響がみずからや家族に及ぶことに怯えていた彼らは、一九〇七年から一九〇八年にかけて七回発行された各号すべてのなかで、漢族と満州族のあいだの「問題」に対処する方法を模索している。彼らが支持したのは立憲君主制と議会制民主主義だったが、何より重要なのは満州族、漢族、モンゴル族、ウイグル族、チベット族を一つの「国民（グゥオミン）」として統一しようとしていた点である。梁啓超による「多くの〈民族〉を一つの〈国民〉とする」という言葉の影響は明らかだが、[33]梁が最終的にすべての民族を「中華民族」として一つに融合することをめざしたのに対し、『大同報』の筆者たちは五つのグループをそれぞれ異なる「族《ズー》」（種族・民族）として認識し、平等な関係になることを求めた。

　彼らは体制内部にいながら、一世紀以上前に乾隆帝によって定められた大清国の構想を大幅に修正しようとした。つまり、それぞれ違う言語を使用し、住む地域も異なる五つの「族」――満州族、漢族、モンゴル族、ウイグル族、チベット族――が、みずからの信念や統治制度を保ちながら、大清国のなかで共存できる体制であった。これこそパメラ・クロスリーの言うところの「連立統治」であろう。[34]たとえばチベット族は皇帝の臣民でありながら、ラマ（師僧）の権威を受け入れる仏教徒であることができる。皇帝側からしても、公的には仏教を信仰しながら、北京のラマ教の寺院で礼拝することも可能であり、チベット族にとって寛大なリーダーとなりうる。また、モンゴル人にとっては「汗《ハン》」〔遊牧民族の長〕のように見え、漢族にとっては儒教の権威者でありつづけられるのだ。

　この体制は、各民族が自治を感じられるほど柔軟なものでありながら、同時に帝国の一部として統治下にあるというものであった。『大同報』で示された革新的な発想とは、個人が皇帝への忠誠を誓うのではなく、近代世界においては五つの「族《ズー》」が「中国《ヂォングゥオ》」に対して忠誠を誓うべきとし、彼ら全員が中国の「国民《グゥオミン》」であるというものだった。

　これこそが民族的観点からも、領土の面からも国を一つにまとめておくことのできる方策だとされた。一九一一年の熱気に満ちた最後の数カ月に革命派が受け入れざるをえなくなった妥協案でもあった。というのも、朝廷は忠実な軍隊をいまだ維持し、かつての指揮官の多くもそれぞれ独自の領土を獲得するために離散している状況下で、革命派は十分な権力を手にしていなかったからだ。さらに重要だったのは、モンゴルの王族たちが、多民族からなる大帝国から漢族支配の共和国に代わる可能性を恐れ、一二月に独立を宣言したことである。チベットも独立をめざす戦いの真っ最中だった。そして新疆は地元の軍閥に支配され、事実上すでに自治領となっていた。もはや大清国の半分以上の領土が、北京の支配下からこぼれ落ちていたのだ。

孫文と仲間の革命家たちは、権力を獲得するには清朝と地方の軍閥の双方と協議しなければならないことを認識していた。そこで仲介人として重要な役割を果たしたのが、満州人改革派の楊度《ようと》である。日本への留学経験があり、『大同報』の改革への信念や民族の平等の構想に共感した楊は、一九〇七年と一九〇八年には『大同報』の支持者になっていた。一九一一年までに北京に戻り、大清国の内閣総理大臣となった北洋軍閥の袁世凱とも、孫の信奉者だった汪兆銘とも親交を持った[35]。こうした縁で、大清国を滅ぼし共和国を建国するための妥協案に影響力を持つ重要な地位に就いた。

当時は朝廷と革命派のどちらも、将来、五族平等に基づいた政治的取り決めをすることになるなど、考えてもいなかった。朝廷にとって大清国とは満州族をトップとした階級組織であり、一方の革命派は、各民族に政治的な権限を与えることなど念頭になく、すべての人間が単一の「中華民族」の一員になると考えていた。

北アメリカやヨーロッパをめぐった孫文が上海に帰り着いたのは、交渉が佳境を迎えた一九一一年のクリスマスのことだった。一二月二九日、革命派側の交渉役だった伍廷芳《ごていほう》は、満州族、モンゴル族、ウイグル族、チベット族は基本的に漢族と同等に扱われるというきわめて重要な譲歩案を作成した[36]。こうして未来の国家は「五族共和」という、当初は双方ともに望んでいなかった妥協案にたどり着く。ジェームズ・リーボルトが検証したとおり、一九一一年一二月という特別な状況下にあっては、孫もこの案を受け入れざるをえなかったのだ[37]。見返りとして一九一二年一月一日、孫は革命派から新しい中華民国の臨時大総統に任命された。

しかしその就任演説で、さっそく孫は自身の見解を披露し、多民族から成る国家についてこう否定する。「国家の本質はその国民にある。漢族、満州族、モンゴル族、ウイグル族、チベット族の領土を一つの国家に統一するということは、漢族、満州族、モンゴル族、ウイグル族、チベット族やその他の〈族〉を〈一つの国民〉に統一することを意味する。これは〈民族〉統一と言える」。孫の信念は変わっておらず、梁と同様に、「民族融合」の思想〔様々な民族が「同じ溶鉱炉で精錬されるべき」という思想〕が根付いていたのである。

これに対し清王朝が初めて「五族」という言葉を使ったのは一九一二年二月一二日、皇帝、溥儀の退位を正式に宣言した清朝最後の日のことだった[38]。退位の詔書は上海の改革派が書き、北京の袁世凱が編集し、西太后の姪で前皇帝の未亡人であり、溥儀の養母だった孝定景《こうていけい》皇后によって公布された。袁は革命派の作成した詔書に、二つの重要な条項を追加する。一つは、満州族、モンゴル族、ウイグル族、チベット族の貴族階級は維持されること、もう一つは、少数民族の信仰は保障されること、である。これによって、民族分離を支える二つの基盤は新たな共和国においても保持されることになった。

孫が臨時大総統に就任してからわずか六週間後、軍事力を用いて革命派に圧力をかけていた袁世凱に孫はその席を明け渡すことになった。この六週間はまさに議論が白熱した時期だった。新たな国家の旗に何を描くべきかについてのこの論争は、民族および国民に対する国家政策についての根本的な意見の相違を浮き彫りにした。孫の好みははっきりしていた。さかのぼること一八九五年、孫の幼なじみだった陸皓東《りくこうとう》は、広州で清国に対して初めて蜂起したさい、青空に白い太陽を描いた「青天白日旗」を制作した。蜂起が失敗し、逮捕後処刑された陸は、孫にとって革命の最初の殉死者であった。そして孫は、一九〇五年に革命派のグループを合併して結成した「中国同盟会」の旗に陸のデザインを採用するよう主張し、その後も変更が持ち上がるたびにこの旗を死守した。[39]

したがってこの旗が、孫自身はもとより、彼の属した組織や信念と一体化していたのは間違いない。しかし、中華民国の国旗の候補案はほかにいくつもあった。漢族の国家主義者のなかには、明王朝時代の省の数を表した一八の星を描き、他民族を暗に排除する旗を使っている団体もあった。ほかには、たんに「漢」という漢字だけを配した旗を採用していた団体もある。そして一月一〇日、中華民国が最終的に採用した旗は、新たな国家のもと五つの「民族」が調和した結合体となるという理念とは真逆の意味が込められたものだった。描かれているのは五色の横縞で、一番上の赤は漢族、その下の黄色は満州族、青はモンゴル族、白はウイグル族、そして一番下の黒がチベット族を表していた。

この五色旗の正確な起源はよくわかっていない。歴史文化学者ヘンリエッタ・ハリソンによれば、もともとは海軍の下級指揮官が掲げる旗として使っていたものを、程徳全《ていとくぜん》なる人物が採用したという。程徳全は漢族ながらも清に仕え、(上海市を囲むように位置する)江蘇省の総督にまで上りつめるが、革命派に転じ、一九一一年一一月には蘇州の独立を宣言した。[40]程徳全の部隊はこの五色旗を掲げていたにもかかわらず、南京の占領時には、降伏していた満州族の住民を大虐殺している。[41]そのほかには孫の補佐官で、上海の「中国同盟会」リーダーだった陳其美《ちんきび》もこの旗を採用していた。彼は旗に満州族も描かれていることで、清の役人たちも中華民国を支持しやすくなると述べた。

つまりこの旗には、孫が推していた旗と比較して二つの利点があるとされたのだ。政治的偏りがないこと、そして五つの「民族」を含んでいたことである。しかし孫からすれば、いずれの根拠も誤りだった。そのため（臨時）大総統を辞任させられてからも長いあいだ、この旗の使用に反対しつづけていた。旗に描かれた色が民族間の階層を暗示しているというのが表向きの反対理由だったが、実際には「民族」を別々に捉えるという発想そのものに反対だったのだ。彼は一九二〇年の演説で聴衆に対して「五つの〈民族〉という言い方は不適切だ」と述べ、「アメリカではもともとはヨーロッパの異なる〈民族〉が混在していたが、今では融合して一つのアメリカ〈民族〉を形成している。それと同じように、わが国でも様々な〈民族〉が融合して一つの〈中華民族〉となるべきだ」と訴えた[42]。

一九一二年三月一〇日、袁世凱が正式に中華民国の臨時大総統に就任したさいには、五民族それぞれの代表者が彼と新たな国旗に頭を下げた。それは事実上、かつての大清国時代に行なわれていた朝貢儀礼の近代版であり、違いといえば清時代の使者たちが異なる領土から集まっていたのに対し、近代版では中華民国という一体化されるはずの同じ領土に住む異なる民族が集まるという点だけだった。事実、中華民国の足元は揺らいでいた。

就任宣誓から一カ月後、ダライ・ラマ（一三世）率いるチベットの軍隊が中国の守備隊を追放した。その数カ月後、袁大総統は統治権を取り戻すため新たに軍隊を派遣したが、ダライ・ラマを服従させることはできなかった。そこで袁は清時代の統治で用いられていた手法を復活させようと試みた。清時代の称号を授けるという友好的な手紙を二通ダライ・ラマに送ったのだ。一〇月末、民国公報の『京報』には、以下のような楽観的な文章が躍った。「今や中華民国は確固たるものになり、五つの〈民族〉は一つの家族として強い絆で結ばれている。よって、ダライ・ラマも当然ながら母国への深い愛情によって心を動かされている」と。

だが、英領インド政府の代表としてチベットに駐在していたイギリス外交官チャールズ・ベルによれば、ダライ・ラマは称号を受ける意思はなく、チベットを独立統治するつもりだと返信したという(43)。ベルとイギリスはダライ・ラマを強く支持していた。彼らはチベットが、中国にできた新たな共和国と、彼らがインドに持っていた帝国領土とのあいだの中立的な緩衝国のままであることを望んだからだ。チベットが北京の支配から離れれば離れるほど領土の安全性が増すことから、イギリスは袁に対して本格的な侵入を控えるよう警告した。

民族を融合し、一つの〈中華民族〉を形成するという孫文の夢

一方、孫は大総統の地位を追われたあとも、「中華民族」という夢を追い求めていた。孫の都市部における人気はなおも非常に高く、袁世凱も、ほとんどの事案で立場が異なるにもかかわらず、孫を敵対者にするよりむしろ協力者として引き入れておきたかったことは明白だ。一九一二年八月二四日に孫が上海から北京に到着したさいには、儀仗隊や祝宴、広大な住居など、いまだ元首であるかのような歓迎を受けた。その翌日、孫は残っていた「同盟会」リーダーたちや、より小規模ないくつかの改革者組織のリーダーらとともに、京劇の劇場である北京湖広会館へ赴き、新たな政党「国民党」の結党大会を開催した(44)。

国民党（略称KMT）が採択した五つの政治目標には、重要課題である「民族の同化〈種族同化〉の厳格な実施」も含まれていた。孫は、「融合」の過程を経てこの目標が実現すると考えていた。それは、一四年前、ロンドンの大英博物館の閲覧室で社会ダーウィン主義の概念について学んだ日々に端を発した見解だった。孫は結党大会から数日後、北京にある広東・湖南クラブでの演説で、自身の

この考えについてこう述べた。「世界の進化は、未開から文明化へ進歩する方法を学ぶか否かにかかっている」

ダーウィンの原理では、鳥獣のように振る舞いつづけた「民族」よりも、文明化された「民族」が自然に選択されるとしている。よって最も「文明化された知識」を持っている漢族には、より劣った少数民族を未開から文明化へ導く義務がある、と。彼はこの義務を「感化」と呼び、ジェームズ・リーボルトはこれを「道徳的卓越性を示す模範を通して行なわれる改革」と訳した。孫は聴衆に向かって、チベット族やモンゴル族のリーダーたちは、その恩恵を理解していないために共和国とのつながりを絶ったにすぎないと語った。記者に対しては「彼らに対する教育はいまだ十分ではない……われわれにできるのは彼らが正しいことを理解するまで段階を踏んで手助けするだけだ」と答えている(45)。

孫の考えでは、民族の融合を進める最も効果的な方法は、先進的な文明を持つ漢族が未開の辺境地域に移住するよう奨励することだった。その計画の要となったのが、民国の奥地にまで達する鉄道の敷設だった。彼は一九〇〇年にすでに、みずから描いた地図上にこの計画の概略を描いていた。大総統となった袁世凱は、この民族融合にはとくに興味はなかったかもしれないが、辺境地帯を統治することの戦略的重要性については確実に理解していた。孫と袁は、孫が北京にいたひと月のあいだに一三回もの長時間に及ぶ会議をし、防衛、外交問題、農業改革、産業開発について話し合った。一連の会議中に、袁は孫を「鉄道開発責任者」に任命し、国の鉄道敷設計画やその資金調達のための外国との交渉に関するすべての権限とともに、月三万元の予算を与えた。そしてその翌週、孫はこの計画準備のため、かつて西太后のものだった列車に乗って北京を発った。

彼に同行したオーストラリア人記者ウィリアム・H・ドナルドによると、新疆とチベットを国内の他の地域に結びつける一〇万キロに及ぶ新たな線路を一〇年かけて敷設すると語ったという。ドナルドが、そのルートは高い山々に阻まれているため鉄道建設は不可能だと言うと、孫はヤクが移動できる道のある場所ならば鉄道も通すことができると主張したという。また、フランス人記者には、この計画には一六〇億フランの予算が必要であり、海外の貸し手を探していると語っている。[46] 孫にとっては、漢族の生活圏で実行可能な事業を行なうことよりも、北西部の辺境を「中国本土」に結びつけることで、民国においても大清国の領土を保つために資金を投じることのほうがはるかに重要だった。しかし、必死の働きかけは実らず、この計画に投資する者は現れなかった。結局、一九一三年七月には袁によって任を解かれるが、二人の政治理念の違いから内戦へ発展するようになって以降も、孫はこの鉄道計画を練りつづけていた。[47]

権力を失い上海で半隠居の生活となっても、孫は鉄道建設と民族主義の夢を抱きつづけた。この時期の一〇年で、彼は二つの大作を書き上げている。『建国方略』と、より広く知られている『三民主義』であるが、この二つは対として捉えるべきだ。『建国方略』(のちに『The International Development of China(中国の国際的開発)』として英語版が出版された)では、アメリカの開拓を手本とする計画を記している。孫は「文明化と移住」という壮大な計画を掲げ、現地住民を文明化するため何十万もの小作農民や兵士を辺境に強制移住させることを提唱している。『三民主義』のなかでは、梁啓超の民族主義の定義を広義と狭義の両方の意味で借用し、こう述べている。

これまでのところ「われわれは〈民族主義〉の負の側面しか手に入れていない」。今後は正の側面の達成に向かって進まなければならない。そのためには、「漢族が大きな誇りとしている血統、歴史、アイデンティティを捨て、満州族、モンゴル族、ウイグル族、チベット族と一つの炉のなかで真から融合して〈中華民族〉という新たな民族を生み出すことが必要だ。アメリカが白人と黒人のように様々な異なる人種を融合させ、世界有数の〈民族主義〉を生み出したのと同じことである」。

一九一九年一〇月、孫は国民党の後継として「中国国民党」を結成し、みずからの「三民主義」を基本理念として採用した。だが、ようやく第一回の全国代表大会を開催したのは一九二四年一月になってからのことで、戦時下だったため、彼らの統治下にあった中国南端の地で開催するしかなく、広州の広東高等師範学校が会場となった。新たに招かれたソビエトの顧問の影響で、「民族主義」の原理は大幅に修正された。様々な「民族」を一つに「融合」させることをめざすのではなく、すべての民族を平等に扱うことを公約としたのだ。しかし、これは孫の思想の変化を表すものではない。ロシアの記録保管所で発見された文書によれば、別々の民族が一国に暮らすという表現は、完全にソビエトの顧問の言葉であり、孫文や彼の側近だった汪兆銘の反対を押しきって挿入されたものだった(48)。

四日後、孫はみずからが設立したばかりの国立広東大学で一連の講演の第一回目を行なった。そこで彼はソビエトの案を直接否定した。世界中のどの国とも違い、中国には一つの「国家《グウォジャ》」を形成する一つの「民族《ミンズー》」が存在する、つまり、一つの民族が一つの「家族国家」(国民の儒教的解釈)を作っていると述べた。実際のところ国内に異なる「民族」が存在することは認めながらも、彼らはより優れた漢族に同化されるため、無視できるとした。

「中国の〈民族〉は合計四億人の人々からなっている。そのうちモンゴル族は数百万人、満州族は一〇〇万人、チベット族は数百万人、ムスリムのトルコ系諸族が数十万人、すべてを合わせても先住民でない〈民族〉はわずか一〇〇〇万人にすぎない。したがって、圧倒的多数であることから考えると、中国の人口の四億はすべて〈漢族〉——共通の血統、言語、宗教や習慣を受け継ぐ唯一の純粋な民族

——であると言って過言ではない」[49]

つまり孫は、名目だけの平等を掲げて、少数民族が共存するというソビエト顧問の助言は完全に無視したのだ。彼は社会ダーウィン主義を信じ、漢族が他の少数民族を一つの中華民族に組み込む必要性を痛感していた。そうしてこそ、白人の帝国主義に対抗し、打ち勝つことができるのだと。彼は社会ダーウィン主義への強い信奉から、同化の過程は武力や強要がなくとも自ずと進行すると考えていた。その信念がよく表れているこんな発言がある。何世紀にもわたって「自然な」過程は進行しており、満州やモンゴル、チベット、新疆の人々は漢族の文化を賞賛するがゆえに、彼らはみな中国人になったのだ、と。六回目の講演では、こうした「同化の力」は最終的に安南、ブータン、ボルネオ島、ビルマ、韓国、ネパール、台湾、そしてかつての朝貢国すべてに広がり、これらの地域すべてが統一され強大となった中国に包含されると語っている。

孫が一九二五年に死去した一年後、蔣介石が国民党の軍事的、政治的リーダーの地位を確立した。国民党は一九二八年までに北京を攻略、新たな政府〔南京国民政府〕を樹立した。新政府が最初に取りかかったことの一つは、一六年前に採用した「五色旗」の使用をやめ、孫の大切にしていた「青天白日」の描かれた旗への変更だった。そして一九二九年に行なわれた第三回党大会では、一九二四年の声明や少数民族の自決権に関する公約を破棄する。これは一つの「中華民族」という孫の理念を実現しようという党の姿勢の表れだった。しかし計画はまたも、辺境地域を管理下に置かなければならないという現実問題に阻まれる。地方の政治指導者の要望に応え、外国勢力の脅威を意識しつつ、新政府は内モンゴルやチベット族居住地域に特別区を作る計画を立てる[50]。紆余曲折を経て、一九三九年には「内チベット」自治区（川辺特別行政区）が、一九四七年には内モンゴル自治区が作られたのである。
一方、こうした動きと並行して、孫が長年にわたって温めていた鉄道建設が進められ、国民の「融合」という彼の夢が現実になりはじめた[51]。二〇世紀はじめの四〇年間で、二五〇〇万人の漢族が東北部の三つの省に移り住んだ。その多くはのちにこの地を離れたが、満州族はごくわずかの少数民族となった。漢族の移住を一八六〇年代まで公に禁じていたかつての満州族の祖国は、漢族に占拠されるかたちとなった。満州族は吸収され、大清国が終焉を迎えるまで公用語として使用されていた満州語もまったく使われなくなった。

モンゴル族も同様に、自治権を認められているにもかかわらず、内モンゴルの少数民族となってしまった。自治区の人口二五〇〇万人のうち、彼らが占めているのは五分の一以下である。同化の程度は満州族ほどの規模ではないが、モンゴル語を読み書き話すことのできる人の数は減少している[52]。

事情が違うのが新疆とチベットだ。そのおもな理由は彼らの居住地が本土の都市部から遠く離れており、気候的に厳しく、鉄道建設が難しかったためだ。新疆へ通じる線路の敷設には一〇年を優に超える時間がかかり、首府ウルムチまで開通したのは一九六三年になってのことだった。一九五五年には人民共和国から自治区に認定されたが、漢族の占める人口の割合は数年のうちに増加し、二〇一〇年の人口調査までに、約一〇パーセントから四〇パーセントに上昇した。ツルキ語を話し、アラビア文字を使うムスリムはまだ多数派ではあるが、その数はかろうじて上回っているにすぎない。チベットへの鉄道接続の完成にはさらに長い時間を要し、首府ラサに到達したのは二〇〇六年だった。結果として、チベット自治区における漢族の人口は比較的少ないままであるが、青海省や四川省といった古くから交通の便がよかった地域での増加率は、自治区に比べてはるかに高く推移している。しかし、新疆でもチベットでも漢族の人口は鉄道のある町や都市に集中しており、そこでは収入も生活水準も高い。

一九一一年から一二年にかけての革命以来、戦闘に明け暮れた数十年のあいだ、四つの辺境地域に対する国家政策は転換を繰り返し、袁世凱と孫文の敵対関係によって、時には劇的に変わることもあった。「民族」の違いが許容され奨励すらされた時期もあった一方で、国が一つの「中華民族」の名のもとに違いを根絶すべく「製錬」路線に入ることもあった。製錬の作業では、数の論理で押しきるというのが孫の信念だった。「国境周辺部で騒乱が起こったとしても問題ではない」と、彼は一九一二年五月、記者に述べている。「彼らの数は非常に少なく、面倒を起こすほどの力はない(53)」。一世紀後、彼のこの排他的かつ楽天的な見通しは、結局正しかったと証明されたこともあれば、逆に間違っていたこともあった。

新疆ウイグル自治区の「再教育」訓練所

二〇一八年八月一三日、パンチェン・ラマ（ギェンツェン・ノルブ）がチベットのダムの視察に訪れたのとほぼ同時期、胡聯合《これんごう》というそれまで無名だった中国の高官がジュネーブで大きく報道された。国連人種差別撤廃委員会の出席者リストに、中国共産党統一戦線工作部の高官として平然と、その名前が記載されていた。胡には「取り締まりの首謀者」という呼び名のほうがふさわしいだろう。二〇一七年のはじめに新疆で始まった治安維持活動を背後で操り、彼が人種差別撤廃委員会という表舞台に姿を現した頃には、一〇〇万をはるかに上回る数のウイグル族やその他ツルキ語を話すムスリムたちが、一二〇〇もの隔離された「再教育」訓練所に拘留されていたからだ。胡はこの件については心配無用であると委員会で述べた。指摘を受けた施設は「過激論者たちが社会復帰や復職のために援助を受けることができる、職業教育や職業訓練の場」だと言うのだ。(54) だが、かつての収監者たちの言い分は異なる。有刺鉄線に囲まれた場所で、尋問者から身体的、精神的拷問を受けたと主張している。

このような多数の拘留が実行されたのは、ウイグル族の過激派が漢族を標的に何度も攻撃を行なったためだ。取り締まりのきっかけとなった出来事は、二〇一七年二月、新疆南西部に位置し戦略上重要な都市であるホータン近郊で、五人の市民が殺害された事件とされている。これを受けて地元の役人たちは、ヘッドスカーフを巻いている者、顎鬚《あごひげ》を生やしている者、中国語教育を批判する者など、「過激主義思想」の兆候が見られるすべての人物を特定するよう指示された。その結果、成人人口のおよそ一〇パーセントが拘留され、数カ月（時にはより長い期間）にわたって、分離主義を捨て共産党の指導を受け入れたと看守が納得するまで圧力を受けつづけた。同時に、自治区のいたるところに膨大な数の治安部隊が配備された。さらにホータン市や首府ウルムチ、そのほか党が統制に不安を感じる場所では、装甲車両やバイクに乗った準憲兵隊、特殊部隊の街頭パレードが行なわれた。

胡聯合は中国の「民族」政策の転換においても、重要な役割を果たした。彼は共産党中央党校においてテロリズムに関する論文で博士号を取得したのち、中国共産党中央政法委員会（ＣＰＬＣ）に採用され、のちに軍の運営するシンクタンク、中国国際戦略研究所のテロ対策研究センター（「反恐研究中心」）に配属された。その後、テロ対策担当特別顧問となり、反テロ法（「反恐怖主義法」）の草案に関わる。さらに二〇〇四年、彼は清華大学の胡鞍鋼教授と手を結ぶ。胡鞍鋼教授は中華人民共和国の当初の「民族」政策に先陣を切って反対していた人物だ。「二人の胡」はともに民族政策の転換の必要性について、数多くの論文を執筆した。(55) 胡聯合は「安定性の理論」を開発したと主張し、その実現のためには「人間行動の画一化」が必要と説いた。
二人の胡はとくにチベットと新疆に焦点を当て、断固たる行動を取らなければ、国は先住民族からの忠誠を失い、ソビエト連邦と同じ運命に直面することになると警鐘を鳴らした。彼らは一世紀前の梁啓超や孫文に同調し、政府に対し「人種のるつぼ政策を採用」し、五六の「民族」を一つの「中華民族」に融合させるよう要請、二〇一一年の論文では、党に対して以下のことを訴えている。民族ごとに認められた権利をすべて抹消し、鉄道などで少数民族の居住地域への往来・交流を高め、共通言語の使用を奨励し、国の全域において移住を促進するべきだ、と。[56]
二〇一四年九月二八日、この案に習近平が公式に賛同を表明した。「中央民族工作会議」での演説のなかで、共産党は多様性を制度化することよりも、統一することにより力を注ぐとして、方針の変更を明確に示した。「腐敗したものを継続すべきではない」と述べたという。この会議は民族問題に対する新たな方針、同化政策を承認したが、「融合」よりも穏やかな表現である「交融」という言葉を公式に用いた。その新たな方針は二人の胡の提案に従ったもので、具体的にはチベット族とウイグル族が国内の漢族居住地域で働けるよう労働移動を円滑にする、民族が入り混じった社会を作る、民族間婚姻を増加させるなどの政策であった。[57]
これらの政策は二〇一七年の党大会で正式に決定され、共産党の規約に「〈中華民族〉への強い帰属意識を強化する」の一文を加えることが決議された。しかし、習近平をはじめとする民族政策「第二世代」は、今もなお根強い抵抗に遭っている。中華人民共和国がいまだ国民を各民族集団に分類しているという事実だけを見ても、梁啓超や孫文などの国家主義者が夢見た計画が一世紀以上にわたる努力を経てもまだ実現していないことがわかる。それでもなお、袁世凱やヨシフ・スターリン、習の実父が残した旧来のイデオロギーや官僚制度に抵抗する習近平は、一つの「中華民族」という概念が初めて生み出された一九〇三年から持ち越されてきた仕事をやり遂げる決意に満ちているように思われる。

第6章 「中国語」の捏造

香港・広州での地方文化撲滅への抗議活動

魚蛋《ユーダン》は香港を代表する料理で、何千万人ものファンがいる。外国人からすると面食らってしまうほどの柔らかさ。生魚を叩いて伸ばし、米粉と混ぜて「つみれ」にしたその丸い形は春の訪れを感じさせる。屋台では、汁物に入れたり、串に刺して焼いたりして出される。油で揚げたものにタレをつけて出す店もある。口に合わないとたんに釣りのはずれ魚のゼラチンにしか思えないが、真の香港っ子にとっては、屋台の魚蛋こそ地元文化を象徴する味なのだ。

香港で魚蛋を楽しむ一番いい季節が旧正月だ。ここ数年のあいだに大陸から香港特別行政区にやってきた移住者は、季節の行事ごとに魚蛋を心待ちにするのだが、生粋の香港人なら一九九七年より前、まだ大陸の中国人の侵入を高いフェンスとイギリスの警官たちが阻んでいたかつてのあの頃に心を馳せる。そんな旧正月の魚蛋を食べるのに、深水埗《しんすいほ》という下町ははずせない。九龍の北、労働者たちが住む高層住宅が密集するこの一帯は、かつて中国本土から多くの避難民が逃げ込んだ場所だ。ここの雑然とした通りに旧正月の三日間、無許可の屋台が乱立する。飲み騒ぐ客たちの腹を満たすのは、少ない儲けで露天商らが売る安い値段の食べ物だ。もちろん、こういった商売は法律違反だが、警官たちも黙認している。とにかくお祭りなのだから。

二〇一六年二月八日月曜日、この日の旧正月は例年の魚蛋を食べる日とはちょっと違った。ちょうど月曜日から火曜日になる頃、四四名の警察官が負傷し、二四名の民間人が逮捕された。口火を切ったのは、警察官による違法出店の一斉手入れだった。市の食物環境衛生局からの命令だ。逃げ出した露天商たちは南の旺角《おうかく》になだれ込んだ。ここは、世界中で最も人口が密集する地区とも言われている商業地区で、香港の「真髄」を体現する街でもある。露天商たちはその中心のネイザン・ロードに並行する赤線地区のポートランド・ストリートに陣取ったものの、ほどなく役人たちが大勢で押しかけ、違法な商売を行なった者は全員逮捕だと脅した。露天商たちが脇道へと逃げ込むと、そこから抗議団体が参加してバリケードを張り、露天商たちをポートランド・ストリートまで押し返した。抗議デモの参加者たちは自前の盾を持ち、マスクで顔を隠し、旗を掲げて待機していたのだ。一時の膠着状態ののち、警察の機動隊が動員され、結果一〇時間にわたって、振りまわされる警棒、飛び交う瓶やブロック、最後には二発の威嚇発砲まで行なわれる騒ぎとなった。

騒動が終わったあとで明らかになったのは、この騒動がたんに違法な魚蛋店の販売権をめぐる闘いなどではなかったということだ。二〇一六年のいわゆる「魚蛋革命」は「地方主義」を守る闘いであり、その抗議の矛先は、密かに文化の均一化をめざし、香港人が誇りとする生活様式の根絶を狙っていると思われる北京政府であった。この事件の舞台が、三合会と呼ばれるギャングらが抗争を繰り返す悪徳はびこる薄汚い町であったため、その真の理由が覆い隠されてしまっているが、この暴動鎮圧には、地方文化を撲滅しようという政府の強い意志があったことは疑いようがない。「香港本土派」を自称するグループの支援者などの地方主義者たちは、魚蛋屋台の露天商たちをこの土地の新しいアイデンティティの象徴として前面に押し出した。中国本土の高圧的なナショナリズムとは真っ向から対立する香港独自のナショナリズムというわけだ。機動隊員は政府が雇った殺し屋として、明らかに露天商ではなく、芽吹きはじめた分離主義者を対象に弾圧していった。

イギリスが一八四〇年の「アヘン戦争」の戦利品の一部として、岩だらけの島である香港を奪取した当初、そこは土着の漁民しか住んでいないような場所だった。奪取後の常で、イギリスはまず植民地統治機関を設置し、すべての業務を英語だけで行なった。それから一世紀半のあいだに、中国本土から何十万もの人々が、貧困や戦争、情勢不安定を理由に香港へ逃げ込んでくる。それとともに、様々に異なる言語も持ち込まれた。しかしイギリス政府が住民の声を聞き入れ、中国語を公用語として使用するのを認めるのは一九七四年になってからだ。ただ、どの中国語を使うかを特定されることはなかった。というのも当時、住民のほとんどは広東語《カントン》を使用しており、特定する必要がなかったからだ。香港で文字として使われていたのは、一九五六年以降に中国本土で共産党政府が導入した簡体字ではなく、伝統的な漢字である繁体字であった。

一九九七年に香港が中華人民共和国（ＰＲＣ）へ返還された折も、公にはこの慣行が変わることはなかった。道路標識や公の建物でも伝統的な繁体字が使用され、政府や立法機関でも引き続き広東語が使用されていた。現在も広東語にしか見られない用語や言い回しがあり、それらは公式・非公式を問わず広く使われている。だが、旺角のデモ参加者のような香港の「地方主義者」によれば、北京の共産党指導部はその状況を変えるべく虎視眈々と狙っているという。公式に明言されたことはないが、広東語を撲滅し、広東語のアイデンティティという概念そのものを否定する運動が密かに展開されている証拠は山のようにある。

返還から一年後、香港政府は中国語の公用語である「普通話《ふつうわ》」を小・中学校で必修科目とすると決定した。ただしこれはあくまで普通話を「外国語」として教えるもので、週にわずか一時間の授業であった。それから一〇年後、香港当局は「普通話」を教育の場で使用している学校に報奨金を与えて奨励するようになる。二〇〇八年からは、「普通話」ですべての教科を教えることに同意した学校に対し、追加で資金を提供している。子供を持つ香港の親の多くがこの方針を見て、「普通話」を話せれば将来良い職業に就ける可能性が高まると考え、こういった学校を選ぶようになっていった。だがその結果、親と子の世代間に溝が生まれる。香港の若者たちは、「普通話」を学ばなければならないことへの嫌悪感を抱くようになっていった。なかには政府の思惑が完全に逆効果となり、本土への統合よりも抵抗運動の道を選ぶ若者も現れるようになった。

そのほぼ同時期、中国本土でも広東語の将来に対する不安が表面化していた。二〇一〇年一一月、広州（広東語では「広東」）でアジア競技大会が行なわれる予定だったが、その年の七月、「中国人民政治協商会議」（CPPCC——中国共産党および他の地方組織で構成される「全国統一戦線組織」）の市委員会は、市の主要テレビ局に対して、アジア競技大会までに放送に使用する言葉を広東語から「普通話」へ変えるよう勧告したのだ。共産党の法律は、衛星放送をすべて「普通話」で放送するように求めており、広州のテレビ局も、言語を変えれば衛星放送が可能になる。そのため、「普通話」で放送すれば中国国内だけでなく海外でもより多くの視聴者を獲得することができ、同市の国際的な評価を高めることになる。さらに「普通話」を学ぶ外国人もニュースが理解できる、というのが市委員会の説明だった。(1)

その当時、独立した社風で知られていた新聞、『南方週末』が、この件について報道するとすぐ、インターネット上のディスカッション・フォーラムなどで論争が巻き起こった。ネットの投稿のなかには、「プライドを持って広東語を話している」、「広東語は初期の中国語に一番近い」、「世界中で一億人近い人々が使用している国際語だ」との意見や、「普通話は広東語に比べて発音が汚い」といった意見もあった。北京政府の広東語撲滅運動は、地域文化そのものに対する撲滅政策であるとの指摘もあり、多くの投稿者が政府の最終目標は広東語を根絶やしにすることだろうと述べた。

さらに他の地域から広州へ転入しながら広東語を学ぼうとしない移住者への批判も広がった。勧告をした「中国人民政治協商会議」の当人も、そのような移住者の一人であった。(2) 地元民はこういった広州外からの移住者を「北老《ベイラオ》」と呼ぶ。「普通話」で「北の人」という意味の言葉だが、この発音は広東語の「北の悪徳商人」という意味の言葉に非常に似ている。(3)

同年七月二五日、抗議活動はついにネットを飛び出し、広州の街中で行なわれるに至る。少なくとも二〇〇〇人が（なかには一万人という話もある）地下鉄の江南西駅近くに集まり、怒りの声を上げた。さらにその一週間後には広州市人民公園で、何百人もの人々が抗議活動に集まり、同時刻には香港でも連帯集会が開かれた。(4) 広東語を守ろうという汎広東語主義は、具体的な行動を伴うようになる。これに対し、広州当局は態度を軟化させた。委員会による「普通話」の推進という勧告は、テレビ局から拒否され、衛星放送は行なえなかったものの、アジア競技大会の参加者や観客はそのニュースを広東語で聞くことになった。

だがこれは戦術的な撤退にすぎなかった。二〇一四年六月三〇日、広州のテレビ局で毎時放送されるニュース番組はすべて広東語から「普通話」に切り替わり、(5) さらに広東語のアナウンサー四人が「普通話」のアナウンサーに交代させられた。そして九月には、同局の制作する番組のほとんどが「普通話」に変更になる。関係者が香港の英字紙『サウスチャイナ・モーニング・ポスト』（『南華早報』）に語ったところによると、こうした動きは水面下で密かに進行し、視聴者への公式な発表や通知は一切行なわれなかったという[6]。このやり方を批判して、水からだんだん茹《ゆ》でられたために状況の変化に気づかず死んでしまう「茹で蛙」の寓話にたとえる人々もいた。

結局今回も、国家統一言語（標準語）の普及という長期計画のほうが勝利したということだ。ただし政府によるこの運動が、今日になってもなお目標達成に程遠い状況にあると言えば、驚く読者もいるかもしれない。

二〇一七年四月、教育部とその下部組織である「国家語委」[7]（正式名称は国家語言文字工作委員会[8]）は、二〇二〇年までに人口の八〇パーセントが「普通話」を話せることを目標に設定している。これは無謀な計画だ。なにしろ、一四億人にわずか三年で新たな言語を教え込むことなど不可能だからだ。この無理な計画からも、いかに共産党が単一国民形成事業を急務と見ていたかがわかる。かつて一九八二年には憲法に「普通話」の使用を全国的に促進することを求める条文が加えられたが、それから四半世紀が経った時点でも教育部は効果が限定的でしかなかったことを認める発表をしている。全人口のおよそ三分の一、約四億の人々が、国の言語である「普通話」をまったくしゃべれずにいた。香港や広州での抗議活動（チベットや新疆ウイグル自治区でのさらに激しい抗議活動は言うまでもないが）が示しているように、国の言語を統一するという考えは国中から歓迎されていない。

これらすべての地域において、言葉とは誇り高く掲げるシンボルである。地域言葉は地域住民としての、さらには民族としてのアイデンティティすら思い起こさせるものなのだ。このアイデンティティは、過去一〇〇年のあいだに北京政府と南京政府が押しつけてきた近代「中国人」というアイデンティティよりもはるかに長い歴史を持っている。二〇一九年の香港の街頭での抗議活動のきっかけは、本土の不当な法制度に従わざるをえなくなるという人々の懸念であったが、それが暴動にまで発展したのは、香港地方政府が反対派と妥協点を見出すのを本土の指導部が許さなかったからだ。この舞台裏の政治闘争も、香港人が持つアイデンティティ意識、自分は中国人ではなく香港人だという意識への攻撃であると受け止められた。それも、よく練られた計画的なものと考えられた。

習近平のめざす中国には、文化的アイデンティティの多様性を認める余地は一切ないのだ。地方の多様性というでこぼこ道を、ナショナリズムというスチームローラーで強引に地ならししようとする、そんな闘いが言語という分野で行なわれている。ただしこの闘いは今に始まったことではなく、そもそも国家の統一言語（国語）を作ろうとした時点にまでさかのぼる。そしてそれは、偶然にも同じワンという読みの姓を持つ二人の人物のあいだの正解をめぐる闘いで頂点を迎える。

北京語のネイティブは広東語を理解できない

上海市歴史博物館となった建物は、元は上海レースクラブ（競馬場のクラブハウス）のビルで、二〇世紀初頭には帝国主義文化の象徴であったが、今や目的は大きく変わり、上海文化が「古代」から存在していたことを証明する場となっている。館内の展示物は一見控えめなようだが、実はかなり過激な主張をしている。それらが示しているのは「国の」文化ではなく、地域文化の発祥の物語なのだ。つまり「中国文化」ではなく「長江デルタ文化」が語られている。六〇〇〇年前の馬家浜《ばかほう》文化の男性の頭蓋骨や、精巧な彫刻が施された四〇〇〇年前の良渚《りょうしょ》文化の象牙などが展示されているが、兵馬俑《へいばよう》のような「中国文化」を代表するものは一つも見当たらない。展示物一つ一つの説明文を熟読した親たちが、それぞれの地方の言葉で子供に大声で説明している。上海語も広東語も「普通話」もそのいずれも、これら古代の遺物を作った人物にはまったく理解できない言語だろう。

良渚文化を築いた人々についてはほとんどわかっていないが、遺伝学、言語学、考古学、人類学の研究者たちが協力して、一つの仮説を立てようとしている。この地域で見つかった人骨は、男性の染色体であるY染色体の特徴から、「Y染色体ハプログループO1」に属することがわかった。この分野の科学はまだ発展途上にあるが、(同じ先祖を持つと思われる)このハプログループは、東南アジアのタイ・カダイ語族やオーストロネシア語族系の民族と深いつながりがある。[9] つまり、長江デルタ地域の初期の住民は東南アジアから海岸線に沿って移住してきた人々であり、彼らの言葉は北の民族よりも南の民族の言語に近かったというのが現在の通説である。魚が豊富で、簡単に船で移動でき、三角州による肥沃な土地という条件を考えれば、陸路よりも海路で人が流入・定住したと考えるのが普通だ。

長江デルタ地域に住みついた人々は、東南アジアから持ってきたと思われる米を栽培した。これに対し黄河流域に住む北方の人々はアワ・ヒエを栽培していた。米を栽培するこれらのオーストロネシア語族の人々は何千年にもわたって長江デルタに住んでいたが、のちに他の言葉を話す人々が流入し、同化または征服された。中国科学院昆明動物研究所の孔慶東《こうけいとう》(教授)が率いる最近の研究でもこの仮説が証明され、約一万年前には、北の黄河流域と、南の長江下流域および珠江下流域、この三地域の住民はそれぞれ遺伝子的に異なっていたことが判明している。結果、三地域の別人種がすべて中国人の先祖だと言ってもおかしくないと結論づけられ、大いに議論を呼んだ。[10]

先史時代にこのような人類の移動が起きた影響で、中国の沿岸地域の言語パターンは、内陸の影響を受けた普通話と大きく異なる。上海語、広東語、閩南語《びんなん》/福建語(福建省や台湾で使われている)

やほかにも多くのあまり知られていない言語は、その起源がかなり昔にまでさかのぼり、どう発展したかについては、細心の注意を払い、ある程度の想像を交えなければ知ることは難しいだろう。香港、上海、厦門《アモイ》、さらにそれらの中間にある地域で話されている現代語は、東南アジアと東北アジアからの影響が混ざり合った結果として成立し、その過程は今も進行中であるというのが現在の共通認識である。(11)

言語はまるで「地層」のようだと形容する言語学者もいる。様々な場所から流れ込んできた新たな粒子が、古い層の上にどんどん積み重なり、混ざり合って新たな層を作っていくからだ。二〇〇〇年にわたって北から大きな影響を受けてきたため、初期の地層を見分けることは困難になっているが、沿岸南方地域の言語には、ベトナムやタイ地方の言語と単語や文法構造、発音における類似点が多くあり、一方で国が定めた公用語である「普通話」との類似はそれほど見られない。

一九五〇年代、『現代漢語八百詞』初版の主編であった中国人言語学者の呂叔湘《りょしゅくしょう》は、中国および台湾で話されている「中国語」をおよそ二〇〇〇種類と推定した。(12) そのなかには互いにそれほど苦労なく理解し合える言語もある一方で、故人であるアメリカの中国学者ジェリー・ノーマンの推定では、四〇〇もの言語が互いに意思疎通できないとされている。(13)「イギリス人がオーストリア人の話を理解できないのと同じレベルで、北京語のネイティブは広東語を理解できない」とノーマンはのちに記している。「海南省の閩《びん》語と西安の言語の違いは、スペイン語とルーマニア語の違いに相当する」(14)

こういった異なる言語同士の関係性を正確に説明しようとするならば、言語学の問題と同時に政治的な問題にも触れることになる。かつてロシアの言語学者マックス・ヴァインライヒが「方言も海軍と陸軍を備えていれば言語となる」という有名な警句で表現したとおり、言語と呼ぶか方言と呼ぶかは政治的問題で、背後に独立国家があれば「言語」と呼ばれるということだ。スペイン語とルーマニア語を別の言語だとするのは当然のこととなっているが、中国政府はあくまで海南省の閩語と西安の言語は、同一国民が使用している同一言語のたんなる「方言」にすぎないと言い張っている。

方言と呼ぶか言語と呼ぶかという難題をうまく回避する言葉が「普通話」のなかにある。それは、「地域語」を意味する「方言（ファンイェン）」という中国語だ。中国の学者たちはこの言葉さえ使っていれば政治的な問題に直面せずにすんだ。なぜならこの言葉には、「言語」と「方言」のどちらの意味も含まれているからだ。中国には一般的に七つのおもな「方言」（七大方言）があるとされている。「北京語」、「粤《えつ》語」（広東語など）、「呉《ご》語」（上海語など）、「閩語」（福建語など）、「客家《はっか》語」、「贛《かん》語」（江西省で使用）そして「湘《しょう》語」（湖南省で使用）の七つだ。この「方言《ファンイェン》」という中国語は歴史的に幅広い意味で使われ、地域間の話し方の小さな違いを表したこともあれば、中国のある地域の方言とヨーロッパ言語との大きな差を表していた例もある。

アメリカの言語学者ヴィクター・H・メアは、この「方言」に対応する英語の訳語として「トポレクト（topolect）」という新語を造った。これは特定の地域（その規模は問わない）で使われる言葉を意味するだけで、他の方言との具体的な違いを表すことはなく、政治的な言葉かどうかも一切示さないものとした。メアは「中国語」という言葉を使うことに警鐘を鳴らす。なぜなら中国は一つの統一言語を選択しようとしており、それがどの言語なのかを特定することは、まったくもって政治的な問題だからだ。よって「中国語」とは言わず、「シナ・チベット語族のトポレクト（地域語）」と言うほうが、互いに関連性はあるが必ずしも同じルーツを持つわけではないという意味になるため望ましいと考えた。

近代に至るまで「言語」を意味する中国語はなかった。あったのは書き言葉という意味の「文子（ウェンズー）」と、話し言葉という意味の「語言（ユーイェン）」であり、この二語は明確に区別されていた。[15] メアは、中国語のトポレクトの大半が「文子」を持たず、伝統的に非識字の人たちが使う「語言」のみの言語だったと指摘する。「文（ウェン）」（古典中国語）は、当然、識字能力のある人だけが読み書きのために使う言語で、話し言葉としては使われなかった。

ほかに、政官界で使う格調高い「官話《かんわ》」という話し言葉もあった。「官話」の意味は文字どおり「官僚の話し言葉」である。官僚の話し言葉を示す「官話」と、書き言葉を示す「文」は別物であったが、外国人にはその違いがわからず、そのため海外では古典的な文字の「文」と、「官話」の両方を合わせて「マンダリン」と呼んだ。マンダリンという言葉はポルトガル語のマンダール、「命令する」という言葉に由来する。またヒンドゥスターニー語からの借用語で「公的な」という意味の、マレー語の「マントリ」という言葉とも関係がある。この由来からすると「マンダリン」を「官話」の翻訳語にしたのは良い選択であった。[16] 書き言葉である「文」は、大清国全地域の学者と役人が読むことのできる「共通語」だった。その役割はローマ帝国におけるラテン語のごとく、伝達のためだけでなく、支配の手段でもあった。ローマ帝国の臣民の大多数はラテン語を読むことができないのに対し、彼らを支配する立場の人間はそれを読むことができたからだ。「文」に関しても同じことが言えた。

ただしラテン語と「文」には大きな相違があった。「文」を伝達するさいには必ずしも「官話」を用いなくても、地域独自のまったく異なる発音で読み上げることも可能だったのだ。北京にて「文」で書かれた朝廷の命令や通達が地方の都市や町や村で理解されるには、実際このような「翻訳」が必要だった。こうして「文」がその地域特有の発音で音読されるようになると、その発音が「文」と完全に対応していると認識されるに至る。この状況をわかりやすくするために例をあげれば、EU（欧州連合）がすべてのヨーロッパ言語を絵文字で書くように命令したと考えてみてほしい。英語の話者がフィッシュ（fish）、フランス語の話者がポワッソン（poisson）、クロアチア語の話者がライバ（riba）と発音していても、それらが共有するのは同じ絵文字だ。

だが、大清国は「官話」を公用語とはしなかった。「官話」が使われたのは、歴史的に漢族が多数民族である地域（「中国本土（漢地）」）のみで、それ以外の地域（外中国）では、たとえばチベット語やトルコ語、モンゴル語など、まったく違う言語が使われていた。清朝は征服地域の統治体制を確立するために、みずからの言語である満州語を広く用いた。そのことはあの上海市歴史博物館での一つの展示にはっきりと見てとれる。展示物二二二号には、清朝最大規模の辞書を編纂した編集長（陸《りく》錫熊《しゃくゆう》）の両親に下賜された「清代陸錫熊父母誥命」が含まれている。一七八〇年のこの命令書は、金色と銀色の絹糸で織られた錦の巻物になっていて、金糸で織られた一方の端には「文《ウェン》」の美しい文字が記されているが、銀糸で織られた他の側にはまったく違う文字、清の朝廷で行政に使用されていた満州語が記されている。

大清国が一九一二年に終焉を迎えるそのときまで、その公用語は「漢族」の「官話」ではなく満州語だった。満州語は、明王朝を征服しモンゴル、チベット、新疆までを統一した東北部出身の民族の言葉である。翰林院という皇帝直属の秘書室の内部にはつねに「満州語教育課程」があった。すべての公文書は満州語で記さなければならず、皇帝への嘆願書も満州語で提出する必要があった。公文書保管所でも、満州語で書かれた文書はそれ以外の言語の文書と別に分けられていた。ほとんどの「満州人」が日常生活のなかで満州語を使わなくなったあとでさえ、何百人もの上級官吏「士大夫」が引き続き勅書や報告書を満州語からその他の言語に翻訳していた。皇帝は相変わらず役人や使節に満州語で話しかけ、満州語を話せない者を罰した。(17)陸錫熊の両親に下賜された巻物は、多言語使用が一般的になっていた何十万もの例の一つにすぎない。「官話」でも、しばしば満州語を「国話《グウォファ》」と呼び、公用語と認めていた事実がある。ところが二〇世紀初頭の近代化と辛亥革命（一九一一～一二年）を経て、状況は逆転する。「官話」が事実上「国話《グウォファ》」となり、満州語は消滅することになるのだ。

「言文合一」の試み

大清国はその消滅の瞬間まで「国民の」言語というものを必要としなかった。なぜなら清という帝国はあっても清国民は存在しなかったからだ。帝国には、多言語・多民族の帝国を統治するための「国の」言語があればそれでよかった。孫文や梁啓超らが「中国の」国民を生み出そうと思い描いた一八九〇年代から一九〇〇年代になって初めて、「国民の言語（国語）」という問題が考慮されるようになったのだ。そして同時代の知識人たちが言語問題を様々に提起するようになり、それによって議論の結末は大きな影響を受けることになる。

日清戦争（一八九四～九五年）の敗因を、改革派の多くは清の教育にあるとした。日本人は下級兵士であっても命令書や地図を読むことができるのに対し、清国の兵士にはその能力がなかった。しかし改革派はもっと根本的な原因があると考えた。つまり、海外では大衆教育が国家の土台となっているという点だ。日本の近代化を推し進めた一人、上田萬年《かずとし》は一八九〇年代にベルリンとライプツィヒで学び、「母国語」は国民の精神を表す、というドイツの言語学者たちの考え方に共感する。その後一八九八年に文部省専門学務局長に任命され、話し言葉と文字を一致させた国語を作りあげるよう命令される。上田は伝統的な「漢字」使用に一定の基準を定め、使われる漢字の上限数を決め、東京の上流階級の話し言葉を国の標準語とし、この一地方の方言を書物でも使用するよう推進した[18]。

この日本の教育改革の例を、当時ティモシー・リチャードをはじめとする宣教師たちは、『万国公報』や他の媒体を通じて中国に紹介している（第4章を参照）。黄遵憲による『日本国志』は一八九五年に再版され（第3章を参照）、これも清国の改革派にとって多くの発想を生む源となった。彼らのメッセージは明らかで、学校や図書館、新聞を通じての大衆教育こそが国家を一つにまとめ上げ、強化するというものだった。一八九五年の康有為の「公車上書」、そして一八九六年の梁啓超の「変法通議」はいずれも教育の拡充と日本に学ぶ必要性を説いたものだった。

これらに感銘を受けた光緒帝は、日本語の文書の翻訳を増やし、日本で高等教育を受ける留学生を派遣する命令を出したが、その後伯母の西太后によるクーデターが起き、この命令が光緒帝による最後の命令の一つとなってしまう。西太后によるクーデターと「百日維新」の失敗ののち、膨大な数の中国人が日本に渡るが、それは命からがら逃げ出した改革派の大脱出にすぎなかった。

しかし一九〇〇年代には西太后自身も改革を取り入れるようになり、多くの留学生に奨学金を与えて日本に派遣した。その後の一〇年間は、上田萬年ら役人主導の言語近代化による影響を、留学生たちは現地日本で目の当たりにすることになる。より過激な思想家たちはこの問題を社会ダーウィン主義の観点から捉え、改革か、さもなくば国家の絶滅だと論じた。留学生らが見たとおり、問題の核心は言語だった。なかには今の中国の言語のままでは国が生き残ることはできないという意見もあった。中国語には近代的な概念を言い表す言葉がなく、また学習に時間がかかりすぎる。そのため、あまりにも多くの人が文字を読めず、力を発揮できない状態にある、と。

黄遵憲は『日本国志』のなかで、「話し言葉と文字の一致」の必要性を説くドイツ思想の日本訳を、中国人読者に向けて初めて紹介した。黄はその言葉を、日本語訳をもとに「言文合一」という中国語に訳している。中国の伝統的な漢字は、学ぶのがあまりに難しく、また日常会話で使われる話し言葉との乖離が大きい。そう憂慮した黄は、イギリスやフランスが強国になったのはラテン語を廃止して、かわりに話し言葉をそのまま書くようにしたからだと記している。日本も同様に、漢字に仮名（表音文字）を補足したうえで話し言葉を文字にしている、と指摘した。

しかし黄の「言文合一」という考え方は言語改革の将来を二分しかねない問題点をはらんでいた。「言」と「文」は同じことを述べていると考えられがちだが、言と文の大きな違いは中国の国語を新しく作り出すうえできわめて根本的な問題だったのだ。この「言文合一」を達成するためには、伝統的な中国の漢字を使った近代的な文字の創造と、文字の発音のみを表す文字、つまり表音文字の作成の必要性を黄は訴えた。[19] しかし実際には、この二つはまったく別の問題なのである。それを理解すれば、改革派が直面した困難の核心がわかるはずだ。

中国の話し言葉を表音文字で表記するという考え方は、実はこれ以前からあった。たとえばキリスト教の宣教師や外交官は布教活動や情報収集といった目的のため、自己流の表音文字を作っていた。中国語をラテン文字（ラテン語のアルファベット）で表記するウェード式はイギリスの役人トーマス・ウェードとハーバート・ジャイルズが生み出した発音表記法で、英語では標準となっていた。しかしネイティブの中国人にとってウェード式は不十分で、そのかわりとなる表音文字の模索が続いていた。共通の目標は、伝統的な漢字（一つ一つの字が一定の意味を持っている文字で、専門用語では「形態素」）を、発音をそのまま表す記号（表音文字）に変換することだ。つまり「猫」や「恐」を示す表意文字の漢字に対して、「ね」「こ」、「お」「そ」「れ」という字音だけを表す表音文字を作りたい。こうして創意工夫に富んだ多種多様の発音表記法が生まれたが、どの方法もその発端から同じ問題に悩まされることになった。

中国初の体系的な発音表記法を発表したのは盧戇章《ろこうしょう》という人物で、沿岸部にある福建省厦門市出身のキリスト教徒である。盧はこの表記を、外国の商人の翻訳者として、のちにはイギリス人宣教師のジョン・マガウアンの翻訳者として働きながら、一〇年以上をかけて研究を続けていた[20]。一八八三年、マガウアン宣教師が厦門語—英語の辞書（『華英辞典』）を作成したさいにも、盧が編集に参加している。そして一八九二年にはみずから、厦門市の「方言」の表音文字を「中国第一快切音新字」と名付け、『一目了然初階』というテキストを出版した。盧はラテン文字を借用し、六二の新たな表音記号を創り出した。そのうちの一五は各音節の最初の子音を表し、四七は最後の音すなわち母音を表す。だが残念なことに、見慣れないうえに非常に複雑な彼の表音記号は理解するのが難しく、社会に大きな影響をもたらすことはできなかった。しかしながら盧は自分の考えを温めつづける。

一八九五年、ティモシー・リチャードの『万国公報』に、盧戇章は小論「変通推原説」を発表し、表音文字の必要性を説いている。西洋社会を強国にした原因は表音文字と大衆教育にあり、中国もそれを見習うべき、と述べた。一八九八年、盧は表音文字の導入計画を朝廷に提出し、光緒帝の改革で一考してほしいと申し出た。しかし今回もまた失敗に終わる。官僚たちは、盧の文字が不完全で奇怪だと返答しただけだった[21]。

盧戇章の発音表記法における最大の問題点は、厦門方言を表記するにはよい方法であっても、北京語や広東語、上海語その他の地域の方言にはまったく役立たないということだ。その後も数年にわたって数多くの表音文字が創造されたが、どれもみな同じ問題に苛まれた。中国人学者の倪海曙《げいかいしょ》は、一八九二年から一九一〇年のあいだに二九もの異なる表記法が発表されたとしている。[22] アメリカの学者、石静遠《せきせいえん》（Jing Tsu）は、華僑（中国外に住む中国人）によって発表されたものも含めれば、それよりも多くの表記法があったとする。[23] 日本の仮名のように漢字をベースにした表記法もあれば、ラテン文字を使った表記もあった。実際、同時期にベトナム語はラテン文字表記になっている。だが、そのいずれもすべてのトポレクト（地域語）に対応することはできなかった。発音をそのまま表記しようという試みから明らかになったのは、これまで漢字の使用によって隠されていた事実、つまり地方ごとの話し言葉がいかに多様性に富んでいるかという事実だった。

当時、社会に大きな影響を及ぼすことができた唯一の表音文字は、政府内部の人間から提案された。その人物は朝廷の「礼部」に所属する、強いコネを持つ下級役人だった。名を王照《おうしょう》と言い、本章に登場する二人のワン（王と汪）のうちの一人だ。王の祖父は、第一次アヘン戦争で戦死した将軍で、王の家族は以降も影響力を持つ人物たちとの交流があった。しかしそのなかに、一八九八年の政治改革〔百日維新〕を公に支持した王を守れる者はおらず、他の多くの改革派と同じく彼もまた日本に亡命せざるをえなかった。しかし他の多くの亡命者とは違い、王はその改革派の輪のなかに溶け込むことができなかったため、僧と偽り天津港に舞い戻った。その天津で偽名を使って語学学校を開き、みずからの表記法の研究に取り組みはじめる。

一九〇一年には、『北方俗話字母』という表題で発表し（のちに『官話合声字母』に改題）、文字の書けない人々に地元のトポレクト（地域語）を書き表す方法を提案した。盧戇章の表記法とは違い、王の表記法は伝統的な漢字をもとにし、それを大幅に簡略化したものだった。表記文字の数は盧と同じく六二であったが、そのうち五〇は各音節の最初の子音（いわゆる切音）を表し、一二は音節の最後の音（すなわち母音）を表す文字だった。この表記法を完成し発表したことで、王の目標は達成されたといってよかった。

だが王はそれ以上の野心を抱くようになる。天津から北京に移り住み、そこで新たな語学学校を開設し、一九〇四年には過去の改革派としての行動について朝廷に許しを請い、正式に許可され、役人としての地位を取り戻した。コネのある王らしく、彼の友達の友達が袁世凱の息子だった。当時、北京を囲む直隷《ちょくれい》省の総督であった袁は、以降、王の発音表記文字の最大の支援者となる。一九〇四年、袁は教員の訓練や書物の発行、発行した書物の軍隊内部での使用推進のために予算をつけて支援している。一九〇六年には、王の野望はさらに大きくなり、その年に発表した本の新版では序文を変更し、その表記がもともと地元の農民の話し言葉を元に作ったものであるにもかかわらず、一八世紀初頭の発音教本を元にしたように偽っている。王の表記法は本や新聞で使われるようになり、一九〇七年には北京にまで広がった。

しかしその後問題が起こった、と歴史学者のエリザベス・カスケは指摘している。王の発明した表音文字は、北京や直隷省の省都である保定市では利用可能であったが、ほんの一〇〇キロ離れた天津になるとすでにまったく使いものにならなかった。それほどに発音が異なっているからだ。この表音文字を地域に適応させ、南京その他の都市にまで使用を普及する試みが行なわれたが、結局計画は頓挫した。他の省の指導者たちは袁世凱ほどこの表音文字に熱意を示さなかった。彼らは、あらゆる地域の発音を表記できる表音文字など作成困難だとすでに認識していたようだ。中央政府も同じく興味を示さなかった。

しかしそのような状況であっても、改革をめざす者たちからの新たな提案がやむことはなかった。だが、最初のうちは南部や東南部のトポレクト（地域語）に対応した表音記号を作る試みがなされていたが、一九〇八年以降は北京語に対応する表音文字しか提案されなくなったと、カスケは言う[24]。

他方でその頃までには、表音文字運動への反発が支持を集めていた。まず一九〇六年、上海の新聞『中外日報』に、各地域語に対応する表音文字を作ることは、国家の統一を脅かすとする論文が掲載された。それから間もなく、梁啓超が表音文字への支持をやめ、一九〇七年四月には『学報』に「国文語原解」（中国語の源についての分析）と題する論文を発表し、「伝統的な漢字を使用することでこそ、我らの国家を統一でき、またわが国民の特性が明らかになり、その特性が存続していく」と説いた[25]。第5章で述べたように梁啓超は、「中国国民」という概念を創り出すために誰よりも尽力した人物であり、統一された国民に必要なのは一つの母国語であると確信するようになった。それは、ドイツの思想家がかつて上田萬年に説明したように、一つの国家には一つの国民、そして一つの言語という考え方であった。地域ごとの表音文字の存在は、この国家的使命を揺るがすものとなるだろう。なぜなら様々な表音文字があるということは、国語が統一された状態とは程遠いことを明白に示しているからだ。

地域ごとの表音文字に反対するナショナリストたちは、右記のような状態を生み出さないために言葉の問題全体をすり替えることにした。ナショナリストたちの考えでは、一つの中国国民には一つの国しかなく、言語も一つしかない。よって何百種類もある地方の話し言葉は、一人の親から生まれた大勢のわがままな子孫のようなものにすぎず、これは疑うべくもない、とされた。こうして「中国語」の無数の話し言葉はたんに地方の「方言《ファンイエン》」と断定され、それぞれの「方言」にそれぞれ別の起源があるかもしれないという考えは無視された。ナショナリストは、たんに発音が違うだけだと主張することによって、多様な言語が存在するという問題をはぐらかしたのだ。そしてこれら子孫である方言は全員、再び家族として迎え入れ、一つの言語にまとめるべきだと主張した。

国民を統一させるための言語改革

この時期、西洋の言語理論はまだ揺籃期にあり、ナショナリズムや人種主義、帝国主義といった一九世紀後半の西洋思想の影響を強く受けていた。しかし中国の言語改革者らは、このような西洋思想を改革の模範としたのである。一八九八年、急進改革派の章炳麟は友人の曽広銓《そうこうせん》（清朝将軍だった曽国藩〔第2章参照〕の孫）に頼まれ、ハーバート・スペンサーによる典型的な社会ダーウィン主義の論文「Progress: Its Law and Cause（進化：その法則と原因）」を翻訳して雑誌『昌言報』に掲載するのを手伝った。

章は英語を解さなかったが、言語の進化についてのスペンサーの主張と、古い文献の研究による歴史分析という中国の伝統的な考え方とのあいだに類似点を見出していた。スペンサーの目的は、進化と適応のプロセスが、長い時間をかけて一つの同質の人種をいくつかの異質な人種に枝分かれさせたことを示すことであった。スペンサーはみずからの主張を立証するために言語を例にし、言語も同じルーツから何世紀もかけて何百もの多様な言語に枝分かれしたと述べた。章炳麟はこの考え方を借用し、「中国本土」（以前の明王朝の領土）内に見られる多種多様なトポレクト（地域語）は、祖語（共通の祖先に当たる言語）から分岐し進化してきた結果にすぎないと主張した。

章がヨーロッパ思想を借用して達成しようとしたことはいくつかあるが、まずその一つが、この言語の進化論という考え方を、中国国民が何千年も前から存続してきたことの証明に利用したことである。一九〇七年一〇月から一九〇八年八月のあいだに発行された『国粋学報』に何回かにわたって掲載した「新方言」と題する長い論文のなかで、章は地方の方言に見られる単語や表現が、実は二〇〇〇年前の漢時代の辞書に載っている言葉を語源にしている、という論証を試みている。章の持論では、古代の一言語から進化して現在の多種多様な言語が存在する、ゆえに多様性はたんなる進化の結果であって、懸念材料とはならない、となる。[26] つまり中国に多種多様な言語が存在するのは、共通の祖語から分岐して長年のうちに進化した結果であるから、それと同様に多民族からなる中国国民も同じ祖先から連綿と続いてきた同一民族なのであると論じた。そして、このような議論を行なうのは、「国民を統一する」ためにほかならないと説明している。[27]

しかし、多様性を認める章の発言は、「北部」文化への間接的な攻撃でもあった。章は反満州主義を説く小冊子『訄書《きゅうしょ》』の一九〇四年版で、北京の発音を全国標準とすることに反対している。なぜなら章の考えでは、北部の方言は内陸アジア出身の「タタール人」〔満州族〕の侵略によって、何世紀にもわたって汚染されつづけたからだ。章は、歴史の資料を都合よく取捨選択した結果、最も純粋な発音は湖北省の発音であるとした。そして結論として、国の標準語発音を明時代の首都だった南京の周辺地域の方言を基準にするべきだと主張した。そこには彼の出生地である杭州も含まれている。中国文化の真の中心が南にあるという章のこのような説は、それまでの北京を頂点とする序列を逆転させるものだった。

章炳麟の言語進化論は人種進化論に基づいている。章は『訄書』のなかで、シナ・チベット語族を研究するロンドン大学教授、テリアン・ド・ラクペリの理論を取り入れた。ラクペリは、メソポタミアの古代文明と古代中国文明とのあいだに非常に多くの共通点があることから、黄帝が実は古代バビロニアの王「廓特奈亭台《クドゥルナクフンテー》」と同一人物で、彼が紀元前二三世紀に東に移動して黄帝となったと断言できると主張した。これに従うと、何千年も前に中国に一つの独自文化が到来し、それから何世紀も経ていくうちに多様な文化になったということになる。これは章にとって、中国には古代から継続して一つの国民が存在していることの証《あかし》となった。

ラクペリの理論はほどなく信憑性《しんぴょうせい》に欠けると判断されるようになったが、中国には均一の文化の起源があったという歴史観は強く残り、実際それがナショナリストたちの計画全体の基礎となっていく。逆に、文化の起源は多数あった可能性、つまり、中国および周辺地域への移住は様々な場所から様々な時期に行なわれたかもしれないという考え方は、ナショナリストにとって論外となった。そのかわり彼らは、単一民族の文化があった証拠として、最も信頼が置けるものは何かを競って主張した。章も多くの革命同志の例にもれず、伝統的な漢字の使用が、単一文化の存在を証明する何よりの証拠だと考えていた(28)。

ただしすべての革命家が章と同じ考え方だったわけではない。中国語の漢字、そして漢字が表している内容すべてが問題だと考える者もいた。彼らは中国語を学びやすくするために、新しい文字を創造したり新しい表音記号を用いたりすることにはまったく興味がなかった。章が中国語のトポレクト(地域語)の進化について長い論文を発表していたのとちょうど同じ時期に、ヨーロッパに逗留中の無政府主義者たちは、中国語をすべて捨て去り、新たに発明されたばかりのエスペラント語に変えるよう要求した。古い伝統的な漢字や言葉はすべて、儒教の教えや伝統的な考え方と密接に結びついており、それが中国社会の発展の遅れにもつながっていると考えたからだ。そういった古い中国社会を変革したい彼らにとって、中国語のすべてが消してしまいたい対象だったのだ。

このような意見にはきちんと反論しなければならないと感じた章は、文化と言語と漢字、これらの価値を強力に擁護する文書を発表した。だが改善の余地もあるとして採用を提案したのが、伝統的な発音表記法「反切《はんせつ》」だ。これは漢字の発音を覚えやすくするために、漢字音を他の漢字二字の字音を組み合わせて表す方法で、（先にあげた例を使えば）「cat」を「c」と「at」に分けて地方ごとの表記法を作るというものだった〔大ざっぱに言えば、たとえば「東」を「徳紅」と表記し、「徳（tək）」の最初の「t」と「紅（hoŋ）」の後ろの部分「oŋ」を組み合わせて「toŋ」と読む。また「唐」の場合は「徒郎」と表記、「徒（do）」の「d」と「郎（laŋ）」の「aŋ」を組み合わせて「daŋ」と発音する、というものだ〕。

章はそれから時間をかけて彼独自の反切文字の開発に取り組む。ほかにも同じ方法を使っていた言語改革者が何人かいたが、章も二つの漢字を用いる方法を採用した。一つの漢字の頭子音（声母）と、もう一つの漢字の母音（韻母）を組み合わせる。ただし章の作ったものはほかと違い、一〇世紀および一一世紀の文書に見られる韻をもとにしていた。言語学者として、章はみずからの作った表記がほかの誰のものよりも正確な典拠に依ることにこだわったのだ。しかしその古い韻は二〇世紀初頭の人々の話し方とほとんど関連がなく、章の表記はこの時代にそぐわないという大問題があった。その後一年に及ぶ論争のすえ、章と無政府主義者は停戦に合意する。

一九〇九年、無政府主義者たちは、エスペラント語を共通語にすることは実現困難だと認め（それでも一九三〇年代まで、エスペラント語を推しつづけた者もいた）、漢字の発音については全国で標準化しなければならないと認めた。ここで最も重要なのは、章も無政府主義者も北京の発音は美しくなく標準にすべきではないとする点で一致していたことだ。

統一言語（国語）の創出をめぐる二人のワン、王照と汪栄宝の闘い

亡命した革命家たちが海外で策をめぐらしているあいだに、清朝内では改革派が西洋のモデルに倣って学制改革を進めていた。一九〇二年、中国で初めての近代的教育制度である「欽定学堂章程」が公布される。一九〇四年には、「欽定学堂章程」を基礎に改訂した「奏定学堂章程」が公布され、学校（男子校のみ）の設立も定められた。一九〇五年一二月、教育を総括する行政機関として「学部」〔文部省に相当〕が創設され、一九〇七年には新しい法律により女学校の設立も許可された。しかし、これらの法律や規則は全国一様に施行されたわけではなく、地域によって大きな格差が見られた。法律の多くを施行したのは、改革に積極的な役人が権限を持つ地位にいたり、地位はなくとも実権を握っていたりする地域であった。

また、改革といっても限界があった。清の朝廷は、引き続き「経学」〔儒教の経典を研究する学問〕を学ぶこと、そして伝統的な漢字を暗記することを求めたからだ。地域によって、とくに女学校においては、口語文に近い近代的な文体を教えるところもあったが、教科書に書かれた漢字をどのように発音するかという問題については、どこからも決定がないまま放置された。

そして一九〇九年四月、「学部」は「憲法大綱」の「逐年準備計画」に従い、翌年に「官話」（マンダリン）での新しい教科書の編纂を開始することになった。ところがその翌年の終わり頃、新たに設立された協議会から変更を求められる。日本（つまりはドイツ）の国語論の影響を受けた彼らは、「官話」（マンダリン）を新たに国家の標準語として「国語（グゥォユー）」と改名するよう求めたのだ。だが「国語」と呼ぶにはあまりに程遠い現状を認識していたため、改名とともにその文法や発音を正式に研究すること、そしてその国語の辞書や教科書を出版することも求めた。しかし、これらの

研究結果を待たずして、国全体の発音を標準化するために王照の表音文字を導入することも同じく求めた。「話し言葉（音声言語）」と「文字言語」の違いは無視されていた。そしてトポレクト（地域語）の多様性にどう対処するべきかという問題は、いつのまにか別の問題にすり替えられていた。当時、俎上に上がっていたのは「国語の統一」のみだったのだ。(29)

一九一一年七月および八月、大清国の「学部」はその最後となる活動の一つとして、「中央教育会」を招集し、言語問題の解決に乗り出した。話し合いの結果、代表たちは「学部」に対し、ただ話し合いをするより、「国語調査総会」を設けるべきだと提言した。また「国語の統一（策定）」は、全地域が合意した発音でもって行なわれるべきという点でも意見が一致した。ところが、その「統一発音」は投票で北京トポレクトを基準にすることに決まる。地域の多様性に一定の譲歩をするとされたが、南部の代表たちには大いに不満が残る結果となった。皮肉なことに、この会議の運営を任されていたのは、直隷省出身の高毓浵《こういくとう》という人物だったが、彼の使う北京方言はあまりに訛りが強くて、他の参加者のほとんどが聞きとれず、ある新聞には「彼の二時間に及ぶ演説を実際に理解できた」者がいたか疑問が残るという記事が載ったほどだった。(30)だが、そんなことは大した問題ではなかった。なぜなら、その会議が終了して六カ月も経たないうちに大清国は崩壊してしまったからだ。

国は消えても問題は消えず、それどころか、より感情的になっていく。清国時代における言語の問題とは、共通語を作ることによって、地域間の意思疎通を効率化し、民に知識や法律をしっかり浸透させ、さらに国民を団結させて国力増強につなげることであった。しかし中華民国になると、言語は国の根本的なアイデンティティの問題になった。無理やり一つの国民というものを生み出した梁啓超から孫文、そして章炳麟に至るナショナリストたちは、その一つの国民には一つの国民国家と一つの国語が必要だと考えていた。これは、この時期の世界中のナショナリスト運動のほとんどが共有していた必須事項だった。ただし全部というわけではなく、たとえばインドには現在もなお、一つの「国語」というものがない。インドでは各州がその地域の言語を州レベルの公用語に定める権利を持っており、その結果、国の憲法で二二の地域言語と英語が準公用語的な扱いを受けている。

しかし当時の中国のナショナリストにとって、そのようなことは論外であった。何十年ものあいだ、国内の腐敗、欧米列強による国土の奪取、チベットや外モンゴルの独立宣言、そして中央の支配から離れようとする地方軍閥、こういった問題を抱えてきた結果、彼らがどうしても成し遂げなければならないこと、それが統一だった。地方のアイデンティティ、さらには民族別のアイデンティティが強く存在しているなかで、それらと、一つの中国国民を創り出そうとするナショナリストの願望とのあいだには大きな乖離があることは彼らも理解していた。そこで彼らは、たとえ中国の国民がみずからを「国民」と自覚できていないこの段階でも、一つの国民として一つのアイデンティティを持たせるには共通言語が唯一の方法である、と考えたのだ。

新しい共和国（中華民国）の宣言からちょうど五カ月後、新たな国の教育行政機関として設立された「教育部」は、「臨時教育会議」を招集した。その会議は一年前の会議を継承したようなもので、参加者もほとんどが前回と同じ顔ぶれだった。ただしその雰囲気は一八〇度変わっていた。儒教の経典の授業は完全に学校のカリキュラムから排除され、「実用主義、軍国主義の教育、美育（美的教育）」といった新しい価値観に基づく教育方針が採用された。会議の結論の一つが「表音文字の採用への提案」だったが、これは提案というより、もう一度会議を開いて発音問題に決着をつけるよう「教育部」に要請するものだった。この要請によって、読音統一の問題点が一気に表面化する。

この会議を提案したのは、パリに住んでいた無政府主義者の呉敬恒《ごけいこう》で、かつて中国語を完全に廃止してエスペラント語に置き換えるよう求めていた人物だ。呉は儒教や中国の伝統を嫌い、「口の悪さで有名な男」でもあった。一九〇〇年代の様々な記事のなかで、満州族を「ろくでもない民族」と呼んだり、西太后を「売女《ばいた》」、「醜い老婆」などと言ったりしているし、梁啓超の記事については「まったく愚か」、「腐った犬のクソ」とまで言う始末だった。(31) 言語問題で新しい共和国の意見が一致するよう「教育部」が選んだのは、このような人物だったのだ。

呉敬恒の行動計画は単純なもので、その概略は一九〇九年の論文で説明されている。第一に、専門家からなる委員会を立ち上げ、文字言語の実際の発音を正しく表す発音表記法（表音記号システム）を決める。第二に、何千もの漢字の一つ一つの正しい発音方法を決定する。こうして出た結論であれば、体系的で民主的な合意に基づく「国の定めた発音」の指針になるはずだと考えた。だが、もちろん現実はそれほど単純にはいかなかった。一九一三年二月二五日、北京で「読音統一会」が開かれた。出だしは前向きだった会議も五月二二日に終了したときには、エゴがぶつかり合う地域の激しい覇権争いとなり、そのさい生じた言語問題の禍根はその後何十年ものあいだ消えずに残ることとなった。

この会議に招集された専門家は八〇名で、当初の計画では公平を期すため各省から二人の代表者を招く予定だったが、最終的には参加者のほとんどがその専門家としての地位や政治的なコネで選ばれた。約半数を政府の教育部が選び、残りは地方政府が選んだが、その全員が出席したわけではない。初日、四七人の中年の男性たちが西洋のスーツに伝統的な上着をまとうスタイルで、紫禁城の西城壁のちょうど外側にある「教育部」の建物に集まった。参加者のなかにはこの二〇年間、言語問題において最も活動的だった面々もいた。たとえば、「文字改革運動」の先駆者である盧戇章や、強力なコネを持ち、北京方言の表音文字である「官話合声字母」を作った王照などだ。またみずから考案した表音文字法をここで売り込もうとする者もいた。ラテン文字を使った表音文字や日本語のカナ風の記号を使う表記、速記の様々な形体を利用する表記などがあった。これがまず一つめの問題だった。誰もが、中国語の表音文字とその教授法に大変革をもたらした人物として歴史に名を残したいと思っていた。

長く激しい討論を経て、最終的に会議全体の支持を勝ちとったのは、章炳麟の案に基づく表記法だった。というのも代表者の四分の一以上が、章の出身地である浙江省や江蘇省といった東海岸地域の急進派だったからだ。この一〇年間、どの地域の代表者よりも、彼らはキリスト教の宣教師や商人など、外国思想の持ち主との交流が多く、日本への亡命も経験し、革命運動に大きな役割を果たしてきた。そのため彼らはこの会議に明確な考えをもって臨み、章の国家主義的な言語改革案を強く支持した。それは西洋や日本式の表音文字を取り入れるのではなく、あくまで新しい表記法は「中国純種」でなければならないという考え方だった。こうして会議は一〇〇〇年も前の古い書物に基づいた表記法を採用するという結論に至ったのである。

表音記号については合意に至ったが、次に合意すべき問題はその記号の発音だった。このときに事態を難しくしたのは、まさに地域間のライバル意識だった。「魚」といった簡単な言葉でも地域によりまったく異なるトポレクトで話す現状に、理論的かつ中道的な解決法は見つかりようもなかった。結局、ナショナリストの言語改革者が以前ごまかしたように、「発音」の問題はトポレクトの優劣の問題、つまり他のトポレクトに勝る一つのトポレクトを選び出すという問題にすり替えられる。東海岸の浙江省や江蘇省の代表者のなかには、会議の立案者で議長でもあった呉敬恒も含まれているが、彼らは北京のトポレクトを「タタール人」の影響で汚染されているとして、非常に嫌っていた。以前、ある記事で呉は北京語をまるで犬が吠えているようだ、と評したこともある。

この点において呉の考えは、もう一人の江蘇省の代表、翻訳者であり哲学者でもある人物から支持を得ていた。その男こそ第二のワン、汪栄宝《ワンロンバオ》である。汪は「総理衙門」の翻訳者学校で学び、その後日本に留学した経験がある。[32]一九〇六年には、盧戇章が上奏した表記法改革案に対して、清王朝の役人として不採用通知を作成し、「奇怪である」と一蹴した。[33]さらにのちには、中華民国の新しい国歌の作詞も担当する。そんな汪と呉は江蘇省のロビー団体の先頭に立ち、彼らの東部トポレクトが国語の発音として採用されるべきだと説いていた。

このリングで対面に座っているのが、一人目のワン、王照《ワンヂャオ》であり、この会議の副議長に選ばれていた。事実上、彼は北京語話者の代表者となっていた。王照は、表音記号を選ぶ闘いでは敗れたが、発音の選択という闘いにおいてはより強い立場にあった。袁世凱との個人的な友人関係がその理由である。直隷総督時代、王照の表音記号「官話合声字母」を後押ししていた袁世凱は、今や民国の大総統になっていたのだ。しかし第二のワン、汪栄宝も簡単には諦めなかった。江蘇省と浙江省に固有の呉語か、北京のマンダリンか、それぞれを代表する二人のライバルが言語学というリング上で火花を散らし、会議が進むにつれその闘いは二人の個人的な争いへと発展していった。

論争は一カ月以上に及び、解決は見えなかった。状況は悪化の一途をたどり、その苛立ちが頂点に達したとき、議長の呉敬恒が突然「もう耐えられない」と叫び、辞任してしまう。そして王照が呉のあとを継いだのだが、ここで王照は汚い手を使った。江蘇省と浙江省を除いたそれ以外の代表者だけの会議を招集し、そこで江蘇・浙江の東部側がみずからのトポレクトを国語にしようとしていると吹聴し、北部と南部は団結して彼の言うところの「国家的災害」を食い止めなければならないと説いた。こうして「阻止チーム」を結成したあとで、改めて全体の会議を招集し、そこで投票方法を変更することに合意させた。これまで一人の代表者が一票を持っていたのを、それぞれの省が一票に変えたのだ。この一撃で東部側は一気に力を失う。結果、大混乱が起きた(34)。

王照はみずからの辞任をちらつかせ、東部側を黙らせた。さらにはこの会議を「江蘇・浙江会議」と皮肉たっぷりに揶揄《やゆ》し、相手方を激怒させた。そして、これ以上悪くなりようがないと思われた状況は、さらに悪化する。会議の政治的バランスを崩す決定的な対立を引き起こしたのは、方言の違いだったというのだから、この会議にこの上なくふさわしい。あるとき、汪栄宝がもう一人の江蘇省代表者と、人力車を呼ぶかどうかを話し合っていた。この人力車という言葉は上海の発音では「フゥァンバオチェ」と言う。しかし北部出身の王照の耳にはそれが「ウアンバーダン」と聞こえた。これは北京語では「クソ野郎」(王八蛋《ウアンバーダン》)という意味になる。憤慨した王照は袖をまくり上げ、会議の場で今にも汪栄宝と取っ組み合いの喧嘩をする勢いだった。すると汪は議場を飛び出し、二度と戻ってこなかった。こうして、東部・上海・呉地域のトポレクトが持っていた阻止力は失われた。今や北部発音が、国語の標準になる道筋がはっきりと定まる。

それからの数週間、「読音統一会」は六五〇〇字の漢字の新しい「発音」について投票を実施した。たんに発音だけを選ぶ投票もあったが、多くの場合、他のすべてに勝る一つのトポレクトを選ぶという投票であった。もはや北部地域に有利な投票方法となっていたため、その結果はおおむね予測どおりではあったが、北京語の完全勝利だったわけではない。呉語の言葉や発音のほとんどは除外されたものの、「読音統一会」では、地方ごとに異なる表音文字を使う余地も認めることに決まった。北京語にはない発音を表記する方法も加えられ、南京地方の話者にとって、いくらかの慰めにはなった。ほかにも妥協の産物である変更がいくつか加えられ、最終的には、厳密な北京トポレクトというよりはむしろ、古くからの「官話」に近い発音に収まった。そのため、中途半端な「藍青官話《らんせいかんわ》」（純粋さを欠いた官話〔南北各地の発音の入り混じった普通話〕）、と揶揄されることもしばしばであった。(35)

王照の指揮の下、「読音統一会」は次に教育部に対して数々の要求を行なった。たとえば、合意した表音記号を速やかに国中に公布することや、誰もが新しい記号を学べるように事務局を作ること、学校の標準的な指導内容にすること、などを求めた。しかし一九一三年中頃のこの時期、中華民国の政治は危機的状況にあった。まずこの会議が開催されていた最中の三月に、国民党のカリスマ的指導者の一人であった宋教仁《そうきょうじん》が暗殺され、大総統である袁世凱がこれを命じたのだという噂が広がっていた。そして七月には、地域の力がいまだ健在であることを思い起こさせる出来事として、江蘇省、浙江省、広東省など、革命派がまだ強い影響力を有していた南部の七省が、袁世凱政権を打倒するため武装蜂起した。この「第二革命」は早々に鎮圧されたが、これを受けて袁政権は保守的傾向を強め、再び儒教教育に重きを置き、国語政策に力を入れなくなってしまう。少数の文字改革運動家を除けば、「読音統一会」での決定事項などすっかり忘れ去られていった。

一九一六年六月に袁が亡くなると、その後一〇年以上にわたって民国は、相争う軍閥の支配する領土に分割されていく。こういった軍閥の勢力に対して、国が国語を押しつけることはかなり難しくなった。その結果、地域ごとのトポレクトは、干渉を受けることなく広く使用されつづけることになる。そのためナショナリストの言語改革者らが一九一三年の会議の決定事項を実施する立場になるまで、何年もの歳月を要することになった。

北京方言を標準とした新たな「国語」の誕生

一九一六年七月、教育部の教科書編集者であった若き黎錦熙《れいきんき》は、現状に不満を持つ官僚らとともに「国語研究会」を立ち上げ、政府が実行できずにいた改革を推し進めるべく活動を開始する。(36) 彼らは新聞に記事を書くなどしたが、言語政策に与えた影響力はきわめて限定的だった。一九一七年二月、「国語研究会」は一般にも広く門戸を開き、これまで言語問題で中心的役割を果たしてきた多くの人物を次々と入会させる。梁啓超が入会し、さらに中華民国初代教育総長で、当時は北京大学学長であった蔡元培《さいげんばい》も入会して書記長となった。これまでの発音会議と同様、メンバーの多くは江蘇省と浙江省の出身で、「国語研究会」の本部も、北京にある江蘇省出身者向け学校のなかに置かれた。

一九一八年一一月、「国語研究会」は事実上、教育部に組み込まれて「国語統一籌備会《ちゅうびかい》」〔籌備は準備の意〕となり、その会長として、「国語研究会」の副会長であった張一麟《ちょういちりん》が任命された。その「国語統一籌備会」の最初の会議が一九一九年四月二一日に開催され、以下三つの優先項目で合意した。一つめは、一九一三年の会議で合意した表音記号の使用を促進すること、二つめは、古典的な書き言葉である「文言」〔漢文〕のかわりに、口語を反映させた「白話」を使うこと、三つめは、古代から現代に至る書き言葉を網羅した全国民共通の辞書を編纂すること、であった。(37)

この「国語統一籌備会」は、新しい思想の波に乗っていた。この最初の会議から二週間後の五月四日、ベルサイユ条約の条項に反対する学生たちが紫禁城の天安門広場に集まり、そこから東へ、交通総長であった曹汝霖の邸宅へ向かって行進し、焼き討ちを行なう。この「五・四運動」と共に起こった新文化運動は文化界を席巻し、文学や芸術の分野に新風を吹き込んだ。その指導的役割を果たしたのは、新たな言語運動の革命派の面々であった。

そのなかの一人に胡適《こてき》という人物がいた。彼もまた東部の出身者で、一九歳でアメリカに留学し、コーネル大学で農学を学んでいたが、哲学と文学に転向し、その後さらにコロンビア大学で学ぶ。一九一七年に帰国した胡は、言語と国民について新しい考え方を中国に紹介し、北京大学の哲学科に職を得て、そこから活動を始めた。その後の数十年間にわたって、胡は一つの国語を提唱する主要な人物となる。

北京到着後すぐ、胡適は北京大学の同僚である陳独秀《ちんどくしゅう》の編集する雑誌『新青年』に、「文学改良芻《すう》議《ぎ》」と題する論文を発表し、近代的な文章法について八つの項目を提起した。論文ではほとんどの記述が、「白話」（話し言葉に近い口語体）で文章を書くべきだという主張である。ただ論文の最後のほうで、『水滸伝』や『西遊記』といった過去の「白話」小説を例に出し、「白話文」でも北部言語を基本にすることを暗に推奨している。さらに一九一八年四月には「建設的文学革命論――国語的文学」に関する論評を発表し、そこでみずからの使命を包含するスローガン、「国語的文学、文学的国語」を打ち出した。この意味は胡適の言葉を借りると、「（生きた）国語で文学作品を作れば、真に文学的価値のある国語が生まれる」ということになる。

そして一九二二年には胡適みずから、『国語月刊』という雑誌を発刊、その特別号で中国の文字改革問題についてこのように述べている。「学者や作家が言語問題の改革を推進するさいには、市井の人々が実際に話している言葉の特徴を観察し、人々の改革案を受け入れ、彼らの案を正式に認めることが義務だと理解すべきである」

このような活動を通じて胡適は、中国語の文字を話し言葉と一致させ、西洋の国民国家に倣って中国独自の国語を創造するという夢の実現に向けて尽力した。だが後年、胡は言語の選択にあたって彼が最初から客観性を欠いていたことを露呈する発言をしている。「国語」は北部のトポレクトにしようとはじめから決めていたというのだ。一九五八年の論評で胡はまことしやかに次のような作り話をしている。

「最東北部の哈爾浜《ハルビン》から最南西部の昆明まで一本の線を引いてみるとしよう。その線は総延長四〇〇〇マイル〔約六四三七キロメートル〕を超える。この四〇〇〇マイルの線上ではすでに誰もが共通語を話しており、自分の話し言葉を変える必要があるとは思っていない。彼らが話している北京語は世界で最も多く話されている言語だ。これこそが〈国語〉である。これは祖先が残してくれた……貴重な財産なのだ[38]」

胡適が引いたこの線は、地理的には「中国本土」である北部と西部を、南部と東部から分ける線と重なっている。一方で言語学的に、胡適がこの線によって主張したのは以下の二点だ。一つは、この四〇〇〇マイルの線上には多種多様な言語が存在しているという現実を無視し、使われているのは「北部地方の話し言葉（北京語）」だけであるとしたこと。そして二つめは、いわゆる七大方言のうち六つ、粤《えつ》語、呉語、贛《かん》語、湘語、閩《びん》語、客家《はっか》語（チベット語やモンゴル語、その他「少数民族」の言語は言うに及ばず）、これらすべてを意図的に排除したということだ。胡適の意図はつまり、「国の一部になりたければ北京語を話さなければならない」ということになる。

やがて言語改革者のあいだでも北京方言へのコンセンサスが形成されていった。一九二六年には「国語統一籌備会」は、直面していた最大の問題への答えを出した。籌備会のメンバーの一人、趙元任《ちょうげんじん》は以下のように語った。「北京の話し言葉を採用することを決定した。だからあとは（北京の）人々が実際どのように話すのかを調査するだけでよい[39]」

この決定を可能にしたのは、江蘇・浙江グループの翻意であった。胡適ら東部出身者を含め、籌備会の中心人物の多くが、誰も実際には使っていない妥協の産物の言語を押しつけるより、すでに人口の半分以上が使っている北京の言葉に近いものを選ぶほうがよいと考えたようである。これは確かに論理的な決定であり、首都で話されている言葉を国語とした日本やドイツその他の言語改革者の方針とも一致していた。北京の言語ナショナリストたちは、章炳麟（およびハーバート・スペンサー）が唱えた進化のプロセスを逆にたどって、多様化した言語を一つの国語に均一化しようとした。その結果、各地方のトポレクトが代替言語として使用を許される可能性はなくなり、誰も議論しなくなったのである。

一九二八年、蔣介石の国民党が勝利して「軍閥時代」は終焉を迎えた。初めてナショナリストたちが本当に政治を動かす立場となり、言語改革者たちはみずからの決定を実行に移す権限を有するようになった。留学から戻った蔡元培が、それまでの教育部に代わり南京国民政府の教育担当機関となった「（中華民国）中央研究院」の院長として復帰し、一二月には「国語統一籌備会」が再び設立され、活動を開始する。こうしてナショナリストたちが何十年間も議論を重ねてきた「一つの国民」の実現に実際に乗り出そうとしたとき、国語という問題が再び俎上に上がる。一九三二年には『国音常用字彙』が刊行され、何千もの漢字について北京方言での「新国音」が定められた。こうして北部の文法と語彙に北京の発音を標準とした新たな「国語《グォユー》」が誕生した。

しかし、この仕事はいまだ完成には程遠い。一九四九年に共産党が勝利したのち、プロセスはまた一からやり直さなければならなくなった。こうして一九一二年以降に起こったことがほとんどそのまま繰り返される。以前とまったく同じように、新たな支配層も言語改革を優先事項とし、中華人民共和国が成立を宣言してからわずか一〇日後には、新しい「中国文字改革協会」の第一回会議が開かれた。[40]その会議で議題となった内容は、一九一三年の言語会議の内容と驚くほど似ていた。まず、発音をそのまま書き表す表音文字体系を見つけ出すこと、漢字を簡略化すること、そして北部方言を基本に一つの言語に標準化すること、である。

一九五四年一二月、「中国文字改革協会」は新たに中央政府直轄の組織となり、「中国文字改革委員会」と改称され、新しい国語の正式な定義につながる提言を行なった。最初の会議から六年間の議論のすえ、一九五六年二月六日にようやく政府は「普通話」の定義を制定、その内容は約三〇年前に「国語統一籌備会」が決めたこととまったく同じといってよかった。「〈普通話〉は北部方言を基本言語とし、北京の発音方法を標準発音とする。文法の基準については〈白話〉で書かれた模範的な近代文学に倣う」である。[41]目標の設定値は三〇年前に設定されたものと同じで、進む方向も同じ、そして抵抗も同様に克服困難なものになると予想された。

一つの国家には一つの国民と一つの言語

一九五五年一〇月二六日、「普通話」が正式に採用される三カ月前、中国共産党機関紙に地方方言と「普通話」との関係について理解を求める以下の記事が掲載された。「〈普通話〉は国全体の人々に利用されるものであり、方言は一部地域にて利用されるものである。〈普通話〉を広めるのは、人為的に地方方言を消滅させることを意味するものではなく、漸進的に方言の使用範囲を縮小することを意味する。これこそが〈社会発展の客観的法則〉に合致するものである」[42]

この〈社会発展の客観的法則〉という言葉を誰が書いたのかは明らかではないが、一九八五年、上海の市立学校で今後すべての授業を普通話で行なうという法律が公布されたのは、おそらくこの言葉に影響を受けたためと思われる。一九九二年、さらにこの法は強化され、知り合いで上海語を使用している者がいれば通報するように定められた。街中の看板やその他公共の場から、上海語の文言を削除する運動も行なわれた。しかしそれでも上海語は使われつづけている。

「普通話」を推進する政策が成功したことに加え、何百万人という「よそ者」が他地域から上海へ流入したため、それに対する反動として「地域主義」が勃興した。地域文化の衰退を恐れた地元の人々が、上海の文化を守ろうという声を上げはじめたのだ。二〇一〇年には、市当局が密かに上海語を教えることを奨励しはじめる。二〇一三年には中国人民政治協商会議上海市委員会に対し、上海滑稽劇団の座員であった銭程《せんてい》が、就学前の子供に上海語を教えるよう申し立てた。これを受けて上海市教育委員会は二〇一四年、公立の幼稚園二〇園と学校約一〇〇校に上海語を用いる実験プロジェクトを開始した(43)。

こうした動きは、この一五年で「普通話」が社会に深く浸透したために、ひと世代前では母語だった地元の言葉を、第二言語として再び導入せざるをえなくなった現状を如実に示している。ただし、このような「上海の遺産を守る計画」には注意が必要だ。教育部が教科はすべて「普通話」でのみ教えるように指定している以上、上海語の使用は遊びや挨拶その他学校生活での非公式な場に限定されている(44)。

中央政府は、ある程度、地方のトポレクト維持に寛容さを見せているようだが、もちろん限界はある。その限界を超えた例が、二〇一七年、広東語推進者として著名な作家で、広州テレビの司会者でもあった饒原生《じょうげんせい》だ。彼は広州の五羊小学(校)で、広東語の話し言葉と書き言葉を学ぶ教科書を取り入れようとした。その教科書には子供たちが読んで覚えられるようにラテン文字表記が加えられていた。饒が地元メディアに語ったところによると、地方当局が妨害してその教科書の使用をやめさせたという。それ以上のコメントを彼から聞くことは不可能だった(45)。現在、地方のトポレクトの話し言葉を教えることはまだ許容範囲内でも、それを文字として読み方を教えることは禁止されているようだ。

上海にしても広州にしても、国家の国語政策にとって不都合だったのは地域の繁栄だった。どちらも高い経済力を有しているがゆえに、中央政府に対しある程度の自治権を主張することができる。その一方で、どちらも豊かな経済ゆえに他地域から移住者が大量に流入し、移住者たちは地元のトポレクトを話すことができない。中央政府は、このような経済力のある地域に対して、「普通話」を促進することで新しい移住者たちを地域と同化させ、そして同時に地域も国と同化するよう強く求めている。しかし、いずれの都市でも、その独自性が失われることに怒りを感じる地元住民から反発の声が上がっている。このため地方政府は、その独自性を守る対策を取るように求められ、国との軋轢《あつれき》が生じている。

中国の国語政策は、成功と失敗が同時に起きているように思われる。「普通話」を学校教育における国語と決め、それを話す人口は右肩上がりだ。だが、その一方で同じ政策が地方のトポレクトを守ろうとする保守的な動きを誘発しているようだ。地方と国の軋轢は、中央政府がコントロールしづらい領域、とくにインターネットの世界で頻繁に見られるようになり、オンラインのフォーラムなどでは、地方の独自性と移住者関連の問題をめぐる論争が繰り広げられ、規制当局とイタチごっこになっている。

たとえば二〇一〇年代の上海では、移住者を指して、地元のトポレクトでハードディスクという意味の「YP（ying pan）」と呼ぶようになった。なぜかというと、地元最大のハードディスク製造会社にウエストデータという会社があり、そのイニシャルの「WD」を上海語で発音すると「ワイディー」、意味が「非地元民」となるからだ。[46] これに対し二〇一四年、中国全土のテレビ・ラジオ・新聞・出版社を管轄する機関である「国家新聞出版広電総局」は、語呂合わせやダジャレなどを放送で使用することを正式に禁止した。だが、このような規制もバカにされ、その効果はきわめて小さかった。[47]

広東語を話す人々は、政府による検閲を避ける能力にかけてはもはやプロ級だ。たとえば「北部からの男」というさいに「北からの悪徳商人」という意味の発音の広東語を使う。共産党を批判したいときには、「草泥馬」という架空の動物名を使うが、それは広東語の発音では「おまえの母親バカ野郎」という意味になる。共産党はしばしば国民の母親と表現されるため、これでつまり「共産党バカ野郎」という意味になるのだ。共産党のプロパガンダを批判したいときには、愛国的テレビ番組のタイトル「Bravo, My Country（厲害了、我的国＝すごいぞ、わが国）」を「lai hoi liu, ngo dik gwok」と広東語で発音して皮肉る。これはもともとこの番組のタイトルが、SNSで共産党が使ったキャッチコピー「Bravo my brother（厲害了、我的哥＝すごいよ、君！）」（li hai le, wo de ge）をもじったものだからだ。

トポレクトの前途は、その地域がどれほど経済的に重要かで決まるようだ。広東語や上海語は、それを話す人口が多いため、「普通話」の侵攻を防御できる経済力も政治力も十分に持っている。しかし、すべてのトポレクトが「普通話」の進軍をたやすく撃退できるわけではない。政権を握った習近平が国家統一という「中国の夢」を理念として掲げている以上、中国全土に一つの国語を押しつける力が今後も働きつづけることだろう。「国家語言（言語）文字工作委員会」は、国の掲げる「中華民族の偉大な復興」の実現をみずからの職務と考え、「国家中長期言語文字事業改革発展計画綱要（二〇一二〜二〇二〇年）」において、次のように断言している。

「ほどよく繁栄した社会を広範囲に成立させ、中華民族のための共通の心の故郷を建設し、国の文化によるソフトパワーを高め、教育の近代化を促進する、これらすべてが言語・文字事業の改革に必要な条件だ(48)」

この一文のなかに、これまで一〇〇年以上にわたって一つの国語を成立させるべく改革者たちを突き動かしてきた二つの強い願望が見てとれる。一つは、大衆の識字率を上げ、多様な民族共同体の意思疎通を円滑にする統一言語の創成により、民力を高めること、ひいては国力を上げることである。そしてもう一つが、「共通の心の故郷」を作り上げたいという愛国的な願いである。言語事業の奥深くに潜んでいるのは、中国があまりに多様性に富むがゆえに一つにまとまりきれないのではないかという恐怖心だ。この恐怖心の根は深く、あまりに微妙すぎて、声に出して言うのもはばかられる。ただ習近平をはじめとする指導部が、「文化的に調和した国家」の必要性を説き、絶え間なく「統一」を訴えるとき、その声の裏に恐怖心の余韻を聞きとることができる。不調和や不統一などは決して口にしてはならない言葉だ。香港や台湾、そして広州や上海といった地域が、中国の国家としてのアイデンティティよりも強い、地域の独自性を持っているかもしれないという考えは、人民共和国を率いる面々にとって文字どおり想像すらできないことなのである。

そのような反・中央集権思想を認めることは、かつての混乱期、つまり一九一〇年代から二〇年代の軍閥時代に、さらにさかのぼって群雄割拠の内乱時代に逆戻りする扉を開けることを意味する。国の分裂状態はすでに遠い過去かもしれないが、絶えずその芽は摘んでおかなければならない。

たとえば一九九一年、中央指導部が目をつけた人物は広東省長の葉選平《ようせんぺい》だった。地方の政治家として強大な権力を持っていた彼を、本人の意志に反して北京政府の名誉職に就任させ、彼とその派閥を地元の勢力地盤から引き離した。同様に二〇一二年には重慶市の地元共産党書記であった薄熙来《はくきらい》を、その強固な地盤が中央政府の制御できる範囲を超えているという懸念から解任している。地方分権へと向かう力が、新たに作りあげた「大帝国」を内側から分裂させるかもしれないという恐怖がつねにつきまとうなか、中央政府は、一つの文化という看板を掲げることで、絶えず統一を強調している。

言語統一推進活動の起源は一九世紀後半の黄遵憲をはじめとする言語改革者たちまでさかのぼることができ、そこから一九一三年にあやうく殴り合いになるところだった二人のワン（王と汪）、さらには「国語統一籌備会」、それを引き継いだ「中国文字改革協会」、そして現在の「国家語言文字工作委員会」のメンバーにまで引き継がれている。その背後にあるのは、日本とドイツの言語学のナショナリストたちの影響だ。この彼らから「国語（グゥォユー）」という概念が生み出され、「一つの国家には一つの国民と一つの言語」という定型化されたフレーズが出現したのだ。そして香港でのデモ参加者なら身に染みてわかっているように、このスローガンは習近平のリーダーシップのもとでさらなる力を与えられている。

第7章　「領土」の捏造

清帝国は国境線を画定したことがない

二〇一八年五月一四日はGAP《ギャップ》中国の経営陣にとって、いつもの月曜日と変わらず始まった。しかし数時間後、変化激しい市場で拡大するチェーン店の管理という彼らの日常業務は、突発的なトラブルへの右往左往の対応に代わった。そして就業時間が迫る頃には、卑屈な謝罪文を公式発表する羽目になる。自宅から一万一〇〇〇キロメートル彼方の工場直営店で発売している一枚七・九九ドルのTシャツが引き起こした大炎上事件が、謝罪を受けて明日には収まっていることを祈りながら、彼らは眠りについた。GAP幹部たちがその月曜日に経験したのは、現代中国の領土問題という非常に神経質な問題だったのだ。

その炎上事件の発端は数カ月前、GAPがちょっとした地方のプライドを顧客が示せるよう企画したTシャツ・シリーズを発表したことだった。そのなかには「中国」や「日本」、あるいは「サンフランシスコ」や「パリ」といった都市の名前が、Tシャツの前後に印刷されたものもあった。ほとんどのデザインは文字と国旗がセットになっていたが、中国だけ趣が異なった。地図がついていたのだ。その後、カナダのナイアガラの滝に旅行中のある目ざとい中国人愛国者が、値引きになったそのTシャツを発見、「中国」と書いた地図が不完全であることに気づく。GAPが注釈付きの写真とともにプリントした地図には、南沙諸島、インドに占領されているヒマラヤの一部地域、さらにここが一番問題になったのだが、台湾が含まれていなかった。

愛国者の観光客はこれを中国のＳＮＳである「微博《ウェイボー》」に投稿した。そのままならばたいしたニュースにはならなったかもしれないが、これを人気ブロガーである〈7sevennana〉が取り上げた。彼女はこの時点までは、たんに大きな胸を強調するＴシャツを着てコンピューターゲームの解説をする有名ブロガーにすぎなかった。それが二〇一八年の五月をもって愛国者へと変貌する。ＧＡＰのＴシャツの写真をみずからの何千万といるフォロワーに共有した彼女は、ＧＡＰにこうメッセージを送った。「中国でお金を稼いでいるのに、なぜ中国の領土問題にもっと注意を払わないのか」と。

こうしてあっというまにＧＡＰは炎上渦中に巻き込まれることになったのだった。月曜日という長い一日が過ぎていくなか、ＧＡＰでの買い物をボイコットしようという声が「微博」上で広がりはじめる。つねにネット上を見張っている政府の検閲機関もこの動きをまったく止めようとしなかった。ボイコットの声は高まり、ＧＡＰがそのデザインに国旗のかわりに地図を選んだのも、もともと中国軽視の意図があったからとの憶測までが広がっていく。それもＴシャツがインドや台湾でプリントされたからにちがいない、というのが彼らの主張だった。こうして、批判はますますふくらんでいった。

中国国内の店舗数が一三六店、上海の南京西路には一九〇〇平方メートルの旗艦店をオープンしてまだ一年足らず、さらに中国国内で製造下請け会社を二〇〇〇社も抱えている企業にとって[1]、この批判がもたらす結果は明らかだった。商売上の必要から平謝りする以外に方法がなかったのである。月曜日のうちに、ＧＡＰ中国はその「微博」のサイトにて、以下の謝罪文を大々的に発表した。「当社は、中国の主権と領土保全を尊重しています」、そして今回のＴシャツに関しては「中国の地図を手違いにより正しく表示できず」、「この意図しない間違いに対して心からのお詫びを申し上げます」と。こうして問題のTシャツは中国の全店舗から撤去され、さらに全世界のオンラインストアからも消え失せた。ボイコットを求める声は立ち消えとなり、SNS上では愛国者たちが今回の結末に自画自賛したのだった。

こういった騒動は珍しくない。中国の主張する領土に対する認識不足のせいで窮地に立たされた企業はGAP以外にも多々ある。二〇一八年一月にはマリオットホテルチェーンが、顧客調査で台湾とチベットを中国とは別の国と表記したことで謝罪を迫られた。同時期、航空会社のいくつかも台湾を別の「国」と表現したことで、みずからのウェブサイト上で修正を余儀なくされている。二〇一九年三月には、エスティーローダーが所有する化粧品ブランドのMACも、米国内の顧客に送る電子メールで、中国の地図上に台湾を含めなかったために謝罪する事態に陥っている。[2]

そんなななかで二〇一七年四月二七日、中国の名ばかりの議会は、「国土に対する国民の意識を高める」ためとして、「中華人民共和国測絵法」を強化した。全国人民代表大会（全人代）常務委員会弁公庁報道局の何紹仁《かしょうじん》局長は記者会見で、国家の境界線を誤って引くことは、「わが国の領土の完全性に客観的な損害を与える」と述べた。[3] 二〇一九年二月、政府はさらにこの方針を推し進め、中国国内で海外市場向けに印刷される本や雑誌のなかの地図にまで特定の規則を定めた。すべての地図は地方当局の許可を受けなくてはならなくなり、そうでなければ中国国内での販売は一切禁止された。無認可の中国領土が記載された地図が中国国民の目に入れば、それは国家安全保障上の脅威になるとされ、そのため同規則により「全国〝掃黄打非〟工作小組弁公室」の介入が正当化されることになった。[4] その本気度を示すべく当局は二〇一九年三月、港湾都市である青島《チンタオ》市で、英語で書かれた輸出用の地図二万九〇〇〇点を、台湾が別の国と記載されているという理由で破棄している[5]。

もちろん国境問題を抱えているのは中国だけではない。だが中国の場合、国境に対する国家総ぐるみの不安は神経症と言えるほど程度が甚だしくて驚かされる。政府の声明から明らかだが、二〇一七年の測絵法の強化と二〇一九年の追加規則は、国の「愛国教育」運動と連携している。つまり、子供たちを国の見解に沿うように教育することが目的なのだ。指導部は国民に対し、愛国者となる唯一の道について以下のメッセージを執拗に送っている。台湾の本土「復帰」を強く求めること、南沙諸島の正当な所有者は中国であると主張すること、日本政府に釣魚島（日本名・尖閣諸島魚釣島）の引渡しを要求すること、そしてヒマラヤ地域では一切の妥協を排して最大限の領土を主張すること、である。公式メディアはつねに国民に領土問題を忘れないよう、領土問題をみずからの問題と捉えるよう、そして国境問題を未解決のまま放置することに心を痛め恥の念を抱くよう、説きつづけている。

国境問題に対する異常なまでの執着は、オンラインゲーマーや「微博」内の愛国主義者たちだけでなく、国家そのものが抱いている強迫観念なのだ。習近平のスピーチからも明らかだが、国家の復活という彼のビジョンは、中国が主張するすべての領土が中国の支配下に置かれて初めて完遂するのだ。

しかしどの地域が「合法的」に中国の領土として見なされ、どこが見なされなかったか、その経緯はきわめて複雑である。二〇世紀、「当然」国の一部であると思われていた場所、たとえば外モンゴル地区などは完全に手放された一方で、それまで見捨てられていた地域、とくに台湾が返還を要求されるようになった。清帝国が崩壊した一九一一年には、国境線は実際にはほとんど存在せず、想像上のものでしかなかった。ロシアやフランス、イギリス帝国に迫られた場所を除き、国境線というものを清帝国は一度も正式に画定したことがなかった。辛亥革命から何十年か経って、北京の指導部は史上初めて国の領土を「画定する」という仕事を担うことになる。これは、現場での作業だけでなく、国民の頭のなかでも行なう必要があるプロセスだった。つまり、地図を作成することと同様に重要なのは、地図に表された世界観を国民の心に植えつけることなのだ。そのプロセスとはまず、国境を曖昧にしておくと外国に脅かされるとして国民の不安を意図的に煽ることで、国境の画定という指導部の新方針への支持を取りつけ、同時に国民の国防意識を高めるというものだった。指導部が国民に教え込みたかったのは、外国の脅威に対する不安だけではなく、できるかぎり大きな領土を志向する拡張主義者の夢、そして資源が多く紛争のない地域を確保するといった政治的計算も含まれていた。近代中国の領土を捏造していく物語、および領土の確定にまつわる諸々の不安の物語は、一〇〇年前の日清戦争での敗北と、西洋の近代地理学の到来から始まり、台湾の再評価、台湾・本土の連携、そして再度の分離によって終止符を打つことになる。

放棄された台湾

一八九五年四月一七日の下関条約で、清王朝は最後の割譲を正式に認め、その広大な領土を手放した。李鴻章が日本の下関にて合意した本条約で、台湾およびその沖合の澎湖《ほうこ》諸島は、「日本の継続的かつ完全なる主権のもとに」割譲された（第2章参照）。そのわずか一カ月後、台湾島の実質上の統治者であった本土人と数人の役人そして商人たちが、日本の統治に反対し「台湾民主国」という国名で独立を宣言する。そしてイギリスおよびフランスからの支持を引き出そうとしたが、ヨーロッパ諸国はこの介入に利点を見出せず、台湾民主国は宣言からわずか一一日後に崩壊した。ただし抵抗は続いた。日本軍がすべての都市を占領するのにさらに五カ月、最後の抵抗のゲリラ攻撃を完全に鎮圧するまで、さらに五年の歳月を要した[6]。この長い抵抗運動のあいだ、清朝はかつての自国領に住むかつての臣民に対していかなる支援も提供することはなかった。それどころか一八九五年五月には、日本に抵抗する台湾民主国に対し物質的な支援をすることを明確に禁止している[7]。清国政府にとっては、台湾の運命より、日本と衝突するリスクのほうが重要だったというわけだ。

第一次アヘン戦争から五〇年経って、清国は拘束力を伴う国際条約を受け入れざるをえない状況にあった。清国は台湾に関する権利を正式に譲り渡し、台湾問題には一つの区切りがつけられた。しかし台湾の運命が世間の注目を集めることはなかった。台湾の割譲は大清国の威信を大きく傷つけたが、一般国民にとってはほとんど支障がなかったからだ。一八九五年時点での台湾と本土との関係はよく言って「セミディタッチド・ハウス（一棟二軒住宅）」といったところだろう。一六八四年に部分的に台湾を併合した清国は、併合後ですらこの土地を、好戦的な原住民と死の病が蔓延する危険な辺境地域と捉えていた。清王朝が台湾を自国の省と宣言したのは、フランスとの戦争後の一八八五年、併合から二〇〇年も後のことだった。しかし台湾が省となってわずか一〇年で、下関条約で日本に割譲されることになったのである[8]。

条約締結後、清国の役人たちは台湾で何が行なわれているか、まったくと言っていいほど注意を向けなかった。失った領土は台湾だけではなかったからだ。一八五八年、清王朝はロシアとのアイグン条約により、アムール川以北の五〇万平方キロメートルを失っていた[9]。その後も同じような「不平等条約」によってヨーロッパ列強に対し、沿岸地域一帯の領土を「租借地」として提供させられていた。台湾の運命も同じになると思われた。台湾を日本の支配から奪い返すことなどとうてい不可能だったのだ。こうして台湾に住む約二〇〇万人の元大清国の臣民、そのほとんどが閩南語および広東語を話す住民だったが、彼らはことごとく先住民とともに日本の植民地支配下に置かれた。

台湾の運命に無関心だったのは清朝の役人だけではなかった。意外なことに、革命運動家たちも台湾の植民地化には興味を示さなかったようだ。孫文とその同志は、台湾を清国へ返還するよう要求したことが一切ない。われわれの知るかぎり孫文が、台湾でくすぶりつづけていた日本統治への不満分子を気にかけた事実はまったくなかった。孫文にとって日本統治下の台湾は、将来の中華民国の一部にするよりも、清王朝打倒の足場としての価値のほうが高かったのである。一九〇〇年の彼の行動からもそれがよくわかる。

この年、孫文は日本を出て東南アジアを歴訪、広東省での武装蜂起計画への支援を求めた。しかし説得はうまくいかず、改革派の大物も地方の有力者たちもまともに取り合ってはくれなかった。そのため孫文は長崎へ戻り、日本が厦門港を奪取する計画の一端を担うことにした。日本政府の支援のもと、孫文は台湾に拠点を置き、みずからの革命部隊には広州の主力支援拠点の周辺に集結するよう命令を出した。ところが性急な計画にありがちなことに、孫文は最後の最後で計画を変更した。孫は革命部隊を厦門へ移動させ、そこで、日本から輸送される武器とともに部隊に合流しようと計画する。ところが日本側も土壇場になってロシアを刺激することを恐れ、この計画から手を引いてしまった。結局、孫文の革命部隊は孤立し、壊滅した(10)。

厦門での裏切りにもかかわらず、孫文は日本政府をおもな支援者として頼りつづけた。そして革命派は引き続き台湾問題について一顧だにせず、改革派も同じく台湾に何の興味も示さなかった。一九〇七年、台湾における民族運動の指導者、林献堂《りんけんどう》は日本で梁啓超と会談したが、梁は、本国は何の支援もできないから日本の統治に反対して命を無駄にするなと助言している。このとき二人は互いのトポレクト（地域語）を理解することができず、「筆談」で意思疎通を図るしかなかった。筆談のおかげか、梁の言葉がより痛切に伝わる。「われわれは互いに同じ祖先を持っているが、いまや異なる国に身を置いている」[11]

台湾についての認識は、清王朝も革命派もそして改革派もみな同じだった。台湾は条約により割譲され、中国のものではなくなったのだと。現在、台湾の政治的立場をめぐって吹き荒れている熱情を見るにつけ、まったくもって驚きだが、台湾という土地は、辛亥革命（一九一一～一二年）の一〇年前には政治家の口の端に上ることすらなかった。さらに革命後も、孫文が日本の支援を必要としなくなったときでさえ、孫文やその支援者らは引き続き台湾の運命を無視しつづけたのだ。

革命派のなかには大清国の中心部に純粋な「漢族」の国を作るため、周辺部の地域は譲ってもいいと考える者もいたが、孫文と梁啓超は大清国のすべての支配地域を中華民国が引き継ぐという決意を共有していた。「非中国」（満州、モンゴル、チベット、新疆など）は大清国の半分以上を構成しており、そこに貴重な天然資源が集中していたからだ。しかし、すべての支配地域を維持するというその願望を実現するためには、孫、梁、そして彼らの支持者は、願望の内容を表現する新しい言葉を作る必要があった。

中国語に「土地」を意味する言葉はいくつかあったが、所有権や主権といった意味合いを含む言葉はなかった。「疆域《ジィアンユー》」という伝統的な言葉があったが、その意味は文字どおり、王国の土地（域）の境界（疆）という意味でしかなかった。王朝時代、「域」は皇帝の権威が及ぶかぎりの土地を示し、理論上少なくとも朝貢国や属国を含んでいたのだろう。[12]だがその意味は曖昧で、明確な国境が存在していた証とはならない。

「領土《リントゥ》」という新しい中国語は、日本語から借用したものだ。具体的に言うと、イギリスの社会ダーウィン主義者であるハーバート・スペンサーの文書を日本人が訳した単語をそのまま使っている（第3章参照）。浜野定四郎は『政法哲学』（ハーバート・スペンサーの『Political Institutions』の邦訳書）のなかで、「territory」に相当する言葉として「領土」という漢字二文字を選んだ。その文字どおりの意味は「統治されている土地」だ。浜野は慶應義塾大学の塾長としての権威があり、この訳語は瞬く間に広く使われるようになった。

それから一五年後、梁啓超が東海散士《とうかいさんし》の愛国的小説、『佳人之奇遇』を中国語に訳してみずからの新聞『清議報』に掲載したさい、この訳語を使用した。[13] 古典的な中国語の読みで「リントゥ」と発音されたが、その意味は同じ「統治されている土地」であった。この「領土《リントゥ》」という中国語は以降、画定された境界線で囲まれた主権国家という明確な意味で使われるようになった。

そしてこの言葉は孫文の同志である胡漢民の目にとまる。「中国同盟会」（孫文を中心に清朝打倒をめざす革命組織。第5章参照）における胡の役割の一つは、孫文の政策に理論上の正当性を付与することだった。[14] 胡は「領土」という言葉が持つ政治的な意味合いを、「中国同盟会」の機関紙『民報』の長い記事（「排外与国際法」）のなかで、一九〇四年から一九〇五年にかけて数回にわたって詳しく説明した。そこで胡が説いたのは、「領土主権」（国家が領土内の人と物に対して有する一切の支配権）は国際法に基づくものであること、したがって論理的に考えれば、革命派は諸外国から要求されている不平等条約に反対する必要があるということだった。

胡のこの見解と言葉遣いは、その前年に日本の法学者、高橋作衛《たかはしさくえ》が出版した『平時国際公法』という一〇〇〇ページに及ぶ著作が基本になっている。この高橋の学術書はそれまでの数十年間に出版された西洋の複数の著作をまとめたものである[15]。つまるところ、革命派が新たに見出した領土への熱望は、一九世紀後半のヨーロッパのナショナリズムの直系の子孫なのである。

このヨーロッパからアジアへ伝えられた「領土」という概念は、一〇年後の中華民国で行なわれた憲法の議論のさいに出現する。孫文の臨時政府が革命直後の一九一二年三月一一日に承認した暫定憲法、「中華民国臨時約法」では、中華民国の領土範囲を比較的明確に打ち出し、事実上、新たな国は革命時の大清国の境界線をその現状のまま引き継ぐと明記した。第三条には簡潔にこうある。「中華民国は二二の省と、内モンゴルおよび外モンゴル、そしてチベットをその領土とする」と[16]。この二二省という選択には非常に重大な意味がある。なぜなら台湾は二三番目の省だからだ。そしてこの憲法が、承認の三カ月前にすでに独立を宣言していた外モンゴル、まだ反乱が続いていたチベット、そして事実上の独立状態にあった新疆に対してさえ変わらず領有権を主張していたことから、除外されていた台湾については、いかなる権利も正式に放棄していたという明確な証拠と言えるだろう。

しかし一九一四年五月、袁世凱が孫文を追い出したのち、新たに制定した「中華民国約法（袁世凱新約法）」では、この領土の定義が変更される。簡潔だった第三条は以下のように明らかに曖昧になった。「中華民国の〈領土〉は、前帝国の〈疆域〉と同じものとする[17]」。新しい言葉を使ってはいるものの、一九一四年の憲法による領土の定義では、前帝国の〈疆域〉の正確な範囲がどこまでだったのかという疑問を残しただけだった。

一九一六年に袁が亡くなると「新約法」は棚上げされ、旧約法が再び採用される。一九一六年六月二九日以降、国の領土の定義は再び二二省と内外モンゴル、チベットそして新疆になった。しかし七年後には再び曖昧な表現になる。一九二三年一〇月一〇日に承認された憲法では、第三条は「中華民国の〈国土《グゥオトゥ》〉は、引き継いだ〈疆域《ジィアンユー》〉に基づく」と変更された。[18] こうして再び中華民国の領土や「疆域」の定義はなされなくなった。

それから八年後の一九三一年六月一日、蔣介石の国民党政府は新たな「中華民国訓政時期約法」を制定したが、それも妥協の産物であった。第一条で、「中華民国の領土は複数の省とモンゴルおよびチベットからなる」とし、[19] 省の数については明確にせず、明確さと曖昧さが併存するものとなった。実際、一九二八年までに青海省が強制的に中華民国に組み入れられ、省にされている。モンゴルとチベットはこの時点で二〇年間にもわたって独立状態にあったが、それでも蔣は国の領土であると主張している。ただし台湾は、その時点でも一顧だにされていなかったことは間違いない。共産党との内戦前に公布された最後の中華民国の憲法では、国の領土を定義する意図すら見られない。一九四六年一二月二五日に制定された中華民国憲法ではその第四条で、「中華民国の領土は、現存する国の境界線に従うものとし、国民大会の決議を経なければ変更することができない」としか定められていない。[20]

このように憲法が二転三転する状況から明らかなのは、この時期もそしてそれ以降も、この国の境界線がいったいどこに引かれるべきなのかを明確にすることが非常に困難だったということだ。まず答えを出さなければならない基本的な問題として、一九一二年に中華民国が表面上引き継いだ清王朝の国境はどこまでだったのか、がある。近代化をめざすナショナリストたちは、諸外国や専門家らとの接触によって得た知識をもとにすれば、境界線問題には単純明快な答えが出るだろうと考えていた。しかし現実はそれほど単純なものではなかった。

大清国は多民族の連合体として成立しており、そのなかには中国語、満州語、モンゴル語、チベット語そしてトルコ語の五つの「文字の異なる地域」があった。これらの地域はすべて異なった体制と異なった規則によって別々に支配されていた。この統治方法は「羈縻《きび》」（ゆるい手綱）政策として知られている。清王朝であれば、民族の特性に応じて統治方法を変えていただろうが、[21]孫文ら革命家の使命は、一つの体制と一つの法律によって中央政府が統治する一つの統一された国民国家を作ることであった。それに対し第5章で見てきたとおり、袁世凱は古くからの帝国制度のなかで出世してきた経緯から、西洋思想に感化されたナショナリストたちの新しい考え方よりも、伝統的な統治方法になじんでいた。袁世凱はその保守的な本能から、領土の範囲を「曖昧」にするほうが賢明だと考えたが、一方で、国の近代化を求める者たちは国が抱える問題に明確な答えを追求したがために、より正確な領土定義を求めた。しかし、統一を無理強いすればするほど地方の軍閥は逆らい、彼らが統一しようとしていた国家自体が瓦解することになった。

清帝国が正式に国境線を定義したのは、諸外国からそれを求められた箇所のみであった。たとえば一六八九年のネルチンスク条約では東北部でロシアとの国境線を画定し、一八九四年の大英帝国との会議では、清の南西部でビルマとの境界を定めた。[22]それ以外の場所は明確な定義のない状態であり、清王朝の「疆域」がどこまで広がっているのかはまったくわからなかった。

乾隆帝時代最終年の一七九六年には、一三の部族が清王朝に朝貢を行ない、彼らの支配地域は新疆よりもはるか西にあった。またチベットより遠方のグルカ〔ネパールの山岳民族〕の支配者も朝貢を行なっていた。だからといって彼らがみな清朝の支配下にあったわけではない。[23]ゆえに彼らの支配地域を「疆域」に含めることはできないだろう。逆に、「疆域」の内部であっても遠方かつ人口の少ない地域の場合、清朝はその土地の支配者を通じて統治を行なっていたが、彼らの支配能力や清への忠誠心は確固たるものではなかった。たとえば東チベット・カム地域では、長期にわたって複数の族長による自治が行なわれており、彼らはチベットの都ラサの支配者たちに名目だけ従属し、そのラサの支配者たちを通して間接的に北京の皇帝に従属するという形をとっていたにすぎなかった。[24] 戦略的に重要な一部の地域には清朝の役人が置かれていたものの、その他の広大な地域はほとんど未管理状態だったのである。チベットのカム地域を中央の直接支配下に置くべく開始した軍事行動（一七四五～四六年）は失敗し、莫大な費用だけが消えたこともあった。こうして、「羈縻政策」が復活することになった。

つまるところ、一九世紀における清朝の内陸アジア支配とは、外部の侵略から「みずからの」領土を守る試みというより、むしろ東の大清国、北および西のロシア帝国、そして南のインドを介しての大英帝国、この三帝国間での領土と支配権をめぐる攻防戦、いわゆる「グレート・ゲーム」におけるプレーヤーの行動であったと見るべきだろう。一九世紀はじめから二〇世紀はじめまで、この三帝国は、数多くの地方の支配者や軍閥、その他の指導者らを物心両面で支配し、かつ支持を得ようと抗争を続けてきた。

その激しい戦いの影響がよく見てとれるのが、「辺境《ビィエンジン》」という中国語の意味の変遷である。オーストラリアの歴史学者ジェームズ・リーボルトの研究によると、一八世紀から一九世紀の初頭にかけて、「辺境」という言葉は二国間の中間地帯という意味で使用されていた。それが一九世紀の終わり頃になると、地域によっては、画定された国境線という意味で使われるようになったという。[25]

満州族による清王朝は、内陸アジアの統治法を受け継いでおり、グレート・ゲームの戦い方を熟知していた。彼らは何世代にもわたって内陸アジアの諸民族と関わりがあった。それに対し新しくできた中華民国は、主権や国境の画定といった西洋式の概念を取り入れ、これまでとはまったく異なる政治体制を築こうとしていた。中華民国の指導者たちは「辺境問題」つまり国境問題に対する答えを見つけざるをえなかったのだ。だが国家がまさに瓦解しようとしているときに、どうすれば国の領土を「画定する」ことができるだろうか。そのうえ、さらに困難な問題も立ちはだかっていた。様々な異なる諸民族が互いを同じ国民として認め合い、訪れたこともなく今後も訪れることがない場所であっても国家の存続に不可欠の国土に対して忠誠心を抱くためには、どうすればよいのか。国境の画定と辺境民族の教化、これら二つの問題を解決するという特別任務を与えられたのが、地理学者であった。

国家防衛の鍵となる地理学

中国近代地理学の父と呼ばれた男は、上海の南を流れる銭塘江《せんとうこう》の河口、紹興酒で有名な紹興に六人兄弟の末っ子として生まれた。三角州がもたらす肥沃な土地と豊かな市場、ここを住み処と決めた竺《じく》可楨《かてい》の先祖は、何代にもわたり農業で生計を立てていたが、港湾都市として栄え人口が増えていくなか一家の父親は、これからは農家よりも商人のほうがいい暮らしができると考えた。竺可楨は、三歳の頃にはすでに兄弟のなかで一番目をかけられていた。上の五人の兄弟はみな肉体労働の仕事に就いたが、彼だけは学問の世界に進ませてもらう。故郷の町から北に一五〇キロメートル離れた上海の私立学校に入り、大学はさらに北の天津にある唐山路鉱学堂〔現在の西南交通大学〕で学ぶ(26)。

生まれた環境と港湾地方の経済発展という恩恵を受けた竺可楨だったが、そのうえに国際政治からも思わぬ幸運が転がり込む。一九〇〇年に起きた義和団の乱を受けて、清朝は西洋列強への四億五〇〇〇万両〔銀両、中国の旧貨幣単位〕の賠償金を請求された。アメリカ政府はそのうちの二五〇〇万両を要求していたが、この金額は北京駐在の自国外交官から見ても多すぎる額で、アメリカ国民および政府が実際に被った損害の二倍は下らなかったと思われる。一九〇〇年代を通して、アメリカのセオドア・ルーズベルト政権は、清朝の莫大な賠償金に対する批判を受けて、賠償金を緩和する新たな対応を迫られていた。そして一九〇九年には妥協案が浮上した。実際の被害を超える額、約一一〇〇万両で、中国人学生のアメリカ留学基金を設立することである。これなら中国の学生の利益になるだけでなく、これまで日本にばかり留学していた未来の中国人エリートをアメリカに迎えることでアメリカの大学の利益にもなると考えたのだ。[27] こうして設立された「庚子《こうし》賠款《ばいかん》奨学金」の二八番目の受給者として竺可楨は選ばれる。

一九一〇年、竺可楨は二〇歳でイリノイ大学に留学、農学を学ぶが、よき農夫になるつもりはなく、最初から科学者になる希望を持っていた。単位を取得すると、次は気象学の博士号を取得するべくハーバード大学に入学する。そのハーバードで、アメリカ初の気候学教授であるロバート・デコーシー・ウォードに師事する。ウォードは気候学者といいながら、その思想は気候学の範疇を超えていた。一八九四年、ウォードは移民制限同盟を〔ジョン・フィスクと〕共同で設立するなど、その学問的思想は気候学と優生学を混ぜ合わせたものであった。彼は気候こそが文明を決定づけると考えていたのである。

まず、地球上の温帯地域の季節性に、「そこに住む人間のエネルギー、野心、自立心、勤勉、倹約、これらが生まれる秘密のほとんどが――それがどれほどかは誰にもわからないが――隠されている」と考えた。それに対し、熱帯地方の気候のもとでは人間は気力を奪われ、「高度な文明に向かって自発的に進歩することは論理的に望めない」とした。[28] つまりウォードの考えでは、温帯地方の白人が熱帯地方を開発することは、必要とあれば奴隷の労働力を使ってでも、まったくもって正当化されることになる。加えてウォードは、どんな条件下でも働ける中国人労働者「苦力《クーリー》」の能力をとくに高く評価していた。

竺可楨はそのようなウォードの理論をそのまま受け入れ、博士号を取得した。一九一九年に中国に戻ると、国立武昌高等師範学校で初の地理学教授となり、翌年には南京高等師範学校で教鞭を執った。(29)

竺可楨は南京でみずからの思想を、中国地理学の次世代に伝えた。そしてその次世代が、新たな国づくりにそのキャリアを捧げていくことになる。当時の歴史家の一人、陳志紅《ちんしこう》によると、「竺の研究におけるウォードの影響は明らかだった」という。(30) ウォードの環境決定論は、当時広く浸透していた漢族優越主義に新たな「科学的」根拠を与え、地理学という新たな学問が生まれる要因となった。竺によれば、中国が温帯地域だからこそ、そこに住む「中国人」は中間色の肌と、どのような環境下においても適応できる途方もなく強い力を授けられたという。以下が彼の論理だ。

熱帯の気候に慣れた人間は温帯の冬に耐えることができない……。温帯の気候に慣れた人間は熱帯や寒帯の気候に耐えられない……。しかし中国人は例外だ！　いかに暑かろうが寒かろうが、どんな土地にも中国人の足跡が残っている……。パナマ運河の建設工事では、他の外国人労働者は働くことすらできなかったのに、中国人だけが休みなく、効率よく仕事を継続した。だからこそ、外国人は「黄禍論」を唱えて中国人を警戒するのである。裏を返せば、これは未来のわれわれ中国人にとって、一筋の光明なのだ！

一九二〇年代に竺可楨が南京で教えた多くの学生のなかに、張其昀《ちょうきいん》という人物がいた。張はその後三〇年にわたって、中国の領土探究における象徴的な存在となる。張は、領土の調査、画定、そして喧伝に携わり、その保全を政府へ提言するが、最後にはみずからその領土を捨て去ることになる。学問の分野で、その後は政治の舞台で、祖国を存続させるために、みずからの見識を捧げつづけた張だったが、その過程で自身と政界の大物たちの運命を台湾に結びつけることになるのだった。[31]

張其昀は、一九二〇年に竺可楨が受け持った初めての地理学クラスの学生であった。三年後、卒業した張は上海の商務印書館に就職するが、そこの有力な編集者が同級生の兄弟だった。[32] その編集者の名は陳布雷《ちんふらい》と言い、のちに国民党に加入して重要な役割を果たすことになる人物である。張其昀、陳布雷、竺可楨の三者が一体となって学問、ジャーナリズム、プロパガンダの三分野において活動し、大きな影響力を発揮するようになる。三人はともに地理学を中国の政治思想の中心とし、国民党の国家主義的使命の達成のために利用する。つまり、地理学の教育を通して国民に愛国心を叩き込み、国家とその領土への忠誠心を抱かせるのである。

張其昀は就職して四年のあいだ、地理学の教科書作成に携わり、その教科書は一九二〇年代後半以降、中国のほとんどの学校で使われた。[33] 張の回顧録には、竺可楨がその教科書の内容に大きな影響を及ぼしたと記されている。のちに陳布雷が中国で三番目の発行部数を誇る新聞『商報』の編集者になると、張は地理学に関する記事の執筆を依頼されるようになった。一九二七年には竺可楨の推薦により、南京にある中央大学の地理学の講師に任じられた。

その後の一〇年間、いわゆる「南京時代」は、中華民国の政治と教育システムが大きく変化した時代だ。国民党は一九二七年の三月に南京と上海を占領し、それから一年半のうちに中国全土を表面上は掌握した。蒋介石を主席とする国民政府は、国家の統一という党のビジョンを前面に押し出すが、そのビジョンは孫文が掲げていた「一つの中華民族」という同化主義をもとにしていた。民族の違いを容認する袁世凱の考え方は否定され、一九一二年から国の指針であった「五族共和」というイデオロギーも否定された。その決意表明として一九二八年一二月二九日、国旗が正式に変更される。中華民国の誕生から掲げられてきた五民族の協調を象徴する五色旗にかわって、もともと「中国同盟会」の旗として孫文のお気に入りだった「青い空と白い太陽（青天白日）」の紋章を赤地の左肩に配した青天白日満地紅旗が正式に採用された。この旗は現在も中華民国（台湾）の国旗として使われている。こうして中華民国は「一つの民族から成る統一国家」という新たな国家主義的使命の達成に向けて、国境問題および国境地帯の少数民族問題に取り組むこととなったのである。

国民党政府は、国境地帯の住民を中華民国の忠実な臣民とすることで、国境地帯を「確保」しておかなければならない、と考えていた。当時はアメリカのウッドロー・ウィルソン大統領が一九一八年に宣言したように、民族自決が時代の風潮であったにもかかわらず、国民党はチベットや新疆、モンゴル、満州に住む民族に対してそのような権利を与えるつもりは毛頭なかった。彼らにとって民族自決とは、中華民族が外国列強との戦いにさいして主張すべき権利でなければならない。問題はすでに議論のレベルを超え、国が生き残れるかどうかの瀬戸際にまで達していた。なぜなら列強の一角である日本が、みずからの帝国主義的目的のために、すでに民族自決を前面に押し出そうとしていたからだ。日本は、以前の清朝時代から国内に様々な民族がいたことをことさらに取り上げ、これら民族には漢族が支配する中華民国から脱退する権利があると主張した。こうして一九三一年に満州を事実上併合したさいには、民族自決を守るとして傀儡《かいらい》国家を作り上げ、モンゴルや新疆でも分離独立をけしかけていた。

このような状況にあって国民党は、国家防衛手段として歴史学と地理学を利用する。一九二八年、南京の国民政府で宣伝部長を務めていた戴季陶《たいきとう》（同時期、広東省の中山《ちゅうざん》大学学長でもあった）は、地理学こそ国家防衛において勝敗を握る鍵となると考え、中国国内の主要な大学すべてに地理学部を創設するよう要請する。まずはじめに一九二九年、すでに張其昀が講師として働いていた中央大学に地理学部が置かれた。それから八年のあいだに地理学部はその他九校の主要大学に設置され、そのほとんどに竺可楨の教え子たちが教員として任命されていた(34)。このような地理学部の増設はもっぱら国家と国境線の防衛のためだった。

中国の歴史家、葛兆光《かつちょうこう》は学術界のこの時代を「救亡圧倒啓蒙」と表現している。つまり、滅びようとする国を救うこと（救亡）が何より優先され、新しい思想や観念を広めること（啓蒙）はないがしろにされた、という意味である。実際、一九二〇年代に民族間の相違や、辺境地域での紛争の歴史を研究していた専門家の多くが、日本の脅威が迫る一九三〇年代後半になると、見解を変えるか、それとも沈黙を貫くかの選択を迫られた。人類学者の費孝通や、歴史学者の顧頡剛《こけつごう》、同じく歴史学者の柳《りゅう》詒徴《たいちょう》といった著名な学者たちも例外ではなかった。彼らもまた「啓蒙」よりも「救亡」を選んだのである(35)。

領土ノイローゼを発症させた「国恥地図」

一九二七年まで学校教育は地方のエリート層が監督し、内容も質も地方によって大きく異なっていた。国民党指導部は中国全土を支配する以前から、新たな国家建設に向けた取り組みにおける教育の重要性を強く認識していた。一九二八年一月に開催された第四次全体会議では、「教育はまさに中国国民の死活問題である」とし、党が誤ったイデオロギー（共産主義など）と戦ううえで中心的役割を演じると説いた。[36] それから数カ月後の一九二八年五月、国民党は南京政府を樹立した直後に「第一次全国教育会議」を招集している。その会議で、孫文が掲げた「三民主義（民族主義、民権主義、民生主義）」を基にした新たな教育課程の採用が決議された。数カ月で北京を奪取した国民党は、間髪を入れず新しい「臨時課綱」を全土で開始した。一九二九年からすべての学校では、とくに歴史学と地理学の教育を通じて学生に強い愛国心を叩き込むことが求められ、学生たちは、「国民精神を養う」という目的のもと、国の様々な地域について学ぶことになった。[37]

この愛国主義教育に大きく寄与したのが張其昀の教科書である。一九二八年、商務印書館から発刊された『本国地理』では、中国がその広大な国土と多様性にもかかわらず、自然な状態で一体を成しているという主要メッセージが貫かれていた。張は地理学の知識から、中国を環境および住民の生活様式に基づいて二三の「自然」区域に分類した。たとえば、長江デルタは農業に適しているが鉱物資源に乏しい、山西省は鉱物資源が豊かだが乾燥していて農業には向かない、満州は森林地帯だがモンゴルは放牧に適している、といった具合だ。そしてこの多様性こそが国の一体化を必要とする証拠である。なぜなら、多様性のある各地域は有機的なつながりを持つ国家全体の不可欠な一部だからだと説いた。[38]

しかし張が教科書でいう「国家全体」は、実際には存在しない領土であった。教科書には様々な中国地図が載せられていたが、どの地図も空白の背景の上に描かれており、中国以外の国々は描かれていなかった。国境を記すシンプルな黒い線は、実際には政府の支配下にはない広大な地域を取り囲んでいた。たとえば独立した国家のモンゴルやチベットまでを含んでいた。それらの地域は中華民国の本来の部分として描かれるだけで、この地図が事実と一致しないことについては、なんの説明もなかった。さらに、現在の政治情勢を鑑みると信じがたいことだが、張の地図には重大な欠落があった。この教科書のどの中国の地図にも台湾が載っていないのである。張の考える中華民国の「自然な」形というのは、一九一一年に崩壊した当時の大清国の形とまったく同じだったと思われる。つまりモンゴルは含まれるが台湾は含まれない。南沙諸島についても一切触れられていなかった。

当時、こういう見方は決して亜流ではなかった。事実、張の教科書『本国地理』は絶大な影響力を誇り、一九三〇年七月までに一〇刷を突破し、一九三二年以降はさらに刷を重ねること七回、しかも当時の中国三大重要教科書の一つに選ばれているほどだ[39]。それに台湾を無視したのは張の教科書だけではない。一九二〇年代から三〇年代のあいだに何十冊もの地理学の教科書が出版されているが、そのすべてがモンゴルやチベットの重要性を強調する一方で、台湾にはまったく関心を示していなかった。張自身、一九三三年に共著として出版した『外国地理』で、こう述べている。台湾の人々は産みの母親である「中華民族」から引き離された「孤児」であり、育ての母親である日本に虐待されている、と[40]。

張其昀をはじめとする教科書の著作者らは愛国主義者であり、若い学生の心に国家とその領土への忠誠心を芽吹かせる方法を模索した。だが、彼らの前に立ちはだかったのは、教育上の問題のほかにきわめて政治的な問題もあった。たとえば、いったいどうすれば沿岸部の大都市に住む子供に、新疆の羊飼いとのつながりを感じさせることができるのか。そもそもなぜつながりを持つべきなのか。人文地理学とは本来、異なる環境がいかにして異なる文化を持つ集団を生み出したのかを説明することを主たる目的としているのに対し、ナショナリズムは、それぞれの異なる集団が一つの文化の一部であるという自覚を持って一つの国家に忠誠を誓うことを求める。このような難題に、愛国的な地理学者たちは取り組む任務を課せられたのである。

教科書の著作者たちは様々な方策を講じた。ある者たちは、すべての中国人は同じだとだけ記述した。中国人はみな同じ「黄色」人種の仲間で、一つの国民であるから、それ以上の説明は必要ないとしたのである。その一方で、以下のような説明をする著作者たちもいた。異なる集団は確かに存在するが、それらはみなもっと重要な何かによって統合されていると述べた。その「重要な何か」とは、「黄色人種」であると主張する者、高度な文明を持つ「華」の文化の共有だと説く者、そして国の物理的境界線の「自然さ」であると言う者もいた。

教科書制作者たちは「国境問題」の解決策は、国境地帯に住む人々を「文明化する」ことだと主張した。そんな一人である葛綏成《かつすいせい》(張其昀が働く出版社と同様の愛国主義的な出版社である中華書局の一員)もまた国民党と同じジレンマを抱えていた。葛も国民党も、すべての民族は理論上平等だと強調する一方で、漢族の文化をベースにした一つの中華民族として融合させなければならないという立場を取っていた。(41) 葛は、地理学とはすべての異なる人々がそれぞれの住む地域を愛しながらも、同時にさらに広い国土に対しても心のなかでつながりを持たせるもの、と考えていた。にもかかわらず教科書のなかではこう記している。「われわれは緊急にモンゴル人、回族(イスラム教徒)、チベット族の文化変容を推進しなければならない。そうすれば帝国主義者にそそのかされずにすむ。さらに言えばわれわれは、これら国境地帯を植民地化するために(漢族を)移住させなければならない……」(42)

張其昀による一九二八年の教科書は、民族差別的なショーヴィニズムに色濃く染められていた。たとえば、この中国という国は野蛮な未開状態から文明への過渡期にあり、粗野な少数民族が住む国境地帯は支配下に置いて発展させなければならない、といったメッセージを、何百万もの若者に向けて発信している。さらにこの教科書には様々な民族の一覧が掲載されており、その民族がどれほど漢族の「主体（ヂュティ）」に同化しているかが示されていた。たとえば南西部に住む苗《びょう》族について、張は以下のように記述している。「彼らは太古の時代の慣習をいまだに保持しており、漢族とはまったく相容れない。このような野蛮な文化を撲滅し、慣習と習慣を変容させることはわれわれ漢族の責務である」。張にとっては漢族こそが「標準」であり、その標準に沿って他民族は文明度を判定されなければならなかった。彼らはみな漢族にならなければならなかったのだ。

張はまた竺可楨にも同調し、気候が文明の伝播において決定的な要因になるという主張も展開した。一九三三年の教科書では、こう述べている。南西部の雲南省において先住民は高温多湿の低地に住んでいるのに対し、「漢人《ハンレン》」は冷涼な高台に住んでおり、また北西の山岳地域では「漢人」は温暖な山あいに住み、先住民はより寒い高地に住んでいることから、温暖な土地に住んで「人間を堕落させる環境」の影響を受けなかった「漢人」が、少数民族「土人《トゥレン》」に対し影響力を行使するのは当然のことである、と。(43) これ以外の教科書でも同じことが主張され、孫文の考えが強調されている。つまり、漢族はこの国の人口の九〇パーセントを占めているのだから、その他の民族が漢族に同化するのはきわめて当然のことだというのである(44)（第5章参照）。

このような考え方の発端は、二〇年前の梁啓超の主張にさかのぼる（第4章参照）。梁は、黄河流域で発祥した文明が、そこから外に向かって広がっていったという連続性の物語を創作した最初の人物だ。その広がりを中華民国の最果ての境界線にまで延ばす最終章を書こうとしたのが次世代の地理学者たちである。さらに彼らは河川や山脈が「自然的国境」を形成するという梁の理論も取り入れた。

葛綏成の一九三三年の教科書や呂思勉《りょしべん》（商務印書館、中華書局の両方に所属していた人物）の教科書がその例である。とくに詩的な技巧を凝らしてあるのは、想像上の国の形をベゴニアや桑の葉を横にした形になぞらえているところだ。たとえば、天津の港を葉柄の部分とし、そこから葉脈の主脈が西に延び、新疆のカシュガルを越えてさらに遠方まで続き、主脈からは南北対称に側脈が延びて、北はモンゴル、南はチベットへと延びている。もしここに台湾が入っていれば、美しい対称形にならなかっただろう。歴史家のロバート・カルプやピーター・ザローは、これ以外にも多くの地理学の教科書が、時には矛盾する議論や比喩を多々用いて、中華民国の推定上の国境を「自然の摂理」に適うものとして生徒に納得させようとしたことを実証している(45)。

これらの教科書に共通しているテーマは、外国勢力によって国土が端から削られていく恐怖である。この恐怖は、前世紀に「失われた」領土についての授業によって増幅された。その授業でよく利用されていたのが、ナショナリストの地理学者たちが作り上げた風変わりな中国の地図、いわゆる「国恥地図」である。この「国恥地図」は、一九一〇年代、二〇年代、そして三〇年代を通して、商務印書館や中華書局その他の出版社から多数発行され、教科書や地図帳、さらには教室内や公共の建物内で掲示するポスターなどに使用された。前世紀に近隣諸国に「割譲された」土地が、目立つ色で示されているのが一般的だ(46)。

このような地図を作った背景には明らかに政治的な意図がある。その意図とは、清朝が「国を守る」ことに失敗したことを見せつけ、その権威を失墜させることによって、革命が正当であったと示すことだ。さらにこの地図は、国境線の脆弱さに対する不安を故意に煽り、新しく生まれた中華民国への忠誠心を育てる役目も果たした。その影響を大きく受けた人物のなかに若き毛沢東もいた。毛は国の恥を知ることで政治活動家になろうと決めたと、のちにアメリカのジャーナリスト、エドガー・スノーに語っている[47]。それは毛沢東だけにかぎらず、中国全体がこの「国恥地図」が原因で領土ノイローゼを発症したのであった。

地理学者たちは国家主義的な「領土《リントゥ》」の概念をそのまま受け入れ、まだ国境線がほとんど画定していなかった時代の「疆域」をそっくり「領土」と入れ替えた。葛綏成による一九三四年の教科書に載っている国恥地図では、中央アジア、シベリア、そしてサハリン島までの広大な地域を、かつて中国がロシアに「割譲した」土地として示している。さらにこの地図では、様々な地域を「領土」、「朝貢国」、「従属国」と記載しながらも、それらすべてを「中国」の固有の領土として分類している。実際にはこれらの地域は「割譲された」とされる時点ですでに紛争が起きており、中国を含めどの帝国にも帰属していなかったのだが、その事実には一切触れず、盗まれた「中国の」土地として示されているのだ。

葛綏成は、彼の教科書を読む若い国民に対し、この失われた領土をすべて取り戻すために各自にできるかぎりのことをするよう求めている。しかし求めるだけで、この「失われた」領土がそもそも国の正当な境界線の内側に含まれるべきなのか否かについては何の言及もなく、当時のこの国の形が、本当に自然の摂理に適ったものだったのかどうかにも触れていない。そういった疑問は教科書のなかではひと言も述べられていないし、もちろんその答えも書かれていない。葛のような教科書制作者にとって重要だったのは、これを読んだ学生たちが、国土の喪失という感情を抱き、「国の恥」を共有し、それによって愛国心を育むこと、ただそれだけであった。まずは国土喪失への不安を国民に植えつけることが、当初からナショナリストによる教育計画の根幹だったのだ。

こうして植えつけられた不安は、誰も、地図学者でさえも実際の国境がどこにあるのかわからない状況でますますふくらんでいく。歴史学者のダイアナ・ラリーによると、南西部の広西チワン族自治区では、実際の国境線はほとんど意味を持っていなかったという。ここの国境線は一八九四年にインドシナのフランス植民地政府とのあいだで正式に合意されているが、中華民国の役人が知るかぎり、国境線は人が立ち入ることができないほど高くて遠い場所にある山のなかのどこかにあるとのことだった。中国では、南方の高地に住む少数民族を統治する方法として、地元の首長にその地方の人々の行動を管理させる「土司制度」を採用してきた[48]。そのため国境はほとんど意味のないものだったのだ。中央政府に迷惑をかけないかぎり、山岳民族は概して放置されていた。ラリーの言葉を借りれば、中国の世界は、国境地帯からずいぶん手前で止まっていたのである[49]（しかし一九七九年になると状況は変わる。この国境地帯で何千人もの中国兵とベトナム兵が戦って死んだからだ）。

ナショナリズムを推進するための歴史・地理学教育

一九二八年、中国初の地理学者である竺可楨は、中国の地図作成がヨーロッパと比べて約一世紀遅れていると断言した。当時の地図は、そのほとんどが二〇〇年前、清朝初期に実施された調査に基づいて作られたものだったからだ[50]。これに対し一九三〇年一月、政府は「水陸地図審査条例」を公布し、内政部、外交部、海軍部、教育部、蒙蔵委員会に対し、互いに協力して地図作成を系統立てよと指示した。しかし、一九三三年六月七日に初めての「水陸地図審査委員会」が開催されるまで、実際には政府は何の策も講じていない[51]（委員会についての詳細は第8章参照）。

政府の動きがないなか、数名の学者と民間組織がヨーロッパとの差を埋める行動を起こした。一九三〇年、上海に拠点を置く有力新聞『申報』の上層部が、同紙の発刊六〇周年を記念して国境地帯への調査旅行という企画を出したのだ。彼らは、中国地質学会の著名なメンバーである丁文江《ていぶんこう》と翁文灝《おうぶんこう》の二人に加えて、地図制作者の曾世英《そうせえい》に対し、この企画のリーダーになってほしいと依頼した。ところが、いざ企画会議を開いてみると、実際の国境がどこにあるのか誰も知らないことが判明した。丁は会議でこう述べた。「国境線の調査旅行を成功させるためには、まず地図が必要だ……。しかしこれまでのところ、中国全土の正確かつ完全な地図を描いた者は一人もいない。だから国境調査に出かける前に、中国地図を作成することから始めなければならない」

こうして六〇周年企画は新しい中国地図を発行するプロジェクトに変更され、結果一九三四年、『中華民国新地図』の出版に至る。(52)

その地図は非常によくできており、ベストセラーとなった。政府が作成した地図が出ないなか、この地図は一九五〇年代になっても国の標準となっていた。(53) しかし国境地帯の描写は、ほとんどの場所がフィクションであった。当時の中国地図では標準となっていたが、チベットとモンゴルが国家の不可欠な部分として描かれている一方で、台湾は含まれていない。くっきりとした黒の鎖線が中華民国の境界を描いているが、これは現実というよりむしろ希望を描いたものだった。

国境地帯を一九二〇年代および三〇年代に調査したアメリカの中国学者オーウェン・ラティモアは、こう記している。「慣例的に地図上に表示されている国境線は、現地調査をしてみると、必ず国境というより国境地帯であることがわかるものだ」。(54) さらに現代のアメリカの歴史学者ジェームズ・ミルワードなどは、中国の国境はまだ画定のプロセスにあり、場所として地図上に描くことができなかった、と軽口を叩く。(55) 広大な地域が、主張の対立したまま係争状態となっていたのだ。

一九二八年一二月、政府は各省と県に対し、その管轄地域の地理書である「地方志（方志）」を新たに編纂するよう命令した。地方政府は何世紀も前から、「地方志」を伝統的に作成してきた。しかし今回は、近代的な地理学の手法に従って、つまり正確な地図と統計学を用い、新たに訓練を受けた地理学の専門家の助けを借りて、作成することになった。そして政府の支配力が及びにくい「国境」地帯については、とくに重点を置いて作成することとなった[56]。

この地方志の計画に張其昀も大いに賛同した。張其昀は当時、中学校における人文地理学を推進するため、ちょうど『地理雑誌』という新しい学術誌を共同で出版したところだった[57]。一九二九年のはじめには同誌の記事のなかで、この新しい世代の地方志が国民の心に「故郷への思い」を育む一助となるだろうと記している。張は「故郷への思いはナショナリズムの基礎となる」と考え、地方志編纂の試みを賞賛した。さらに『地理雑誌』の別の号では、中学での地理学の教育課程は、孫文のナショナリズムの原則に基づくべきと説く。この提案は大きな反響を呼び、一九二九年後半に発表した「中学地理教育課程の原則に対する暫定的な提案」は、新しい教育課程の基礎として教育部に採用されたほどだ。張の提案はおもに二つあった。一つは国の様々な場所の自然条件や社会風習を解説することで愛国心を養うこと、もう一つは現在この国が置かれている国際的な立場を理解させることである。そうすれば「国を愛し守りたいと思う気持ちが、自然と湧いてくるだろう」と説いた[58]。張其昀が地理学教育に傾注したのは、まさにナショナリズムを推進するためだったのだ。

こうした活動が国民党上層部の目に留まり、張は一九三〇年一二月、国民党に加入するよう中央執行委員会から誘われた。おそらくかつての上司である陳布雷の推薦だったのだろう。陳はすでに一九二七年二月に国民党に入党し、ほどなく党の要職である宣伝担当となっていた[59]。張はこの入党の誘いは断わったが、一九三二年一一月一日に国民党が創設した「国防計画委員会」の初期メンバー四〇余名のうちの一人となった。[60] この委員会は、日本による一九三一年九月の満州侵略に対抗し、また新疆で高まる政情不安に対処することが目的だった。そのおもな仕事は、軍備拡充や経済発展といった戦略的問題に助言をすることだったが、張も当時の地理学者と同じように、本来の地理学者の役割のほかに政治的な役割も担わされた。まずは国が作る地理学教科書の準備だったが、これには若い世代に対して国の存続がどれほど正当で価値あるものかを教え込むという使命もあった。

こうして張のもとで地理学の教育課程はいっそう露骨に、中国の領土保全の必要性が強調された。[61] そして一九三四年九月には、張は陝西省《せんせい》、甘粛省、寧夏《ねいか》回族自治区、青海省といった北西部の辺境地域での二年にわたる調査に、「地理学部門のトップ」として派遣された。[62]

これは学術調査とはいえ、戦略的に重要な使命も帯びていた。当時チベットは事実上の独立を獲得した状態で、新疆は軍閥の支配下にあり、南京政府は周辺部のその他地域にも分離の気配がないかを探る必要があったのだ。ほかにも地理学者たちには、国の中心部とのつながりを密にするために辺境地域経済の発展計画を立てる仕事も課せられた。これらの任務は秘密裏に遂行されなければならなかったのだが、一九三四年一二月に甘粛省の調査中、もともと学者である張其昀は、事実を隠し通すような徹底した「政治家」になりきることはできなかった。「国防計画委員会」の仕事について演説を行ない、辺境地域の経済発展が国家の安全保障にとっていかに重要かという本音を漏らしてしまったのだ。その演説のなかで張はみずからの仕事を三世紀前の明代の学者、顧炎武にたとえた。顧炎武とは学者でありながら、全国の地方志から経世に有用な記事を抜粋した資料集、『天下郡国利病書』を編纂して、北西部の辺境地域を侵略から守った戦略的貢献者としても知られる人物である。[63] この演説で、内々に実施しようとしていた調査は新聞で大きく取り上げられることとなり、張は窮地に立たされる羽目になった。

その四カ月後、国防計画委員会は「資源委員会」に改編され、国民政府軍事委員会の管轄下に入り、張は学問の世界に戻された。しかし、ほどなくして国民党内の地理学者グループが張を復職させる。当時、旧友である陳布雷は蔣介石の参謀長となっており[64]、一九三六年四月には蔣介石に進言して、竺可楨を杭州の浙江大学学長に就任させた。すると竺は学長に就任した次の週に、張を同大学の歴史・地理学部のトップの座に据えた[65]。これに対する感謝からか、張はついに一九三八年七月、陳布雷の推薦で国民党へ入党した。それから一〇年間、張は浙江大学で有力な地位を保ちながら、学者と同時に政治家としてのキャリアを積むことになる[66]。

その間、国の情勢はますます危機的なものとなっていた。日本軍は一九三七年七月に中国本土に侵攻し、その年の終わりには北京、上海そして南京を制圧した。危機感が強まるにつれ、蔣介石は国民党のイデオロギーを若者に広める手段として、地理学と歴史学を利用するよう強く求めるようになった。一九三八年八月二八日、漢口にある中央訓練団（将校および上級官吏の洗脳を目的とした準軍事組織）の第一回卒業式での演説で、蔣介石は聴衆に向かってこう語りかけた。

もしわが国民が祖国の栄光の歴史を知らなければ、現在わが国が受けている恥辱を、どうして正しく受け止めることができようか。もしわが国の国民が祖国の地理に詳しくなければ、どうして失われた領土を取り戻す方法を見つけられようか。もうこれ以上この悲惨な路を進んではならない。これからは確実に歴史と地理の教育にとくに力を入れていくべきだ。祖国を守ろうとする国民の愛国心をかき立て、そして国民の新たな輝かしい運命を切り開くために！

この結果、大学の教育課程、それから中学・高校の教育課程も改定された。歴史学と地理学の授業を増やすことで、「学生たちの決意と決断を促し、国民を奮い立たせること」をめざしたのである。(67)

一九三九年一二月、日本軍が南方および東方へ侵攻するなか、張其昀は浙江大学を安全な場所に移転する件で蔣介石との会談に招かれた。しかし、二人が実際に会ったのは一年以上もあとだった。一九四一年三月一五日、陳布雷も同席して二人は重慶で夕食を共にした。二人の日記によると、話は「歴史学と地理学の教育……および辺境地域の問題」に及んだという。地理学者と総統はもともと故郷が同じこともあって、強い友情を結んだ。蔣介石は日記に張のことを「素晴らしい人物」だと書き記している。この会談で張が得たおもな収穫は五万ドルの助成金であり、それを元に新しい学術雑誌、『思想与時代』（思想と時代）を創刊することができた。これ以降、張は事実上、蔣介石の地政学顧問となる。

一九四二年には孫文の『The International Development of China（実業計画）』に関する著作、さらに日本の満州侵略に関する「東北部問題（The Northeastern Problem）」についての著作を上梓した。一九四二年から四三年のあいだには、『当代思想学会』という雑誌に「中国の軍事史」に関する一連の記事を投稿し、軍事的成功には地政学的状況がいかに重要かを解説している。(68) そして一九四三年六月には、竺可楨の推薦により、アメリカ国務省の招待で派遣される学術使節団に加わっている。もともと六カ月の予定だった滞在期間は一九四五年の秋まで延長された。その間アメリカで発表した著作のなかには、何十年も前の竺可楨の研究に言及した「Climate and Man in China（中国の気候と人間[69]」や、ニューヨークで新設されたシンクタンク、「中国国際経済研究所（Sino-International Economic Research Center）」向けに「中国の天然資源」について記した小冊子などがあった[70]。このように張其昀は、アメリカの役人たちに中国の地理学の説明ができるだけでなく、国民党政府に対して政策の提言ができる中心人物でもあった[71]。

国民党の最後の砦となった台湾

当然ながら、蔣介石は日本の侵攻によって地政学にさらに傾注せざるをえなくなった。一九三八年はじめ、日本軍は北京と南京のあいだの地域を占領しはじめ、三月二五日には北京と南京のほぼ中間にある重要な輸送中継地点、台児荘《たいじそう》の奪取を試みた。偶然この同じ時期に、蔣介石は国民党の臨時全国代表大会を招集し、事実上、彼の軍による政府の全権掌握を認めるよう求めた。四月一日には承認され、蔣は軍のトップの特別上将となった。台児荘での戦いは激化の一途をたどり、漢口でのこの党大会では、政府の外交方針および戦争への対処についても話し合われた[72]。そのさいの演説や決議のなかに、蔣介石の地政学的な考えが見てとれる。「抗日戦争と国民党の将来」についての演説のなかで蔣介石はこう述べた。

「われわれは朝鮮と台湾が独立と自由を取り戻すことができるように手助けしなければならない。そして、朝鮮・台湾とともに団結して中華民国の守りを固め、東アジアにおける平和の礎を強固にしなければならない」

ここで注目すべきは、蔣がかつて台湾を中国の「領土」であると述べていたにもかかわらず、この時点では朝鮮・台湾いずれに対しても中国領土に含めることを求めていないことである[73]。蔣にとって重要だったのは、この二つの地域の戦略的な位置であり、中華民国の前線にある緩衝国家としての役割を果たす可能性だったのだ。

振り返ってみると、当時台湾編入がまったく俎上に載らなかったという事実に驚かされる。共産党はずいぶん以前から、台湾を中国に再編入するよりも、むしろその独立を支持してきた。一九二八年の第六回全国代表大会で、共産党は台湾人を中国人とは別の国民であると認めている。一九三八年一一月の党中央委員会全体会議では、「中国人、朝鮮人、台湾人、その他の国民とのあいだで抗日統一戦線を結成する」と決議されており、台湾人と中国人とのあいだに暗黙の区別があったことがわかる。このときの共産党の見解では、台湾人は別の「民族《ミンズー》」だったのだ。(74) この見解は一九四〇年はじめに至るまで存続した。一九四一年七月の周恩来の記事でも、また朱徳元帥の一九四一年一一月の記事でも、将来解放された台湾は独立した国民国家になると明言されている。一九四一年一二月に共産党が日本に宣戦布告した文書のなかでさえ、台湾人は中国人とは別個の国民として記されていた。(75)

台湾は別の国というこの見解は、少なくとも一九四二年まで中国政治において合意がなされていた。ところが三つの出来事がこの状況を変えたと思われる。一つは、アメリカが一九四一年一二月に参戦し、日本敗戦の可能性が高まったことだ。このときになって国民党政府はようやく正式に日本に宣戦布告し、一方的に下関条約の破棄を通告した。結果的に、蔣介石の関心が戦後の地政学に向いた。二つ目は、日本の支配下にある地域を政情不安定にすることで、日本軍の気をそらそうと策を練っていた蔣介石が、台湾を利用しようと考えたことである。(76) そして第三に、数は少なかったが日本の植民地時代に中国本土へ亡命してきた台湾人が積極的にロビー活動を行ない、台湾を中国の一部として考えるよう国民党に働きかけていたことがあげられる。

一九二〇年代や三〇年代には、少人数で構成された台湾人亡命組織がいくつも中国本土内で生まれていたが、そうした集団が合体して政治的な影響力を及ぼすようになったのは、日本との戦争が始まってからのことである。日本語を操る彼らは、諜報活動や宣伝活動において非常に重宝され、軍部の指導部にまで顔が利くようになっていた。さらに彼らの多くは、日本人から最新の医療技術も教わっていたため、前線で医療行為を行なうこともできた。そんな医師の一人が翁俊明《おうしゅんめい》である。彼は一九一二年、一九歳の学生のときに孫文の「中国同盟会」に参加しており、台湾人亡命グループのなかで主要な人物となっていた。一九四〇年九月には翁のロビー活動が実り、国民党中央組織直属として「台湾党部籌備処《ちゅうびしょ》」が設立され、翁がその担当となった。一九四一年二月にはいくつかの台湾人グループの同盟が合流して「台湾革命同盟会」が結成され、一九四二年六月には国民党に正式に認められるに至る(77)。

国民党の台湾に対する主張が一転したのはこの時期だ。一九四二年中頃から、国民党は「光復」という言葉を使用しはじめる。非常にナショナリズム色の濃いこの言葉は、はるか昔の唐王朝の時代(六一八〜九〇七年)に、異国に征服された「国土の支配を取り戻す」という意味で使われていた。日本とは戦争、共産党とは敵意が増すばかりで社会全体に暗い空気が漂うなか、国民党はみずからを唐王朝になぞらえることで、巧みなプロパガンダ工作を展開できると考えたのである。しかしここで興味深いのは、国民党が台湾の「光復」の正当性を国民に説明しなければならないと判断したことである。なぜなら突然の政策転換に対し国民は論理的根拠がないと考えるかもしれないからだ。歴史学者スティーブ・フィリップスの研究によると、党は以下のような根拠を挙げてアピールしている。まず同一民族である(台湾人も漢族の血統である)という連帯感に訴え、次に歴史的事例(中国も台湾も二世紀にわたって清王朝の支配を受けてきたこと）をアピールし、それから下関条約の違法性を指摘し、最後に光復こそが台湾国民の希望であると訴えかけている。[78]

しかし、蔣介石自身の文書からも明らかなように、蔣が台湾を中華民国に統合したかった本当の理由は、何よりも地政学的なものだった。一九四二年一一月、蔣介石は戦後政策の原案の起草に着手した。本一冊分の長さに及ぶその『中国之命運』の草案は、ゴーストライターの手も借りており、そのなかでも重要な役割を果たしたのが側近の陳布雷である。[79] 文書には地理学者たちの強い影響も見てとれる。なかでも張其昀は、この二年前から蔣介石との個人的な友人関係を築いており、アメリカへの出発を、この草案が本として出版された三カ月後の一九四三年六月まで延ばしたほどだ。[80]

『中国之命運』には、中国という国は「自己充足した統一体」を成しており、「それぞれの地域は特有の土壌と天然資源を有し」、「各地域に割り当てられる労働は……おもに地理的条件によって決まる」と記されている。張其昀の初期の教科書の主張をそのまま借用していることは明白だ。さらに国家の安全保障問題についても記述がある。「もし中国の地域のどこか一つでも異民族〈異族〉に占領されれば、国民全体と国家全体が、自己防衛のための自然の障壁を失う。したがって台湾、澎湖諸島、東北部四省、内外モンゴル、新疆、そしてチベット、これらはすべて国家存続のための砦なのである」と述べている。[81] まさにショーヴィニズム的考え方が露骨に表れている実例だ。「中国」という国を守るために、民族構成がまったく異なる周辺地域が、まとまって防御に徹しなければならないというのだから。

このように一九四二年のあいだに台湾は蔣介石と国民党にとって、外国からの侵略に対する防波堤として、そして国恥を雪《そそ》ぐ証として、一気に重要性が高まったのである。蔣はさらに、その他の領域についても中華民国への「光復」を推し進めるようになった。チベットに対する中華民国の主権への支持を取りつけるべく、インドのナショナリストたちに働きかけると同時に、イギリスに対し香港の早期返還を求めた[82]。イギリス政府はチベットも香港も、いずれも認めるつもりはなかったが、日本が満州および台湾を返還することについては乗り気だった。こうして一九四三年一一月、カイロ会談においてて蔣介石、チャーチル、ルーズベルトの三者のあいだで妥協案が締結され、台湾「光復」の手はずが整った。

そして、台湾の「光復」は一九四五年に実現する。九月九日、日本の陸軍中将、諫山春樹《いさやまはるき》が南京入りし、正式な降伏を宣言、一〇月二五日には、ついに国民党軍が台湾に上陸した。しかしながら台湾のなかには、中華民国への帰属を望まない者が多くいた。日本統治下で利益を得ていた層や、国民党の腐敗に抗議する者、ほかにもたんに本土からの侵入者に対して敵意を抱いている者などがそうだった。さらに問題を悪化させたのは、初代台湾省行政長官に任命された陳儀《ちんぎ》だった。彼は地元民の感情をうまく扱いきれず、不満は高まっていった。こうして一九四七年二月二八日、ついに大規模な暴動へと発展し、鎮圧のために極端な暴力が行使された。三月の末までに少なく見積もって五〇〇〇人(二万人という資料もある)の台湾人が陳儀の国民党軍により虐殺された。この台湾でのつまずきにより、「光復」をめざし中国統一を宣言するナショナリストたちの計画は大いに阻害されることになった。

こうした関係悪化にもかかわらず二年も経たないうちに、台湾は国民党の存続にとって生命線とも言える存在になる。国共内戦で共産党が優位に立つと、蔣介石はどう生き残るかという問題に直面した。撤退するにはどこが最適な場所か?　蔣介石自身は南西部で戦時中の首都であった重慶か、もしくは海南島が好ましいと考えた。一九四八年後半、蔣介石は地政学の顧問である張其昀に意見を求めた。すると張は各地方の地理的な特徴を比較検討し、国民党の最後の砦として最もふさわしい場所を選び出した。まずは防御が容易な場所でなければならない。とはいえ本土から距離が離れすぎてはならない。農業ができるほど肥沃で、数百万人に食糧を供給できるほど広い土地があり、インフラや産業基盤が整備されていて、共産党の支援者がほとんどいない場所。張の地理学知識から導かれた最高の場所が台湾だった[83]。

張の判断は正しかった。重慶も海南島も共産党の手に落ちたが、台湾だけは免れることができた。最終的に、今なぜ台湾に中華人民共和国とまったく異なる政府があって、なぜ台湾の正式な独立を求める声がこんなにも大きいのか、その理由が浙江大学の一人の地理学教授、張其昀による賢明な助言にあることは言うまでもない。つまり、張が選んだ台湾は、共産党支援者がほとんどおらず、防衛、農業、食糧、インフラ、産業などが整備され、独立国家として生き残れる最適の場所だったからである。張自身は、共産党がまさに上海を攻撃しようとしていた一九四九年五月、上海を脱出して台湾に逃れた。張の恩師であり良き指導者であった竺可楨は、国民党と不仲になっていたため上海に残り、共産党支配下で生きていく道を選ぶ。二人は以降二度と会うことはなかった。

台湾に逃れると張は、蔣介石が再編した国民党で重要な地位を確立した。まず行政と軍隊の兵站を任され[84]、その次は第一期国民大会〔一九四八年四月〕代表の一員となり、中国国民党中央評議委員会主席、そして教育部長となった。生涯最後の仕事は「中国文化大学」の創立だった。台北にあるこの大学は、本土から遠く離れたこの島を、より中国化するために作られた。せめて文化の面では「光復」を実現するかのように。

亡国の恐怖と「国恥意識」

二〇一九年三月二六日火曜日は、ロンドン・スクール・オブ・エコノミクス（ＬＳＥ）の学長およびスタッフにとって晴れがましい日となった。ターナー賞受賞者のマーク・ウォリンジャーが制作した新しい作品が、新設の学生センター正面でお披露目されようとしていた。「The World Turned Upside Down（ひっくり返った世界）」と題されたこのオブジェは、まさにその名のとおりだった。直径約四メートルの大きな地球儀が、北極を下に南極が空を向いて置かれているのである。この「ひっくり返った世界」という表題は、一七世紀のピューリタン革命にちなむもので、それまでの古い価値観をひっくり返すという意味だ。ウォリンジャーの言葉では「これまで知っていたこの世界をまったく違う視点から見る。慣れ親しんだ形が奇妙に映り、そして何かあれば簡単に変わってしまうことを示している」。

ウォリンジャーはたびたびナショナリズムを作品のテーマに取り上げてきた。たとえば、二〇〇一年のヴェネツィア・ビエンナーレ国際美術展に出展された作品、「Oxymoron（オクシモロン）」にはイギリスの国旗が含まれていたが、通常の赤と白と青の色が、アイルランド国旗の緑と白とオレンジの三色に変えられていた。ＬＳＥの学長、ミヌーシュ・シャフィクはお披露目の席に集まった記者団に、この地球儀のオブジェは学術団体の使命を表していると説明した。研究も教育も「それまでとは違う、なじみのない視点から世界を見ることを意味するからだ」と。

しかし、世界を異なる視点から見ることができない学生のグループもいた。地球儀のお披露目から数時間も経たないうちに、中華人民共和国出身の学生数名が、台湾がピンク色で中華人民共和国が黄色に塗られているのはおかしいと指摘した。また、台北についても、地方都市を表す黒い四角の印をつけるべきところ、首都を表す赤い四角の印がついていると述べた。彼らは学長に抗議し、この作品の修正を求めた。彼らはこれを作ったアーティストの意図は不適切だと考えたのだ。つまり台湾も中国本土とまったく同じ黄色に塗られるべきだと。LSEもまた「GAP問題」に直面したのである。

中華人民共和国からの留学生はLSE全学生の一三パーセントを占めており[85]、彼らが授業をボイコットすれば影響は甚大だ。だが同時に台湾からの留学生やその支持者たちも声を上げた。彼らは台湾の現在の総統、蔡英文《さいえいぶん》が同大学の卒業生であること、そして彼女が総統に選ばれたさいに大学側がその事実を大々的に報じたことを指摘した。抗議から二日後、問題の作品に以下の文言が掲示された。「LSEは、本学に所属する誰もが等しく尊厳と尊重をもって遇せられるよう尽力している」[86]

そして危機管理委員会が招集され、学長のシャフィクを長に、大学の執行役員代表や学内コミュニケーション対策室と信仰センターからの代表者、そして二人の中国人学生と一人の台湾人、イスラエル人とパキスタン人学生も一名ずつ参加して議論が行なわれた（中東の表現に関しても抗議が上がっていたからだ）。中国人学生はさらに議論を広げて、中国とインドの国境の描写についてもよい感情を抱いていないと主張した。出席していた台湾人学生によると、シャフィクはこのときついにみずからメモを取りはじめたという[87]。ウォリンジャー自身はメディアへのコメントを一切拒否していたが、LSEの学生新聞『ビーバー』〔LSEのマスコットがビーバーであるため〕のインタビューにだけこうコメントしている。「世界には紛争地域がたくさんある、それが現実だ」

論争は数カ月に及び、やがて二〇一九年七月、大学とウォリンジャーは少しだけ譲歩した。「中華民国（台湾）」という名称の横に小さなアステリスク（星印）をつけて、作品の下に「紛争中の国境地域が多くあり、作者はその一部にアステリスクをつけています」との表示を出した[88]。ただし台湾の色は中国とは別の色のまま変えられることはなかった。LSEとアーティストは初志を貫徹したのである。GAPのような対応はせず、その作品は今も政治的な現状を表していて、オンラインやオフラインではびこる中国人愛国者が想像するような「最大限の中国」という理想の形を表現してはいない。

国境線および公式に定義された領土という概念は近代ヨーロッパが勝手に作りあげたもので、戦争の世紀である二〇世紀のあいだにアジア諸国に押しつけ、認めさせたものだ。大清国の荒廃から生まれた新しい中華民国のナショナリズムは、先進工業国と同等の「普通の国」になりたい、国際システムの一員になりたい、そんな願望として現れた。それからナショナリストたちはまったく無自覚のうちに、ある選択をした。様々な民族が住む地域に対しても中華民国の領有権を主張するというその選択は、新たな漢族優越主義に基づいた決断であったが、その決断によって、中華民国ははるか彼方の辺境地域にまで領土を拡大するという無理を通さざるをえなくなった。これは事実上の新植民地主義であり、これまで手を伸ばしたことのない地域にまで「漢族」の支配を拡大させようとした。地理学者による地図および調査がその道筋をつけ、彼らの作った教科書や国恥地図が、(漢族の)領土拡大計画を強力に後押しした。地理学者と国民党は一致団結して、想像上の境界線を現実のものにした。彼らは国家の「領土」を実際に画定しただけでなく、国民の頭のなかにもその地図を叩き込んだのである。その手段として彼らが使ったのは、亡国の恐怖と「国恥意識」を教え込むことだった。このやり方は今日に至るまで中国の政策の根本となっている。

中華民国は一九四五年の中ソ友好同盟条約の協定に従い、国民投票の結果を受けてモンゴルの独立を正式に認めた。これによりモンゴルは名目上の自決権を行使できるようになった。中国とロシアの国境については、一六八九年のネルチンスク条約によって一度は合意されたが、最終的に画定したのは二〇〇八年一〇月一四日、アムール川のなかにある島々の領有権に関する協定が結ばれたときである。広西チワン族自治区とベトナムとの国境については一八九四年に合意されたが、正式に画定したのは二〇〇九年になってからだ。チベットは一九五〇年に中華人民共和国へ強制的に編入されたが、それにより中国とインドが史上初めて国境を接することになった。ナイアガラの滝でTシャツを買ったあの愛国者もよく知っているとおり、ヒマラヤ地方ではなんの合意も成立せず、今も核兵器を保有する二国間で全面戦争が起きる可能性を残している。台湾の独立も、現在進行中で危機的状況にある。そして、地上だけでなく海の境界線、つまり海洋境界策定においても問題は山積みだ。それは次の章で説明するとしよう。

第8章 「領海」の捏造

南シナ海問題の悲劇

二〇一九年五月下旬、マレーシアの掘削リグ「サプラ・エスペランザ」は南シナ海南部で作業にあたっていた。掘削リグが浮かぶ海面から約一〇〇メートルの海底は、マレーシア当局がSK320鉱区と規定した海底地帯だ。この地帯の地下三〇〇〇メートルにはペガガ・ガス田が広がっている。F14として知られているこのガス田で掘削された天然ガスは「製品」にする処理を経て、一日に五億立方フィート〔約一四二億リットル〕のペースで、直径三八インチ〔約九六センチ〕のパイプラインに送り出され、二五〇キロメートル離れたサラワク州ビントゥル市で同州の一般家庭や企業が使用する電力を生み出している。

南シナ海の真ん中に浮かんだ状態で、三キロもの長さのドリルパイプを扱うのは熟練を要する作業であり、集中を乱されるのは作業員の最も嫌うところだ。しかし五月のある朝早く、招かれざる客が現れた。中国海警局に所属する公船「海警35111」である。本来なら友好関係にある港へ向かって通過していくところを、「海警35111」は作業海域に侵入し、嫌がらせを行なったのだ。掘削リグのまわりを高速で旋回し、「サプラ・エスペランザ」への補給を行なう船舶（補給船）の航行を妨害するという明らかな国際海事法違反だ。掘削作業が始まってから約一カ月、マレーシア海軍はこのような事態を想定して、クダ級哨戒艦「クランタン」をすでに配備していた。中国の船舶が確認されたとき、「クランタン」はルコニア礁と呼ばれる岩礁群の一部、南ルコニア礁の東側にいた。ルコニアという名称は、一八〇三年にこの地を記録したイギリスの船にちなんでつけられた(1)。マレーシアでは「ベティング・ヘンパサン・バンティン」と呼ばれている。

危険な浅瀬を注意深く航行し、クダ級哨戒艦「クランタン」は中国船と掘削船のあいだに割って入った。「海警3511」はこの警告を受け、その場を離れた。しかし中国船は翌日再び現れ、その次の日も現れる。計三日にわたって二隻はサンゴ礁周辺で「イタチごっこ」を続け、ようやく中国船が安全な距離まで離れた。それでもなお完全に撤退することなく水平線上に留まったまま掘削作業の監視を続け、三日後にはさらに大型の中国海警局の船舶が交代で現れたのである。

ルコニア礁付近で少なくとも一隻の中国海警局の船舶が見られるようになったのは二〇一三年半ばからのことだ。居住に適さないきわめて荒涼とした場所であるため、一見してその理由を知るのは難しいかもしれない。礁の上には運ばれてきた砂利で時折小さな砂州が形成されることもあるが、一度嵐が訪れればすぐに流されて消えてしまう。ヨーロッパの航海者たちは、この付近の地図に「危険地帯」の印をつけ、大きく迂回していた。

それが今、いくつもの国々を惹きつけているのには理由がある。豊富な水産資源はもちろん、地中にはさらに莫大な価値のある天然ガスや石油が眠っていることが判明したからだ。こういった海域に関する諍《いさか》いを防ぐため、一九八二年、ほとんどの国が同意して、世界の海洋資源の配分に関するルールが定められた。その「海洋法に関する国際連合条約(UNCLOS)」では、領海の基線からその外側二〇〇海里(約四〇〇キロメートル)までを沿岸国の「排他的経済水域」と制定した。UNCL

OSによって、ルコニア礁周辺で繰り広げられたような対立は避けられるはずだった。だがそれでも中国海警局は、中国の領土である海南島から一五〇〇キロも離れた海域にいる。

中国はこのルコニア礁を、中国の領土の一部であると主張している。できては消えを繰り返す砂州があるだけで、実際に確認できる領土など一切ないにもかかわらずだ。そこからさらに一二〇キロ南西に位置し、サラワク州にあった「サラワク王国」を「白人王」として統治したジェームズ・ブルック卿にちなんで名づけられたジェームズ礁についても、中国はさらに現実離れした主張をしている。そこは水深約二二メートルの浅瀬で、陸地がまったくない。にもかかわらず、ジェームズ礁を中国最南端の領土と主張しているのだ。

現在、中国の学校の地理の授業では、国土の両端の距離を測る作業が行われている。そのさい、両端とは北はロシアとの国境、そして南はボルネオ沖一〇〇キロの海域と教えている。なぜ陸地のないその一画が当然のごとく中国の領土となるのか、教師から子供たちへ説明されることはない。中国人のほとんどが正確な理由を知らない。「古代からずっと」中国の場所だったからというのが、この疑問へのお決まりの回答だ。しかし本当のところは、一九三〇年代の中華民国時代のずさんな行政が原因で、この南シナ海の島礁の一部に対して領有権を主張する顚末になったというだけである。しかも一九四六年まで、中国政府はジェームズ礁やルコニア礁に領有権を主張するなど考えてもみなかったのだ。

不本意にも注目を浴びて迷惑しているのは、マレーシアだけではない。中国は他の海域でも石油やガスの掘削を妨害している。ベトナム南東沖の海域には、一八四六年にイギリスの帆船が発見したことから名づけられたバンガード堆《たい》という浅瀬がある。(2) ここも石油やガスといった資源が豊富な地域で、ほかと同じく一九九〇年代前半から何度もベトナム・中国間で海域の領有権争いが繰り返されてきた。フィリピンもまた、シーホース堆という一七七六年にここを発見した船の名にちなむ堆で同様の状況に見舞われている。フィリピンは二〇一六年、国際仲裁裁判所から、この地域の海洋資源の合法的な保有国であるという裁定を獲得した。だが中国側はこの裁定の受け入れを拒否し、フィリピンのロドリゴ・ドゥテルテ元大統領によれば、もしフィリピンがこの付近の天然ガスの開発に着手しようとすれば戦争の可能性もあると、中国の習近平国家主席が脅しをかけたという。

中国はどのような法的根拠を基に、他国の沿岸にかなり近い海域の資源にまで所有権を主張しているのかについて、これまで明らかにしたことがない。ただ、一九四七年に中国の海図上に初めて登場した一本の線が影響している、ということだけはわかっている。当初、南シナ海のほぼ全域を囲うこの「U字線」は、十一本の破線（「十一段線」）から成っていた。一九五三年、おそらくベトナム共産党との取引があったのだろうが、トンキン湾にあった二本の破線が消されて、現在は「九段線」として知られている。近年、この「九段線」はパスポートに描かれたり、国内で発行されるすべての地図に明示を義務づける法整備がされたりと、その地位は宗教に近いレベルにまで高まっている。指導部はこの境界線を寸分違《たが》わず厳守することを誓い、これを侵害しようとするすべての者に軍事力で脅しをかけている。だが、この線はいったいどのような経緯で描かれることになったのか、なぜこのようなU字形で示されているのだろうか。

今日、南シナ海の領有権をめぐって超大国間で熾烈な争いが繰り広げられているが、これらのトラブルの元をたどれば、二〇世紀中頃の中国官吏による粗雑な翻訳や、ある中国地理学者が調査もせず誤った情報と空想だけで作り上げた虚偽の地図が原因であることが明らかになる。そのようなものを根拠にした中国の主張が大国間の対立を引き起こしているというのが、南シナ海問題の最も悲劇的な部分である。

領有権主張の根拠となった三日間の調査

一九〇七年六月一一日、劉師復《りゅうしふく》は急いで爆弾を作っていた(3)。前日の夜遅くまで、ガールフレンドや親族の女性たちに向けた別れの手紙を書いていて寝過ごしてしまったのだ。広州にある家の三階でテーブルに覆いかぶさるようにして、劉は雷酸水銀を作り、金属管に注ぎ込んでいた。小さな私立学校が所有するこの家は、地元の教師から彼にあてがわれたもので、地域で最も位の高い役人である両広(広東省と広西省)総督の事務所「衙門《がもん》」から、角を曲がった場所にあった(4)。劉の狙いはこの総督ではなく、「衙門」を訪れる予定の客だった。

その人物は李準《りじゅん》といい、当時「衙門」から一二〇キロほど東の恵州市の郊外で起きていた反乱の鎮圧を今にも完了しようとしていた軍隊の指揮官だ。李准将は革命派にとって特別な憎しみの対象だったのだ。この前月も、黄岡《こうこう》市で起きた別の蜂起が彼の軍隊によって鎮圧されていた。歴史家エドワード・ローズの言葉を借りれば、李准将は広東省で「急速に軍の主要人物となりつつ」あった(5)。彼は太陰月の一日目と一五日目に必ず総督への報告をすることにしており、革命派はそれを狙って準備していた。

しかし計画が実行に移される前に、劉が三階の部屋で慌てて扱っていた雷酸水銀が爆発した。彼に部屋をあてがい、見張りの役割も担っていた教師の張孤山《ちょうこざん》が急いで上階へ上がると、左手を失い、血まみれでベッドに横たわる劉の姿があった。まだ意識のあった劉は張に、残った爆弾を室内便器の尿のなかにそっと沈め、遺書を隠すよう指示した。こうしてこの朝の爆弾犯の行動の本当の目的は露見せずにすむように思えたが、それも役人が到着するまでのことだった。結局劉は逮捕され、左前腕切断後すぐに裁判を経ることなく投獄された。李准将に怪我はなかったが、その後も革命派による暗殺計画は続き、そのたびに失敗に終わった。その様はまるで恒例行事のようになっていった。

広東省でこのような事件が起きていた頃、四五〇キロ南西では、より静かなドラマが幕を開けようとしていた。プラタス（東沙）島は香港と台湾のあいだの海に位置し、指輪のような形の環礁に載った一粒の真珠のような形をしている。島で一番高い場所でも海面からほんの数メートルで、海岸には何本かのヤシの木があり、礁湖の海水は干満し、浅瀬では亀や魚が獲れる、ほぼ完璧な無人島である。だが周囲の海流は荒く危険で、鋭いサンゴ礁が形成されている。たまに勇敢な漁師がやってきて、休憩したり網を修理したりすることはあったが、肥えた土地はなく、淡水もない。イギリス人博物学者カスバート・コリングウッドは一八六七年、イギリス海軍の軍艦「サーペント」でこの島を訪れ、「時折中国人の漁師がやってくる」、そして荒廃した木造の寺院もあったと報告している。[6] ほかにこの島を訪れる者といえば何百万もの鳥たちだ。その鳥たちに惹かれてプラタス（東沙）島にやってきたのが一人の日本人企業家だった。

日本では労働者向けに安価な米の需要があり、そのために農家は肥料を必要としていたが、この島はまさにその肥料の山だった。化石化した鳥の糞はグアノと呼ばれ、窒素、リン酸塩、カリウムが豊富に含まれるが、この島にはそのグアノが何メートルも堆積していた。一九一〇年になると、ドイツの科学者フリッツ・ハーバーとカール・ボッシュが触媒を使ってアンモニアを生産する工程を完成させるのだが、それまでのあいだ、産業革命後の世界で大地を肥やしていたのはグアノだった。その売買は短期的には富をもたらしたが、長期的には太平洋の数多くの島々で慢性的な環境破壊を引き起こしていた。日本の商人たちはその貴重なものを得るためなら大きなリスクを負うことも厭わなかった。一九〇七年半ば、大阪の実業家、西沢吉治《にしざわきちじ》はこの富を求めてプラタス（東沙）島に上陸する。一〇〇人以上の労働者を引き連れ、宿泊施設や事務所、鳥たちが堆積させたグアノを海岸へ運ぶための線路を整えた。

こうして積み荷が大阪に到着するようになると、プラタス（東沙）島での事業について噂が流れ、一九〇七年九月初旬から西洋の新聞には、海軍基地が建設されているのではないかと危ぶむ記事が掲載されるようになった。これに対しアメリカは、この場所が獲得したばかりの植民地であるフィリピン諸島と近いことを危惧した。一九〇七年一二月（フィリピン初の議会開設の開会式に出席した帰路で）アメリカ陸軍長官ウィリアム・H・タフトは、上海を訪れたさいにワシントンから緊急の電信を受け、この件につき清国政府が情報を持っていないか尋ねるよう指令を受ける。清国の役人たちは何の情報も持っていなかったが、この島が清国の所有であることは「議論の余地がない」と明言したようだ。(7)

だが、外国の商人が大清国の資源であるグアノを盗んでいても、清国政府は何の策も講じないまま一年以上放置していたことは確かだった。そのうち報道は下火となり、関係諸国の関心も、より差し迫った海事へと移っていった。アメリカ陸軍長官タフトの訪問の直前、香港のイギリス当局は植民地周辺海域で悪化する海賊問題への対応策を決定していた。当時、広東省全域で徐々に治安が悪化しており、犯人が改革派なのか、山賊なのか、はたまた役人なのかも見分けがつかないほどだった。省当局を信頼することができず、香港の商人たちは対策を必要としていた。そこで、イギリスをはじめとするヨーロッパ列強は広州を内陸とつなぐ西江に巡回用の小型砲艦を派遣すると発表する。

　これに対し市民から非常に大きな反発が起きた。一九〇七年一一月二二日には、反イギリスの学生同盟「快復国権社（国民の権利回復をめざす会）」が設立された。その後、会は「粤商《えつしよう》自治会（広東商人自治会）」に合併され、総督から内密に支援を受けるようになる。一九〇八年一月、総督が李准将を海軍大将と同等級の広東水師提督に任命し、海賊行為を厳重に取り締まる任務を与えると、ようやくイギリス側が砲艦の引き上げを決定した。これを、ナショナリストたちは偉大な勝利として歓迎し、李水師提督は一躍、時の人となった。さらに李は翌月、革命派が密輸に利用していた日本の貨物船「第二辰丸《たつまる》」を拿捕《だほ》し武器を差し押さえたため、彼の名声はいっそう高まった。

　しかし日本政府は、「第二辰丸」の拿捕について正式な謝罪と損害賠償、さらに関連吏員の処罰を要求した。これに反発した二万人もの民衆が、「粤商自治会」の旗振りの下、三月一八日に広州での抗議活動に集まった。それにもかかわらず日本の圧力に屈した清国政府は要求を受け入れ、謝罪したうえに、謝罪礼砲まで発し、「第二辰丸」を無条件に解放した。ただし押収した銃や弾薬の返却は拒否し、かわりに二万一四〇〇円を損害賠償として支払う。(8)二日後、「粤商自治会」は「第二辰丸」が解放された日を「国恥記念日」とした。(9)さらに彼らは日本製品の不買（日貨排斥運動）を決議するが、日本の外交官から圧力を受けた清国政府はこれを禁止した。危機は収束に向かうが、禍根を残す結果となった。

　渦中にいた李準にも、日本政府は懲罰を要求した。しかし清国の総督から優秀な指揮官として認められ、イギリスからも海賊行為に対する功績を評価されていたことから、解任されることはなく、その後も一九〇八年のあいだは広東、広西の暴動を鎮圧し、しだいに香港や広州でも評価が高まっていった。李準は英語の新聞や雑誌のインタビューに快く応じ、それが活字となるのを明らかに喜んでいた。そして「辰丸事件」からほどなく、プラタス（東沙）島の件についても質問されている。『シンガポール・フリープレス』紙の報道によると、「香港南部のプラタス（東沙）島として知られる島を日本が占領したという情報は本当かという質問に対し、水師提督（李準）はその件については調査中であり、とくに話すことはないと答えた」という。[10] 実際、彼はほぼ一年にわたってこの件について口にすることはなかった。

この一九〇〇年代、清国に海軍は存在しないに等しかった。二〇年にわたって造船所や熟練した技術者、近代的な海軍を作ることをめざした「自強」政策は、西洋の政治・社会理論を翻訳することで結果的に中国人の思いがけない啓蒙につながったとはいえ（第3章参照）、政策の成果は一八九四～九五年の日清戦争で文字どおり撃沈されてしまった。残存する船舶はあまりに小さく、河川や海岸線周辺を巡回するのが精一杯の規模でしかなかった。唯一遠方まで航行可能な船舶を有するのは、関税徴収機関である「中国海関」だったが、これは政府機関とはいえおもに外国人が運営する混成組織だった（第1章で見たように、この組織はまた、多くの西洋思想を中国社会に導入する窓口となっていた）。

本来の海軍が存在しなかったため、この「中国海関」にプラタス（東沙）島の開発について調査する任務が与えられることとなった。きっかけは、ある漁師が大阪商人である西沢の配下により島から追い払われ、それを訴えたためと考えられている。海関の小型船が若いイギリスの役人ハミルトン・フートケアリーを乗せて、プラタス（東沙）島に到着したのは一九〇九年三月一日のことだった。[11] 現地での短い話し合いののち、船は港に戻った。そして二週間後、再びプラタス（東沙）島を訪れるが、そのときには英雄である李準提督を乗せた小型砲艦も同行した。日の丸を掲げ、グアノを掘り起こす一〇〇人以上の労働者を見て彼らは愕然とした。対する西沢はうろたえもせず、グアノを見つけたのは自分であり、誰も所有していない島だったのだから、自分のものだと主張した。

　このニュースが広東に届くと、すでに反日感情の高かった群衆が通りにあふれ出した。しかし、香港の主要紙『サウスチャイナ・モーニング・ポスト』（ＳＣＭＰ）の報じ方は、「地元中国人の愛国心がいささか煽られている」、「南部の中国人はこの事態を快く思っていない」などと、実にそっけないものだった。三月一九日付の同紙では、総督は「本件につき、報道の仕方が扇動的かどうかにかかわらず、（中国語の）地元報道機関がこれ以上言及するのを禁じることが平和のために望ましいと考えている」とも報じている。一方で「粤商自治会」らは、違法となっても反日を表明する不買運動を再開した。輸出に圧力をかけられた日本政府は、プラタス（東沙）島に関する協議に応じることとなった。そこで清国政府は、すでにこの島が清国に帰属していた根拠を示すことができれば、日本もその主張を認めるだろう、と考えた。

　南シナ海の島々が中国に帰属するという根拠を求める調査はこのときから始まり、それが現在もなお続いている。ナショナリズムの扇動者だけでなく、役人たちも調査に熱中した。航海の詳細を知ろうと漁師に話を聞く者もいたが、李準提督は文献に答えを求めて記録保管所に向かった。何年ものちに発行された彼自身の報告書によれば、その作業は簡単なものではなかったという。彼の報告書にはこうある。

「われわれは古い中国の地図や文献、広東省の『地方志』を調べたが、プラタス（東沙）という名前を見つけることはできなかった。しかし、調査の参加者であり、幅広い文献に詳しい王雪岑《おうせつしん》から『乾隆帝の時代（一七三五～九六年）、高梁の将軍であった陳倫炯《ちんりんけい》が執筆した《海国聞見録》のなかに、その島の名が記されている』という報告を受けた。そこでわれわれは日本との交渉にその文献を用い、島の返還を求めた」

つまり清当局が証拠として集めることができたのは、一〇〇年以上前に記された文献一冊のみだったのである。しかし日本側は、西沢の事業中止に対する補償がなされることを条件に、交渉に応じる方針を示した。

それから五カ月をかけて補償金額の折衝が重ねられた。そして一〇月、清国が一六万ドル（銀貨）を支払い、それを代償に日本が清国に島の領有権を認め、西沢が事業を中止する、との内容で合意に至る。西沢は、島にあった漁師の寺院を破壊したことの補償として二万ドルを支払った。こうして全員の面子《メンツ》が保たれたのである。総督は引き継いだグアノ事業から補償費用を回収し、広州にも利益が入る目論見を立てていたが、実際の経済開発は思ったよりずっと困難だった。広東省がプラタス（東沙）島におけるグアノ採取の再開を試みたのは約一年後の一九一〇年八月のことだったが、必要な知識がなく、結局は西沢の会社に業務委託をすることになった(12)。

このような事態が進行するなか、李提督の元には香港南西部、インドシナ方面に位置するパラセル（西沙）諸島という、新たな海洋領土に関する情報が届いていた。のちに発表された李の報告書によれば、「左営海軍」の指揮官で海軍軍人としても経験豊富な林国祥《りんこくしょう》から報告を受けて初めてその存在を知ったという。

グアノ採取目的の日本人の侵入を防ぐため、李提督は総督にパラセル（西沙）諸島調査の費用を求めた。しかし李の海軍には、そのような遠方へ航行する能力はなく、再び「中国海関」に介入を要請した。一九〇九年三月末、「中国海関」の巡洋艦「開弁」は、総督の部下三名を乗せて現地へ向かう。四月一五日、香港に帰港したさいには「無人の島々で捕まえた二〇匹ほどの巨大な亀を展示して地元の住民を不思議がらせた」と、フランス領事が記録している[13]。珍しい生き物への興味や人々の驚きぶりから、中国では役人も一般人も一九〇九年までこのパラセル（西沙）諸島の存在を知らなかったことがわかる。数人の漁師を除けば、日本人が現れるまでこの諸島の存在をほとんど誰も知らなかったというのが事実だ。現在その状況は劇的に変わってはいるが。

この小規模な視察の成功を受けて、李提督はパラセル（西沙）諸島への二度目の調査を総督に説得し、その費用の負担を承諾させた。次の視察には二つの目的があった。一つは、この航海によってパラセル（西沙）諸島に対する主権を公式に主張すること。そしてもう一つは、それに続いて国威を発揚し、外国人に立ち向かう役人の姿を見せることで、大衆からの支持を大幅に上げることであった。

今回の視察には三隻の「小型の広東砲艦」（フランス領事の表現より）である「伏波」、「琛航」、「広金」が参加し、李準提督本人と地方管理官（「道台」）、省府財政官員、省府鹽《えん》務《む》官員を含む一〇六人が乗船して、全体的に高官の多い構成の視察団であった。そのなかには布労恩（ブラウンス氏）という名のドイツ人無線技士もいたが、彼の任務は船隊の状況を香港のメディアに伝えることだった。メディア関係者ではほかにも、孫文が創設した革命団体「興中会」の機関紙で香港を拠点としていた『中国日報』の記者もいた。李提督はこの視察団に関する記事が一面に掲載されることを求めていた。その報道のなかで触れられることがなかった事実がある。それは実質この調査団を指揮していたのはもう一人のドイツ人であったことだ。彼は香港に拠点を置くカルロヴィッツ商会という商社のナンバーツーで、概して西洋人のほうが何度もこの海域を往復した経験があり、地元の中国人の役人たちよりずっとパラセル（西沙）諸島に詳しかったからだ。ナショナリストたちが世間の注目を集めるべく遠征したこの海域も、西洋人にとっては航行中の危険地域でしかなかった。

三隻の船隊は一九〇九年五月一四日頃に広州を出航し、香港に五月二一日まで停泊した。それから海南島に向かって突き進み、海南島の海口、三亜、楡林《ゆりん》に寄港しながら島の岸近くにとどまっていたが、楡林で台風に遭い予定が遅れる。この時点で三隻のうち「広金」は海口まで戻らなければならなくなった。残りの二隻はパラセル（西沙）諸島へ急ぎ、三日間の調査を行なった。李準は帝国主義列強の慣例に従い、一斉射撃と国旗掲揚、そして島々に中国の名前をつけることで、領有権を宣言した。船の名前から、島の一つを「伏波島」、別の島を「琛航島」と名づけた。また別の島は井戸があったことから「甘泉島」と名づけ、その他の島々には高官たちの名前をつけた。

こうした行為は約一世紀前にイギリス人がしたこととまったく同じだ。イギリス人も、船の名をとってパラセル（西沙）諸島のいくつかの島に名前をつけており（アンテロープ礁、ディスカバリー礁など）、その他の島々には東インド会社の幹部たちの名をつけていた（ドラモンド島、ダンカン島、マネー島、パトル島、ロバーツ島など）。

六月九日、船隊が香港に帰還し、李も広東省政府も、愛国的功績を高らかに宣言する機会となるはずだった。しかし、『サウスチャイナ・モーニング・ポスト』（SCMP）によれば、調査に参加した役人はみな「極端に口が重かった」という。[14] どうやら彼らは今回の調査結果に失望していたようだ。パラセル（西沙）諸島は想像していたようなチャンスに満ちた土地どころか、ただの小さくて不毛な土地であることが判明したからだ。かけていた大きな期待は急激にしぼみ、そのため六月下旬になると広東省当局は「パラセル（西沙）諸島のうち居住可能な部分を囚人の流刑地とし、受刑者たちを農地開拓や島の一つ〈樹島〉での木材労働に従事させる」という計画を立てるに至った、と『SCMP』紙が報道している。[15] しかし自暴自棄ともとれるこのような計画が実行に移されることはなかった。総督は異動となり、すべては忘れ去られていった。

だがともかく、中国のためにパラセル（西沙）諸島の領有権を宣言するという任務は果たされた。おかげで崩壊しつつあった広東省の体制は持ち直し、数週間ではあるが、外国人排斥の風潮が再び大衆のあいだで高まった。そしてこの三日間の宣伝的調査が、現在の南シナ海における中国の領有権主張の根拠なのである。ただし、その後ほぼ二〇年間、中国の役人がこの諸島を訪れることはなかった。ほかに差し迫った案件があったのだろうが、その間に日本のグアノ業者が中国の領有権主張を完全に無視していくつもの島に上陸していた。「南洋殖産株式会社」をはじめとする複数の企業が、一九一〇年代から二〇年代にかけて中国から一切の干渉を受けることなく、膨大な量の肥料を採掘していた。

革命派に広州を明け渡した李準提督

この間李提督はというと、反乱の鎮圧という本来の任務に戻っていた。エドワード・ローズ曰く、一九一一年までに「広東省の役人のなかで革命派から最も憎まれるようになったのは、明らかに李提督だ。提督の軍は一九〇七年以降、革命派の企ててきた暴動の鎮圧に一つ残らず関わっていたからである」。

革命派はまたもや提督を標的にしようとしていた。パラセル（西沙）諸島の調査から数カ月後の一九〇九年後半、かつて提督の暗殺を企てた劉師復が出獄した。「士大夫」（上級官吏）だった一族が裏から手を回して故郷の省に移送させ、その後爆弾計画からわずか二年で釈放させたのだ。劉は投獄生活で改心するどころか、すっかり無政府主義者《アナキスト》になっていた。自由の身となった劉はすぐに香港に戻り、新たな（アナキスト系）組織、「支那暗殺団」の設立を支援する。しかしこの組織が最初の任務に取りかかる前に、単独で活動していた革命家が、広州で開催された航空ショーに訪れた李を射殺しようとした。この射撃は失敗し、弾は別の役人、満州人の軍指揮官、孚琦《ふき》に当たった。この事件を受けて、警備は強化され、李に近づくことはさらに困難となった。

しかし一九一一年八月一三日、三度目の計画で劉の組織は爆弾が十分に届く距離まで李に迫った。護衛官数人を殺害したが、李自身への被害は肋骨二本を折るだけにとどまった。(16) それから数カ月のあいだ、李は怪我で職務から離れることとなり、ある記事によれば、その間は支持者に渡す団扇《うちわ》に揮毫《きごう》したり、兄弟姉妹の結婚式に参加するなどして過ごしていたという。(17) そんな療養休暇中に、革命は勃発する。

一〇月一〇日に武昌の都市部で起きた軍の反乱はその周辺地域にまで広がり、いくつもの省が次から次へと清帝国からの独立を宣言していった。政情が悪化するなか、新総督の張鳴岐《ちょうめいぎ》は体制を守るよう何度も李に呼び出しをかけたが、李はすべて無視した。理由は個人的なものだった。張はかつて省の予備部隊の指揮権を李から奪ったことがあったのだ。よって李には張を救う理由がなかったのである。あるいはこの頃、李は漢族の民族主義にいっそう共感するようになっており、もはや満州族による政権を支持することはできないと決意した、との見解もある。(18)

二週間後、暗殺された孚琦の後任に起用された軍司令官もまた広州に到着してすぐに、無政府主義者となった劉の指示で製造された爆弾により暗殺される。(19) 街は大混乱に陥った。反乱軍による攻撃や、漢族優越主義者による満州族の大虐殺の可能性、強盗や略奪への恐れから、商店は窓に板を打ちつけ、人々も街を離れはじめた。

こうした状況に対して李準が選択したのは、四年間にわたり自身の命を狙いつづけた者たちとの降伏交渉だった。李は、革命派とつながりのある香港の二人の著名な中国人に接触、数日のうちには、孫文の信奉者の筆頭でサイゴンから香港に戻ったばかりの胡漢民と交渉している。一一月七日、会合を持った李と胡は、李とその家族の命の保証を条件に、李が革命派に広州を明け渡すことで合意した。一一月九日、広州総督がイギリス領香港に無事逃れると、李提督は一日限りの後継者に就任する。そして革命派へ広州を譲渡する式典に出席したのち、彼もまた香港へ逃れた。それまでおよそ一〇年間、革命派の鎮圧を担ってきた李が、最終的には革命派初の大成功をお膳立てすることになったのである。

しかし李準のキャリアはここで終わったわけではなかった。生き残りに長《た》けていた李は、新政権下においても自分の能力を発揮する道をすぐに見つけ出す。一九一三年八月、革命政府は皮肉にも李をかつての省、広東省の「宣慰安撫使《せんいあんぶし》」（略称「宣慰使」）に任命した。[20] 一九一四年七月には福建省の軍司令官に、翌月、第一次世界大戦の勃発後には国防総監〔一九一六年に陸軍混成模範団副官という資料もある〕にしている。[21]

李の幸運とは裏腹に、プラタス（東沙）島のグアノ採掘を広東省政府から業務委託された西沢の会社の労働者たちは時代に翻弄された。広東省政府は礁の正式な領有権を得たのち、島での生産作業を再開しようとしたのだが、一九一一年から一二年の革命の真っただ中で、労働者たちは完全に忘れ去られてしまった。本土の当局は補給を怠り、労働者たちを餓死させたのである。[22]

中国の間違った翻訳が戦争危機を引き起こす

李提督がパラセル（西沙）諸島の領有権を主張した経緯を、フランス領インドシナ当局は、不快感と困惑とをもって見ていた。当時、それまでほとんど関心を払ってこなかったこの諸島に対する考えが変わりつつあったからだ。かつて一八世紀から一九世紀にかけて、ベトナム王朝は漁師にいくばくかの金を渡し、座礁した船から大砲などの貴重品を回収する仕事をさせていた。しかしフランスによる占領（その範囲は一八五九年のサイゴン占領に始まり、一八八七年には大清国の国境まで及んだ）ののちは、そういった回収作業は行なわれなくなったようだ。

フランス当局がパラセル（西沙）諸島に関心を払うようになったきっかけは、野心的な海洋生物学者アルマン・クレンプが、サンゴの形成に関する研究で一旗揚げようとしたことだった。クレンプは所属していたインドシナ海洋研究所の仲間たちとともに、一九二五年、パラセル（西沙）諸島へ初めての航海を行なう。それからほどなくして、グアノの噂を聞きつけた企業家や実業家が、フランス植民地政府にその諸島の開発許可を申し入れるようになった[23]。一九二八年一二月、インドシナ総督ピエール・パスキエはパリの植民地大臣に対し、パラセル（西沙）諸島を開発する許可を求める手紙を出している[24]。フランス政府は、中国におけるフランスの利権への反発を危惧し、当初この要求に乗り気ではなかった。

だが一九三一年、クレンプ率いるパラセル（西沙）諸島の調査団に帯同した採掘技師が、日本企業による開発がすでに行なわれていたロバート島だけでも、残存するグアノの量は、インドシナでの必要量の二〇年分に相当する、と見積もった[25]。また同じ頃、フランス、イギリス両政府は、日本軍がこの諸島に軍事的関心を持っていることを知り、東南アジアのみずからの植民地の脅威となる可能性に危機感を強めていた。パリが重い腰を上げるにはこの二つの動機で十分で、一九三一年一二月四日、正式にパラセル（西沙）諸島の領有権を主張するに至る。

中国がこれに反応したのは、それから八カ月も経った一九三二年七月二七日のことで、パリの中国公使館を通して正式にフランスの主張を拒否した。中国側の文書には、パラセル（西沙）諸島が中国の最南端の領土だと明記されていた。

それから一年後、フランス革命記念日である一九三三年七月一四日、フランス政府はパラセル（西沙）諸島から七五〇キロ南に位置するまったく別の諸島、スプラトリー（南沙）諸島の六島を併合したと宣言する。中国の反発は大きかったが、そのなかには混乱も含まれていた。当時の新聞記事や政府文書からも、中国の役人や一般人がスプラトリー（南沙）諸島の正確な場所を知らなかったことは明らかである。フランスと中国のあいだですでに論争中のパラセル（西沙）諸島と同じ島だと広く勘違いされていたのだ。一九三三年七月一七日、中国外交部からマニラの中国領事に送られた公式な電信にも「当該諸島の正確な位置はどこか？　パラセル（西沙）諸島のことではないのか？」という内容が含まれていたほどだ。同様の電信は海軍にも送られたが、その返答は、中国は「古代からずっと」当該諸島を統治してきたという現在の中国の主張を考えれば、信じられないような内容で、海軍部の陳紹寛《ちんしょうかん》から外交部への実際の返信は以下のとおりである。

「フィリピン、ベトナム間の北緯一〇度、東経一五〇度の位置に〈九つの島々〉は存在しない。フィリピン、ベトナム間に九つの島々が位置しているのはそこよりもっと北である。よってこれらの島々は〈瓊州島《けいしゅう》（海南島）〉に程近い〈パラセル（西沙）諸島〉のことである」(26)

さらに別の諸島とも取り違えることで、一部にさらなる混乱を引き起こした。海南島の北東、パラセル（西沙）諸島から北へ三〇〇キロに位置する「七州列島」（英語圏ではタヤ島として知られている）のことだという主張である。

アメリカの記録によれば、七月二六日にアメリカ沿岸測地測量局を訪れたマニラの中国領事、鄺光《こうこう》林《りん》が、スプラトリー（南沙）諸島とパラセル（西沙）諸島は別の諸島であると知り驚いていたという。そしてこの情報は対応に窮していた中国政府にすぐに伝えられた。政府が苦慮していたこの間、新聞各紙の紙面は、抗議の手紙やデモの報道、国民党政府の指導力に不満を抱いている役人たちからの非難の声に埋め尽くされたが、中国と外国の新聞では報道の内容に大きな差があった。中国の役人や記者たちが混乱していたのに対し、『サウスチャイナ・モーニング・ポスト』（ＳＣＭＰ）紙などの国際的な新聞各紙は南シナ海の地理について明らかに詳しく、複数の記事が、国内紙ではまったく見られなかった明瞭さで、パラセル（西沙）諸島とスプラトリー（南沙）諸島が異なる諸島であることを指摘している。

そしてこの時期、引退していた李準提督が再び表舞台に復帰し、この件に介入した。それが今日まで残る混乱を生み出す元凶になる。フランスがスプラトリー（南沙）諸島の六島の併合を発表してから一カ月後の八月一五日、上海を拠点に発行されていた新聞『申報』に、李による一九〇九年のプラタス（東沙）諸島とパラセル（西沙）諸島への初航海について、長い記事が掲載された。それから一週間後の八月二一日付『国聞週報』は、「李が弊社を訪れ、諸島について直々に記者に語った」と報じ、「パラセル（西沙）諸島の十一の礁を発見」した初の調査報告という触れ込みの文書を掲載した。八月末にはほとんどすべての中国紙が、様々な形で李の調査報告を載せ、その結果、国内紙を読む一般の人たちは、このほどフランスが併合を発表したスプラトリー（南沙）とはパラセル（西沙）諸島のことだと勘違いした。

この頃には中華民国外交部も、マニラやパリの職員から報告を受け、パラセル（西沙）諸島とスプラトリー（南沙）諸島が別物であることを認識していた。ここで重要なのは、中国政府にはスプラトリー（南沙）諸島に対する領有権を主張する根拠がないことから、フランスによる併合に異議を唱えないと決定した点である。中国政府はパラセル（西沙）諸島のみの領有権で妥協しようと考えたのだ。だがこの政府決定は、李提督の介入のせいで一九〇九年からスプラトリー（南沙）諸島は中国に併合済みだと勘違いしていた世間と政府とのあいだに乖離を生むことになる。こうして中国には、二つの領海が存在するようになったのだ。一つは政府の主張するパラセル（西沙）諸島までの領海、そしてもう一つは、すでにその範囲はスプラトリー（南沙）諸島まで及んでいる、そこがどこかは正確には知らないが、という怒りに燃えた国民の主張する領海である。この齟齬《そご》は二一世紀まで続く深刻な影響をもたらすこととなった。

この混乱状態を解消すべく、政府はそれまで休眠していた組織を再び始動させて調査を命じた。一九三〇年に設立された「水陸地図審査委員会」（第7章参照）は、国の地図制作を公に行ない、国境を画定することが目的だったが、フランスがスプラトリー（南沙）諸島の併合を宣言する直前の一九三三年六月に至るまで実際には一度も開催されたことがなかった。この委員会は、スプラトリー（南沙）諸島併合の騒動が収束したのち、再び同様の勘違いが生じることのないよう取り計らう任務を与えられる。

とはいえこの委員会に独自で調査を実施するだけの能力はなく、他機関がすでに制作していた様々な地図を解析し、名称と位置を一致させるという机上での調査に留まった。委員会発行の機関紙によれば、中国で制作された地図六三〇、国史に関する一二〇の書籍に加え、数は不明ながら外国発行の地図までをも検証したという。南シナ海に関しては、イギリスでかつて制作された広範囲に及ぶ調査結果を記した地図をもとにして、委員会が調査結果をまとめたことは明白だ。

一九三四年一二月二一日、二五回目となる会議を開催した委員会は、南シナ海の一三二の島礁につける中国名で合意した。それらはすべてイギリスの地図でつけられていた名称を、翻訳したり、音訳したりしたものだった。パラセル（西沙）諸島で言えば、「羚羊礁《れいようしょう》」はアンテロープ礁から、「金銀島」はマネー島からと、いずれも直訳だ。一九〇九年に李提督がパラセル（西沙）諸島でつけた名称は無視された。スプラトリー（南沙）諸島では、「北険礁《ほくけんしょう》」はノース・デンジャー礁から直訳し、スプラトリー島は「斯普拉特利《スプラトリー》」（イギリス人船長リチャード・スプラトリーの名前の音訳）、ルコニア礁は「盧康尼亜灘《ルーカンニーヤー》」になった。

委員会が何を参考に島名リストを作ったかは、特定の文献にしかない誤りが散見されることから、明確に特定できている。それは一九〇六年に英国水路部が発行した『シナ海水路誌（The China Sea Directory）』だ。イギリス制作のこのリストが、現在中国で使われている名称の元となっている。スプラトリー（南沙）諸島の「渚碧礁《しょへき》」は中国由来の名称であり、またマレー語を起源とするもの（パラセル〔西沙〕諸島の「盤石嶼」など）のような例外もいくつかあるが、九〇パーセント以上はイギリス人探検家がつけた名称をそのまま引き継いでいるのだ。この海域が今もなお不穏な情勢にあるのは、こうした名称の翻訳がそもそもの原因なのである。

「bank」と「shoal」の翻訳がその典型的な例である。間違いなく委員会のメンバーはこの二語の翻訳に悩んだことだろう。どちらも水深の浅い海を意味する英語だが、bankは海底が盛り上がった地域を指す言葉で、shoalは「浅瀬」を意味する古英語「shallow」に由来する海事用語である。ところが委員会はこの二語のどちらにも「灘」という訳語を当てることにしたのだ。「灘」とは「sandbank」（砂州、浅瀬）の曖昧な翻訳で、水中に隠れたり水面に出たりする地物（海洋地形）を指す中国語である。よってフィリピン沖の「sea horse shoal（シーホース礁）」は「海馬灘」に、ボルネオから沖へちょうど一〇〇キロの「James Shoal（ジェームズ礁）」は「曾母灘」、そしてベトナムの南東部沿岸から沖に位置する「Vanguard Bank（バンガード堆）」も「前衛灘」と命名された。「曾母（ゾンムー）」は単純に「James」の音訳、「海馬」は「seahorse」の直訳、「前衛」は「Vanguard」と同じ意味の中国語であり、「bank（堆）」と「shoal（浅瀬）」の意味の違いを無視し一語の「灘」にまとめられた。

このような官僚的作業のミスによって、本来海面より下の地物（海洋地形）を表す言葉で示されていた場所が、その他の場所とまとめて、中国人の頭のなかでは島々に変換されてしまったのである。八五年後にジェームズ礁付近でガス田掘削中の「サプラ・エスペランザ」に嫌がらせをするのも、突きつめれば、このいい加減な翻訳が原因である。つまり、中国は間違った翻訳を根拠として、戦争の一歩手前という行動を起こしているのだ。

一九三五年四月、「水陸地図審査委員会」は集大成としてすべての「新」名称を掲載した南シナ海の海図を発行する。この海図には「中国南海各島嶼図」という、「南シナ海における中国領域地図」とも「南シナ海の群島図」とも取れる曖昧な名称がつけられた。そしてこの時期になっても、委員会がスプラトリー（南沙）諸島の領有権を実際に主張していたという確固たる証拠はない。地図上には境界線もなく、委員会がどこを中国領土と考え、どこを中国領ではないとしているのかを示すいかなる表示も記されていなかった。さらに委員会は、実際には海面下に沈んでいるマックルズフィールド堆に「南沙」という名称をつけた。当時中国が主張していた最南端の領土だったからだろう。そしてそこは、「プラタス（東沙）」、「パラセル（西沙）」、マックルズフィールド堆（「南沙」）からなる三角形の三番目のポイントとなった。委員会はスプラトリー諸島に「団沙群島」という中国名をつけた。漠然と「砂地の場所」を示す言葉だ。だが一九三五年時点では委員会も中国政府も、スプラトリー諸島の領有権を主張する考えはなかった〔現在、群島の名称は変化しており、当時の南沙群島と南石（スカボロー礁）を合わせて中沙群島、団沙群島は南沙群島と呼ばれている〕。

想像の産物だった南シナ海の地図

本土から何百キロも離れた実在しない島々の主権を中国に主張させたのは、おそらく生涯航海に出たこともない一人の満州人だった。白眉初《はくびしょ》というその男は一八七六年、紫禁城から真東へ二〇〇キロ、現在の河北省にかつてあった永平府（現在の盧竜《ろりょう》県）で比較的身分の低い家庭に生まれる。永平府で育った若年期には、一八七六～七九年の大飢饉（ティモシー・リチャードに衝撃を与え、その後の彼の活動を決定づけたことでも知られる）に始まり、一八九四～九五年の日清戦争、さらに一八九九～一九〇一年の義和団の乱と、トラウマとなる出来事が多かった。そして彼は伝統的な科挙制度のための教育を受けた最後の世代でもある。生家には私的教育を受けるのに十分な資金があり、一五歳のときには古くから出世への階段の一段目と言われる、「秀才」（生員）の資格を取得する。だがその階段を登る前に、大清国は衰退の最終段階に入り、道は閉ざされた。白眉初は極端に不安定な時代に巻き込まれた世代でもあったのだ。アントニオ・グラムシの表現を借りれば、彼を取り巻く古い世界は滅びつつあるのに、新たな世界はまだ生まれていない、そんな時代だった。

白眉初は河北省永平府に新たに設立された敬勝書院という、中国と西洋の両方の科目を教える「近代的」な学校に送り込まれた。彼はそこで古典として伝わる伝統的な地理書の考え方と、宣教師や条約港からもたらされた近代的な地理学との衝突を、いち早く経験することとなった。彼は後年、「山海経」、「禹貢《うこう》」、「尚書」といった地理書を読んだと語っているが、二〇〇〇年前に書かれたこれらの文献は、白が目の当たりにした変化について知るうえでは、あまり役に立つものではなかった。こうした文献に学び、科挙に合格することをめざしていた白眉初だったが、一九〇五年九月、科挙は廃止となる。そこで同年、二九歳の白は、改革後の新しい教育制度における教員養成を目的とした北洋師範学堂に入学した。

一九〇九年には、かつての科挙の名残で名誉ある「挙人」の称号を得て卒業、教師となり、その後は天津の北洋女子高等学校で校長に昇進した。当時の教え子のなかには、のちの周恩来の妻で、共産党の上級幹部となる鄧穎超《とうえいちょう》もいた。白は教職に就きながらも同時に、近代的地理学の先駆者としても頭角を現していく。それはのちの世代である竺可楨や張其昀が確立する地理学（第7章参照）とまではいかなかったが、伝統的な地理学と新たなナショナリズムを混ぜ合わせたものだった。

一九〇九年、白は「中国地学会」の設立メンバーになる。歴史学者の韓子奇《かんしき》によれば、メンバーのなかに地理学について教育を受けた専門家はいなかったという。専門家のかわりにかつての知識階級が起用されていた。白と同じく、官吏として朝廷に仕えることをめざしていたが、科挙制度が崩壊したあとは、社会に順応しようと苦しんでいた者たちである。その多くが中等学校や女学校の教員といった、権威があるとは言えない職に就いていた。(27)

「中国地学会」のメンバーたちに強く影響を与えていたのは社会ダーウィン主義だった。彼らは初の学会誌である『地学雑誌』のなかで一致団結し、こう述べている。

「(権力の浮き沈みの) 原因となるのは地理に関する知識力の差だ。地理に関する知識力レベルは国力に直結するものであり、民族に大混乱を引き起こす要因ともなりうる。まさに競争に基づく自然淘汰の摂理 (の顕現) である」

つまり、集団が有する領土の大きさは、その集団が持つ文明のレベルしだいであり、繁栄と衰退もそれしだい、という考え方だ。社会的な優劣において、中国はかつて先を行く存在であったが、西洋が興隆するなかで後れを取った。彼らにとって再び国力を得る唯一の方法は、地理学を究めることだった。一九一三年、白はこのように述べている。「地理学を学ぶ目的は国家建設であり、地理学を学ぶうえで最も重要なことは、国を愛することである」[28]

一九一七年八月、愛国的な努力が認められ、白は北京師範大学で教鞭を執ることとなった。

白眉初のような地理学者たちは、一九一一年から一二年に起きた革命によって政府が代わる前もそしてあとも、変わらず国家に奉仕した。その見返りとして、彼らは相当の資金援助を受けている。白自身も、革命後に地方自治体の境界を変更する案と、新しい首都の候補地 (彼は南京よりも北京を推していた) について、できたばかりの民国政府に申し立てている。白にとって転機となったのは、他の多くの知識人たち同様、一九一九年のベルサイユ条約だった。山東省におけるドイツの権益を日本に継承させるという決定は、学生たちのみならず地学会のメンバーをも激怒させた。地学会は学会誌『地学雑誌』にこの決定を糾弾する記事や、半島における日本の支配力拡大を防ぐよう政府に要請する記事をいくつも掲載した。当時の白の教え子たちは、国家の権利を熱く擁護する彼を記憶している。

天津女子師範学校の学生たちはこの白から強烈な影響を受けたという。

さらに当時、白は敬勝書院の同窓で一九二一年には共産党創設メンバーとなる若き李大釗《りだいしょう》の相談相手でもあった。李大釗は一九一九年元日、過激派の若手であった毛沢東を白に引き合わせ、三人は何時間にもわたって国家の領土問題について議論したという。信じがたい話だが、保守派で伝統的な地理学者の白眉初と、革新的な共産主義者の李大釗は堅い友情で結ばれ、それは一九二七年に李が処刑されるまで続いたとされる。結果的に白の地理学や国家の領土に関するエネルギッシュな見解は、共産主義運動に直接受け継がれたともいえるだろう(29)。

一九二三年、ロシアが大連と旅順(ポート・アーサー)に保有していた租借権が失効したとき、地学会は政府に対しその返還を要求するよう強く求めた。この後、白は生涯にわたってこの活動に取り組むこととなる。ほかにも一九二八年から三〇年にかけては、片馬(地区)でのイギリスとの国境紛争について、連載で長い論文を発表した。雲南省とビルマの国境であるこの地は、小さくとも白にとってきわめて象徴的な場所であった。白は武力を行使してでも返還を要求すべきだと政府に進言する。そうしなければ「わが国民の弱さを世界にさらしてしまう」と。

こうしてますます好戦的になっていった白は、領土に関する取り決めはもはや文明の盛衰を反映するものではなく、略奪国が謀略をめぐらして、より弱い国から領土を奪った結果だと信じるようになっていた。当時、国境防衛の重要性は増しており、とくに遠隔地の鉱物資源に関する情報が広く知れわたるようになると、ますますその重要性は高まっていった。白は、国土を守れるかどうかは中国国民にかかっている、と考えた。

だが、白の地理学はしだいに時代遅れになっていく。とくに(第7章で紹介した)竺可楨や張其昀といった専門教育を受けた新たな地理学者が現れ、独自の学会を設立して既存の「中国地学会」とほとんど関わりを持たなくなると、その傾向はますます顕著になった。

一九二五年九月、白は中華民国全地域の地誌学に関する四〇〇万字もの著書〔『中華民国省区全志』〕を出版したが、新世代の地理学者たちはこれを非科学的であるとして非難した。おそらく白はこの頃になっても、学生時代に学んだ古典の影響から抜け出せずにいたようだ。一九二九年には、北京師範学校教授の職を失い、女子師範学校に異動となる。一九三五年になると、大学教授としてのすべての職から離れることになった。政治的に行き場を失っていた当時の白は、孫文が一九二〇年に出版した『建国方略』（第5章参照）にたまたま出合う。この本に鼓舞激励された白は、残りの人生をかけて、国家再建の実現に地理学を活用することで孫の目的を達成してみせると決意した、と白自身が語っている。

一九三六年、白は後世に残る「大仕事」をやってのける。地図上に南シナ海を囲む一本の境界線を引いたのだ。その線は白が学校で使用するために出版した新たな地図帳、『中華建設新図』に描かれている。この地図帳には、前年一九三五年に公表された政府の「水陸地図審査委員会」が決定した地名や国境といった新たな情報も掲載されていた。この時代の地図では普通のことだが、彼の地図も、多くの場所が想像の産物であった。国土のまわりをぐるりと真っ赤な国境線が囲み、はっきりと中国と隣国とを区別しているが、国境線の内側にはモンゴルやチベット、満州など実際には民国政府の支配下にはない地域がいくつも含まれていた。さらに地図の南シナ海部分に至っては、その想像力と虚構性は驚嘆のレベルに達する。

白眉初が南シナ海の地理についてまったく知識がなく、みずから調査を実施してもいなかったのは明らかで、ただいくつかの地図を丸写しして、自身が作り出した誤った情報を多数書き加えているだけだった。そして、その誤った情報が今日に至るまでトラブルの種となりつづけている。「水陸地図審査委員会」と同じく、彼もまたイギリスなど他国が制作した地図に記された浅海域の表現について完全なる混乱をきたしている。一九三四年に委員会が制作した地名リストを参考に、白はこれらの島礁を実線で囲んで色を塗った。このため実際には海中にある岩礁が、まるで島のように表現されたのだ。こうして海の真ん中を横切って点在する島々が魔法のように生み出され、「南沙群島」という名前までつけられた。さらに南、フィリピン沿岸に平行する地図上にもいくつかの点を打ち、ここは「団沙群島」と命名した。そのなかでも最も遠い海域には三つの島を描き、黒い線で囲んだ内側をピンク色で塗った。「海馬灘」（シーホース礁）、「曾母灘」（ジェームズ礁）、「前衛灘」（バンガード堆）である。

こうして、白の頭のなかだけでなく実際の地図上の表記においても、海中の「浅瀬」や「堆」が、水面から出た「砂堆《さたい》」になった。この（南シナ海の）地図にはさらに彼が独自に考え出した線が書き加えてある。それはモンゴルやチベット、その他の「中国」領土に引いたのと同じく、「海馬灘」を東端、「曾母灘」を南端、「前衛灘」を南西端として南シナ海を囲むように蛇行する海上国境線だった。この真っ赤な線が示しているのは、中国が正当に領有権を主張できる範囲として白が「科学的」に認識している結果であることは明らかだ。

中国の地図にこのような線が描かれたのはこれが初めてのことだった。南シナ海における中国の領有権に関する白の見解は、当時の「水陸地図審査委員会」や外交部の見解に基づいたものではない。かつて一九三三年のスプラトリー（南沙）諸島をめぐる危機のとき、李準提督が介入したせいで国民のあいだに生まれた南沙と西沙の混同、そこに正式な専門教育を受けず、当時はすでに引退の身にあった地理学者の国家主義的な空想が組み合わさってもたらされた結果なのである。そしてこれこそが、国家再建という孫文の目標に対して白眉初が果たした貢献であった。

白の地図はあくまで個人による制作物でしかなく、政府の出版物ではなかったが、大きな影響を及ぼすことになる。なぜなら政府見解では第二次世界大戦直前まで、パラセル（西沙）諸島を中国最南端の領土としていたからだ。現に一九四三年、中華民国行政院新聞局は国の地理、歴史、政治、経済について包括的に解説した『チャイナ・ハンドブック　一九三七―一九四三』を発行するが、その冒頭で「中華民国の領土は（北部のサヤン〔薩揚〕山脈）から……パラセル（西沙）諸島のトリトン島（中建島）まで広がっている」と述べている。しかしここに記された中国の領海に関する見解は、その後三年のあいだに劇的に変化することとなる。そしてその変化の立役者となったのは、白眉初のかつての教え子の二人であった。

中国の想像上の境界線が領有権を主張する

傅角今《ふかくこん》と鄭資約《ていしやく》は一九二七年、北京師範大学の歴史地理学部長だった白眉初の教えを受けた。卒業後、傅はライプツィヒ大学でさらに研究を続け、一九三八年に帰国すると上海市の復旦大学教授に任命される。一方の鄭は日本の筑波大学へ留学したのち、西安市の西北大学で地理学部長に就任した。一九三〇年代のドイツや日本で教えられていた地理学には、国家が領土を拡大する必要性に対する強い信念が深く染み込んでいたと言わざるをえない。そんな教育を受けた二人は学識者として一九四六年、大学から中華民国内政部の「方域司」（国境管理部門）へ異動となった。傅は翌年に「方域司」

の司長に就任、鄭は地理学部門の責任者となった。二人の仕事は、第二次世界大戦後の中国がどこまでの領土を主張すべきかを決定することだった[30]。

鄭教授がそこで最初に取り組んだのは、一九四六年九月二五日に開催される行政トップの会議用の「南海諸島位置略図」作成だった。この会議は中国がどの島に対して領有権を主張すべきかを決める目的で開催されたのだが、鄭が制作した地図が事実上の回答となった。彼の「位置略図」は白眉初が描いた地図をそのまま複製したもので、東端、南端、西端を、「海馬灘」(シーホース砂堆)、「曾母灘」(ジェームズ礁)、「前衛灘」(バンガード堆)といった架空の島々にするところまで同じだった。唯一違っていたのは、鄭の地図では線が実線ではなく、断続する八つの線からなる破線になっていたことである。

その破線に囲まれた範囲には、南シナ海のほとんどすべての岩礁や砂州/砂堆が含まれていた。そのため、いくつかの「島」の名称は変更を余儀なくされた。「南の砂州」を意味する「南沙」が、海域の中央に位置することは意味をなさなくなり、「南沙」という名前はさらに南に位置するスプラトリー諸島(それまで「団沙」と呼ばれていた)の中国名とされた。そして中央の海域は「中央の砂州」を意味する「中沙」に改められる。実際のところ、そこに「島」など一つも存在しないにもかかわらずだ。実在するのは三つの群島なのだが、中国政府が今日に至るまで南シナ海の四つの群島と主張している背景には、このような経緯がある。南シナ海の領海を示すU字の線が初めて中国政府による地図のなかで用いられたという点で、鄭資約の地図には非常に重要な意味があった。そしてこの地図の基となったのは、一〇年前の白眉初の地図だったのだ。

会議から数カ月後、中国海軍が初めて南シナ海諸島へ派遣する一団に鄭も同行することになった。

この派遣団はアメリカとイギリスによる船舶と訓練の提供によってようやく実現したものだった。真新しい船団は中華民国が共産党軍と戦うために用意されたのだが、今回は民国政府の支配の正統性を宣伝する国家主義的活動に使われることとなった。一九四六年一二月一二日、スプラトリー（南沙）諸島最大の島である「イトゥアバ島（黄山馬礁）」に上陸した中国初の公式派遣団のなかに鄭の姿もあった。その島は以降、乗船してきた「太平号」（退役した元アメリカ海軍護衛駆逐艦）の名を取って、公式に「太平島」と改名された。

だが改名し領有権を主張しただけで南シナ海問題は解決とはいかなかった。派遣団の指揮官だった林遵《りんじゅん》大佐は一九四七年二月、海軍司令部に報告書を提出し、そのなかでスプラトリー（南沙）諸島が中国に属するという考えに異議を唱えた。この諸島が海南省からは五〇〇海里以上離れ、フィリピンからなら二〇〇海里ほどに位置するために、その「帰属」については研究の余地あり、としたのだ。それから政府内部で二カ月にわたって議論が続けられ、四月一四日にようやく内政部で結論が出た。最終的に、中国最南端の領土はジェームズ礁（曾母灘／暗沙）とし、中国はパラセル（西沙）諸島およびスプラトリー（南沙）諸島の両方について主権を宣言すべき、と決まった。しかしこの決定が間に合わず、先に発行されていた一九四七年版の『チャイナ・ハンドブック』には、こう記されている。「最南端に関しては……境界についての結論は下されていない……南部の団沙諸島（南沙諸島に変更前のスプラトリー諸島の旧称がまだ使われている）の主権については中国、フィリピン・コモンウェルス、フランス領インドシナ間で協議中である」

実際には、スプラトリー諸島は中国と新たに独立したフィリピン共和国とのあいだで分割すべきという林遵大佐の主張を受け、その後も政府内部では議論が続いていた。六月一〇日には再び会議が開かれ、台湾人研究者の陳鴻瑜《ちんこうゆ》によれば、「内政部方域司の司長、傅角今は……南シナ海の島々に関する主権について抗日戦争以前に中国の各機関や学校で制作されていた出版物が、領土返還問題の指針として役立つはずと指摘した」という。つまり一九三〇年代に世間に流布していた推測ばかりの主張を指針とするということだ。結局この会議ではスプラトリー(南沙)諸島の全島嶼について主権を主張するとの合意に至ったが、実際に現地に入ったのがイトゥアバ島(太平島)のみだったため、その他の島々に対する領有権の主張は、実際に足を踏み入れるまで待つべき、となった。だがその視察は行なわれることなく、領有権の主張だけがされることになる。

領有権を主張するうえで重要な根拠になるとして、それぞれの島礁に中国風の名前がつけられた。一九四七年一〇月、中華民国内政部は新たな島名リストを発行した。かつて一九三五年に翻訳または音訳された島名のほとんどは、より壮大な響きを持った新たな名称に改められた。たとえばスプラトリー島の中国名「斯普拉特利」は「南威」(気高い南)に、スカボロー礁の「斯卡巴洛礁」は「民主礁」となり、バンガード堆は「前衛灘」から「萬安灘」(一万の平和の意)となった。ルコニア礁は「盧康尼亜」から、「健康」を意味する「康」の一文字に短縮された。このような改名が群島全体に行なわれ、ほとんどの名称の起源であった外国色が大幅に払拭された。しかし名称変更を免れた島もいくつか存在する。パラセル(西沙)諸島ではマネー島の中国名である「金銀島」や、アンテロープ礁の中国名「羚羊礁」は変更されず、今も東インド会社の重役〔ウィリアム・テイラー・マネー〕と船舶〔アンテロープ号〕の名は残ることになったのだ。

この頃になって、内政部は「shoal(浅瀬)」と「bank(堆)」の翻訳に誤りがあったことに気づいたようだ。それまでは、どちらの言葉に対しても同じ「灘」という中国語が使われていたのだが、一九四七年になるとかわりに「暗沙」(「隠れた砂」を意味する)という新語が造られた。海面に出ていない島礁には、この新語が充てられ、たとえばジェームズ礁は「曾母暗沙」に改名された。しかしながら、この「灘」という間違った翻訳こそが、前述したような予期せぬ地政学的な問題〔掘削リグの妨害など〕を引き起こすことになった元凶なのである。中国人はこの訳語のせいで海面下にある海洋地形をすべて「島」と思い込んでしまったのだ。

一九四七年一二月、内政部方域司は「南海諸島位置図」を出版するが、それは鄭資約が一年半前に制作した「南海諸島位置略図」をそのまま写したようなものだった。この地図には、ジェームズ礁までの海域を囲むように引かれた十一本の断続線から成る「U字線」が描かれていた。この地図は一九四八年二月に「中華民国行政区域図」の一部として発行され、取り囲む海域のすべての島礁に対する領有権を暗に主張する「U字線」は以降、公式見解となった。

つまり一九四八年になって初めて中華民国政府は、南シナ海の領有権を最南端のジェームズ礁までのスプラトリー(南沙)諸島まで、と正式に主張したのである。スプラトリー(南沙)諸島の存在すら認識していなかった一九三三年七月から、領土の最南端をジェームズ礁と「見直した」一九四七年四月のあいだに、何らかの変化が起きたのは間違いない。おそらく、混乱の一九三〇年代および第二次世界大戦を経るうちに、役人たちの頭のなかでは一九三〇年代の事実が別の記憶で上書きされたのだろう。かつて一九三二年に、パラセル(西沙)諸島のウッディー島をフランスが領有しようとし、これに対して中国政府は明確に抗議したことがあったが、どうやら当局者や地理学者たちはこの実際の出来事と、一九三三年に同じくフランスがスプラトリー(南沙)諸島の六つの島を併合したときに政府が何もしなかったという出来事とを混同し、このときにも政府が明確な抗議をしたと思い込んだらしい。

李準提督が介入し、一九三三年にフランスが併合した島々はまぎれもなく中国のものだと主張したことで、混乱はさらに深まった。危機的状況下にあって、異なる群島を混同したことによって生まれた想像上の境界線は、ついに現実で領有権を主張するまでに至った。

南シナ海の紛争当事国には領有権を主張する根拠がない

プラタス（東沙）島は現在、海洋保護区に指定され、かつてグアノ採掘のシャベルや鶴嘴《つるはし》が音を立てていた場所も静寂に包まれている。木々も生え変わり、「東沙環礁国家公園」は観光客の来訪に向けて整備が進められている。一世紀前には航海に困難を伴う場所であったが、現在では定期便が運航して、毎週木曜日に台湾南部の高雄市から渡ることができるが、飛行機のチケット購入には特別な許可が必要で、現地の軍事施設について詳細を明らかにしないと宣誓しなければならない。一見平穏な自然が戻ったプラタス（東沙）島だが、超大国間の対立の最前線であることに変わりはない。

島は現在台湾の支配下にあるが、北京の指導部にとっては中国の一部でしかなく、いつかは人民共和国の支配下に置かなければならないと考える領土だ。台湾指導部は現在、島を「（軍管理から）民間管理へ移管する」と強調している。そして守備を担当するのもすでに海軍陸戦隊（海兵隊）から沿岸警備隊（海岸巡防署）に変更されている。ただし、沿岸警備隊といってもそれは特殊な部隊であり、侵入者を阻止するための迫撃砲やマシンガンを装備している。

上空を飛ぶ飛行機からは、巨大なサンゴ礁のまわりに数隻の船舶が見えることがある。頻繁に沿岸警備隊とイタチごっこを繰り広げている密漁者たちだ。彼らのあいだでは「金持ちになりたければ東沙に行け」という古い言い回しが残っているのかもしれない。しかし現在の台湾にとってこれは微妙な問題で、国家間対立のリスクを冒してまで保護規則を遵守すべきか、それとも柔軟に見て見ぬふりをするべきか、悩ましいところだ。さかのぼって一九〇九年、プラタス（東沙）諸島は大清国が新たな領土的野心を燃やす最前線となり、南シナ海をめぐる本格的な紛争はここから始まった。このとき日本に強く領有権を主張して抵抗した経験は、半世紀以上にわたって外国勢力に負けを繰り返してきた彼らにとって久方ぶりの成功体験だった。そしてまた今日、同じ場所が最前線になっている。

サンゴ環礁の西側にあるプラタス（東沙）島は、ワニの頭のような形をしている。「上顎《うわあご》」にあたる部分の多くは滑走路が占めており、一部が外海に開いている浅いラグーン（潟湖）は大洋を飛びまわる海鳥や亀が再びここを住処《すみか》としている。ワニの「頭蓋骨」にあたる部分には台風にも耐える村がある。木々のあいだから垣間見えるのは、カモフラージュされた塔や、沿岸警備隊と訪問者のための宿泊施設だ。世界中から訪れる海洋生物学者が宿泊する研究センターも新設され、国が行政管理をしている証拠として郵便局も設置された。郵便ポストにはプラスチック製の陽気なサメが見張りのように取りつけられ、島を訪れた人々はここから自宅にハガキを送ることができる。さほど遠くない場所には、サンゴ礁やその豊かな海洋生物の自然史を説明する科学展示場も新設されている。（雨水貯留システムを兼ねる）練兵場を見下ろす位置には、日よけ帽をかぶった蔣介石の黄金像が建ち、その後ろには子供が作る砂の城を大きくしたような形の小さな博物館がある。

実はこの博物館に、南シナ海紛争を解決する鍵がある。これら島礁に対する中国の領有権主張には、ナショナリズムに基づく地図制作と現実の行政とのズレが明確に存在する。白眉初が一九三六年に、実在しない島々の周囲を赤い線で囲み、中国の領土だと主張していたとしても、実際にこれらの場所を訪れた役人は一人もいなかったのだ。その証拠が博物館の壁に掲示された地図や資料だ。一九四六年一二月の中華民国によるイトゥアバ島視察やフィリピンの冒険家たちとのあいだに起きた一九五六年の対立の様子について知るための資料はあるが、それ以外の資料は一切ない。このことから、中国がこれらの島々のすべてを占有または統治した事実はないことがわかる。パラセル（西沙）諸島においては一九七四年に中国人民解放軍が侵攻してベトナムの守備隊を追放するまで、一つもしくは二、三の島を占領していただけだった。スプラトリー（南沙）諸島においても中華民国はほんの一つか二つの島を占有していたにすぎない。中華人民共和国は一九八八年には六つの礁を、一九九四年にさらに一つの礁を掌握している。

同時期に、ベトナム、フィリピン、マレーシアなど南シナ海周辺諸国はその他の島々を支配下に収めた。各国が群島に対して領有権を主張する場合、それがいかに一方的なものだったかは、占有の歴史を見ればよくわかる。そこにつねにあったものは、いくつかの例外を除き、領有権争いという混乱だけだ。この点を理解しないかぎり、南シナ海問題を解決する道は開けない。占有の歴史的証拠を検証すれば、紛争当事国はどの島礁に対しても領有権を主張するに足る根拠を持たないことがわかるはずだ。彼らは互いにそれぞれの島礁に対する領有権を認め合い、歩み寄るべきなのだ。国際法用語にウティ・ポシデティス原則というのがある。「今持っているものは、持ちつづけてよい」という現状承認の原則だ。これはそんなに難しいことだろうか。結局、領有権問題がなかなか解決しないのは、感情の力が働いているからだ。そしてその感情が最初に沸き立ったのは、一九〇九年、日本人によるグアノ採掘をきっかけに広州で広がった愛国感情だったのである。

結論　「中国の夢」

歴史における中国の国際的地位の回復

すべてを手にしている中国共産党総書記に何をプレゼントするべきか？

二〇一四年三月下旬、ベルリンで習近平を迎えたアンゲラ・メルケルは、一七三五年にパリで出版この問題に直面していた。その答えとして彼女のスタッフが選んだ一風変わった贈り物は地図だった。一七三五年にパリで出版された地図帳のためにフランス人地図制作者ジャン＝バティスト・ブルギニョン・ダンヴィルが描いたものを、一七五〇年にドイツで印刷した写しである。ダンヴィルの地図自体が写しであり、元となったのは一七一八年に清朝の康熙帝に献上された地図だ。その地図こそが間違いなくオリジナルであり、清国の役人たちが一〇年の歳月をかけて取り組んだ驚くべき測量作業の賜物だった。このとき測量作業の助言をしたのはフランス国王が派遣したイエズス会の神父兼科学者たちであったため、一五年後にその写しがフランスでも制作された。

ブルギニョン・ダンヴィルの手による原本は現在数枚が残されており、国際的なオークションハウスで一枚数千ドルという高値で取引されている。ただし一七五〇年のドイツ版にはそこまでの価値はない。メルケル事務所が支払ったのはおそらく地図代で五〇〇ドル、加えて表装代といったところだろう。(1) 康熙帝に献上された原本となれば、値がつけられないほどの価値だ。

康熙帝がイエズス会の宣教師に作成させたその地図には、「皇輿《こうよ》全覧図」（皇帝領土全覧図）という中国語名がつけられている。国名を持たなかった清朝には「皇帝領土」で十分であり、どの国が描かれているかを特定する必要がなかったが、フランス語版の地図制作者たちには国名が必要だった。そこには、大清国の一つ一つの省名が書き込まれ、領土全体の様子に加えて、西部のカスピ海から東部のサハリン島まで、領土の周辺地域が描かれていた。だが、メルケル陣営が習に贈るために選んだのは、この地図ではない。彼らが選んだブルギニョン・ダンヴィルの写しには、ラテン語で「Regni Sinae（中華帝国図）」と題がついていた。

首相官邸での贈呈の様子を報じる写真には、快活な様子で地図を指さすアンゲラ・メルケルと、距離を置いて無表情にそれを見ている習近平が写っている。習を不機嫌にさせたのはその地図が割安なドイツ版であったことや、そこに描かれたものではないだろう。彼の怒りはむしろ、描かれていない場所に対するものであったはずだ。この地図には「Sinae Propriae（中国本土）」という副題がついており、明王朝時代までの領土しか書かれていなかったのだ。そのため、満州、モンゴル、チベット、新疆といった清王朝が獲得した領土のほとんどが描かれていなかった。さらに悪いことに、台湾が別の色で縁取られていたのである。

中国代表団は反応に窮した。外交儀礼としては適切な謝意を示さなければならないが、贈呈されたのは喜んで持ち帰れる品ではない。それにこの選択はたんなる善意の表れなのか、ドイツ政府が熟考したうえでの冷遇なのか真意を測りかねた。困惑した中国国営メディアは、一党独裁国家ならではの伝統的手法に頼ることとした。記事の捏造である。地図の贈呈については事実を報じながら、メルケルから習に贈られた地図の写真は、中国が自国領土と主張しているもっと広範囲の場所を描いたまったくの別物に差し替えた。その地図は実物より一世紀以上あとの一八四四年にイギリス人地図制作者ジョン・ダワーが制作したもので、チベットや新疆など一八世紀に清国が獲得した占領地が国境内に含まれていた[(2)]。実際、差し替え後の地図が示した領土は、現在の中華人民共和国の国境よりもかなり広いが、この程度の捏造なら中国メディアにとって何の問題もなかった。

この捏造にまんまとだまされた人たちのなかには、権威ある中国人民大学国際関係学院の王義桅《おうぎき》教授もいた。彼は、エール・グローバルというウェブサイトに、中国メディアが報道した地図では当時ロシアの領土が中国の国境内に含まれていたことに触れ、現在の独露関係の深刻さについて記事を書いたのだった[(3)]。

このお土産騒動は一見ただの面白エピソードだが、現代中国政治の水面下に潜む不安や被害妄想を露呈している。たとえば逆に、習がメルケルにドイツ西部のほとんどの領土が省かれた一八世紀のプロイセン王国の地図を渡したとしたら、興味深い骨董品だと受け取られただけだろう。だが中華人民共和国の場合、そうはならない。中国という国のアイデンティティがあまりに脆いゆえに、三〇〇年前は国土の形が違っていたという事実を認めることができないのだ。領土保全という国家の「核心的利益」についての議論は一切許されず、政府の歴史見解とは異なる説を実証する歴史的根拠はすべて理不尽にも排除される。受け入れられるのは、現在の共産党指導部のニーズに沿って捏造された歴史だけなのだ。

共産党はみずからの統治を正当化するために、都合のいい歴史をみずから作りあげた。二〇世紀後半、毛沢東思想からの脱却にあたって、党は国民の忠誠を得る新たな方策を探った。そして打ち出したのが、（経済成長によって）国民全体の生活水準を向上させるという「実績に基づく支配の正統性」

の確保であった。しかし、物質面のみの充足だけでは満足できないプロレタリアやブルジョアを精神的にも満足させ、また彼らを進んでほしい方向へ導くために、党はさらに新たな戦略を模索した。そこで国民を盲従させる麻薬として、新たに採用されたのがナショナリズムである。ナショナリズムといっても、群衆がデモ行進で声高に叫ぶといったようなものではなく、指導部主導で国民の均一性と党への服従を強調するという、国家によるナショナリズム喚起である。

イギリスの社会学者アントニー・D・スミスが相当以前から論じていたように、国民意識とは、歴史的神話という土台の上に築かれるものだ。神話が社会において果たす目的とは、信じる者と信じない者とを選り分けることである。神話の内容がいかに荒唐無稽であろうとそれは問題ではなく、信じる者のあいだに仲間意識を芽生えさせ、それ以外の人間とは別の「部内者」という意識を持たせる。おそらくはるか昔の遺伝子変異によって、人間の脳はどればかげた神話でも信じる能力を持ったのだろう。そして偶然にも進化の過程でその能力が効果を発揮した。この突然変異によって集団の均一性や結束を高めたグループは、荒野で孤立して生きる者に比べて格段に生き残る確率が高い傾向となった。[4] ハーバート・スペンサーも確信を持って認めていたとおり、神話を信じる能力という突然変異をしたDNAは、自然淘汰を経るなかで、仲間入りしない者のDNAよりも受け継がれていく可能性が高くなるのだ。

一〇億をはるかに超える国民に政治的服従を強いるレーニン主義国家にとって、国家によるナショナリズム感情の喚起は非常に有効な手段だった。愛国感情に訴えるという方策は一八九〇年代の梁啓超や孫文らから始まったが、その後、不安定な新しい世界でさまよっていた比較的少数の若者たちが、何十年もかけて新たな国民的神話を開発し、のちの世代はそれを盲信していく。その神話は中華民族に属する者と属さない者とを選別した。ナショナリストはどの国でもそうだが、本書に登場した梁や孫をはじめとするナショナリストたちも、外部の人間との違いを強調するために、新たな国家の内部での差異を「均一化」することを主張した。

一九三〇年代、国民党は新聞や学校教育を通して、さらに公開討論の管理によって、新たな集合的記憶（集団レベルで共有される過去の記憶）を、新たな共和国（中華民国）の国民に植えつけることができた。すでに本書で述べたとおり、そうした記憶は概してゼロからの創造ではなく、ナショナリストたちが愛国感情を盛り上げる目的で、多くの既存の理論をまとめてみずからに都合のいいように歪曲したものだった。そして民族、歴史、国民、言語、領土についての新しい考え方は、既存の理論がアップデートされた科学的なものとして提示された。こうして国民に叩き込まれたナショナリストの思想は、集団レベルでは国民は一つの集団として発展するという意識を強め、個人レベルでは集団に所属することの利点を知らしめ、誰もが集団の一員になることを選ぶようにした。

よって一九八九年の天安門広場での抗議活動とそれに続く大虐殺以降、正統性の壊滅的な危機に見舞われた共産党が、中国社会の支持を再び党に集めるためにナショナリズムを利用したとしても、驚くにはあたらない。天安門事件から二年後の一九九一年八月には、「愛国主義教育キャンペーン」が開始されている。三年後に発表されたガイドラインでは、この「愛国主義教育キャンペーン」の目的を「国民の精神の発揚、団結力の強化、国民の自信や自尊心の育成、可能なかぎり広範囲での愛国的な統一戦線の確立と発展、さらに中国特有の社会主義構築という偉大な目的に大衆の愛国心を向かわせ、再結集させること」と謳っている(5)。

このキャンペーンを最初に分析した汪錚《おうそう》（ワン・ジョン）によれば、これはおもに中国を長年の被害者に、西洋を侵略者にするという「中国政府のアイデンティティ・ポリティクス〔特定の集団の利益を代弁して行なう政治〕における大きな転換」だったという。(6) 党による新たな教育課程では、国共内戦をはじめとする二〇世紀の共産党と国民党との闘争（共産党の勝利によって政治的分裂を超えた国家の統一に至るという新たなメッセージを送る）といった歴史は軽視され、それより以前の「中国」と西洋列強との衝突の歴史に重点が置かれるようになった。

「愛国主義教育キャンペーン」では集合的記憶を定着させるため、かつてのナショナリストたちの手法のいくつかを取り入れたが、その効果は一党独裁国家の力でもってさらに高まる。彼らは新聞や教科書、公開演説を利用し、歴史について語れることと語れないことの境界を設定した。そのためにはテレビや映画、オンラインメディアも活用した。そして、党への忠誠を確実なものとするために、党の規律や法律の力をも利用した。それがよく表れた例がある。

二〇〇六年、中国共産党青年団の週刊紙『氷点週刊』が二カ月間の発行停止処分を受けたが、それは歴史に関する公式見解の転換に批判的な記事を掲載したためだった。かつて哲学教授であった袁偉《えんい》時《じ》はその記事のなかで、国内の学校で教えられている改訂後の歴史教育を、「トウダイグサの樹液を飲むに等しい」とした。そして「無邪気な子供がこの毒を飲んでしまえば、それからの長い人生を偏見とともに生き、誤った道へと進むことになるだろう」と批判した。党はこの記事を認めず、袁教授の主張に対する長い反論記事を掲載するという条件で、新聞の発行再開を許可した。

習近平政権下で、党は物語をさらにふくらませた。総書記に任命されて間もない二〇一二年一一月二九日、天安門広場にある中国国家博物館で行なった演説で、習は「中国夢」という壮大な構想を明らかにした。彼は「中華民族の偉大な復興を果たすことこそ、現代の中華民族の最大の夢である」と力説した。習の言う「民族の復興」の真意については多くの解釈があるが、「歴史における中国の国際的地位の回復」だという北京の清華大学国際関係研究院の閻学通《えんがくつう》院長の説は最も信頼できるものの一つだ。(7)

本書でこれまで見てきたように、この「歴史における中国の国際的地位の回復」という言葉のなかには多くの思想が詰め込まれている。閻学通は「回復」、「中国」、「地位」という言葉をどのような意味で使ったのだろうか。彼の言う「歴史」とはどの時代を指しているのか。これに対し彼は同じインタビューのなかで、迷うことなく二〇〇〇年前の漢王朝時代、一〇〇〇年前の唐王朝時代、そして三〇〇年前の清王朝時代初期だと答えた。まったく異なるこれら三つの王朝をすべて、時代を超越して一つの「中国」とみなすあたりが、ナショナリスト的想像力を大いに発揮した結果といえるだろう。

この事実からわかるのは、どんな集団であれみずからを国民とみなす自覚が生まれれば、みずからを中心とした神話を創り、その神話を創ることに成功すれば、次はその神話をもとに国家を新しく作り直すということだ。古代東アジアでは、まさしくこの方法で王朝が引き継がれていた。新たな王朝はつねに、信用を失った前王朝の正統な後継者であることを示そうとする。共産党政府も、その前任者である国民党政府も、それとまったく同じことをしているのだ。

中国特有の民族社会主義の構築

これだけの捏造を繰り返して中国が最終的にめざす先はどこか？　いま彼らが発信している自己イメージとは、歴史的に不当な扱いを受けてはきたが、中国はもともと高潔な文明を持つ国であり、アジアにおける本来の中心国家である、というものだ。この自己イメージこそが中国の諸々の問題行動の根源であり、自国民を抑圧し、周辺国を警戒させ、地域の平和と安全を脅かすという行動につながっているのだ。現在の人民共和国は、一つの民族集団が他の集団を抑圧的に支配する、いわゆるエスノクラシー体制の国であり、一九世紀後半と二〇世紀初頭にナショナリストが捏造した神話にいまだに支配されている。習近平政権下では、中華民族という表現を用いて中国人の定義を押しつけている。

習政権は中国国民として四つのアイデンティティ（「四個認同」）を持つよう強く求めてきた。「祖国」、「中華民族」、「中華文化」、「中国特有の社会主義」に対する自己同一化である。のちにこれに加えて「中国共産党に対する認同」が追加され、「五個認同」となった。言うまでもないことだが、以下のような意見はすべて党から反逆とみなされる。

たとえば、チベット族やウイグル族は別の政府の支配下で生活したいと思っているのではないか、モンゴル族は国民を均一化するという考えを受け入れたがらないのではないか、地域のトポレクト（地域語）を話す人々は「普通話」を使いたがらないのではないか、そしてこういった人たちが共産党の指導的役割を拒絶するのではないか、などである。（本書の執筆時点での）香港で見られるように、習近平の抱える問題とは、共産党が国家の分裂を懸念すればするほど、国民の団結を強制すればするほど、国民の反発の力が激しくなってしまうことだ。結局、唯一考えられる解決法は、二〇一九年に一〇〇万人以上のウイグル人が「再教育施設」に強制収容されたときのように、抑圧や武力行使、大規模な監視しかないように思われる。

単一文化主義の強制は、一九世紀末に始まって以来、中国の国家主義政策の中核をなしてきた。しかし「中国国民」をどのように定義するかという問題は、何十年にもわたって思想家や政治家を同様に悩ませている。長年にわたってソ連の影響を受け、違いを受け入れても問題はないと考えていた中国共産党は、単一民族国家の創造を遠い将来へ先延ばしにしてきたのだ。しかし、ソビエト連邦やユーゴスラビアの崩壊をきっかけに、中国人理論家のなかには、国家結束のために違いを消し去る「人種のるつぼ」という新たな方策を声高に主張する者も現れた。習近平は彼らの意見にどうやら賛同しているようだ。

天安門事件〔一九八九年〕以降、正統派の共産主義イデオロギーが弱体化するにつれ、それまで党の公式表明に使われてきた「人民」に並んで、「国民」という呼称が目立つようになった。「人民」が社会主義者だけを指しているのに対し、「国民」はあらゆる階級出身の人々を含めることができる。もちろんこの場合の「国民」とは、北京当局が定義した神話を信じる内輪の人間に限られる。習が総書記に就任した二〇一二年末以来、党は国民の均質性をさかんに主張している。捏造した過去を強く主張すればするほど、党は別の説を認める余地を失っていき、その結果、少数民族や反体制派がこれまで以上に生きづらくなった。こういった人たちは物語を脅かし、近代化を妨げる存在とみなされ、それ相応の扱いを受けている。

一人の「核となる」指導者を中心に、国民の画一化を執拗に求め、違いを受け入れず、法ではなく党が支配し、政府主導の協調組合主義による経済政策を掲げ、漢族を特別視する例外主義に則ったイデオロギーと統制に重点を置く――しかもこれらすべてが大規模な監視を基に行なわれている。これまでにないこのような政治的イデオロギーを、われわれは何と呼ぶべきだろうか。中国共産党はかなり以前から「中国特色社会主義（中国の特色ある社会主義）」の構築を唱えてきた。しかし今の習近平は「中国の特色ある国家社会主義」の構築に軸足を移したように思えるのだ。

二一世紀の中国の姿は、中国自身や西洋諸国が思うよりはるかに西洋化しているように見える。

「アジア的価値観」の旗手というより実際は、アイデンティティ、主権、ナショナリズム、領土拡大といった目標の追求に邁進する典型的西洋国家だと言える。中国という国がいかにして誕生したかを考えれば、それも驚きではなく、突きつめれば中国とは西洋が構築した国なのだ。

ここに至るまでには、大きな局面が二度あった。まずは、宣教師、軍人、外交使節といった清国内部にいた外国人の影響を色濃く受けた時期である。そして二つ目は、日本、アメリカ、東南アジアなどの国外への亡命者や「華僑」といった清国の外部にいた同国人からの影響を受けた時期で、後者はより決定的な変化をもたらした。彼らは国外で得た感覚をもって祖国を顧みた。外国人が「チャイナ」と呼んでいた場所を、「中国（ヂォングゥオ）」という言葉に翻訳したのも彼らだ。今日私たちの目に映る中国は西洋的な国家像の具現と言えるが、近代化を求めたエリートたちが西洋に倣ってこのような国家を作り上げ、さらに新しく「中国人」と定義した国民にこの国家像を提示したのだ。

ヨーロッパ諸国には、一八四八年から一九四五年までの血にまみれた一〇〇年をかけて、国民、国家、または国民国家の問題に取り組んだ過去がある。国民を主体とする国家をめざした結果が、二つの世界大戦だった。逆に、国家を主体として国民を従わせる試みは、たびたび大虐殺を引き起こした。その経験からヨーロッパの各国政府は、将来破滅への道を進むことのないように、ナショナリズムへの衝動を抑え、共同的な超国家体制を作り上げることに合意した。さらに、少数民族がより広い選択肢を持てるよう地方分権化を進め、連邦制度を導入した。結果として、数十年にわたる平和と自由に加え、急激な繁栄がもたらされた。一方で中華人民共和国は、この経験から学ぼうという気持ちがないようだ。いま世界が懸念しているのは、中国が時代に逆行し、ファシズムというまだ記憶に新しい暗い道へと進みつつあるのではないか、ということだ。

ナショナリストの想像力によって捏造された神話

中国の周辺国が直面している問題の根本原因は、中国の二つの矛盾する認識にある。一つは、元来中国は東アジアの中心であり、国境は権力にとって重要な意味を成さないという帝国の観点を引き継いだ自己認識だ。そして二つ目は、ヴェストファーレン体制（主権国家体制）に基づく自己認識で、自国の「不可侵の」国境線の内側に存在するものは岩や礁に至るまで、すべてに権利を主張できるというものだ。周辺国にとってはこの二つのどちらもが逆であるほうが望ましいだろう。つまり、権力に対してはヴェストファーレン体制に従う――権力は国境内だけにとどめる――という認識を持ち、領土紛争に対しては原理主義的な考え方を弱める――平和のために妥協する――という認識である。

中国はその経済力と軍事力によって周辺国を緊張させているが、さらにその不安を増大させているのが北京政府の周辺諸国に対する高圧的な態度だ。二〇一〇年七月、ハノイで開かれたASEAN地域フォーラム閣僚会合で、中国外交部長、楊潔篪《ようけつち》はシンガポール外務大臣ジョージ・ヨーを見据えて、「中国は大国であり、その他は小国。それが事実だ」と念を押すように言い放った。中国社会では階層を問わず大勢の人々が、自国を「同輩国のリーダー」だと自負しているが、その根拠は、中国が新たに掲げる帝国のイメージを正当化するための特殊な歴史観にある。その傾向は外国人に対して大漢族主義的な表現を用いたり、海外諸国にいる「華僑」を「同胞」として扱い、国家政策の道具として利用したりすることでさらに悪化している。

中国の領土に対する原理主義の起源について理解することは、地域の平和を考えるうえで非常に重要だ。小さな岩や水中の岩礁にまで強引に権利を追求し、台湾の現状を存亡の危機にまでエスカレートさせ、ヒマラヤ山脈で頻繁に挑発行為を行なう、これらすべては元をたどれば大清国の領土をそのまま受け継ぐという梁啓超や孫文の決意に行き着く。しかしその根拠を慎重に精査すれば、それら「不可侵の」境界線のほとんどが、二〇世紀に国家主義者の想像力によって捏造されたものだとわかる。

これは中国の現代情勢が抱える皮肉の一つだ。他国の批判を内政干渉だとして断固はねつけ、「主権」に異常なまでにこだわり、「領土」に対しては原理主義的態度を貫いているが、そもそもこれらの概念はまぎれもなく外国から導入したものなのだ。このような西洋発の帝国主義の遺産は、本来なら習政権が払拭しなければならないもののはずなのだが、「中華民族の復興」の名のもとに、引き続きその態度や行動に採り入れられている。そして国益さえも、そのゆがんだ歴史認識に基づく目的追求の姿勢によって害されている。

中国の発展のためには東アジアや南アジアの国々との友好関係が必要だが、領土の現状変更に専念しているような国が信用されることはないだろう。北京の指導部は問題の領土を「古来」中国に属していると主張するが、ここまで読み進めてきた読者なら国境に関するこうした見解や、「主権原理主義」的発想が明らかに現代に創造されたものであることがわかるはずだ〔「原理主義」とは、「一般に、基本的な理念や原理原則を厳格に守ろうとする立場」。主権の原則だけを唱え、頑なで融通の利かない立場をとる中国は「主権原理主義者」〕。

二〇世紀初頭、中国の都市住民は「中国人とは何か」という問題を突きつけられた。それまでみずからを中国人と呼んだこともなければ、いったい誰が中国人に含まれるのかもまるで理解していなかったが、その答えを与えてくれたのは西欧や日本のような帝国主義列強だった。つまりナショナリストが祖国の正当な土地だと主張している領土が列強に侵略されて初めて、彼らは身をもってその答えを知ったのだ。喪失の物語を主張すれば返還要求に帰結する。つまり、「切り取られた」領土を取り戻し、一致団結して国民の名誉を挽回するという行動に将来結びつくのは必然だ。

本物の中国人であり、この国に属する者となるためには、こういった領土侵害に激怒し、それを国民全体の尊厳の侵害として捉えることが条件となった。領土侵略に対して愛国的反応をするか、ナショナリストに同調するかどうかが、中国人かどうかを見極める物差しとして使われた。こうして事実よりも感情が支配的役割を持つようになり、われわれはいまだにその感情的な主張の影響を受けている。

こうした中国の歴史神話に対して、地域や世界はどう対処すべきなのか。この歴史神話が中国の行動の原動力であるという認識は持たなければならないが、それを歴史上の真実を語ったものとして受け止めるべきではない。まして社会的または地域的関係における序列の決め手にするなどもってのほかだ。ところが、すでにこの神話にあまりに多くの人々がだまされてしまっている。海外の評論家たちも、その由来をまったく理解しないまま、「五〇〇〇年にわたる優れた文明」とか「漢族の結束」といった言葉をむしろ進んで繰り返すことが多い。その結果、中国のナショナリズムは横行闊歩《かっぽ》するようになった。自国は優れた文明を持ち、その国民は他の人種とは別に進化を遂げ、今も帝国時代のヒエラルキーのトップに特別の地位を持つなどと信じている国は、これからもつねに周辺諸国や世界にとって脅威でありつづけるだろう。

中国のナショナリズムは、ドイツやトルコ、イギリスなどのナショナリズムと同様に批判されるべき対象なのだ。本書を読んだ読者が中国の神話に対し自信をもって反論できることを願う。毛沢東の言葉を借りれば、事実の実証に基づいて真実を追求しなければならない（「実事求是」）。中華人民共和国の役人たちが領土や国民、民族や歴史に関して発言するとき、失笑と冷笑で対応するのが最も効果的な方法なのだ。

習近平が世界に示す「中国夢」（中国の夢）とはいったい何か？　それは一九三〇年代から続く夢、破壊へとつながる懐旧への道ではないか、という思いを最近ますます強くしている。中国の夢は、一世紀前の非常に特殊な状況下で生み出され、ヨーロッパでは今や廃《すた》れてしまったヨーロッパ発祥の概念の影響を受けた歴史観を基に築かれている。そして国内では国民の均質化を、海外では威信の誇示を追求した結果、国内には弾圧、海外には脅威をもたらした。習体制下の中国は決して幸せな場所ではない。独断的かつ威圧的であり、あまりにも不安定で、その結束の崩壊が今にも訪れるのではという恐怖をはらんだ場所だ。神話による結束はまだしばらく続くかもしれないが、「中華民族」の内部にははじめから亀裂が走っているのである。

主な登場人物

袁世凱《えんせいがい》（一八五九―一九一六）
北洋軍閥の総帥。のちに初代中華民国大総統となる（在任一九一二―一九一六）。

王照《おうしょう》（一八五九―一九三三）
中国北部の直隷省出身の言語改革者。一九〇一年発刊の『北方俗話字母』（のちに『官話合声字母』に改題）の著者。

汪栄宝《おうえいほう》（一八七八―一九三三）
中国東部の江蘇省出身の言語改革者。「同文館」で学んだのち、日本に留学した。

汪兆銘《おうちょうめい》（一八八三―一九四四）
一九〇四年、二一歳で広東省から留学生として日本の法政大学に学ぶ。「中国同盟会」に参加し、孫文の思想面における相談役となった。

厳復《げんふく》（一八五四―一九二一）
ハーバート・スペンサーやトマス・ハクスリーの著書を翻訳し、中国都市部に紹介した主たる人物。

乾隆帝《けんりゅうてい》（一七一一―一七九九）

清王朝第六代皇帝。彼の治世は一般に大清国の最盛期と言われる。

胡漢民《こかんみん》（一八七九―一九三六）
革命派の雑誌『民報』編集者。孫文（孫中山）の思想面における助言者の一人。

黄遵憲《こうじゅんけん》（一八四八―一九〇五）
清の外交官として、日本、サンフランシスコ、ロンドン、シンガポールに赴任する。「華僑」という言葉を作った。『日本国志』の著者。梁啓超、譚嗣同とともに改革派の雑誌『強学報』を創刊した。客家人。

光緒帝《こうしょてい》（一八七一―一九〇八）
一八九八年「百日維新」を実行したが、伯母である西太后により地位を追われた。幽閉中に死亡したが、西太后の命による毒殺の可能性もある。

康有為《こうゆうい》（一八五八―一九二七）
急進的な学者であり、改革派。梁啓超の師。保皇会の共同設立者。『大同書』の著者。

竺可楨《じくかてい》（一八九〇―一九七四）
「中国近代地理学の父」と呼ばれた。一九一〇年から一九年までアメリカで学び、一九二〇年代、三〇年代にかけて、中国地理学の第二世代となる未来の教授たちを指導した。

習近平《しゅうきんぺい》（一九五三― ）
二〇一二年からの中国共産党総書記。

蔣介石《しょうかいせき》（一八八七―一九七五）
国家主義の政治家、革命家、国軍指揮官、中華民国総統（一九四八―一九七五）。

章炳麟《しょうへいりん》（一八六九―一九三六）
「明朝（漢民族）支持者」であることを遵守し、満州族支配への反対を表明するため一九〇一年、章太炎《たいえん》と改名する。満州族政府の打倒を訴える論文集『訄書《きゅうしょ》』（緊急の書）の著者。一九〇三年、新聞記事のなかで皇帝を侮辱し、上海で三年間投獄された。釈放後は人種差別主義の傾向をより強め、革命運動に接近する。一九〇六年、革命団体「中国同盟会」の機関紙である『民報』の主筆に任命される。

鄒容《すうよう》（一八八五―一九〇五）
満州人排除を掲げる革命派。過激な排満主義を唱える『革命軍』は、日本留学中の一八歳のときの著書。

西太后《せいたいごう》（一八三五―一九〇八）
一八六一年から一九〇八年まで「皇帝の影の支配者」として影響力を持った。満州人である彼女は、咸豊帝の側妃となり同治帝の母となる。のちに甥の光緒帝の養母であり摂政となった。

曾国藩《そうこくはん》（一八一一―一八七二）
清の高級官吏であり、大平天国の乱鎮圧に最も寄与した軍を率いた。早くから洋務運動（自強運動）を信奉し、李鴻章の師でもあった。

孫文《そんぶん》（孫中山《ちゅうざん》／一八六六―一九二五）
一八九四年、革命派の団体「興中会」の共同設立者となる。「興中会」は一九〇五年、複数の団体と合同し「中国同盟会」となる。一九一二年、初代中華民国臨時大総統に任命されたが、わずか六週間後に、袁世凱によってその座を追われた。

張其昀《ちょうきいん》（一九〇一—一九八五）

中国地理学者の第二世代を代表する人物。非公式ながら蒋介石に地政学に関する助言を行なっていた。

張徳彝《ちょうとくい》（一八四七—一九一九）

一八六二年、「同文館」で外国語を学んだ最初の生徒の一人。一八六六年から七一年、ヨーロッパやアメリカを訪れた清の使節団に加わった。

白眉初《はくびしょ》（一八七六—一九四〇）

「中国地学会」設立者の一人。地理学の教授であり、南シナ海の海域に「U字線」を最初に描いた。

李鴻章《りこうしょう》（一八二三—一九〇一）

清後期の政治家。直隷（北京を囲むように位置した省）総督、北洋大臣。一八九〇年代外交問題の交渉にあたり、一八九五年、日本との下関条約に調印した。

李準《りじゅん》（一八七一—一九三六）

一九〇七年、広東省の准将として革命派の暴動を鎮圧した。一九〇八年水師提督に任命されると、プラタス（東沙）およびパラセル（西沙）諸島への海軍視察を率いた。一九一一年、革命派支持へ転向する。

劉師培《りゅうしばい》（一八八四—一九一九）

一九〇四年、二〇歳で『攘書』（排除の本という意味）という反満州民族（排満主義）について記した冊子を出版。みずからアナーキストを宣言したが、後年清政府の役人となる。

梁啓超《りょうけいちょう》（一八七三―一九二九）

国家主義の改革派、ジャーナリストであり、複数の改革派出版物で編集を務める。「保皇会」共同創立者。

謝辞
謝謝《シェイシェイ》——ありがとう

本書誕生のきっかけは、イースタン・コネチカット州立大学のブラッドリー・キャンプ・デイビスとオムニニューヘブン・ホテルのバーで交わした会話だった。ニューキャッスル・ブラウンエールを何本か空けながら、われわれは中国・ベトナム間の国境紛争の厄介な歴史について論じ合った。その議論のなかで、私が一九世紀の国境について素朴な質問をすると、ブラッドリーは「それは君が〝中国〟をどう定義するのかによる」と答えたのだ。衝撃的な瞬間だった。それからの数年間、大いに考え、悩み、調査し、そして執筆して、あのときの会話が本書として結実した。読者のみなさんにも私と同様に、「〝中国〟をどう定義するか」の答えを探求しようとしたこの過程を、楽しんでいただきたい。

本書の執筆を可能にしてくれたロンドン大学東洋アフリカ研究学院（SOAS）の図書館には大いに感謝している。そこは私にとってまさに新しい意識レベルへの入り口となった。そこで働くすべての職員のみなさんに感謝を伝えたい。

二〇一六年九月にカリフォルニア大学デイビス校で、Kreddha〔対話による紛争解決を目指すNPO法人〕が主催した会議の参加者と交わした議論は、私が緊張しつつもこの知的世界に第一歩を踏み出すにあたって、非常に大きな後押しとなってくれた。そこで出会ったマイケル・ヴァン・ウォルト・ヴアン・プラーグ、ミーク・ボルティエス、今は亡きオレゴン大学のアリフ・ダーリク、そしてブリティッシュ・コロンビア大学のティモシー・ブルックは、私の情熱を惜しみなく支援してくれた。

彼らを筆頭に、率直な質問に答えてくれた研究者は数多く、全員をここに記すことは不可能だ。しかしそのなかでも、以下の方々に感謝を伝えたい。

ロンドン大学東洋アフリカ研究学院のティム・バレット、アラバマ大学のチャド・ベリー、香港城市大学の程美宝《ていびほう》、トロント大学のクリス・P・C・チャン、ダートマス大学のパメラ・カイル・クロスリー、香港大学のスティーブン・デイビス、同じく香港大学のフランク・ディケーター、ヨーク大学のジョシュ・フォーゲル、復旦大学の葛兆光《かっちょうこう》、ウィリアム・アンド・メアリー大学のマイケル・ギブズ・ヒル、香港城市大学の韓子奇《かんしき》、ロンドン・スクール・オブ・エコノミクスのクリス・ヒューズ、モナシュ大学のブルース・ジェイコブス、ウェールズ・トリニティ・セント・デイビット大学のトマス・ヤンセン、ライプツィヒ大学のエリザベス・カスケ、マレーシア国民大学のチェン・チュイ・クイック、保皇会学術論壇のジェイン・レオン・ラーソン、ラ・トローブ大学のジェームズ・リーボールト、ペンシルヴェニア大学のヴィクター・メア、ケンブリッジ大学のメリッサ・ムート、イェール大学のピーター・パーデュー、テキサス大学オースティン校のエドワード・ローズ、アイルランド国立大学コーク校のジュリア・シュナイダー、ライス大学のリッチ・スミス、ノースウェスタン大学のレイチェル・ウォルナー、カリフォルニア大学のジェフ・ヴァッサーストローム、コネチカット大学のアーヴィン・ザロウとピーター・ザロウ。

スワースモア大学のジョージ・インは、翻訳や語源学に関する多くの疑問に対して素晴らしいアドバイスを与えてくれた。明朝について詳しく教えてくれたのはジェフ・ウェイドだ。香港については、エヴァン・ファウラーとトレイ・メネフィーに助言を受け、エリック・スラヴィンには横浜を案内してもらい、北京ではジェレマイヤ・ジェンヌに大いに助けられた。バンクーバーでは、ブリティッシュ・コロンビア大学のポール・エバンス、ブライアン・ジョブ、イブ・ティベルギアンから協力ともてなしを受けた。ティモシー・リチャードのひ孫娘のジェニファー・ペレスと、伝記作家である故ユーニス・ジョンソンには宣教師の生活と活動に関する調査に協力をいただいた。

イェール大学出版局のみなさんと、そのなかでも本書のためにリスクを負ってくれたヘザー・マッカラム、執筆を通じて指導をしてくれたマリカ・リサンドロウ、編集・制作工程に尽力いただいたクラリッサ・サザーランドとパーシー・エッジラー、緻密な校閲をしてくれたシャーロット・チャップマンにも感謝したい。査読者として原稿への非常に有益な助言をいただいた匿名の三人にも感謝を送りたい。

BBC（英国放送協会）の同僚たちは、夜遅くにまで及んだ調査を容認してくれ、家族は旅に出ることを聞き入れてくれた。妻のパメラ・コックスは真の歴史学者であり、私もそうなれるよう道を示してくれた。彼女に愛を捧げる。私たちの子供たち、テスとパトリックは私を励まし、幸せを与えてくれた。ありがとう。これでまた家族全員で夕食が取れるようになるから。

二〇二〇年三月　　コルチェスターにて

訳者あとがき

中国の話題は連日メディアを賑わせている。ゼロコロナ政策とその突然の解除、ＧＤＰの伸び鈍化、出生率の急激な低下、干ばつによる水不足、宇宙開発と軍事利用、知財強国への猛進、台湾周辺での大規模な軍事演習など、中国の行動はことごとく注目を浴びる。

なぜか。それは中国が特異な超大国であり、その動向が経済をはじめとする数多《あまた》の分野で世界に大きな影響を与えるからだ。「中国がくしゃみをすれば世界が風邪を引く」かのごとく、国際社会の中国への依存度がきわめて大きいということである。さらに香港、台湾、チベット、新疆、南シナ海の地政学的リスクの高まりを受け、不透明感が世界に広がっているからでもある。

中国は世界のリーダーを目指しているようだが、中国リスクという点で今や世界一注目を浴びる国となった。注目度という点で、序列ナンバーワン、いわゆる「中央の国（中国《チォングゥオ》）」となったわけだ。皮肉な話である。

では、なぜ中国はこのような異常ともいえる行動を取るのか。その元凶は何か。いったい何を根拠にしているのか。

この問いに膨大な資料を駆使しつつ検証したのが本書である。

とはいえ、著者はこのテーマを学術論文として展開するのではなく、亡国の危機に瀕した祖国をなんとか救おうと粉骨砕身した人々（一握りの知識人たち）の物語を通して解説していく。

西洋列強や日本の侵略を受け、なすすべもない清朝政府に対する失望から、登場人物たちは改革あるいは革命によって祖国の近代化を図り、西洋列強に比肩する強国にするべく必死の努力をする。しかし旧態依然とした中国社会は近代化までの距離があまりに遠かった。当時の清国には近代国家に必要な要素がまったくなかったのだ。国名もなく、「主権」という概念を知らず、「国民国家」となるための国民も存在せず、国境線も画定されていなかった。歴史も各王朝の個別のものでしかなく、領海については無知・無関心だった。

そんな清国が近代化を成し遂げるためには、禁じ手を使うしかない。西洋思想の、とくに社会ダーウィン主義の影響を強く受けた彼らは、白色人種に滅ぼされるという強迫観念に駆られ、亡国を防ぐために、なんとしても西洋列強に並ぶ強国にしなければならないと思った。その手段として考え出したのが「捏造」だったのである。

「捏造」はあらゆる分野にわたって行なわれた。西洋人の想像上の国だった「チャイナ」を、「中国」という名の実在の国家に作り変え（最終的には中華民国と命名）、多様な王朝が興亡を繰り返した分断の歴史を、統一民族による途切れない五〇〇〇年の歴史へと書き換え、多民族国家をむりやり単一民族（中華民族）の国と称し、多言語社会に統一言語を作り、そして自国の領土と領海を勝手に決めた。

祖国の近代化、西洋列強並みの強国化、そういった願望自体は納得できるものだが、それを成就するための手段が間違っていた。近代化を手っ取り早く達成するために選んだ方法が、「捏造」という途方もなく大胆な手口だったのである。

本書の魅力は、なんといっても「捏造」という衝撃的なテーマであろう。だが、このテーマを包含する数々のエピソードが非常に興味深い。小説のようなスタイルで、捏造に手を染める登場人物たちの夢や願望、使命感や執念、悩みや苦しみ、怒りや挫折感など、人間的な側面が生き生きと描かれている。誰もが社会ダーウィン主義という偏った西洋思想をまるごと受け入れ、それをもとに人生をかけて突き進んでいく。

たとえば清朝のトップ官吏、李鴻章。西洋と東洋（清朝）の価値観が衝突した激動期、二つの異なる世界観の仲介役を担わされ、時代の波に翻弄されたその生涯はなんとも痛々しく、「力は正義なり」という結論に至るプロセスには説得力がある。この現実認識が中国の「主権原理主義」を生む要因になるのも共感できるほどだ。また、プラタス（東沙）諸島を初めて訪れた李準提督が余計な行動で東沙と西沙の世間の混同を増幅させる話や、死守してきた広州を革命軍にあっさりと引き渡してしまうというのも、彼の性格をうまく描写していてユーモラスだ。徹底した愛国教育によって政府方針の正当性を国民に浸透させる巧みな戦略。こうしたエピソードが次から次に語られ、読者を楽しませる。

中国経済の先行きや地政学的リスクへの対応など、今後や未来に焦点を当てた議論が多いなか、本書は先駆的な研究にもとづいて、一〇〇年前の過去に焦点を当てて中国問題を新たな視点から洞察したものである。

著者の立場は一貫して中立的だ。中国批判の議論が多いなか、本書は中国に対する判断を読者に委ねている。つまり事実を積み上げて、事実に語らせるというわけだ。事実をズバリ言いきる語り口は小気味よい。

五〇〇〇年の歴史を誇る単一民族国家という自己認識も、南シナ海の領有権をめぐる戦争寸前の行動も、現代中国の活発な言動のすべてが一〇〇年前に創作されたフィクションを根拠としており、「そのようなものを根拠にした中国の主張が大国間の対立を引き起こしているのは最大の悲劇だ」という著者の言葉に共感する人は多いのではないか。本書を読んで、中国に対する理解が深まることは間違いない。

本書の翻訳には多大な時間と労力を要した。著者の論点と登場人物の物語が混然一体となっているため、解釈に悩むことも多かった。訳者の様々な疑問に長期にわたって懇切丁寧に答え、励ましてくれたTodd Warren Beck（トード・ワレン・ベック）氏には心から感謝の意を述べたい。そして骨の折れる翻訳作業において、宮前明希子さん、富永慶子さん、赤崎有紀子さんには様々な形でご協力いただいた。この意義深い本を翻訳する機会を与えてくださった草思社の藤田博氏には心からお礼を申し上げたい。

二〇二三年二月

小谷まさ代

【口絵出典】

1：Nicolas Asfouri - Pool/Getty Images
2, 3, 4, 6（左）, 12, 13：Wikimedia Commons, the free media repository
5：Special Collections, Yale Divinity School Library
6（右）：Hoover Institution Archives
7：Courtesy of Jane Leung Larson
8：Historic Collection/Alamy Stock Photo
10, 15：Author's photo
11：「中華民国新地図」（申報館、1934）より
14：白眉初「海彊南展後之中国全図」（1936）より部分拡大

YaleGlobal, 3 February 2015, https://yaleglobal.yale.edu/content/economic-interests-attract-china-russia-not-edgy-policies

（4）たとえば以下を参照、Dean H. Hamer, *The God Gene: How Faith Is Hardwired into Our Genes*, New York: Doubleday Books, 2004.

（5）Zheng Wang, *Never Forget National Humiliation: Historical Memory in Chinese Politics and Foreign Relations*, New York: Columbia University Press, 2014, p.99.［ワン・ジョン著『中国の歴史認識はどう作られたのか』伊藤真訳、東洋経済新報社、2014年］

（6）Zheng Wang, 'National Humiliation, History Education, and the Politics of Historical Memory: Patriotic Education Campaign in China', *International Studies Quarterly*, 52 (2008), p.784.

（7）http://www.chinafile.com/library/books/China-Dreams

(16) Rhoads, *China's Republican Revolution*, p.211; Krebs, Shifu, p.68.
(17) 'Li Chun Recovering Rapidly', *Hong Kong Telegraph*, 13 September 1911, p.4.
(18) Mary Man-yue Chan, *Chinese Revolutionaries in Hong Kong, 1895-1911*, MA thesis, University of Hong Kong, 1963, p.233.
(19) 同上, pp.230-32.
(20) Woodhead, H.G.W., and H. T. Montague, *The China Year Book*, London: G. Routledge & Sons, 1914, p.575.
(21) 'Promotion for Li Chun', *China Mail*, 23 July 1914, p.7; 'Li Chun', *China Mail*, 7 August 1914.
(22) Li Zhun, 'Li zhun xun hai ji' (On Li Zhun's patrol of the sea), *Guowen zhoubao* (National News Weekly) 10, 33 (Aug.), p.2.［『李準巡海記』台北：台湾学生書局、1975年］
(23) Gerard Sasges, 'Absent Maps, Marine Science, and the Reimagination of the South China Sea, 1922-1939', *Journal of Asian Studies* (January 2016), pp.1-24.
(24) Chemillier-Gendreau, *Sovereignty over the Paracel and Spratly Islands*, p.107.
(25) Sasges, 'Absent Maps', p.13.
(26) Republic of China Ministry of Foreign Affairs, 外交部南海諸島檔案彙編 (Compilation of archives of the South China Sea islands of the Ministry of Foreign Affairs), Taipei, 1995, p.28.［中華民国外交部研究設計委員会、外交部南海諸島檔案彙編、台北、外交部研究設計委員会、1995年5月］
(27) Tze-ki Hon, 'Coming to Terms With Global Competition: The Rise of Historical Geography in Early Twentieth-century China', in Robert Culp, Eddy U, Wen-hsin Yeh (編), *Knowledge Acts in Modern China: Ideas, Institutions, and Identities*, Berkeley, CA: Institute of East Asian Studies, University of California, 2016.
(28) Wu Feng-ming, 'On the new Geographic Perspectives and Sentiment of High Moral Character of Geographer Bai Meichu in Modern China', *Geographical Research (China)*, 30/11, 2011, pp.2109-14.
(29) 同上, p.2113.
(30) Tsung-Han Tai and Chi-Ting Tsai, 'The Legal Status of the U-shaped Line Revisited from the Perspective of Inter-temporal Law', in Szu-shen Ho and Kuan-Hsiung Wang (編), *A Bridge Over Troubled Waters: Prospects for Peace in the South and East China Seas*, Taipei: Prospect Foundation, 2014, pp.177-208.

結論 「中国の夢」

(1) https://www.swaen.com/antique-map-of.php?id=22295
(2) Marijn Nieuwenhuis, 'Merkel's Geography: Maps and Territory in China', *Antipode*, 11 (June 2014), https://antipodefoundation.org/2014/06/11/maps-and-territory-in-china/
(3) Wang Yiwei, 'Economic Interests Attract China to Russia, Not Edgy Policies',

(87) Isabella Pojuner, 'China-Taiwan Tension Feeds LSE Globe Furore', BeaverOnline, 6 April 2019, https://beaveronline.co.uk/china-taiwan-tension-feeds-lse-globe-furore ［リンク切れ］

(88) Keoni Everington, 'LSE ignores Chinese cries, adds asterisk next to Taiwan on globe', *Taiwan News*, 10 July 2019, https://www.taiwannews.com.tw/en/news/3742226 (accessed 2 March 2020).

第８章 「領海」の捏造

（１） James Horsburgh, *India Directory*, vol. 2, London: William H. Allen & Company, 1852, p.369.

（２） Bureau of Navigation, Navy Department, 'A List of the Reported Dangers to Navigation in the Pacific Ocean, Whose Positions are Doubtful, Or Not Found on the Charts in General Use', Washington: Government Printing Office, 1866, p.71.

（３） 1907年太陰月５月１日。

（４） Edward S. Krebs, *Shifu, Soul of Chinese Anarchism*, London: Rowman & Littlefield, 1998, p.44.

（５） Edward J. M. Rhoads, *China's Republican Revolution: The Case of Kwangtung, 1895-1913*, volume 81, Cambridge, MA: Harvard University Press, 1975, pp.111 and 114.

（６） Cuthbert Collingwood, *Rambles of a Naturalist on the Shores and Waters of the China Sea: Being Observations in Natural History During a Voyage to China, Formosa, Borneo, Singapore, etc in Her Majesty's Vessels in 1866 and 1867*, London: John Murray, 1868, p.147.

（７） 'US Concern Over Pratas', *Hong Kong Daily Press*, 7 December 1907, p.2.

（８） Wong, Sin-Kiong, 'The Tatsu Maru Incident and the Anti-Japanese Boycott of 1908: A Study of Conflicting Interpretations', *Chinese Culture*, 34/3 (1993), pp.77-92.

（９） Rhoads, *China's Republican Revolution*, pp.135-7.

(10) 'The French in South China', *Singapore Free Press and Mercantile Advertiser*, 20 April 1908, p.5.

(11) 'The Pratas', *China Mail*, 16 March 1909, p.4; 'The Pratas Island Question', *Japan Weekly Chronicle*, 15 July 1909, p.106; 'A New Pilot for Lower Yangtze', *North China Daily News*（字林西報）, 28 May 1926, p.18.

(12) *Straits Times*（海峡時報）, 23 December 1910, p.7.

(13) Monique Chemillier-Gendreau, *Sovereignty over the Paracel and Spratly Islands*, The Hague; Boston: Kluwer Law International, 2000, pp.200-203.

(14) 'Paracels Islands: Chinese Official Mission Returns', *South China Morning Post*, 10 June 1909, p.7.

(15) 'Local News', *South China Morning Post*, 21 June 1909, p.2.

historicaldocuments/frus1938v03/d154

(73) Frank S. T. Hsiao and Lawrence R. Sullivan, 'The Chinese Communist Party and the Status of Taiwan, 1928-1943', *Pacific Affairs*, 52/3 (1979), p.463. ［雑誌記事：Frank S.T. Hsiao／Lawrence R. Sullivan著「中国共産党と台湾の地位（1928～1943年）」呉進義訳、富士大学学術研究会編、掲載誌『富士大学紀要』13（2）1981.03, pp.48～63, 富士大学学術研究会（花巻市）］; Steve Phillips, 'Confronting Colonization and National Identity: The Nationalists and Taiwan, 1941-45', *Journal of Colonialism and Colonial History*, 2/3 (2001); Steve Tsang, 'From Japanese Colony to Sacred Chinese Territory: Putting the Geostrategic Significance of Taiwan to China in Historical Context', unpublished paper, 2019.

(74) Hsiao and Sullivan, 'Chinese Communist Party', p.446.

(75) Wachman, *Why Taiwan?*, pp.88-90.

(76) Xiaoyuan Liu, *Partnership for Disorder: China, the United States, and their Policies for the Postwar Disposition of the Japanese Empire, 1941-1945*, Cambridge: Cambridge University Press, 1996, p.65.

(77) J. Bruce Jacobs, 'Taiwanese and the Chinese Nationalists, 1937-1945: The Origins of Taiwan's "Half-Mountain People" (Banshan ren)', *Modern China*, 16/84 (1990).

(78) Phillips, 'Confronting Colonization'.

(79) そのほかに執筆に関わった人物として陶希聖（とうきせい）がいる。彼は国民党政府内で複数の要職の経験があり教授も務めた。その後、汪兆銘の親日政権を支持したが、1940年のはじめに国民党に復帰している。1925年まで、彼は比較的無名の法学者、歴史学者であり、民間出版社で編集者をしていた。

(80) 1943年３月10日に出版された。

(81) Phillips, 'Confronting Colonization'.（注記：1947年に出版された英訳と、中国語の原文は異なる）

(82) Melvyn C. Goldstein, *A History of Modern Tibet*, Berkeley, CA: University of California Press, 2007, pp.314-49; Simon L. Chang, 'A "Realist" Hypocrisy? Scripting Sovereignty in Sino-Tibetan Relations and the Changing Posture of Britain and the United States', *Asian Ethnicity*, 26 (2011), pp.325-6.

(83) Chen Ching-Chang（陳錦昌）, 'Record of Chiang Kai-shek's retreat to Taiwan'（蔣中正遷台記）, Taipei: Xiangyang wenhua, 2005, p.50.

(84) He, 'From Scholar to Bureaucrat', p.46.

(85) LSE Undergraduate and Postgraduate Students Headcount: 2013/14-2017/18, https://info.lse.ac.uk/staff/divisions/Planning-Division/Assets/Documents/Student-Statistics-2018.pdf

(86) CAN, 'Lúndūn zhèng jīng xuéyuàn gōnggòng yìshù jiāng bǎ táiwān huà wéi zhōngguó wàijiāo bù kàngyì', 7 April 2019, https://www.cna.com.tw/news/firstnews/201904040021.aspx (accessed 2 March 2020).

(51) Li Jinming and Li Dexia, 'The Dotted Line on the Chinese Map of the South China Sea: A Note', *Ocean Development & International Law*, 34 (2003), p.289.
(52) *Shenbao, Zhonghua minguo xinditu* (New Maps of the Chinese Republic), Shanghai: *Shenbao*, 1934, preface.［丁文江等編『中華民国新地図』上海申報館、（出版年月日）民国23］
(53) Chen, 'Stretching the Skin', p.205; *Shenbao*, 'New Maps'; Chi-Yun Chang, 'Geographic Research in China', *Annals of the Association of American Geographers*, 34/1 (March 1944), p.47.
(54) Owen Lattimore, 'The Frontier In History' (1955), in Owen Lattimore, *Studies in Frontier History: Collected Papers, 1928-1958*, London: Oxford University Press, 1962, pp.469-70.
(55) James A. Millward, 'New Perspectives on the Qing Frontier', in Gail Hershatter, *Remapping China: Fissures in Historical Terrain*, Stanford, CA: Stanford University Press, 1996, pp.114-15.
(56) Chen, 'Frontier Crisis', p.153.
(57) 共同創刊者は、中央大学での同僚で、同じく竺可楨の教え子であった胡煥庸（こかんよう）。
(58) Chen, 'Frontier Crisis'.
(59) Dahpon D. Ho, 'Night Thoughts of a Hungry Ghostwriter: Chen Bulei and the Life of Service in Republican China', *Modern Chinese Literature and Culture*, 19/1 (2007), p.14; Cheek, *Intellectual in Modern Chinese History*, p.134.
(60) He, 'From Scholar to Bureaucrat', pp.35-51.
(61) Zarrow, *Educating China*, p.221.
(62) Chen, 'Stretching the Skin', p.203.
(63) Chen, 'Frontier Crisis', p.155.
(64) Ho, 'Night Thoughts of a Hungry Ghostwriter', p.14.
(65) He, 'From Scholar to Bureaucrat', p.37.
(66) 同上 , p.41.
(67) Li Xiaoqian, 'Predicament and Responses: Discussions of History Education in Early Modern China', *Chinese Studies in History*, 50/2, (2017), p.161.
(68) Chi-Yun Chang, 'Geographic Research in China', pp.58-9.
(69) Chi-Yun Chang, 'Climate and Man in China', *Annals of the Association of American Geographer*, 36/1, 1946, pp.44-73.
(70) Chang Ch'i-yün, 'The Natural Resources of China', No. 1. Sino-international Economic Research Center, 1945.
(71) He, 'From Scholar to Bureaucrat', p.43.
(72) Nelson Trusler Johnson, Letter from the Ambassador in China to the Secretary of State, 26 April 1938, *Foreign Relations of The United States Diplomatic Papers, 1938, The Far East, volume III, document 154*, https://history.state.gov/

Cambridge University Press, 2015, p.134.

(33) たとえば、Zhang Qiyun, *Chuzhong jiaokeshu rensheng dili* [Human Geography for Junior Middle Schools], 3 volumes, Shanghai: Shanghai Commercial Press, 1925.

(34) Chen, 'Frontier Crisis', p.156; Zhihong Chen, 'Stretching the Skin of the Nation', PhD thesis, 2008, p.197.

(35) Ge Zhaoguang, *What is China? Territory, Ethnicity, Culture and History*, Cambridge, MA: Belknap Press, 2018, pp.86-93. ［中国語原書、葛兆光著『宅茲中国——重建有関「中国」的歴史論述』中華書局、2011年：邦訳、葛兆光著『中国再考——その領域・民族・文化』辻康吾監修、永田小絵訳、岩波書店、2014年］

(36) Chiu-chun Lee, 'Liberalism and Nationalism at a Crossroads: The Guomindang's Educational Policies 1927-1930', in Tze-ki Hon and Robert Culp（編）, *The Politics of Historical Production in Late Qing and Early Republican China*, Leiden: Brill, 2007, p.303.

(37) Hsiang-po Lee, 'Rural-Mass Education Movement In China, 1923-1937', PhD thesis, University of Ohio, 1970, pp.60-61.

(38) Robert Culp, *Articulating Citizenship: Civic Education and Student Politics in Southeastern China, 1912-1940*, Cambridge, MA: Harvard University Press, 2007, pp.85-7.

(39) Fangyu He, 'From Scholar to Bureaucrat: The Political Choice of the Historical Geographer Zhang Qiyun', *Journal of Modern Chinese History*, 10/1 (2016), p.36.

(40) Lan, 'The Ambivalence of National Imagination'.

(41) Peter Zarrow, *Educating China: Knowledge, Society and Textbooks in a Modernising World, 1902-1937*, Cambridge: Cambridge University Press, 2015, p.239.

(42) Culp, *Articulating Citizenship*, p.81.

(43) Chen ' "Climate's Moral Economy"', pp.80-81.

(44) Zarrow, *Educating China*, p.242.

(45) Culp, *Articulating Citizenship*, chapter 2; Zarrow, *Educating China*, chapter 8.

(46) William A. Callahan, 'The Cartography of National Humiliation and the Emergence of China's Geobody', *Public Culture*, 21/1 (2009).

(47) Wachman, *Why Taiwan?*, p.86.

(48) Laura Hostetler, *Qing Colonial Enterprise: Ethnography and Cartography in Early Modern China*, Chicago: University of Chicago Press, 2001, pp.117-20.

(49) Diana Lary, 'A Zone of Nebulous Menace: The Guangxi/Indochina Border in the Republican Period', in Diana Lary（編）, *The Chinese State at the Borders*, Vancouver: University of British Columbia Press, 2007.

(50) Chen, 'Stretching the Skin', pp.196-7.

(14) So Wai Chor, 'National Identity, Nation and Race: Wang Jingwei's Early Revolutionary Ideas, 1905-1911', *Journal of Modern Chinese History*, 4/1 (2010), p.73.
(15) Matten, *Imagining a Postnational World*, pp.88-9.
(16) Republic of China, 'The Provisional Constitution of the Republic of China', *American Journal of International Law*, 6/3, Supplement: Official Documents (July 1912), pp.149-54.
(17) William L. Tung, *The Political Institutions of Modern China*, The Hague: M. Nijhoff, 1964, p.326.
(18) Matten, *Imagining a Postnational World*, p.152. 他の翻訳として以下も参照、Tung, *Political Institutions of Modern China*, p.332, for an alternative translation.
(19) Matten, *Imagining a Postnational World*, p.152; Tung, *Political Institutions of Modern China*, p.344.
(20) Tung, *Political Institutions of Modern China*, p.350; Matten, *Imagining a Postnational World*, pp.152-3.
(21) James Leibold, *Reconfiguring Chinese Nationalism: How the Qing Frontier and its Indigenes Became Chinese*, Basingstoke: Palgrave Macmillan (2007), p.4.
(22) Frank Trager, 'Burma and China', *Journal of Southeast Asian History*, 5/1 (1964), pp.38-9.
(23) Ning Chia, 'Lifanyuan and Libu in the Qing Tribute System', in Dittmar Schorkowitz and Ning Chia (編), *Managing Frontiers in Qing China: The Lifanyuan and Libu Revisited*, Boston: Brill, 2016, p.168.
(24) Yingcong Dai, *The Sichuan Frontier and Tibet: Imperial Strategy in the Early Qing*, Seattle: University of Washington Press, 2011, p.124.
(25) Leibold, *Reconfiguring Chinese Nationalism*, p.11.
(26) Chiao-Min Hsieh and Jean Kan Hsieh, *Race the Rising Sun: A Chinese University's Exodus During the Second World War*, Lanham, MD: University Press of America, 2009, p.103.
(27) Michael H. Hunt, 'The American Remission of the Boxer Indemnity: A Reappraisal', *Journal of Asian Studies*, 31/3 (May 1972).
(28) Zhihong Chen, ' "Climate's Moral Economy": Geography, Race, and the Han in Early Republican China', in Thomas S. Mullaney et al. (編), *Critical Han Studies: The History, Representation, and Identity of China's Majority*, Berkeley, CA: University of California Press, 2012, p.76-8.
(29) Hsieh and Hsieh, *Race the Rising Sun*, p.104.
(30) Chen, ' "Climate's Moral Economy"', p.90.
(31) Zhihong Chen, 'The Frontier Crisis and the Construction of Modern Chinese Geography in Republican China (1911-1949)', *Asian Geographer*, 33/2 (2016).
(32) Timothy Cheek, *The Intellectual in Modern Chinese History*, Cambridge:

第７章　「領土」の捏造

（１）Gap Inc., Gap Inc. Company-Operated Store Count by Country 2017, http://www.gapinc.com/content/dam/gapincsite/documents/Gap%20Inc.%20Company%20Owned%20Store%20Count%20by%20Country.pdf［リンク切れ］; Gap Inc., Gap Inc. Factory List April 2019, https://www.gapincsustainability.com/sites/default/files/Gap%20Inc%20Factory%20List.pdf［リンク切れ］

（２）'MAC Apologizes for Omitting Taiwan on Map of China in Promotional Email', *Global Times*, 10 March 2019, http://www.globaltimes.cn/content/1141581.shtml［リンク切れ］

（３）Christian Shepherd, 'China Revises Mapping Law to Bolster Territorial Claims', Reuters, 27 April 2017.

（４）Zhang Han, 'China Strengthens Map Printing Rules, Forbidding Publications Printed For Overseas Clients From Being Circulated in the Country', *Global Times*, 17 February 2019.

（５）Laurie Chen, 'Chinese City Shreds 29,000 Maps Showing Taiwan as a Country', *South China Morning Post*（南華早報）, 25 March 2019, https://www.scmp.com/news/china/society/article/3003121/about-29000-problematic-world-maps-showing-taiwan-country

（６）A. J. Grajdanzev, 'Formosa (Taiwan) Under Japanese Rule', *Pacific Affairs*, 15/3 (September 1942), p.312; Andrew Morris, 'The Taiwan Republic of 1895 and the Failure of the Qing Modernizing Project', in Stéphane Corcuff and Robert Edmondson（編）, *Memories of the Future: National Identity Issues and the Search for a New Taiwan*, Armonk, NY: M.E. Sharp, 2002; Harry J. Lamley, 'The 1895 Taiwan Republic: A Significant Episode in Modern Chinese History', *Journal of Asian Studies*, 27/4 (1968), pp.739-62.

（７）Alan M. Wachman, *Why Taiwan? Geostrategic Rationales for China's Territorial Integrity*, Stanford, CA: Stanford University Press, 2007, p.69.

（８）同上 , pp.50-60.

（９）S.C.M. Paine, *Imperial Rivals: China, Russia, and Their Disputed Frontier*, Armonk, NY: M.E. Sharpe, 1996, p.352.

（10）Marie-Claire Bergère (trans. Janet Lloyd), *Sun Yat-sen*, Stanford, CA: Stanford University Press, 1998, pp.92-6.

（11）Shi-Chi Mike Lan, 'The Ambivalence of National Imagination: Defining "The Taiwanese" in China, 1931-1941', *China Journal*, 64 (2010), p.179.

（12）Marc Andre Matten, *Imagining a Postnational World: Hegemony and Space in Modern China*, Leiden: Brill, 2016, p.126.

（13）Jingdong Yu, 'The Concept of "Territory" in Modern China: 1689-1910', *Cultura: International Journal of Philosophy of Culture and Axiology*, 15/2 (2018), pp.73-95.

(33) DeFrancis, *Nationalism and Language Reform*, p.57.
(34) Tsu, *Sound and Script*, p.194; S. Robert Ramsey, *The Languages of China*, Princeton, NJ: Princeton University Press, 1987, pp.7-8.［S・R・ラムゼイ著『中国の諸言語——歴史と現況』高田時雄ほか訳、大修館書店、1990年］
(35) DeFrancis, *Nationalism and Language Reform*, p.66.
(36) Kaske, *The Politics of Language in Chinese Education*, p.428; Peter Peverelli, *The History of Modern Chinese Grammar Studies*, Berlin: Springer, 2015, p.28.
(37) Kaske, *The Politics of Language in Chinese Education*, p.463; Peverelli, *The History of Modern Chinese Grammar Studies*, pp.28-9.
(38) Quoted in Tsu, *Sound and Script*, p.196.
(39) David Moser, *A Billion Voices: China's Search for a Common Language*, London: Penguin Books, 2016, p.27.
(40) John DeFrancis, 'Language and Script Reform in China', in Joshua A. Fishman (編), *Advances in the Sociology of Language, vol. II: Selected Studies and Applications*, The Hague; Paris: Mouton, 1972, p.458.
(41) Harriet C. Mills, 'Language Reform in China: Some Recent Developments', *Far Eastern Quarterly*, 15/4 (August 1956), pp.521-7.
(42) *People's Daily* (人民日報), 26 October 1955, quoted in Longsheng Guo, 'The Relationship Between Putonghua and Chinese Dialects', in Minglang Zhou and Hongkai Sun (編), *Language Policy in the People's Republic of China: Theory and Practice Since 1949*, Boston; London: Kluwer Academic Publishers, 2004, pp.45-6.
(43) Yanyan Li, 'The Teaching of Shanghainese in Kindergartens', PhD dissertation, Benerd School of Education, 2015, pp.49-52.
(44) Qing Shao and Xuesong (Andy) Gao, 'Protecting Language or Promoting Dis-citizenship? A Poststructural Policy Analysis of the Shanghainese Heritage Project', *International Journal of Bilingual Education and Bilingualism*, 22/3 (2019), pp.352-64.
(45) Mark MacKinnon, 'Mandarin Pushing Out Cantonese', *Globe and Mail* (Toronto), 20 November 2009, https://www.theglobeandmail.com/news/world/mandarin-pushing-out-cantonese/article4293285; He Huifeng, 'Why Has Cantonese Fallen Out of Favour with Guangzhou Youngsters?', *South China Morning Post* (南華早報), 12 March 2018, https://www.scmp.com/news/china/society/article/2136237/why-has-cantonese-fallen-out-favour-guangzhou-youngsters
(46) Shao and Gao, 'Protecting Language', p.357.
(47) Moser, *A Billion Voices*, p.90.
(48) Quoted in Natalia Riva 'Putonghua and Language Harmony: China's Resources of Cultural Soft Power', *Critical Arts*, 31/6 (2017), pp.92-108.

Genes in Northwestern China and Adjacent Regions, Singapore: Springer, 2017, p.3.
(10) Stephen Chen, 'Beyond the Yellow River: DNA Tells New Story of the Origins of Han Chinese', *South China Morning Post*（南華早報）, 23 May 2019.
(11) Jerry Norman, *Chinese*, Cambridge: Cambridge University Press, 1988, chapter 1.
(12) Victor H. Mair, 'What is a Chinese "Dialect/Topolect"?', *Sino-Platonic Papers*, 29 (September 1991).
(13) Norman, *Chinese*, pp.2; 183.
(14) 同上 , pp.15-16.
(15) Elisabeth Kaske, *The Politics of Language in Chinese Education: 1895-1919*, Leiden: Brill, 2008, p.32.
(16) Mair, 'What is a Chinese "Dialect/Topolect"?', pp.11-12.
(17) Murata Yujiro（村田雄二郎）, 'The Late Qing "National Language" Issue and Monolingual Systems: Focusing on Political Diplomacy', *Chinese Studies in History*, 49/3 (2016), pp.108-25.
(18) Kaske, *The Politics of Language in Chinese Education*, pp.24-6.
(19) 同上 , pp.91-3.
(20) John DeFrancis, *Nationalism and Language Reform in China*, Princeton, New Jersey: Princeton University Press, 1950, p.33.
(21) Yixue Yang, 'Language Reform and Nation Building in Twentieth-Century China', *Sino-Platonic Papers*, 264, University of Pennsylvania, December 2016, pp.74-6.
(22) Ni Haishu（倪海曙）, 'Qieyinzi'（切音字）, in *Zhongguo da baike quanshu, Yuyan wenzi*,（中国語言文字学大辞典）Beijing/Shanghai: Zhongguo da baike quanshu chubanshe（中国大百科全書出版社）, 1988, pp.315-17, http://www.chinaknowledge.de/Literature/Script/qieyin.html
(23) Jing Tsu（石静遠）, *Sound and Script in Chinese Diaspora*, Cambridge, MA: Harvard University Press, 2010, p.23.
(24) Kaske, *The Politics of Language in Chinese Education*, p.146.
(25) 同上より引用 , p.122.
(26) 同上 , p.366.
(27) 同上 , pp.356-7.
(28) 同上 , p.378.
(29) 同上 , p.292.
(30) 同上 , p.293.
(31) Christopher Rea, *The Age of Irreverence: A New History of Laughter in China*, Oakland, CA: University of California Press, pp.97-101.
(32) Kaske, *The Politics of Language in Chinese Education*, pp.407; 410.

Told UN Panel', ChinaDaily.com, 14 August 2018, http://www.chinadaily.com.cn/a/201808/14/WS5b7260a6a310add14f385a92.html
(55) James Leibold, 'Hu the Uniter: Hu Lianhe and the Radical Turn in China's Xinjiang Policy', *ChinaBrief*, 18/16 (10 October 2018).
(56) James Leibold, 'The Spectre of Insecurity: The CCP's Mass Internment Strategy in Xinjiang', *China Leadership Monitor*, Hoover Institution, 1 March 2019.
(57) James Leibold, 'A Family Divided: The CCP's Central Ethnic Work Conference', *ChinaBrief*, 14/21, Hoover Institution (7 November 2014).

第6章　「中国語」の捏造

（1）Xinhua, 'Proposal for News in Mandarin Angers Guangzhou Citizens', 9 July 2010, http://www.china.org.cn/china/2010-7/09/content_20463001.htm; Sihua Liang, *Language Attitudes and Identities in Multilingual China: A Linguistic Ethnography*, Cham: Springer, 2015, pp.5-6.
（2）Xuesong Gao (2012), ' "Cantonese is Not a Dialect": Chinese Netizens' Defence of Cantonese as a Regional Lingua Franca', *Journal of Multilingual and Multicultural Development*, 33/5 (2012), p.459.
（3）同上, p.459.
（4）Verna Yu and *SCMP* Reporter, 'Hundreds Defy Orders Not to Rally in Defence of Cantonese', *South China Morning Post*（南華早報）, 2 August 2010, https://www.scmp.com/article/721128/hundreds-defy-orders-not-rally-defence-cantonese
（5）Rona Y. Ji, 'Preserving Cantonese Television & Film in Guangdong: Language as Cultural Heritage in South China's Bidialectal Landscape', *Inquiries Journal*, 8/12 (2016), http://www.inquiriesjournal.com/articles/1506/3/preserving-cantonese-television-and-film-in-guangdong-language-as-cultural-heritage-in-south-chinas-bidialectal-landscape
（6）Mimi Lau, 'Guangdong TV News Channel Quietly Changing from Cantonese to Putonghua', *South China Morning Post*, 11 July 2014, https://www.scmp.com/news/china/article/1552398/guangdong-tv-news-channel-quietly-changing-cantonese-putonghua
（7）Xinhua, 'China to Increase Mandarin Speaking Rate to 80%', 3 April 2017, http://english.gov.cn/state_council/ministries/2017/04/03/content_281475615766970.htm
（8）Minglang Zhou and Hongkai Sun（編）, *Language Policy in the People's Republic of China: Theory and Practice Since 1949*, Boston; London: Kluwer Academic Publishers, 2004, p.30.
（9）Dan Xu and Hui Li, 'Introduction', in Dan Xu and Hui Li（編）, *Languages and

C. X. George Wei（編）, *China: How the Empire Fell*, London; New York: Routledge, 2013, p.141.

(31) James Leibold, 'Xinhai Remembered: From Han Racial Revolution to Great Revival of the Chinese Nation', *Asian Ethnicity*, 15/1 (2014), p.3.

(32) Edward J. M. Rhoads, *Manchus and Han: Ethnic Relations and Political Power in Late Qing and Early Republican China, 1861-1928*, Seattle: University of Washington Press, 2000.

(33) 同上, pp.114-16.

(34) Pamela Kyle Crossley, *A Translucent Mirror: History and Identity in Qing Imperial History*, Oakland: University of California Press, 1999.

(35) Gray Tuttle, *Tibetan Buddhists in the Making of Modern China*, New York: Columbia University Press, p.61.

(36) Rhoads, *Manchus and Han*, p.214.

(37) Leibold, 'Positioning "Minzu"', p.180.

(38) Tuttle, *Tibetan Buddhists*, p.62.

(39) Tjio Kayloe, *The Unfinished Revolution: Sun Yat-Sen and the Struggle for Modern China*, Singapore: Marshall Cavendish International (Asia), 2018.

(40) Henrietta Harrison, *The Making of the Republican Citizen: Political Ceremonies and Symbols in China 1911-1929*, Oxford: Clarendon Press, 2000, p.101.

(41) Li Xizhu, 'Provincial Officials in 1911/12', in Joseph W. Esherick and C. X. George Wei（編）, *China: How the Empire Fell*, London; New York: Routledge, 2013.

(42) Leibold, 'Positioning "Minzu"', p.181.

(43) Tuttle, *Tibetan Buddhists*, p.64.

(44) Bergère, *Sun Yat-sen*, p.228.

(45) Leibold, 'Positioning "Minzu"', pp.184-6.

(46) Bergère, *Sun Yat-sen*, p.236.

(47) Richard Louis Edmonds, 'The Legacy of Sun Yat-Sen's Railway Plans', *China Quarterly*, 421 (1987).

(48) Leibold, 'Positioning "Minzu"', p.197.

(49) 同上, p.191.

(50) James Leibold, *Reconfiguring Chinese Nationalism: How the Qing Frontier and its Indigenes Became Chinese*, Basingstoke: Palgrave Macmillan, 2008, p.58.

(51) Edmonds, 'Legacy of Sun Yat-Sen's Railway Plans'.

(52) Chien-peng Chung, 'Comparing China's Frontier Politics: How Much Difference Did a Century Make?', *Nationalities Papers*, 46/1, p.166.

(53) Leibold, 'Positioning "Minzu"', p.183.

(54) Xinhua, 'Slandering Xinjiang as "No Rights Zone" Against Fact, Chinese Official

University Press, 1998, pp.65-6.
(11) James Leibold, 'Positioning "Minzu" Within Sun Yat-Sen's Discourse Of Minzuzhuyi', *Journal of Asian History*, 38/2 (2004), p.168.
(12) Harold Schiffrin, *Sun Yat-sen*, p.139.
(13) 同上 , p.148.
(14) Bergère, *Sun Yat-sen*, pp.77-8.
(15) Leibold, 'Positioning "Minzu"', p.170.
(16) Kenji Shimada, *Pioneer of the Chinese Revolution: Zhang Binglin and Confucianism*, Stanford, CA: Stanford University Press, 1990, p.28. [島田虔次著『中国革命の先駆者たち』筑摩書房（筑摩叢書）、1965年]
(17) Julia C. Schneider, *Nation and Ethnicity: Chinese Discourses on History, Historiography, and Nationalism (1900s-1920s)*, Leiden: Brill, 2017, pp.80-82.
(18) Cheng Zhongping, 'Kang Youwei's Activities in Canada and the Reformist Movement Among the Global Chinese Diaspora, 1899-1909', *Twentieth-Century China*, 39/1 (2014).
(19) Jane Leung Larson, 'Kang Youwei: A Drifting Stranger from 20,000 Li Away', *Baohanghui Scholarship* (blog) 2 June 2013, https://baohuanghui.blogspot.com/2013/06/a-drifting-stranger-from-20000-li-away.html (accessed 2 March 2020).
(20) Jonathan D. Spence, *The Gate of Heavenly Peace: The Chinese and Their Revolution*, Harmondsworth: Penguin, 1982, pp.35-6.
(21) Frank Dikötter, *The Discourse of Race in Modern China*, Oxford: Oxford University Press, p.56.
(22) Marc Andre Matten, *Imagining a Postnational World: Hegemony and Space in Modern China*, Leiden: Brill, 2016, p.241.
(23) 'Life and Legacy of Kang Tongbi', Barnard, https://barnard.edu/headlines/life-and-legacy-kang-tongbi
(24) Xiaobing Tang, *Global Space and the Nationalist Discourse of Modernity: The Historical Thinking of Liang Qichao*, Stanford, CA: Stanford University Press, p.139.
(25) Zou Rong, *The Revolutionary Army: A Chinese Nationalist Tract of 1903*, Paris: Éditions de l'École des Hautes Études en Sciences Sociales, 1968, p. 58.
(26) Leibold, 'Positioning "Minzu"', p.174.
(27) 同上 , p.186.
(28) So Wai Chor, 'National Identity, Nation and Race: Wang Jingwei's Early Revolutionary Ideas, 1905-1911', *Journal of Modern Chinese History*, 4/1 (2010), pp.63-7.
(29) Leibold, 'Positioning "Minzu"', p.176.
(30) Ma Mingde, 'Tang Hualong in the 1911 Revolution', in Joseph W. Esherick and

(44) Eleanor Richard, 'A Foster Father of the League of Nations', *Peking and Tientsin Times*, March 1919.
(45) Limin Bai, 'Reappraising Modernity after the Great War' (blog post), 17 September 2015, National Library of New Zealand.
(46) Tang, *Global Space*, p.175.
(47) Richard, 'A Foster Father'.
(48) Handwritten page from Dr Wyre Lewis's box at the National Library of Wales relating to Liang Ch'i-ch'ao's visit to T. R. at Golders Green in London. Many thanks to Eunice Johnson, Jennifer Peles, Peter Thomas and Meryl Thomas for locating this document.
(49) Jonathan D. Spence, *The Gate of Heavenly Peace: The Chinese and Their Revolution*, Harmondsworth: Penguin, 1982, p.115.
(50) Bruce Elleman, *Wilson and China: A Revised History of the Shandong Question*, Armonk, NY: M.E. Sharpe, 2002, pp.24-9.
(51) Erez Manela, *The Wilsonian Moment: Self-Determination and the International Origins of Anticolonial Nationalism*, Oxford: Oxford University Press, 2007, pp.114-17.

第５章 「中華民族」の捏造

(１) United Front Work Leading Group Office of the Tibet Autonomous Region Committee of the Communist Party of China, 'Panchen Erdeni Visits Shannan for Buddhist Activities', 28 August 2018, http://www.xztzb.gov.cn/news/1535419327828.shtml (accessed 2 March 2020)
(２) W.J.F. Jenner, 'Race and History in China', *New Left Review*, 1 September 2001, p.55.
(３) Chiang Kai-shek, *China's Destiny*, Westport, CT: Greenwood Press, 1985, p.13.［蔣介石著『中国の命運』波多野乾一訳、日本評論社、1946年］
(４) Thomas Mullaney, *Coming to Terms with the Nation: Ethnic Classification in Modern China*, Berkeley, CA: University of California Press, 2011.
(５) Jenner, 'Race and History in China', p.77.
(６) Lai To Lee and Hock Guan Lee（編）, *Sun Yat-Sen, Nanyang and the 1911 Revolution*, Singapore: Institute of Southeast Asian Studies, 2011, pp.18-19.
(７) Patrick Anderson, *The Lost Book of Sun Yatsen and Edwin Collins*, London: Routledge, 2016, pp.22-3.
(８) *Daily News*, 'The Politics of Sun Yat-sen: Why His Head is in Peril', 26 October 1896, quoted in Anderson, *Lost Book of Sun Yatsen*, p.15.
(９) Harold Schiffrin, *Sun Yat-sen and the Origins of the Chinese Revolution*, Berkeley, CA: University of California Press, 1968, p.128.
(10) Marie-Claire Bergère (trans. Janet Lloyd), *Sun Yat-sen*, Stanford, CA: Stanford

(21) Peter Zarrow, 'Old Myth into New History: The Building Blocks of Liang Qichao's "New History"', *Historiography East and West*, 1/2 (2003), p.228.
(22) Schneider, Julia C., *Nation and Ethnicity: Chinese Discourses on History, Historiography, and Nationalism (1900s-1920s)*, Leiden: Brill, 2017, p.98.
(23) Tang, *Global Space*, pp.44-5; Rebecca E. Karl, 'Creating Asia: China in the World at the Beginning of the Twentieth Century', *American Historical Review*, 103/4 (1998), p.1098.
(24) Tang, *Global Space*, p.47.
(25) 同上, p.62.
(26) Zarrow, 'Old Myth into New History', p.211.
(27) Schneider, *Nation and Ethnicity*, p.106.
(28) Tang, *Global Space*, p.242.
(29) Schneider, *Nation and Ethnicity*, pp.107-8.
(30) 同上, p.108.
(31) 同上, p.87.
(32) 同上, p.90.
(33) 同上, p.98.
(34) 同上, p.100.
(35) 同上, p.121.
(36) Tze-ki Hon, 'Educating the Citizens', in Tze-ki Hon and Robert Culp (編), *The Politics of Historical Production in Late Qing and Republican China*, Leiden: Brill, 2007, p.83.
(37) Liu Junhua, 'Beijing's Old and Dilapidated Housing Renewal', *Cities*, 14/2, pp.59-69, 1997.
(38) Xinhua, 'Over 500 Confucius Institutes Founded in 142 Countries, Regions', *China Daily*, 7 October 2017, http://www.chinadaily.com.cn/china/2017-10/07/content_32950016.htm
(39) Office of Chinese Language Council International, *Common Knowledge About Chinese History*, Beijing: Higher Education Press, 2006, pp.123, 138.
(40) Hidehiro Okada (岡田英弘), 'China as a Successor State to the Mongol Empire', in Reuven Amitai-Preiss and David O. Morgan (編), *The Mongol Empire and Its Legacy*, Leiden: Brill, 1999, pp.260-72.
(41) Naomi Standen (編), *Demystifying China: New Understandings of Chinese History*, Lanham, MD: Rowman & Littlefield, 2013.
(42) Tim Barrett, 'Chinese History as a Constructed Continuity: The Work of Rao Zongyi', in Peter Lambert and Björn Weiler (編), *How the Past was Used: Historical Cultures, c. 750-2000*, Oxford: Oxford University Press, 2017, chapter 11.
(43) Johnson, *Timothy Richard's Vision*, p.124.

Daily（人民日報）, 14 January 2019, http://opinion.people.com.cn/n1/2019/0114/c1003-0524940.html (accessed 2 March 2020)

（5）Thomas Jansen, *Timothy Richard (1845-1919): Welsh Missionary, Educator and Reformer in China*, Swansea: Confucius Institute at the University of Wales - Trinity Saint David, 2014.

（6）Society for the Diffusion of Christian and General Knowledge Among the Chinese, Eleventh Annual Report, Shanghai, 1898.

（7）Eunice Johnson, *Timothy Richard's Vision: Education and Reform in China, 1880-1910*, Eugene, OR: Pickwick Publications, 2014, pp.67-8.

（8）Mary Mazur, 'Discontinuous Continuity: New History in 20th Century China', in Tze-ki Hon and Robert Culp（編）, *The Politics of Historical Production in Late Qing and Republican China*, Leiden: Brill, 2007, p.116. Eunice V. Johnson, *Timothy Richard's Vision: Education and Reform in China, 1880-1910*, p.65.

（9）Xiantao Zhang, *The Origins of the Modern Chinese Press: The Influence of the Protestant Missionary Press in Late Qing China*, London: Routledge, 2007, pp.67-8.

（10）Johnson, *Timothy Richard's Vision*, p.60.

（11）Harriet T. Zurndorfer, 'Wang Zhaoyuan（王照圓、1763-1851) and the Erasure of "Talented Women" by Liang Qichao', in Nanxiu Qian, Grace Fong and Richard Smith（編）, *Different Worlds of Discourse: Transformations of Gender and Genre in Late Qing and Early Republican China*, Leiden: Brill, 2008.

（12）Yuntao Zhang, 'Western Missionaries and Origins of the Modern Chinese Press', in Gary D. Rawnsley and Ming-yeh T. Rawnsley（編）, *Routledge Handbook of Chinese Media*, London: Routledge, 2018, pp.73-4.

（13）Johnson, *Timothy Richard's Vision*, p.69.

（14）*Shiwu Bao*, No. 26, 1897.

（15）Joseph Richmond Levenson, *Liang Ch'i-ch'ao and the Mind of Modern China*, Cambridge, MA: Harvard University Press, pp.31-2.

（16）Xiaobing Tang, *Global Space and the Nationalist Discourse of Modernity: The Historical Thinking of Liang Qichao*, Stanford, CA: Stanford University Press, 1996, p.15.

（17）Rebecca E. Karl, *Staging the World: Chinese Nationalism at the Turn of the Twentieth Century*, Durham, NC; London: Duke University Press, pp.69-70.

（18）Tang, *Global Space*, pp.34-5.

（19）同上 , p.33.

（20）Xu Jilin, 'Tianxia-ism, the Distinction Between the Civilised and Uncivilised, and Their Variations in Modern China', in Gao Ruiquan & Wu Guanjun（編）, *Chinese History and Literature: New Ways to Examine China's Past*, Singapore: World Scientific Publishing, 2018, p.137.

pp.34-5.［スペンサー著『社会学』大石正巳訳、是我書房、1883年］
(31) 同上 , pp.193-4.
(32) Melissa Mouat, 'The Establishment of the Tongwen Guan and the Fragile Sino-British Peace of the 1860s', *Journal of World History*, Volume 26, Number 4, December 2015, p.745.
(33) Schwartz, *In Search of Wealth and Power*, p.33.
(34) James Reeve Pusey, *China and Charles Darwin*, Cambridge, MA: Harvard University Press, 1983, p.8.
(35) 同上 , p.61.
(36) Schmidt, *Within the Human Realm*, p.17.
(37) Schwartz, *In Search of Wealth and Power*, p.82.
(38) Pusey, *China and Charles Darwin*, p.67.
(39)「澳大利亜華僑華人挙行恭拝軒轅黄帝大典」(Australian overseas Chinese hold a ceremony to worship the Xuanyuan Yellow Emperor), 16 April 2018, http://www.zytzb.gov.cn/gathwxw/42451.jhtml［リンク切れ］
(40) Chen Mingjie, 'Major Ceremonies to Worship the Yellow Emperor Held Majestically Around the Globe', *China Times*, 16 April 2018, https://www.chinatimes.com/cn/newspapers/20180416000149-260302
(41) Dikötter, *Discourse of Race*, p.101.
(42) Chow, 'Imagining Boundaries of Blood'.
(43) Dikötter, *Discourse of Race*, p.70.
(44) Schwartz, *In Search of Wealth and Power*, p.184.
(45) May-bo Ching, 'Classifying Peoples: Ethnic Politics in Late Qing Native-place Textbooks and Gazetteers', in Tze-ki Hon & Robert Culp（編）, *The Politics of Historical Production in Late Qing and Republican China*, Leiden: Brill, 2007, pp.69-70.
(46) Ching, 'Literary, Ethnic or Territorial?'; Ching, 'Classifying Peoples', pp.69-70.
(47) Laurence A. Schneider, *Ku Chieh-kang and China's New History: Nationalism and the Quest for Alternative Traditions*, Berkeley: University of California Press, 1971, pp.34-5.

第４章 「中国史」の捏造

(１) http://www.iqh.net.cn/english/Classlist.asp-column_id=65&column_cat_id=37 (accessed 2 March 2020).
(２) Pamela Kyle Crossley, 'Xi's China Is Steamrolling Its Own History', ForeignPolicy.com, 29 January 2019.
(３) Zhou Ailian and Hu Zhongliang, 'The Project of Organizing the Qing Archives', *Chinese Studies in History*, 43/2 (2009), pp.73-84.
(４) 'Firmly Holding the Right of Discourse in Qing History Research', *People's*

Construction of Racial Identities in China and Japan, London: Hurst & Co., 1997.

(15) Pamela Kyle Crossley, 'The Qianlong Retrospect on the Chinese-martial (hanjun) Banners', *Late Imperial China*, 10/1, June 1989, pp.63-107.

(16) Yang Shao-Yun, 'Becoming Zhongguo, Becoming Han: Tracing and Reconceptualizing Ethnicity in Ancient North China, 770 BC-AD 581', MA thesis, National University of Singapore, 2007.

(17) Edward Rhoads, *Manchus and Han: Ethnic Relations and Political Power in Late Qing and Early Republican China, 1861-1928*, Seattle: University of Washington Press, 2000, chapter 1.

(18) Herbert Spencer, *The Principles of Biology*, volume 1, London: Williams & Norgate, 1864-7, p.444.［斯辺瑣（ハーバード・スペンサー）著『万物進化要論』杉本清寿・西村玄道抄訳、民徳館ほか（共同刊行・斯文社）、1884年］

(19) Herbert Spencer, *Social Statics*, New York: D. Appleton & Co., 1865, p.46.［斯辺銷（ハルバルト・スペンサー）著『権理提綱』尾崎行雄訳、丸屋善七ほか（共同刊行・慶應義塾出版社）、1882年］

(20) Michio Nagai, 'Herbert Spencer in Early Meiji Japan', *Far Eastern Quarterly*, 14/1 (1954), pp.55-64. 永井道雄は後年、1974年、三木内閣で文部大臣に就任。

(21) Noriko Kamachi（蒲地典子）, *Reform in China: Huang Tsun-hsien and the Japanese Model*, Cambridge, MA: Harvard University Press, 1981, pp.3-29.

(22) Frank Dikötter, *The Discourse of Race in Modern China*, Oxford: Oxford University Press, 2015, p.41.

(23) Kamachi（蒲地）, *Reform in China*, p.300, fn 49.

(24) J. D. Schmidt, *Within the Human Realm: The Poetry of Huang Zunxian 1848-1905*, Cambridge: Cambridge University Press, 1994, p.246.

(25) Benjamin I. Schwartz, *In Search of Wealth and Power: Yen Fu and the West*, Cambridge, MA: Harvard University Press, 1964, pp.22-6.［B・I・シュウォルツ著『中国の近代化と知識人——厳復と西洋』平野健一郎訳、東京大学出版会、1978年］

(26) David Pong, *Shen Pao-chen and China's Modernization in the Nineteenth Century*, Cambridge: Cambridge University Press, 2009, pp.108-28.

(27) Benjamin A. Elman, 'Toward a History of Modern Science in Republican China', in Jing Tsu and Benjamin A. Elman（編）, *Science and Technology in Modern China, 1880s-1940s*, Leiden: Brill, 2014, p.22.

(28) Junyu Shao, ' "Chinese Learning for Fundamental Structure, Western Learning for Practical Use?" The Development of Late Nineteenth Century Chinese Steam Navy Revisited', unpublished PhD thesis, King's College, London, 2015, p.117.

(29) Schwartz, *In Search of Wealth and Power*, p.33.

(30) Herbert Spencer, *The Study of Sociology*, London: Henry S. King & Co., 1873,

MalaysiaKini, 25 September 2015, https://www.malaysiakini.com/news/313484; ChinaPress.com.my, '"親望親好, 鄰望鄰好" 黃惠康：兩國關係良好', 28 September 2015, http://www.chinapress.com.my/20150928/ 親望親好鄰望鄰好黃惠康兩國關係良好

(3) China News Network, 'The Overseas Chinese Affairs Office Will Build 60 "China Aid Centers" Around the World', 19 March 2014.

(4) Xinhua, 'Central Committee of the Communist Party of China Issues "Regulations on Chinese Communist Party United Front Work (Trial)"', 22 September 2015, translation, http://www.xinhuanet.com/politics/2015-09/22/c_1116645297_5.htm

(5) James Kynge, Lucy Hornby and Jamil Anderlini, 'Inside China's Secret "Magic Weapon" for Worldwide Influence', *Financial Times*, 26 October 2017, https://www.ft.com/content/fb2b3934-b004-11e7-beba-5521c713abf4

(6) Xi Jinping, 'Secure a Decisive Victory in Building a Moderately Prosperous Society in All Respects and Strive for the Great Success of Socialism with Chinese Characteristics for a New Era,' 19th National Congress of the Communist Party of China, Beijing, 18 October 2017, http://www.xinhuanet.com//politics/19cpcnc/2017-10/27/c_1121867529.htm

(7) Wang Gungwu, *Community and Nation: Essays on Southeast Asia and the Chinese*, Singapore: Heinemann Educational Books (Asia), 1981, pp.123-5.

(8) Wang Gungwu, 'A Note on the Origins of Hua-ch'iao', in Wang, *Community and Nation*, pp.118-27.

(9) Huang Jianli, 'Chinese Overseas and China's International Relations', in Zheng Yongnian (編), *China and International Relations: The Chinese View and the Contribution of Wang Gungwu*, London: Routledge, 2010, p.147.

(10) An Baijie, 'Overseas Chinese Can Help Build Belt, Road', *China Daily*, 13 June 2013, http://www.chinadaily.com.cn/china/2017-06/13/content_29719481.htm

(11) Harry J. Lamley, 'Hsieh-Tou: The Pathology of Violence in Southeastern China', *Ch'ing-shih wen-t'I*, 3/7 (1977), pp.1-39, https://muse.jhu.edu/ (accessed 14 January 2019).

(12) May-bo Ching, 'Literary, Ethnic or Territorial-Definitions of Guangdong Culture in the Late Qing and Early Republic', in Tao Tao Liu and David Faure (編), *Unity and Diversity: Local Cultures and Identities in China*, Hong Kong: Hong Kong University Press, 1996. p.58; Jessieca Leo, *Global Hakka: Hakka Identity in the Remaking*, Leiden: Brill, p.47.

(13) Michael Keevak, *Becoming Yellow: A Short History of Racial Thinking*, Princeton, NJ: Princeton University Press, 2011, pp.57-65.

(14) Chow Kai-wing, 'Imagining Boundaries of Blood: Zhang Binglin and the Invention of the Han "Race" in Modern China', in Frank Dikötter (編), *The*

Ulysses S. Grant: October 1, 1878-September 30, 1880, p.146, https://books.google.co.uk/books-id=3zBLjHeAGB0C&l
(59) Hunt, *Making of a Special Relationship*, p.121.
(60) Charles Oscar Paullin, 'The Opening of Korea by Commodore Shufeldt', *Political Science Quarterly*, 25/3 (September 1910), pp.470-99.
(61) *The Directory and Chronicle for China, Japan, Corea, Indo-China, Straits Settlements, Malay States, Sian, Netherlands India, Borneo, the Philippines, &c*, Hongkong Daily Press Office, 1882, p.319; U.S. Government Printing Office, 1876 House Documents, Volume 15; Volume 284, p.263.
(62) Oscar Chapuis, *The Last Emperors of Vietnam: From Tu Duc to Bao Dai*, Westport, CT: Greenwood Press, 2000, p.61.
(63) Bradley Camp Davis, *Imperial Bandits: Outlaws and Rebels in the China-Vietnam Borderlands*, Seattle, University of Washington Press, 2016.
(64) 'Peking Dispatch no. 230 (confidential)', 8 August 1883, quoted in Robert Hopkins Miller, *The United States and Vietnam 1787-1941*, Forest Grove, OR: University Press of the Pacific, 2005, pp.95-6.
(65) K. W. Taylor, *A History of the Vietnamese*, Cambridge: Cambridge University Press, 2013, p.475.
(66) *Directory and Chronicle for China, Japan, Corea, Indo-China, Straits Settlements, Malay States, Sian, Netherlands India, Borneo, the Philippines &c*, Hongkong Daily Press Office, 1888.
(67) J.J.G. Syatauw, *Some Newly Established Asian States and the Development of International Law*, The Hague: Martinus Nijhoff, 1961, p.123; Frank Trager, 'Burma and China', *Journal of Southeast Asian History*, 5/1 (1964), p.39.
(68) Paine, *Sino-Japanese War of 1894-1895*, p.191.
(69) 同上 , p.121.
(70) Niki Alsford, *Transitions to Modernity in Taiwan: The Spirit of 1895 and the Cession of Formosa to Japan*, London: Routledge, 2017.
(71) Yi Wang, 'Wang Huning: Xi Jinping's Reluctant Propagandist', www.limesonline.com, 4 April 2019, http://www.limesonline.com/en/wang-huning-xi-jinpings-reluctant-propagandist
(72) Haig Patapan and Yi Wang, 'The Hidden Ruler: Wang Huning and the Making of Contemporary China', *Journal of Contemporary China*, 27/109 (2018), pp.54-5.

第３章 「漢民族」の捏造

(１) Lia Zhu, 'Families Thanked For Opening Homes', *China Daily USA*, 7 December 2015, http://usa.chinadaily.com.cn/us/2015-12/07/content_22653417.htm
(２) Yap Jia Hee, 'Chinese Ambassador Visits Petaling Street on Eve of Rally',

(45) Jennifer Rudolph, *Negotiated Power in Late Imperial China: The Zongli Yamen and the Politics of Reform*, Ithaca, NY: Cornell University East Asia Program, 2010, p.222.
(46) 'American Who Advised Li-Hung-Chang is Dead', *New York Times*, 21 December 1901.
(47) 'Li Hung-Chang's American Secretary For 25 Years: A Power Behind The Throne In China', *St Louis Post-Dispatch*, 5 August 1900.
(48) Michael H. Hunt, *The Making of a Special Relationship: The United States and China to 1914*, New York: Columbia University Press, 1983, p.118; Chad Michael Berry, 'Looking for a Friend: Sino-U.S. Relations and Ulysses S. Grant's Mediation in the Ryukyu/Liuqiu［琉球］Dispute of 1879', thesis, University of Ohio, 2014, https://etd.ohiolink.edu/!etd.send_file?accession=osu1397610312&disposition=inline［リンク切れ］
(49) Richard J. Smith, 'Li Hongzhang's use of Foreign Military Talent: the formative period, 1862-1874' in Chu, Samuel C and Kwang-Ching Liu, *Li Hung-chang and China's Early Modernization*, M.E. Sharpe, 1994, p.137.
(50) J. K. Fairbank and Merle Goldman, *China: A New History*, Cambridge, MA, Harvard University Press, 2006, p.196.
(51) J. L. Cranmer-Byng, 'The Chinese View of Their Place in the World: An Historical Perspective', *China Quarterly*, 53 (January-March 1973), pp.67-79.
(52) Jennifer Wayne Cushman, *Fields From the Sea: Chinese Junk Trade with Siam During the Late Eighteenth and Early Nineteenth Centuries*, Ithaca, NY: Cornell University Press, 1993, pp.137-41.
(53) 濱下武志, 'The Tribute Trade System and Modern Asia', chapter 6 in Kenneth Pomeranz（編）, *The Pacific in the Age of Early Industrialization*, Farnham: Ashgate, 2009.［濱下武志著「近代中国の国際的契機：朝貢貿易システムと近代アジア」東京大学出版会、1990年９月］
(54) Hyman Kublin, 'The Attitude of China during the Liu-ch'iu Controversy, 1871-1881', *Pacific Historical Review*, 18/2 (May 1949), pp.213-31.
(55) Liu, *Clash of Empires*, p.106; Svarverud, *International Law as World Order*, p.93.
(56) Li Hongzhang, 'Fu He Zi'e' 覆何子峨 ('Reply to He Zi'e [He Ru Zhang]'), 30 May 1878, in Li Wenzhong gong quanzi: Yeshu han'gao（李文忠公全集：譯署函稿）(Complete Works of Li Wenzhong [Li Hongzhang]: Translation Office Letters), vol. 5, Taipei: Wenhai chubanshe (1962), 8/4, p.191.
(57) The Sino-Japanese Friendship, Commerce and Navigation Treaty, 13 September 1871, http://www.fas.nus.edu.sg/hist/eia/documents_archive/tientsin-treaty.php
(58) Letter from Ulysses S. Grant to Adolph E. Borie, 6 June 1879, *The Papers of*

Documentary Survey, 1839-192, Cambridge, MA: Harvard University Press, p.47.
(22) Richard J. Smith, *Robert Hart and China's Early Modernization: His Journals, 1863-1866*, Cambridge, MA: Harvard University Press, p.99.
(23) Pamela Kyle Crossley, *Orphan Warriors: Three Manchu Generations and the End of the Qing World*, Princeton, NJ: Princeton University Press, 1990, p.143.
(24) Smith, *Robert Hart and China's Early Modernization*, p.100.
(25) Kwang-ching Liu, 'The Confucian as Patriot and Pragmatist: Li Hung-chang's Formative Years, 1823-1866', *Harvard Journal of Asiatic Studies*, vol. 30 (1970), pp.5-45.
(26) Teng and Fairbank, *China's Response to the West*, p.53.
(27) Liu, 'The Confucian as Patriot and Pragmatist', p.18.
(28) 同上, p.30.
(29) William Charles Wooldridge, 'Building and State Building in Nanjing after the Taiping Rebellion', *Late Imperial China*, 30/2 (2009), pp.84-126.
(30) Melissa Mouat, 'The Establishment of the Tongwen Guan and the Fragile Sino-British Peace of the 1860s', *Journal of World History*, 26/4 (2016), p.741.
(31) 同上.
(32) Smith, *Robert Hart and China's Early Modernization*, p.283.
(33) Yin, 'Heavenly Principles?', p.1013.
(34) Lydia Liu, *The Clash of Empires: The Invention of China in Modern World Making*, Cambridge, MA: Harvard University Press, 2004, p.116.
(35) 同上, p.128.
(36) William A. Callahan, *Contingent States: Greater China and Transnational Relations*, Minneapolis; London: University of Minnesota Press, 2001, pp.76-7.
(37) Liu, *Clash of Empires*, p.123.
(38) Teng and Fairbank, *China's Response to the West*, p.98.
(39) Rune Svarverud, *International Law as World Order in Late Imperial China: Translation, Reception and Discourse 1847-1911*, Leiden: Brill, 2007, p.91.
(40) http://www.dartmouth.edu/~qing/WEB/WO-JEN.html [リンク切れ]
(41) David Pong, *Shen Pao-chen and China's Modernization in the Nineteenth Century*, Cambridge: Cambridge University Press, 2009, p.146.
(42) Knight Biggerstaff, 'The Secret Correspondence of 1867-1868: Views of Leading Chinese Statesmen Regarding the Further Opening of China to Western Influence', *Journal of Modern History*, 22/2 (June 1950), pp.122-36.
(43) J. L. Cranmer-Byng, 'The Chinese Perception of World Order', *International Journal*, 24/1 (Winter 1968-9), pp.166-71.
(44) Chris Feige and Jeffrey A. Miron, 'The Opium Wars, Opium Legalization and Opium Consumption in China', *Applied Economics Letters*, 15/12 (2008), pp.911-13.

（6）Opening ceremony of the 19th CPC National Congress（中国共産党第19回全国代表大会・開会式2017年10月18日）, http://live.china.org.cn/2017/10/18/opening-ceremony-of-the-19th-cpc-national-congress/

（7）Jonathan Spence, *The Search for Modern China*, New York: W. W. Norton & Co., 2001, p.122.

（8）George R. Loehr, 'A. E. van Braam Houckgeest: The First American at the Court of China', *Princeton University Library Chronicle*, 15/4 (Summer 1954), pp.179-93.

（9）André Everard Van Braam Houckgeest, *An Authentic Account of the Embassy of the Dutch East-India Company, to the Court of the Emperor of China, in the Years 1794 and 1795* (Vol. 1), Cambridge: Cambridge University Press, 2011, p.250. https://books.google.co.uk/books-id=KGxCAAAAcAAJ&dq

（10）J. K. Fairbank, 'Tributary Trade and China's Relations with the West', *Far Eastern Quarterly*, 1/2 (February 1942), p.135.

（11）Zhiguang Yin, 'Heavenly Principles? The Translation of International Law in 19th-century China and the Constitution of Universality', *European Journal of International Law*, 27/4 (1 November 2016), pp.1005-23.

（12）Alejandra Irigoin, 'A Trojan Horse in Daoguang China? Explaining the Flows of Silver In and Out of China', LSE Working Paper No. 173/13, London School of Economics, 2013.

（13）Jonathan Spence, *Chinese Roundabout: Essays in History and Culture*, New York: W. W. Norton, 1992, pp.233-5.

（14）Takeshi Hamashita（濱下武志）, 'Tribute and Treaties: East Asian Treaty Ports Networks in the Era of Negotiation, 1834-1894', *European Journal of East Asian Studies*, 1/1 (2001), p.61.

（15）James M. Polachek, *The Inner Opium War*, Cambridge, MA: Harvard University Press, 1992, p.2.

（16）Alicia E. Neve Little, *Li Hung-Chang: His Life and Times* [1903], Cambridge: Cambridge University Press, 2010, p.1.

（17）Pär Kristoffer, *Cassel, Grounds of Judgment: Extraterritoriality and Imperial Power in Nineteenth-Century China and Japan*, Oxford; New York: Oxford University Press, 2012.

（18）Tobie Meyer-Fong, 'Urban Space and Civil War: Hefei, 1853-1854', *Frontiers of History in China*, 8/4, pp.469-92.

（19）Dong Wang, *China's Unequal Treaties: Narrating National History*, Lanham, MD: Lexington Books, 2005, p.17.

（20）S.C.M. Paine, *The Sino-Japanese War of 1894-1895: Perceptions, Power, and Primacy*, Cambridge: Cambridge University Press, 200, pp.70-71.

（21）Ssu-yü Teng and John King Fairbank, *China's Response to the West: A*

(26) 同上 , chapter 3.
(27) Yunzhi Geng, *An Introductory Study on China's Cultural Transformation in Recent Times*, Berlin: Springer, 2015, p.146.
(28) Frank Dikötter (編), *The Construction of Racial Identities in China and Japan*, Hong Kong: Hong Kong University Press, 1997, p.45.
(29) Schneider, *Nation and Ethnicity*, pp.222-3.
(30) Harold Schiffrin, *Sun Yat-Sen and the Origins of the Chinese Revolution*, Berkeley, CA: University of California Press, 1968, chapter 2.
(31) 驱逐鞑虏 [quzhu Dalu], 恢复中华 [huifu zhonghua] – with the Xingzhonghui's anti-Manchu oath rendered similarly with only a slight change to: 驱除鞑虏 , 恢复中华. [「満州族の駆逐、中華の回復（漢民族による国家を取り戻す）」という「興中会」の反満州人主義の綱領は、辛亥革命のスローガン「駆除韃虜（くじょだつりょ）、恢復中華（かいふくちゅうか）」とほんのわずかの違いしかなかった]
(32) Tze-ki Hon, *Revolution as Restoration: Guocui Xuebao and China's Path to Modernity, 1905-1911*, Leiden: Brill, 2013, p.3.
(33) Kenji Shimada, *Pioneer of the Chinese Revolution: Zhang Binglin and Confucianism*, Stanford, CA: Stanford University Press, 1990, p.20; Murthy, *Political Philosophy of Zhang Taiyan*, p.110. [島田虔次著『中国革命の先駆者たち』筑摩書房、1965年]
(34) Liu, *Clash of Empires*, p.77.
(35) Schneider, *Nation and Ethnicity*, p.154.
(36) 同上 , p.158.
(37) Arif Dirlik, 'Born in Translation: "China" in the Making of "Zhongguo"', paper presented at Institute for Social Sciences of the University of California Davis, co-hosted by Kreddha, 22-24 September 2016.

第２章　「主権」の捏造

(１) John Vidal and Jonathan Watts, 'Agreement Finally Reached: Copenhagen 9.30 a.m., Saturday 19 December 2009', *The Observer*, 20 December 2009.
(２) John M. Broder and Elisabeth Rosenthal, 'Obama Has Goal to Wrest a Deal in Climate Talks', *New York Times*, 17 December 2009.
(３) Mark Lynas, 'How do I know China wrecked the Copenhagen deal? I was in the room', *The Guardian*, 22 December 2009.
(４) Robert Falkner, 'The Paris Agreement and the New Logic of International Climate Politics', *International Affairs*, 92/5, pp.1107-25 (2016).
(５) François Godement, *Expanded Ambitions, Shrinking Achievements: How China Sees the Global Order*, London: European Council on Foreign Relations, 2017, p.10.

Historical Review, 97/5 (1992), pp.1471-2.
(10) Junsei Watanabe, 'Manchu Manuscripts in the Toyo Bunko', in Luís Saraiva (編), *Europe and China: Science and Arts in the 17th and 18th Centuries*, Singapore; Hackensack, NJ: World Scientific, p.187. ［渡辺純成著「東洋文庫所蔵の満洲語『算法原本』について（数学史の研究 研究集会報告集）」掲載誌『数理解析研究所講究録』（通号 1392）2004.9、p.90－103、京都大学数理解析研究所］
(11) Cristina Costa Gomes and Isabel Murta Pina, 'Making Clocks and Musical Instruments: Tomás Pereira as an Artisan at the Court of Kangxi (1673-1708)', *Revisita de Cultura* (International Edition), 51 (2016).
(12) 同上, p.9.
(13) Joseph Sebes, 'The Jesuits and the Sino-Russian Treaty of Nerchinsk (1689) The Diary of Thomas Pereira, S. J.', *Bibliotheca Instituti Historici*, vol. XVIII (1962), pp.114 and 207.
(14) Arif Dirlik, 'Born in Translation: "China" in the Making of "Zhongguo"', *Boundary* (2015).
(15) Lydia Liu, *The Clash of Empires: The Invention of China in Modern World Making*, Cambridge, MA: Harvard University Press, 2004, p.76.
(16) Hans van de Ven, *Breaking with the Past: The Maritime Customs Service and the Global Origins of Modernity in China*, New York: Columbia University Press, 2014.
(17) Zhang Deyi (trans. Simon Johnstone), *Diary of a Chinese Diplomat*, Beijing: Chinese Literature Press, 1992, p.11.
(18) Zhang Deyi, *Sui Shi Fa Guo ji* (『随使法国記』) ('Random Notes on France'), Hunan: Renmin chuban she, 1982, p.182; Liu, *Clash of Empires*, p.80.
(19) Luke S. K. Kwong, 'What's In A Name: Zhongguo (Or "Middle Kingdom") Reconsidered', *Historical Journal*, 58/3 (2015), p.799; Elisabeth Kaske, *The Politics of Language in Chinese Education: 1895-1919*, Leiden: Brill, 2008, p.80.
(20) Nicolas Tackett, *The Origins of the Chinese Nation: Song China and the Forging of an East Asian World Order*, Cambridge: Cambridge University Press, 2017, p.3; Liu, *Clash of Empires*, p.76, quoting Zhang, *Riben Guo Zhi*.
(21) Julia C. Schneider, *Nation and Ethnicity: Chinese Discourses on History, Historiography and Nationalism (1900s-1920s)*, Leiden: Brill, pp.69-70.
(22) John Fitzgerald, *Awakening China: Politics, Culture, and Class in the Nationalist Revolution*, Stanford, CA: Stanford University Press, 1996, p.117.
(23) Viren Murthy, *The Political Philosophy of Zhang Taiyan: The Resistance of Consciousness*, Leiden: Brill, p.67.
(24) 同上, p.76.
(25) Schneider, *Nation and Ethnicity*, p.145.

原　註

序章　「五〇〇〇年にわたる歴史」

（1）Xi Jinping, Report at the 19th National Congress of the Communist Party of China, *China Daily*, 18 October 2017, Xinhua（新華社）, http://www.chinadaily.com.cn/m/qingdao/2017-11/04/content_35234206.htm

（2）Geremie R. Barmé, *The Forbidden City*, Cambridge, MA: Harvard University Press, 2011.

（3）Timothy Brook, *Great State: China and the World*, London: Profile Books, 2019.

第１章　「中国」の捏造――国名のなかった国

（1）Xi Jinping, Toast at the Welcoming Banquet of The Second Belt and Road Forum for International Cooperation, Beijing, 26 April 2019（第２回「一帯一路」国際協力フォーラムの歓迎晩餐会での習近平国家主席による乾杯の挨拶、2019年４月26日）,
https://www.chinadaily.com.cn/a/201904/27/WS5d9d3688a310cf3e3556f508.html

（2）Matthias Mertens, 'Did Richthofen really coin "The Silk Road"?', *The Silk Road*, vol. 17 (2019); Tamara Chin, 'The Invention of the Silk Road, 1877', *Critical Inquiry*, 40/1 (2013), pp.194-219, doi:10.1086/673232.

（3）C. R. Boxer（編）, *South China in the Sixteenth Century: Being the Narratives of Galeote Pereira, Fr. Gaspar de Cruz, O.P., Fr. Martin de Rada, O.E.S.A.*, London: The Hakluyt Society, second series, 106, 1953.

（4）Matteo Ricci, *China in the Sixteenth Century: The Journals of Matthew Ricci, 1583-1610*, compiled by Nicholas Trigault, translated from the Latin by Louis Gallagher, New York: Random House, 1953, pp.6-7.

（5）Richard J. Smith, *Mapping China and Managing the World: Culture, Cartography and Cosmology in Late Imperial Times*, New York: Routledge, 2013.

（6）Peter K. Bol, 'Middle-period Discourse on the Zhong Guo: The Central Country', in *Hanxue Yanjiu (Chinese Studies)*, Taipei: Center for Chinese Studies, 2009, pp.61-106.

（7）Denis Twitchett, John King Fairbank and Michael Loewe, *The Cambridge History of China: Volume 1, The Ch'in and Han Empires, 221 BC-AD 220*, Cambridge: Cambridge University Press, 1987, p.31.

（8）Constance A. Cook and John S. Major, *Defining Chu: Image and Reality in Ancient China*, Honolulu: University of Hawaii Press, 1999, p.4.

（9）Pamela Kyle Crossley, 'The Ruler ships of China: A Review Article', *American*

Littlefield, 1998
- 'Li Chun Recovering Rapidly', *Hong Kong Telegraph*, 13 September 1911, p. 4
- Republic of China Ministry of Foreign Affairs（外交部南海諸島檔案彙編）, (Compilation of archives of the South China Sea islands of the Ministry of Foreign Affairs), Taipei, 1995, p. 28［中華民国外交部研究設計委員会、外交部南海諸島檔案彙編、台北、外交部研究設計委員会、1995年５月］
- Rhoads, Edward J. M., *China's Republican Revolution: The Case of Kwangtung, 1895–1913*, Cambridge, MA: Harvard University Press, 1975
- Sasges, Gerard, 'Absent Maps, Marine Science, and the Reimagination of the South China Sea, 1922–1939', *Journal of Asian Studies* (January 2016)
- Tai, Tsung-Han, and Chi-Ting Tsai, 'The Legal Status of the U-shaped Line Revisited from the Perspective of Inter-temporal Law', in Szu-shen Ho and Kuan-Hsiung Wang (eds), *A Bridge Over Troubled Waters: Prospects for Peace in the South and East China Seas*, Taipei: Prospect Foundation, 2014
- Wong, Sin-Kiong, 'The Tatsu Maru Incident and the Anti-Japanese Boycott of 1908: A Study of Conflicting Interpretations', *Chinese Culture*, 34/3 (1993)
- Woodhead, H.G.W., and H. T. Montague, *The China Year Book*, London: G. Routledge & Sons, 1914
- Wu, Feng-ming, 'On the New Geographic Perspectives and Sentiment of High Moral Character of Geographer Bai Meichu in Modern China', *Geographical Research (China)*, 30/11, 2011.

Shanghai: *Shenbao*, 1934［丁文江等編『中華民国新地図』上海申報館、（出版年月日）民国23］
・Shepherd, Christian, 'China Revises Mapping Law to Bolster Territorial Claims', Reuters, 27 April 2017
・Trager, Frank, 'Burma and China', *Journal of Southeast Asian History*, 5/1 (1964)
・Tsang, Steve, 'From Japanese Colony to Sacred Chinese Territory: Putting the Geostrategic Significance of Taiwan to China in Historical Context', unpublished paper, 2019
・Tung, William L., *The Political Institutions of Modern China*, The Hague: M. Nijhoff, 1964
・Wachman, Alan M., *Why Taiwan? Geostrategic Rationales for China's Territorial Integrity*, Stanford, CA: Stanford University Press, 2007
・Yu, Jingdong, 'The Concept of "Territory" in Modern China: 1689–1910', *Cultura: International Journal of Philosophy of Culture and Axiology*, 15/2 (2018)
・Zarrow, Peter, *Educating China: Knowledge, Society and Textbooks in a Modernising World, 1902– 1937*, Cambridge: Cambridge University Press, 2015

第８章　「領海」の捏造

・Bureau of Navigation, Navy Department, 'A List of the Reported Dangers to Navigation in the Pacific Ocean, Whose Positions are Doubtful, Or Not Found on the Charts in General Use', Washington: Government Printing Office, 1866, p. 71
・Chan, Mary Man-yue, *Chinese Revolutionaries in Hong Kong, 1895–1911*, MA thesis, University of Hong Kong, 1963
・Chemillier-Gendreau, Monique, *Sovereignty over the Paracel and Spratly Islands*, The Hague; Boston: Kluwer Law International, 2000
・Collingwood, Cuthbert, *Rambles of a Naturalist on the Shores and Waters of the China Sea: Being Observations in Natural History During a Voyage to China, Formosa, Borneo, Singapore, etc in Her Majesty's Vessels in 1866 and 1867*, London: John Murray, 1868
・Hayton, Bill, 'The Modern Origins of China's South China Sea Claims: Maps, Misunderstandings, and the Maritime Geobody', *Modern China*, 45/2, March 2019, pp. 127–70, doi:10.1177/ 0097700418771678
・Hon, Tze-ki, 'Coming to Terms With Global Competition: The Rise of Historical Geography in Early Twentieth-century China', in Robert Culp, Eddy U, Wen-hsin Yeh (eds), *Knowledge Acts in Modern China: Ideas, Institutions, and Identities*, Berkeley, CA: Institute of East Asian Studies, University of California, 2016
・Horsburgh, James, *India Directory*, vol. 2, London: William H. Allen & Company, 1852
・Krebs, Edward S., *Shifu: Soul of Chinese Anarchism*, London: Rowman &

- Lee, Hsiang-po, 'Rural-Mass Education Movement In China, 1923–1937', PhD thesis, University of Ohio, 1970, pp. 60–61
- Leibold, James, *Reconfiguring Chinese Nationalism: How the Qing Frontier and its Indigenes Became Chinese*, Basingstoke: Palgrave Macmillan, 2007
- Li, Jinming, and Li Dexia, 'The Dotted Line on the Chinese Map of the South China Sea: A Note', *Ocean Development & International Law*, 34 (2003)
- Li, Xiaoqian, 'Predicament and Responses: Discussions of History Education in Early Modern China', *Chinese Studies in History*, 50/2 (2017)
- Liu, Xiaoyuan, *Partnership for Disorder: China, the United States, and their Policies for the Postwar Disposition of the Japanese Empire, 1941–1945*, Cambridge: Cambridge University Press, 1996
- LSE Undergraduate and Postgraduate Students Headcount: 2013/14–2017/18, https://info.lse.ac.uk/staff/divisions/Planning-Division/Assets/Documents/Student-Statistics-2018.pdf
- 'MAC Apologizes for Omitting Taiwan on Map of China in Promotional Email', *Global Times*, 10 March 2019, http://www.globaltimes.cn/content/1141581.shtml
- Matten, Marc Andre, *Imagining a Postnational World: Hegemony and Space in Modern China*, Leiden: Brill, 2016
- Millward, James A., 'New Perspectives on the Qing Frontier', in Gail Hershatter, *Remapping China: Fissures in Historical Terrain*, Stanford, CA: Stanford University Press, 1996, pp. 114–15
- Morris, Andrew, 'The Taiwan Republic of 1895 and the Failure of the Qing Modernizing Project', in Stéphane Corcuff and Robert Edmondson (eds), *Memories of the Future: National Identity Issues and the Search for a New Taiwan*, Armonk, NY: M.E. Sharpe, 2002
- Ning, Chia, 'Lifanyuan and Libu in the Qing Tribute System', in Dittmar Schorkowitz and Ning Chia (eds), *Managing Frontiers in Qing China: The Lifanyuan and Libu Revisited*, Boston: Brill, 2016
- Paine, S.C.M., *Imperial Rivals: China, Russia, and Their Disputed Frontier*, Armonk, NY: M.E. Sharpe, 1996
- Phillips, Steve, 'Confronting Colonization and National Identity: The Nationalists and Taiwan, 1941–45', *Journal of Colonialism and Colonial History*, 2/3 (2001)
- Pojuner, Isabella, 'China-Taiwan Tension Feeds LSE Globe Furore', BeaverOnline, 6 April 2019, https://beaveronline.co.uk/china-taiwan-tension-feeds-lse-globe-furore
- Republic of China, 'The Provisional Constitution of the Republic of China', *American Journal of International Law*, 6/3, Supplement: Official Documents (July 1912), pp. 149–54
- *Shenbao, Zhonghua minguo xinditu* (New Maps of the Chinese Republic),

・Han, Zhang, 'China Strengthens Map Printing Rules, Forbidding Publications Printed For Overseas Clients From Being Circulated in the Country', *Global Times*, 17 February 2019
・He, Fangyu, 'From Scholar to Bureaucrat: The Political Choice of the Historical Geographer Zhang Qiyun', *Journal of Modern Chinese History*, 10/1 (2016)
・Ho, Dahpon D., 'Night Thoughts of a Hungry Ghostwriter: Chen Bulei and the Life of Service in Republican China', *Modern Chinese Literature and Culture*, 19/1 (2007)
・Hostetler, Laura, *Qing Colonial Enterprise: Ethnography and Cartography in Early Modern China*, Chicago: University of Chicago Press, 2001
・Hsiao, Frank S. T., and Lawrence R. Sullivan, 'The Chinese Communist Party and the Status of Taiwan, 1928–1943', *Pacific Affairs*, 52/3 (1979) ［雑誌記事：Frank S.T. Hsiao／Lawrence R. Sullivan 著「中国共産党と台湾の地位（1928～1943年）」呉進義訳、富士大学学術研究会編、掲載誌『富士大学紀要』13（2）1981.03, pp.48～63, 富士大学学術研究会（花巻市）］
・Hsieh, Chiao-Min, and Jean Kan Hsieh, *Race the Rising Sun: A Chinese University's Exodus During the Second World War*, Lanham, MD: University Press of America, 2009
・Hunt, Michael H., 'The American Remission of the Boxer Indemnity: A Reappraisal' , *Journal of Asian Studies*, 31/3 (May 1972)
・Jacobs, J. Bruce, 'Taiwanese and the Chinese Nationalists, 1937–1945: The Origins of Taiwan's "Half-Mountain People" (Banshan ren)', *Modern China*, 16/84 (1990)
・Johnson, Nelson Trusler, Letter from the Ambassador in China to the Secretary of State, 26 April 1938, *Foreign Relations of the United States Diplomatic Papers, 1938, The Far East, volume III, document 154*, https://history.state.gov/historicaldocuments/frus1938v03/d15414232
・Lamley, Harry J., 'The 1895 Taiwan Republic: A Significant Episode in Modern Chinese History', *Journal of Asian Studies*, 27/4 (1968)
・Lan, Shi-Chi Mike, 'The Ambivalence of National Imagination: Defining "The Taiwanese" in China, 1931–1941', *China Journal*, 64 (2010)
・Lary, Diana, 'A Zone of Nebulous Menace: The Guangxi/Indochina Border in the Republican Period', in Diana Lary (ed.), *The Chinese State at the Borders*, Vancouver: University of British Columbia Press, 2007
・Lattimore, Owen, *Studies in Frontier History: Collected Papers, 1928–1958*, London: Oxford University Press, 1962
・Lee, Chiu-chun, 'Liberalism and Nationalism at a Crossroads: The Guomindang's Educational Policies 1927–1930', in Tze-ki Hon and Robert Culp (eds), *The Politics of Historical Production in Late Qing and Early Republican China*, Leiden: Brill 2007, p. 303

Relations and the Changing Posture of Britain and the United States', *Asian Ethnicity*, 26 (2011)
- Cheek, Timothy, *The Intellectual in Modern Chinese History*, Cambridge: Cambridge University Press, 2015
- Chen, Laurie 'Chinese City Shreds 29,000 Maps Showing Taiwan as a Country', *South China Morning Post*, 25 March 2019, https://www.scmp.com/news/china/society/article/3003121/about-29000-problematic-world-maps-showing-taiwan-country
- Chen, Zhihong, 'Stretching the Skin of the Nation: Chinese Intellectuals, the State and the Frontiers in the Nanjing Decade (1927–1937)', PhD dissertation, University of Oregon, 2008

  —, '"Climate's Moral Economy": Geography, Race, and the Han in Early Republican China', in Thomas S. Mullaney et al. (eds), *Critical Han Studies: The History, Representation, and Identity of China's Majority*, Berkeley, CA: University of California Press, 2012

  —, 'The Frontier Crisis and the Construction of Modern Chinese Geography in Republican China (1911–1949)', *Asian Geographer*, 33/2 (2016)
- Chor, So Wai, 'National Identity, Nation and Race: Wang Jingwei's Early Revolutionary Ideas, 1905–1911', *Journal of Modern Chinese History*, 4/1 (2010)
- Culp, Robert, *Articulating Citizenship: Civic Education and Student Politics in Southeastern China, 1912–1940*, Cambridge, MA: Harvard University Press, 2007
- Dai, Yingcong, *The Sichuan Frontier and Tibet: Imperial Strategy in the Early Qing*, Seattle: University of Washington Press, 2011
- Gap Inc., Gap Inc. Company-Operated Store Count by Country 2017, https://web.archive.org/web/20180913040043/http://www.gapinc.com/content/dam/gapincsite/documents/Gap%20Inc.%20Company%20Owned%20Store%20Count%20by%20Country.pdf (accessed 2 March 2020)

  —, Gap Inc. Factory List April 2019, https://web.archive.org/web/20190425140918/https://www.gapincsustainability.com/sites/default/files/Gap%20Inc%20Factory%20List.pdf (accessed 2 March 2020)
- Ge, Zhaoguang, *What is China? Territory, Ethnicity, Culture and History*, Cambridge, MA: Belknap Press, 2018［中国語原書、葛兆光著『宅茲中国——重建有関「中国」的歴史論述』中華書局、2011年：邦訳、葛兆光著『中国再考——その領域・民族・文化』辻康吾監修、永田小絵訳、岩波書店、2014年］
- Goldstein, Melvyn C., *A History of Modern Tibet*, Berkeley, CA: University of California Press, 2007
- Grajdanzev, A. J., 'Formosa (Taiwan) Under Japanese Rule', *Pacific Affairs*, 15/3 (September 1942)

Dis-citizenship? A Poststructural Policy Analysis of the Shanghainese Heritage Project', *International Journal of Bilingual Education and Bilingualism*, 22/3 (2019)
・Theobald, Ulrich, 'The qieyin（切音）Transcription Systems', *ChinaKnowledge.de* (blog), 5 April 2011, http://www.chinaknowledge.de/Literature/Script/qieyin.html (accessed 2 March 2020)
・Tsu, Jing, *Sound and Script in Chinese Diaspora*, Cambridge, MA: Harvard University Press, 2010
・Xinhua, 'Proposal For News in Mandarin Angers Guangzhou Citizens', 9 July 2010, http://www.china.org.cn/china/2010-07/09/content_20463001.htm
—, 'China to Increase Mandarin Speaking Rate to 80%', 3 April 2017, http://english.gov.cn/state_council/ministries/2017/04/03/content_281475615766970.htm
・Xu, Dan, and Hui Li, 'Introduction', in Dan Xu and Hui Li (eds), *Languages and Genes in Northwestern China and Adjacent Regions*, Singapore: Springer, 2017
・Yang, Yixue, 'Language Reform and Nation Building in Twentieth-Century China', *SinoPlatonic Papers*, 264 (December 2016)
・Yu, Verna, and SCMP Reporter, 'Hundreds Defy Orders Not to Rally in Defence of Cantonese', *South China Morning Post*, 2 August 2010, https://www.scmp.com/article/721128/hundreds-defy-orders-not-rally-defence-cantonese
・Yujiro, Murata（村田雄二郎), 'The Late Qing "National Language" Issue and Monolingual Systems: Focusing on Political Diplomacy', *Chinese Studies in History*, 49/3 (2016), pp. 108–25
・Zhou, Minglang, and Hongkai Sun (eds), *Language Policy in the People's Republic of China: Theory and Practice Since 1949*, Boston; London: Kluwer Academic Publishers, 2004

第７章　「領土」の捏造

・Bergère, Marie-Claire (trans. Janet Lloyd), *Sun Yat-sen*, Stanford, CA: Stanford University Press, 1998
・Callahan, William A., 'The Cartography of National Humiliation and the Emergence of China's Geobody', *Public Culture*, 21/1 (2009)
・Chang, Chi-Yun, 'Geographic Research in China', *Annals of the Association of American Geographers*, 34/1 (March 1944)
—, 'Climate and Man in China', *Annals of the Association of American Geographers*, 36/1 (1946), pp. 44–73
・Chang, Ch'i-yün, 'The Natural Resources of China', No. 1. Sino-international Economic Research Center, 1945
・Chang, Simon L., 'A "Realist" Hypocrisy? Scripting Sovereignty in Sino-Tibetan

- Ji, Rona Y., 'Preserving Cantonese Television & Film in Guangdong: Language as Cultural Heritage in South China's Bidialectal Landscape', *Inquiries Journal*, 8/12 (2016), http://www.inquiriesjournal.com/articles/1506/3/preserving-cantonese-television-and-film-inguangdonglanguage-as-cultural-heritage-in-south-chinas-bidialectal-landscape
- Kaske, Elisabeth, *The Politics of Language in Chinese Education: 1895–1919*, Leiden: Brill, 2008
- Lau, Mimi, 'Guangdong TV News Channel Quietly Changing from Cantonese to Putonghua', *South China Morning Post*, 11 July 2014, https://www.scmp.com/news/china/article/1552398/guangdong-tv-news-channel-quietly-changing-cantonese-putonghua
- Li, Yanyan, 'The Teaching of Shanghainese in Kindergartens', PhD dissertation, Benerd School of Education, 2015
- Liang, Sihua, *Language Attitudes and Identities in Multilingual China: A Linguistic Ethnography*, Cham: Springer, 2015
- MacKinnon, Mark, 'Mandarin Pushing Out Cantonese', *Globe and Mail* (Toronto), 20 November 2009, https://www.theglobeandmail.com/news/world/mandarin-pushing-outcantonese/article4293285
- Mair, Victor H., 'What is a Chinese "Dialect/Topolect"?', *Sino-Platonic Papers*, 29 (September 1991)
- Mills, Harriet C., 'Language Reform in China: Some Recent Developments', *Far Eastern Quarterly*, 15/4 (August 1956)
- Moser, David, *A Billion Voices: China's Search For a Common Language*, London: Penguin Books, 2016
- Norman, Jerry, *Chinese*, Cambridge: Cambridge University Press, 1988
- *People's Daily*（人民日報）, 26 October 1955, quoted in Longsheng Guo, 'The Relationship Between Putonghua and Chinese Dialects', in Minglang Zhou and Hongkai Sun (eds), *Language Policy in the People's Republic of China: Theory and Practice Since 1949*, Boston; London: Kluwer Academic Publishers, 2004
- Peverelli, Peter, *The History of Modern Chinese Grammar Studies*, Berlin: Springer, 2015
- Ramsey, S. Robert, *The Languages of China*, Princeton, NJ: Princeton University Press, 1987［S・R・ラムゼイ著『中国の諸言語――歴史と現況』高田時雄ほか訳、大修館書店、1990年］
- Rea, Christopher, *The Age of Irreverence: A New History of Laughter in China*, Oakland, CA: University of California Press, 2015
- Riva, Natalia, 'Putonghua and Language Harmony: China's Resources of Cultural Soft Power', *Critical Arts*, 31/6 (2017)
- Shao, Qing, and Xuesong (Andy) Gao, 'Protecting Language or Promoting

・Mullaney, Thomas, *Coming to Terms with the Nation: Ethnic Classification in Modern China*, Berkeley, CA: University of California Press, 2011
・Rhoads, Edward, *Manchus and Han: Ethnic Relations and Political Power in Late Qing and Early Republican China, 1861–1928*, Seattle: University of Washington Press, 2000
・Schiffrin, Harold, *Sun Yat-sen and the Origins of the Chinese Revolution*, Berkeley, CA: University of California Press, 1968
・Schneider, Julia C., *Nation and Ethnicity: Chinese Discourses on History, Historiography, and Nationalism (1900s–1920s)*, Leiden: Brill, 2017
・Shimada, Kenji, *Pioneer of the Chinese Revolution: Zhang Binglin and Confucianism*, Stanford, CA: Stanford University Press, 1990［前掲書、島田虔次著『中国革命の先駆者たち』］
・So, Wai Chor, 'National Identity, Nation and Race: Wang Jingwei's Early Revolutionary Ideas, 1905–1911', *Journal of Modern Chinese History*, 4/1 (2010)
・Spence, Jonathan D., *The Gate of Heavenly Peace: The Chinese and Their Revolution*, Harmondsworth: Penguin, 1982
・Tang, Xiaobing, *Global Space and the Nationalist Discourse of Modernity: The Historical Thinking of Liang Qichao*, Stanford, CA: Stanford University Press, 1996
・Tuttle, Gray, *Tibetan Buddhists in the Making of Modern China*, New York: Columbia University Press, 2007
・Zou, Rong, *The Revolutionary Army: A Chinese Nationalist Tract of 1903*, Paris: Éditions de l'École des Hautes Études en Sciences Sociales, 1968

第６章　「中国語」の捏造

・Chen, Stephen, 'Beyond the Yellow River: DNA Tells New Story of the Origins of Han Chinese', *South China Morning Post*, 23 May 2019
・DeFrancis, John, *Nationalism and Language Reform in China*, Princeton, NJ: Princeton University Press, 1950
—, 'Language and Script Reform in China', in Joshua A. Fishman (ed.), *Advances in the Sociology of Language, vol. II: Selected Studies and Applications*, The Hague; Paris: Mouton, 1972
・Gao, Xuesong, '"Cantonese is Not a Dialect": Chinese Netizens' Defence of Cantonese as a Regional Lingua Franca', *Journal of Multilingual and Multicultural Development*, 33/5 (2012)
・He, Huifeng, 'Why Has Cantonese Fallen Out of Favour with Guangzhou Youngsters?', *South China Morning Post*, 12 March 2018, https://www.scmp.com/news/china/society/article/2136237/why-has-cantonese-fallen-out-favour-guangzhou-youngsters

石著『中国の命運』波多野乾一訳、日本評論社、1946年]
・Chung, Chien-peng, 'Comparing China's Frontier Politics: How Much Difference Did a Century Make?', *Nationalities Papers*, 46/1 (2018)
・Crossley, Pamela Kyle, *A Translucent Mirror: History and Identity in Qing Imperial History*, Oakland, CA: University of California Press, 1999
・Dikötter, Frank, *The Discourse of Race in Modern China*, Oxford: Oxford University Press, 2015
・Edmonds, Richard Louis, 'The Legacy of Sun Yat-Sen's Railway Plans', *China Quarterly*, 421 (1987)
・Harrison, Henrietta, *The Making of the Republican Citizen: Political Ceremonies and Symbols in China 1911–1929*, Oxford: Oxford University Press, 2000
・Jenner, W.J.F., 'Race and History in China', *New Left Review*, 1 September 2001
・Kayloe, Tjio, *The Unfinished Revolution: Sun Yat-Sen and the Struggle for Modern China*, Singapore: Marshall Cavendish International (Asia), 2018
・Larson, Jane Leung, 'Kang Youwei: A Drifting Stranger from 20,000 Li Away', *Baohanghui Scholarship* (blog) 2 June 2013 https://baohuanghui.blogspot.com/2013/06/a-drifting-strangerfrom-20000-li-away.html (accessed 2 March 2020)
・Lee, Lai To, and Hock Guan Lee (eds), *Sun Yat-Sen, Nanyang and the 1911 Revolution*, Singapore: Institute of Southeast Asian Studies, 2011
・Leibold, James, 'Positioning "Minzu" Within Sun Yat-Sen's Discourse Of Minzuzhuyi', *Journal of Asian History*, 38/2 (2004)
—, *Reconfiguring Chinese Nationalism: How the Qing Frontier and its Indigenes Became Chinese*, Basingstoke: Palgrave Macmillan, 2007
—, 'A Family Divided: The CCP's Central Ethnic Work Conference', *ChinaBrief*, 14/21, Hoover Institution (7 November 2014)
—, 'Xinhai Remembered: From Han Racial Revolution to Great Revival of the Chinese Nation', *Asian Ethnicity*, 15/1 (2014)
—, 'Hu the Uniter: Hu Lianhe and the Radical Turn in China's Xinjiang Policy', *ChinaBrief*, 18/16 (10 October 2018)
—, 'The Spectre of Insecurity: The CCP's Mass Internment Strategy in Xinjiang', *China Leadership Monitor*, Hoover Institution (1 March 2019)
・Li, Xizhu, 'Provincial Officials in 1911/12', in Joseph W. Esherick and C. X. George Wei (eds), *China: How the Empire Fell*, London; New York: Routledge, 2013
・Ma, Mingde, 'Tang Hualong in the 1911 Revolution', in Joseph W. Esherick and C. X. George Wei (eds), *China: How the Empire Fell*, London; New York: Routledge, 2013
・Matten, Marc Andre, *Imagining a Postnational World: Hegemony and Space in Modern China*, Leiden: Brill, 2016

Historiography, and Nationalism (1900s–1920s), Leiden: Brill, 2017
・Society for the Diffusion of Christian and General Knowledge Among the Chinese, Eleventh Annual Report, Shanghai, 1898
・Spence, Jonathan D., *The Gate of Heavenly Peace: The Chinese and Their Revolution*, Harmondsworth: Penguin, 1982
・Standen, Naomi (ed.), *Demystifying China: New Understandings of Chinese History*, Lanham, MD: Rowman & Littlefield, 2013
・Tang, Xiaobing, *Global Space and the Nationalist Discourse of Modernity: The Historical Thinking of Liang Qichao*, Stanford, CA: Stanford University Press, 1996
・Xu, Jilin, 'Tianxia-ism, The Distinction Between the Civilised and Uncivilised, and Their Variations in Modern China', in Gao Ruiquan and Wu Guanjun (eds), *Chinese History and Literature: New Ways to Examine China's Past*, Singapore: World Scientific Publishing, 2018
・Zarrow, Peter, 'Old Myth into New History: The Building Blocks of Liang Qichao's "New History"', *Historiography East and West*, 1/2 (2003)
・Zhang, Xiantao, *The Origins of the Modern Chinese Press: The Influence of the Protestant Missionary Press in Late Qing China*, London: Routledge, 2007
・Zhang, Yuntao, 'Western Missionaries and Origins of the Modern Chinese Press', in Gary D. Rawnsley and Ming-yeh T. Rawnsley (eds), *Routledge Handbook of Chinese Media*, London: Routledge, 2018
・Zhou, Ailian, and Zhongliang Hu, 'The Project of Organizing the Qing Archives', *Chinese Studies in History*, 43/2 (2009)
・Zurndorfer, Harriet T., 'Wang Zhaoyang (1763–1851) and the Erasure of "Talented Women" by Liang Qichao', in Nanxiu Qian, Grace Fong and Richard Smith (eds), *Different Worlds of Discourse: Transformations of Gender and Genre in Late Qing and Early Republican China*, Leiden: Brill, 2008

第５章　「中華民族」の捏造

・Anderson, Patrick, *The Lost Book of Sun Yatsen and Edwin Collins*, London: Routledge, 2016
・Barnard College, 'Life and Legacy of Kang Tongbi', 1 April 2009 https://barnard.edu/headlines/life-and-legacy-kang-tongbi (accessed 2 March 2020)
・Bergère, Marie-Claire (trans. Janet Lloyd), *Sun Yat-sen*, Stanford, CA: Stanford University Press, 1998
・Cheng, Zhongping, 'Kang Youwei's Activities in Canada and the Reformist Movement Among the Global Chinese Diaspora, 1899–1909', *Twentieth-Century China*, 39/1 (2014)
・Chiang, Kai-shek, *China's Destiny*, Westport, CT: Greenwood Press, 1985［蔣介

2015, National Library of New Zealand
- Barrett, Tim, 'Chinese History as a Constructed Continuity: The Work of Rao Zongyi', in Peter Lambert and Björn Weiler (eds), *How the Past was Used: Historical Cultures, c. 750–2000*, Oxford: Oxford University Press, 2017
- Crossley, Pamela Kyle, 'Xi's China Is Steamrolling Its Own History', ForeignPolicy.com, 29 January 2019
- Elleman, Bruce, *Wilson and China: A Revised History of the Shandong Question*, London; New York: M.E. Sharpe, 2002
- Handwritten page from Dr Wyre Lewis's box at the National Library of Wales relating to Liang Qichao's visit to Timothy Richard at Golders Green in London
- Hon, Tze-ki, 'Educating the Citizens', in Tze-ki Hon and Robert Culp (eds), *The Politics of Historical Production in Late Qing and Republican China*, Leiden: Brill, 2007
- Jansen, Thomas, *Timothy Richard (1845–1919): Welsh Missionary, Educator and Reformer in China*, Swansea: Confucius Institute at the University of Wales – Trinity Saint David, 2014
- Johnson, Eunice, *Timothy Richard's Vision: Education and Reform in China, 1880–1910*, Eugene, OR: Pickwick Publications, 2014
- Karl, Rebecca E., 'Creating Asia: China in the World at the Beginning of the Twentieth Century', *American Historical Review*, 103/4 (1998)
  —, *Staging the World: Chinese Nationalism at the Turn of the Twentieth Century*, Durham, NC; London: Duke University Press, 2002
- Levenson, Joseph Richmond, *Liang Ch'i-ch'ao and the Mind of Modern China*, Cambridge, MA: Harvard University Press, 1953
- Lü, Junhua, 'Beijing's Old and Dilapidated Housing Renewal', *Cities*, Vol. 14, No. 2, pp. 59–69, 1997
- Manela, Erez, *The Wilsonian Moment: Self-Determination and the International Origins of Anticolonial Nationalism*, Oxford: Oxford University Press, 2007
- Mazur, Mary, 'Discontinuous Continuity: New History in 20th Century China', in Tze-ki Hon and Robert Culp (eds), *The Politics of Historical Production in Late Qing and Republican China*, Leiden: Brill, 2007
- Office of the Chinese Language Council International, *Common Knowledge About Chinese History*, Beijing: Higher Education Press, 2006
- Okada, Hidehiro（岡田英弘）, 'China as a Successor State to the Mongol Empire', in Reuven Amitai-Preiss and David O. Morgan (eds), *The Mongol Empire and Its Legacy*, Leiden: Brill, 1999
- Richard, Eleanor, 'A Foster Father of the League of Nations', *Peking and Tientsin Times*, March 1919
- Schneider, Julia C., *Nation and Ethnicity: Chinese Discourses on History,*

・Lamley, Harry J., 'Hsieh-Tou: The Pathology of Violence in Southeastern China', *Ch'ing-shih wen-t'I*, 3/7 (1977)
・Leo, Jessieca, *Global Hakka: Hakka Identity in the Remaking*, Leiden: Brill, 2015
・Mouat, Melissa, 'The Establishment of the Tongwen Guan and the Fragile Sino-British Peace of the 1860s' in *Journal of World History*, 26/4 (2015)
・Nagai, Michio（永井道雄）, 'Herbert Spencer in Early Meiji Japan', *Far Eastern Quarterly*, 14/1 (1954)
・Pong, David, *Shen Pao-chen and China's Modernization in the Nineteenth Century*, Cambridge: Cambridge University Press, 2009
・Pusey, James Reeve, *China and Charles Darwin*, Cambridge, MA: Harvard University Press, 1983
・Rhoads, Edward, *Manchus and Han: Ethnic Relations and Political Power in Late Qing and Early Republican China, 1861–1928*, Seattle: University of Washington Press, 2000
・Schmidt, J. D., *Within the Human Realm: The Poetry of Huang Zunxian 1848–1905*, Cambridge: Cambridge University Press, 1994
・Schneider, Laurence A., *Ku Chieh-kang and China's New History: Nationalism and the Quest for Alternative Traditions*, Berkeley, CA: University of California Press, 1971
・Schwartz, Benjamin I., *In Search of Wealth and Power: Yen Fu and the West*, Cambridge, MA: Harvard University Press, 1964［Ｂ・Ｉ・シュウォルツ著『中国の近代化と知識人——厳復と西洋』平野健一郎訳、東京大学出版会、1978年］
・Spencer, Herbert, The Principles of Biology, London: Williams & Norgate, 1864–7［斯辺瑣（ハーバード・スペンサー）著『万物進化要論』杉本清寿・西村玄道抄訳、民徳館ほか（共同刊行・斯文社）、1884年］
—, *Social Statics*, New York: D. Appleton & Co., 1865［斯辺銷（ハルバルト・スペンサー）著『権理提綱』尾崎行雄訳、丸屋善七ほか（共同刊行・慶應義塾出版社）1882年］
—, *The Study of Sociology*, London: Henry S. King & Co., 1873［ハーバート・スペンサー著『社会学』大石正己訳、是我書房、1983年］
・Wang, Gungwu, *Community and Nation: Essays on Southeast Asia and the Chinese*, Singapore: Heinemann Educational Books (Asia), 1981
・Yang, Shao-Yun, 'Becoming Zhongguo, Becoming Han: Tracing and Reconceptualizing Ethnicity in Ancient North China, 770 BC–AD 581', MA thesis, National University of Singapore, 2007

第４章　「中国史」の捏造

・Bai, Limin, 'Reappraising Modernity after the Great War' (blog post), 17 September

a.m., Saturday 19 December 2009', *The Observer*, 20 December 2009
・Wang, Dong, *China's Unequal Treaties: Narrating National History*, Lanham, MD: Lexington Books, 2005
・Wang, Yi, 'Wang Huning: Xi Jinping's Reluctant Propagandist', www.limesonline.com, 4 April 2019
・Wooldridge, William Charles, 'Building and State Building in Nanjing after the Taiping Rebellion', *Late Imperial China*, 30/2 (2009), pp. 84–126
・Yin, Zhiguang, 'Heavenly Principles? The Translation of International Law in 19th-century China and the Constitution of Universality', *European Journal of International Law*, 27/4 (1 November 2016), pp. 1005–23

第３章　「漢民族」の捏造

・Ching, May-bo, 'Literary, Ethnic or Territorial? Definitions of Guangdong Culture in the Late Qing and Early Republic', in Tao Tao Liu and David Faure (eds), *Unity and Diversity: Local Cultures and Identities in China*, Hong Kong: Hong Kong University Press, 1996
—, 'Classifying Peoples: Ethnic Politics in Late Qing Native-place Textbooks and Gazetteers', in Tze-ki Hon and Robert Culp (eds), *The Politics of Historical Production in Late Qing and Republican China*, Leiden: Brill, 2007
・Chow, Kai-wing, 'Imagining Boundaries of Blood: Zhang Binglin and the Invention of the Han "Race" in Modern China', in Frank Dikötter (ed.), *The Construction of Racial Identities in China and Japan*, London: Hurst & Co., 1997
・Crossley, Pamela Kyle, 'The Qianlong Retrospect on the Chinese-martial (hanjun) Banners', *Late Imperial China*, 10/1 (June 1989), pp. 63–107
・Dikötter, Frank, *The Discourse of Race in Modern China*, Oxford: Oxford University Press, 2015
・Elman, Benjamin A., 'Toward a History of Modern Science in Republican China', in Jing Tsu and Benjamin A. Elman (eds), *Science and Technology in Modern China, 1880s–1940s*, Leiden: Brill, 2014
・Huang, Jianli, 'Chinese Overseas and China's International Relations', in Zheng Yongnian (ed.), *China and International Relations: The Chinese View and the Contribution of Wang Gungwu*, London: Routledge, 2010
・Kamachi, Noriko（蒲地典子）, *Reform in China: Huang Tsun-hsien and the Japanese Model*, Cambridge, MA: Harvard University Press, 1981, pp. 3–29
・Keevak, Michael, *Becoming Yellow: A Short History of Racial Thinking*, Princeton, NJ: Princeton University Press, 2011
・Kynge, James, Lucy Hornby and Jamil Anderlini, 'Inside China's Secret "Magic Weapon" for Worldwide Influence', *Financial Times*, 26 October 2017, https://www.ft.com/content/fb2b3934-b004-11e7-beba-5521c713abf4

room', *The Guardian*, 22 December 2009
- Meyer-Fong, Tobie, 'Urban Space and Civil War: Hefei, 1853–1854', *Frontiers of History in China*, 8/4 (2013), pp. 469–92
- Miller, Robert Hopkins, *The United States and Vietnam 1787–1941*, Forest Grove, OR: University Press of the Pacific, 2005
- Mouat, Melissa, 'The Establishment of the Tongwen Guan and the Fragile Sino-British Peace of the 1860s', *Journal of World History*, 26/4 (2015), p. 741
- Paine, S.C.M., *The Sino-Japanese War of 1894–1895: Perceptions, Power, and Primacy*, Cambridge: Cambridge University Press, 2005
- Patapan, Haig, and Yi Wang, 'The Hidden Ruler: Wang Huning and the Making of Contemporary China', *Journal of Contemporary China*, 27/109 (2018), pp. 54–5
- Paullin, Charles Oscar, 'The Opening of Korea by Commodore Shufeldt', *Political Science Quarterly*, 25/3 (September 1910), pp. 470–99
- Polachek, James M., *The Inner Opium War*, Cambridge, MA: Harvard University Press, 1992
- Pong, David, *Shen Pao-chen and China's Modernization in the Nineteenth Century*, Cambridge: Cambridge University Press, 2009
- Rudolph, Jennifer, *Negotiated Power in Late Imperial China: The Zongli Yamen and the Politics of Reform*, Ithaca, NY: Cornell University East Asia Program, 2008
- Smith, Richard J., *Robert Hart and China's Early Modernization: His Journals, 1863–1866*, Cambridge, MA: Harvard University Press, 1991

—, 'Li Hung-chang's Use of Foreign Military Talent: The Formative Period, 1862–1874', in Samuel C. Chu and Kwang-ching Liu (eds), *Li Hung-chang and China's Early Modernization*, London: M.E. Sharpe, 1994
- Spence, Jonathan, *Chinese Roundabout: Essays in History and Culture*, New York: W. W. Norton, 1992

—, *The Search for Modern China*, New York: W.W. Norton & Co., 2001
- Svarverud, Rune, *International Law as World Order in Late Imperial China: Translation, Reception and Discourse 1847–1911*, Leiden: Brill, 2007
- Syatauw, J.J.G., *Some Newly Established Asian States and the Development of International Law*, The Hague: Martinus Nijhoff , 1961
- Taylor, K. W., *A History of the Vietnamese*, Cambridge: Cambridge University Press, 2013
- Teng, Ssu-yü, and John King Fairbank, *China's Response to the West: A Documentary Survey, 1839–1923*, Cambridge, MA: Harvard University Press, 1979
- Trager, Frank, 'Burma and China', *Journal of Southeast Asian History*, 5/1 (1964)
- Vidal, John, and Jonathan Watts, 'Agreement Finally Reached: Copenhagen 9.30

University Press, 1993
- Davis, Bradley Camp, *Imperial Bandits: Outlaws and Rebels in the China-Vietnam Borderlands*. Seattle: University of Washington Press, 2016
- Fairbank, J. K. 'Tributary Trade and China's Relations with the West', *Far Eastern Quarterly*, 1/2 (February 1942)
—, and Merle Goldman, *China: A New History*, Cambridge, MA: Harvard University Press, 2006
- Falkner, Robert, 'The Paris Agreement and the New Logic of International Climate Politics', *International Affairs*, 92/5, pp. 1107–25 (2016)
- Feige, Chris, and Jeffrey A. Miron, 'The Opium Wars, Opium Legalization and Opium Consumption in China', *Applied Economics Letters*, 15/12 (2008), pp. 911–13
- Godement, François, *Expanded Ambitions, Shrinking Achievements: How China Sees the Global Order*, London: European Council on Foreign Relations, 2017
- Hamashita, Takeshi（濱下武志）, 'Tribute and Treaties: East Asian Treaty Ports Networks in the Era of Negotiation, 1834–1894', *European Journal of East Asian Studies*, 1/1 (2001), p. 61
—, 'The Tribute Trade System and Modern Asia', chapter 6 in Kenneth Pomeranz (ed.), *The Pacific in the Age of Early Industrialization*, Farnham: Ashgate, 2009［濱下武志著『近代中国の国際的契機――朝貢貿易システムと近代アジア』東京大学出版会、1990年］
- Hunt, Michael H., *The Making of a Special Relationship: The United States and China to 1914*, New York: Columbia University Press, 1983
- Irigoin, Alejandra, 'A Trojan Horse in Daoguang China? Explaining the Flows of Silver In and Out of China', LSE Working Paper No. 173/13, London School of Economics, 2013
- Kublin, Hyman, 'The Attitude of China during the Liu-ch'iu Controversy, 1871–1881', *Pacific Historical Review*, 18/2 (May 1949), pp. 213–31
- Little, Alicia E. Neve, *Li Hung-Chang: His Life and Times* [1903], Cambridge: Cambridge University Press, 2010
- Liu, Kwang-ching, 'The Confucian as Patriot and Pragmatist: Li Hung-chang's Formative Years, 1823–1866', *Harvard Journal of Asiatic Studies*, vol. 30 (1970), pp. 5–45
- Liu, Lydia, *The Clash of Empires: The Invention of China in Modern World Making*, Cambridge, MA: Harvard University Press, 2004
- Loehr, George R., 'A. E. van Braam Houckgeest: The First American at the Court of China', *Princeton University Library Chronicle*, 15/4 (Summer 1954), pp. 179–93
- Lynas, Mark, 'How do I know China wrecked the Copenhagen deal? I was in the

Hackensack, NJ: World Scientific, 2013［渡辺純成著「東洋文庫所蔵の満洲語『算法原本』について（数学史の研究 研究集会報告集）」掲載誌『数理解析研究所講究録』（通号 1392）2004.9、p.90－103、京都大学数理解析研究所］
・Zhang, Deyi (trans. Simon Johnstone), *Diary of a Chinese Diplomat*, Beijing: Chinese Literature Press, 1992
—, *Sui Shi Fa Guo ji* ('Random Notes on France'), Hunan: Renmin chuban she, 1982［張徳彝著『随使法国記』湖南人民出版社、1982年］

第2章 「主権」の捏造

・Alsford, Niki, *Transitions to Modernity in Taiwan: The Spirit of 1895 and the Cession of Formosa to Japan*, London: Routledge, 2017
・Berry, Chad Michael, 'Looking for a Friend: Sino-U.S. Relations and Ulysses S. Grant's Mediation in the Ryukyu/Liuqiu（琉球）Dispute of 1879', thesis, University of Ohio, 2014
・Biggerstaff, Knight, 'The Secret Correspondence of 1867–1868: Views of Leading Chinese Statesmen Regarding the Further Opening of China to Western Influence', *Journal of Modern History*, 22/2 (June 1950), pp. 122–36
・Broder, John M., and Elisabeth Rosenthal, 'Obama Has Goal to Wrest a Deal in Climate Talks', *New York Times*, 17 December 2009
・Callahan, William A., *Contingent States: Greater China and Transnational Relations*, Minneapolis; London: University of Minnesota Press, 2004
・Cassel, Pär Kristoffer, *Grounds of Judgment: Extraterritoriality and Imperial Power in Nineteenth Century China and Japan*, Oxford; New York: Oxford University Press, 2012
・Chapuis, Oscar, *The Last Emperors of Vietnam: From Tu Duc to Bao Dai*, Westport, CT: Greenwood Press, 2000
・China Internet Information Center, 'Opening ceremony of the 19th CPC National Congress' 17 October 2017（中国共産党第19回全国代表大会・開会式、2017年10月17日）, http://live.china.org.cn/2017/10/17/opening-ceremony-of-the-19th-cpcnational-congress (accessed 2 March 2020)
・Cranmer-Byng, J. L., 'The Chinese Perception of World Order', *International Journal*, 24/1 (Winter 1968–9), pp. 166–71
—, 'The Chinese View of Their Place in the World: An Historical Perspective', *China Quarterly*, 53 (January–March 1973), pp. 67–79
・Crossley, Pamela Kyle, *Orphan Warriors: Three Manchu Generations and the End of the Qing World*, Princeton, NJ: Princeton University Press, 1990［〈中国語版〉柯嬌燕著『孤軍——満人一家三代与清帝国的終結』］
・Cushman, Jennifer Wayne, *Fields From the Sea: Chinese Junk Trade with Siam During the Late Eighteenth and Early Nineteenth Centuries*, Ithaca, NY: Cornell

Kreddha, 22–24 September 2016
- Fitzgerald, John, *Awakening China: Politics, Culture, and Class in the Nationalist Revolution*, Stanford, CA: Stanford University Press, 1996, p. 117
- Geng, Yunzhi, *An Introductory Study on China's Cultural Transformation in Recent Times*, Berlin: Springer, 2015
- Hon, Tze-ki, *Revolution as Restoration: Guocui Xuebao and China's Path to Modernity, 1905–1911*, Leiden: Brill, 2013
- Kaske, Elisabeth, *The Politics of Language in Chinese Education: 1895–1919*, Leiden: Brill, 2008
- Kwong, Luke S. K., 'What's In A Name: Zhongguo (Or "Middle Kingdom") Reconsidered', *Historical Journal*, 58/3 (2015)
- Liu, Lydia, *The Clash of Empires: The Invention of China in Modern World Making*, Cambridge, MA: Harvard University Press, 2004
- Murthy, Viren, *The Political Philosophy of Zhang Taiyan: The Resistance of Consciousness*, Leiden: Brill, 2011
- Ricci, Matteo, *China in the Sixteenth Century: The Journals of Matthew Ricci, 1583–1610*, compiled by Nicholas Trigault, translated from the Latin by Louis Gallagher, New York: Random House, 1953
- Schiffrin, Harold, *Sun Yat-Sen and the Origins of the Chinese Revolution*, Berkeley, CA: University of California Press, 1968
- Schneider, Julia C., *Nation and Ethnicity: Chinese Discourses on History, Historiography, and Nationalism (1900s–1920s)*, Leiden: Brill, 2017
- Sebes, Joseph, 'The Jesuits and the Sino-Russian Treaty of Nerchinsk (1689) The Diary of Thomas Pereira, S. J.', *Bibliotheca Instituti Historici*, vol. XVIII (1962)
- Shimada, Kenji, *Pioneer of the Chinese Revolution: Zhang Binglin and Confucianism*, Stanford, CA: Stanford University Press, 1990［島田虔次著『中国革命の先駆者たち』筑摩書房、1965年］
- Smith, Richard J., *Mapping China and Managing the World: Culture, Cartography and Cosmology in Late Imperial Times*, New York: Routledge, 2013
- Tackett, Nicolas, *The Origins of the Chinese Nation: Song China and the Forging of an East Asian World Order*, Cambridge: Cambridge University Press, 2017
- Twitchett, Denis, John King Fairbank and Michael Loewe, *The Cambridge History of China: Volume 1, The Ch'in and Han Empires, 221 BC – AD 220*, Cambridge: Cambridge University Press, 1987
- Ven, Hans van de, *Breaking with the Past: The Maritime Customs Service and the Global Origins of Modernity in China*, New York: Columbia University Press, 2014
- Watanabe, Junsei, 'Manchu Manuscripts in the Toyo Bunko', in Luís Saraiva (ed.), *Europe and China: Science and Arts in the 17th and 18th Centuries*, Singapore;

参考文献

本書は、多くの研究者たちの先駆的な研究なくしては生まれ得なかった。本書が提示したテーマのどんなことでも、より深く知りたい人のために、私が大いに信頼を置く研究者たちの氏名とその著書を以下に紹介する。

序章　「五〇〇〇年にわたる歴史」

・Barmé, Geremie R., *The Forbidden City*, Cambridge, MA: Harvard University Press, 2011
・Brook, Timothy, *Great State: China and the World*, London: Profile Books, 2019
・Mullaney, Thomas S., et al. (eds), *Critical Han Studies: The History, Representation, and Identity of China's Majority*, Berkeley, CA: University of California Press, 2012
・Waley-Cohen, Joanna, 'The New Qing History,' *Radical History Review*, 88 (2004)

第１章　「中国」の捏造――国名のなかった国

・Bol, Peter K., 'Middle-period Discourse on the Zhong Guo: The Central Country', in *Hanxue Yanjiu (Chinese Studies)*, Taipei: Center for Chinese Studies, 2009, pp. 61–106
・Boxer, C. R. (ed.), *South China in the Sixteenth Century: Being the Narratives of Galeote Pereira, Fr. Gaspar de Cruz, O.P., Fr. Martin de Rada, O.E.S.A.*, London: The Hakluyt Society, second series, 106, 1953
・Chin, Tamara, 'The Invention of the Silk Road, 1877', *Critical Inquiry*, 40/1 (2013), pp. 194–219, doi:10.1086/673232
・Cook, Constance A., and John S. Major, *Defining Chu: Image and Reality in Ancient China*, Honolulu: University of Hawaii Press, 1999
・Costa Gomes, Cristina, and Isabel Murta Pina, 'Making Clocks and Musical Instruments: Tomás Pereira as an Artisan at the Court of Kangxi (1673–1708)', *Revisita de Cultura* (International Edition), 51 (2016)
・Crossley, Pamela Kyle, 'The Rulerships of China: A Review Article,' *American Historical Review*, 97/5 (1992)
・Dikötter, Frank (ed.), *The Construction of Racial Identities in China and Japan*, Hong Kong: Hong Kong University Press, 1997
・Dirlik, Arif, 'Born in Translation: "China" in the Making of "Zhongguo"', *Boundary* (2015)
―, 'Born in Translation: "China" in the Making of "Zhongguo"', paper presented at Institute for Social Sciences of the University of California Davis, co-hosted by

著者略歴――――
ビル・ヘイトン(Bill Hayton)
英国のシンクタンク王立国際問題研究所(チャタム・ハウス)のアジア太平洋プログラム研究員、BBCワールドニュースのジャーナリスト。著書に『南シナ海』(河出書房新社刊)など。

訳者略歴――――
小谷まさ代(こたに・まさよ)
翻訳家。富山県生まれ。富山大学文理学部卒業。
主な訳書に、『中国共産党』(リチャード・マグレガー著、第23回アジア太平洋賞大賞を受賞)『中国「絶望」家族』『ならず者国家』『本当に「中国は一つ」なのか』『米国特派員が撮った日露戦争』『日本帝国の申し子』『アメリカがアジアになる日』(以上、草思社)、『成功にはわけがある』(講談社)、『ドリームウィスパラーの超潜在開発スペシャル』(ヒカルランド)、『ナタリー・ポートマン』(ブルース・インターアクションズ)、『I LOVE YOU, MOM』(ぶんか社)、『心ひとつで人生は変えられる』『エラ』『完全なる治癒』『多重人格はこうして作られる』(以上、徳間書店)、『絵で見る人体大地図』(同朋舎出版)などがある。

「中国」という捏造
歴史・民族・領土・領海は
いかにして創り上げられたか

2023年3月23日　第1刷発行

著　者　ビル・ヘイトン
訳　者　小谷まさ代
装幀者　Malpu Design(清水良洋)
発行者　碇　高明
発行所　株式会社 草思社
〒160-0022　東京都新宿区新宿1-10-1
電話　営業 03(4580)7676　編集 03(4580)7680

本文組版　株式会社 キャップス
本文印刷　株式会社 三陽社
付物印刷　株式会社 暁印刷
製本所　大口製本印刷 株式会社

ISBN978-4-7942-2610-5　Printed in Japan　検印省略